战略简史

THE LORDS OF STRATEGY

〔美〕沃尔特·基希勒三世 ◎ 著
（Walter Kiechel III）

慎思行 ◎ 译

引领企业竞争的思想进化论

THE SECRET INTELLECTUAL HISTORY OF THE NEW CORPORATE WORLD

社会科学文献出版社
SOCIAL SCIENCES ACADEMIC PRESS (CHINA)

OWN

图书策划　SSAP·凹阅读

谨以此书致敬：

学术领域的理论研究者
咨询公司的问题解决者
企业世界的战略实践者

没有你们的努力，

战略就不可能形成理论、拥有方法和实现价值，
就不可能从一个空虚的概念成为改变世界的思想武器，

从而让我们感受到人类思想的伟大力量，所以我们坚信，

慎思者，行远。

慎思行创始合伙人：罗世君、姚秋晨

名家推荐

　　战略是所有组织解决往何处去的首要问题。方向对，路会越走越宽；方向错，就会满盘皆输。泰康28年，从传统寿险公司走到今天的大健康产业头部企业，开创新寿险，构建长寿时代泰康方案，引领寿险新时代；我最深刻的体会就是战略决定一切，所有的领域都要服从战略。服从战略，首先要学习战略、了解战略、理解战略。《战略简史》呈现了"战略"这个概念进入商业世界以来完整的演化历史和链条，也以独特的方式展现了战略领域充满竞争硝烟和智慧火花的理念之战，值得在不确定年代寻找确定性的企业家和战略管理者细细品读，思考借鉴。

——陈东升，泰康保险集团创始人、董事长兼首席执行官

　　战略不是未来要做什么，而是今天做什么才有未来。京东方三十多年的发展历程，得益于坚定的战略和战略执行的坚定；前者是洞察危机和机会，将自身优势与趋势相结合，统一思想和行动；后者是组织资源，全力攻坚，以内部的确定性应对外部的不确定性，实现知行合一。《战略简史》从时间和空间维度梳理了战略理论与方法演进史，通过领先企业商业案例分析，揭示了战略的独特魅力与价值，有助于提升战略思维。开卷有益，值得品鉴。

——陈炎顺，京东方科技集团董事长

云南白药已经走过两个甲子，从产品驱动、营销驱动再到今天的战略驱动，我深刻理解战略对于这家百年老店穿越周期、超越自我、持续进化的重要意义。《战略简史》为我们绘制了战略思想在商业世界的进化图谱，也带领大家以更加超然的视角去理解战略、领悟战略。企业家也许无法精准地预见未来，但是他们在每时每刻地创造未来。我想对于任何一位渴望在不确定时代中带领企业重塑新生的管理者来说，作为素养或者能力的战略都是转型必需品。今天的云南白药正在为企业安装战略驱动的引擎，这里面有几代白药人的家国情怀与智慧结晶，有全体白药人的砥砺奋进与开拓创新，还有那些经历过无数日夜、焚膏继晷的战略思考与抉择，这激励着我们以智慧和勇气书写属于新一代白药人的战略传奇。

——董明，云南白药集团股份有限公司首席执行官、总裁

六十年前的战略故事依然在上演：虽然颠覆和被颠覆的速度在数字化时代有不同的体感，不变的是成功企业对外部环境的审慎力和夯实自身核心竞争力的执行力。今非昔比，也许战略规划本身会被同质化，但对于战略本身的思考反而在噪杂烦冗的信息时代中显得尤为重要。在四位战略人的身上，我学习到了践行和思考之间的平衡，这或许是战略人无法被人工智能取代的原因。

——宛兵，西门子中国高级副总裁及大中华区战略发展负责人

推荐序：战略，企业灵魂的导图

《战略简史：引领企业竞争的思想进化论》一书英文原版出版于八年前，彼时正是全球金融危机爆发不久之时。在危机爆发之前，人们正沉迷于金融产品创新的财富美梦，企业正偏离对正统战略的需求，而倾向于从以数字计量的金融角度配置公司资源，看重短期的显性结果。当世界经过金融危机洗礼，人们收回目光时，却质疑战略专家们为何未提早或及时阻止这场灾难，殊不知其不是不为也，而是集体迷思已然太过强大而难以个人力量力挽狂澜。

历史总是惊人地相似。时至今日，作者所看见的情况依然存在，战略思想仍在商业史的惊涛骇浪中重组、新生与浮沉。在过去十数年中，数量派的战略思维总居于人本派的上风，强调快速出结果，抢短期利益。也因为这个缘故，对运营效率与营业结果、战术行动与战略目标的差异，管理者往往难以分辨。把数量化的结果当作战略目标，而非以具备独特竞争优势的组织能力的提升，或长期生存能力的发展作为战略基础，更为常见。尤其今日世界正在从互联网时代迈向全面智能时代，变化愈来愈快，人们此刻无可避免地偏向海量数据，倚赖更大规模的数据与更强的计算能力，企业更可能忽视战略的意义和本质。

本书作者通过演绎战略和咨询发展史的手法，展示了战略思维以及战略专家对企业经营的意义与价值，来应对当时管理者对战略存在意义产生怀疑所带来的隐忧。书中以故事性的叙述方式，对麦肯锡、BCG、贝恩等知名的战略咨询公司在过去40年间的战略思考变化娓娓道来，也讨论了如波特、哈默和金伟灿等战略知名学者的一系列重要思想的产生和进化。书中对每一战略模式和思想在发轫之初的详细故事性描绘，可以理解为重要战略观点的出现，从来都是与当时企业和世界经济局势密切相关，而战略模型与理论发展史本身，亦不啻为一部商业发展问题史。在各种纷乱的变化中，战略专家总是试图在复杂多变的商业世界中化繁为简、洞烛机先、引领企业。

然而，战略的抽象性本质所带来的执行面落差，亦让企业对战略又爱又恨、若即若离。战略如雾如露亦如电，有时让人觉得太过缥缈，有时又如闪电般击中企业命门。所以企业在失败时会归咎于战略失误，检讨时可以列出长篇的错误战略举措；在顺遂时又会觉得战略太过高远，解决不了当下的问题。因此，不论咨询公司或战略学者，在企业战略史发展的浪涛中都既受尊崇，又受质疑。而近年来兴起的企业首席战略官，在完成角色任务时所面临的挑战也十分艰巨。他们需要深入业务，也需要有综观全局的高度；要解决当前的困境，又要有长远的眼光预见未来变化。此外，他们被期许有创想能力看见远方，还要同时有说服力让执行官和其他成员相信梦想的力量。相较于执行官，战略官角色扮演之不易亦不遑多让。

借由阅读本书，读者将能重新了解战略为何而生，它是企业灵魂的导图，没有战略，企业无法明确自己生存的意义。然而战略与组织的匹配，需要企业的定力和耐心，以及战略专家在抽象理论和现实之间寻找可接受的共同视角，聚焦到达路径，双方才能共同破局。通过本书，我们亦可预测，在未来，战略专家将更像战略教育者，在共同发现问题、解决问题与实现行动的过程中，更多地将战略基因植入组织成员的身上，并以同行协助者的角色从个人的战略思考走向集体战略共创与协同，从而完善并时时更新企业灵魂的导图。

陈威如

中欧国际工商学院战略学教授

2018 年 7 月

译者序：用"战略"续写新的历史

战略走入低潮？

时间倏忽而过，不知不觉之间《战略简史：引领企业竞争的思想进化论》（以下简称《战略简史》）推出已有六年之久；空间曲折斗转，过去的六年世界已发生很多重大变化。2018 年《战略简史》中文版首版推出之时，世界尚处巨变之初，中美贸易摩擦也刚刚开启。彼时的中国正沉浸在 40 年改革开放的高速增长之下，总结着过往的经验，谋划着远期的未来。然而暗流涌动，变化来得令人始料未及，从席卷世界的新冠疫情，到硝烟四起的全球战事，从颠覆认知的 AI 发展，到中美关系的对立加剧，整个世界似乎正在从过往几十年和平发展的主基调，滑向恐惧、分裂、对立、冲突的边缘。我们不禁要问，本来和谐美好的世界为何会演化成今天这样剑拔弩张的局面。

在这种氛围之下，战略这个强调高瞻远瞩、运筹帷幄的大概念，似乎与当前环境和氛围有些格格不入，成为一个逐渐被人们忽视和冷落的领域，并让战略管理也进入前所未有的低潮期。因为在很多人看来，战略的主要目的是规划未来 3 年甚至 5~10 年的发展。此外还有很多人认为，在当前世界政治氛围、中国经济形势和全球技术领域变化如此之快的情况下，再谈战略已无意义。因为按照战略的漫长反射弧来看，战略难以帮助企业应对市场的巨变。基于我们对市场的观察，这两种观点相当盛行，以至于很多企业开始大范围裁撤战略部门，并将战略人下放到业务部门来实现更加现实的价值。

这与六年前我们推出《战略简史》之时，很多企业努力构建战略部门，全力招募顶尖的战略人才，推动自身的十四五规划的制定与落地有了天壤之别。战略似乎在一夜之间从巅峰跌到谷底，成为一个商业管理人士不愿意谈及的话题。在欧美发达国家，在战略百年的发展历程中，关于"战略已死"的争议已经进行了很多轮。其论据也无外乎之前提到的两种观点。但是，不管文字上的辩论如何激烈，现实里战略依然以其强大的包容能力和无限的演化能力占据着 CEO 们的心智，主导着全球企业的发展，影响着商业世界的变化。

需要战略勇气

如果说"活下去"是中国企业面对市场变化的自然反应和对中国从高增长向低增长时代转换的不适应，那么我们认为在当前这样一个市场动荡的时代，中国企业需要的显然是一种战略勇气，也就是敢于在市场低迷和环境巨变之下谈战略，将当前"活下去"和未来"活得好"两个问题放在一起考虑。因为我们相信，所有的世界领先企业能够发展到今天，肯定都经历过无数个濒临死亡的过程。在这样的过程里，它们除了谋求当下的生存外，一定不会放弃思考企业的未来。

正如克劳塞维茨在《战争论》中所说："一个人要想不断地战胜意外事件，就必须具备两种特性：一是具备在这一加重了的黑暗中仍能发出一些内在微光，引导他走向真理的思维能力；二是具备跟随这一微光前进的勇气。"这句话的意思是，在艰难之中我们应该拥有以洞察力为基础的战略勇气。这或许也是在当前这个市场环境下，企业最需要的东西。

当然，光有勇气还不能完全解决问题，我们必须深入剖析对战略产生质疑的原因。目前战略面临的最大质疑是其能否有效应对市场变化。也就是企业普遍认为，战略从制定到落地的周期过于漫长，以至于难以应对市场和竞争所带来的快速变化，更不用说清晰预见未来的情景。其实很多企业对战略有一个关键性的误解，就是把战略等同于战略规划，而战略规划往往需要漫长的研究、制定和推进过程，所以由此形成的漫长反射弧在很多快速发展的新兴行业，的确难以应对行业和竞争瞬息万变的问题。

当然，我们也必须承认在很多由国家主导和垄断的行业，以及部分变化较慢的行业里，战略规划仍然是统一企业发展思路、理顺内部资源、推动长期增长的有效方式。而在市场程度高、变化较快的行业，战略则以战略思维的方式存在着，并以杰出的企业领导者为载体推动着企业的发展，这点在科技和创新企业尤为明显。所以在不同行业和领域，虽然价值逻辑和呈现形态并不相同，但战略却始终以强大的包容和演化能力，在丰富和完善自身的同时，强有力地推动着全球企业的发展。

时代驱动改变

市场对战略的质疑，也引发了我们更深入的思考。当前我们所了解的商业战略体系，诞生于 20 世纪的 50~60 年代。从其诞生之初到如今数十年的丰富和发展，战略虽然为企业的规模化和全球化发展立下了汗马功劳，但是其理论、方法和范式的形成有着很深刻的传统大工业时代的烙印。这与当前我们所处的人工智能时代，在背景上有着巨大的差别。所以从这个角度来看，在通用人工智能即将到来的时代，即便是有着强大适应能力的战略，也必须做出一些重大改变，以真正解决"战略无法适应变化"这个在人们心中存在已久的问题。

所以，虽然战略存在的意义和对企业的价值，已经被上百年来全球企业的发展所证实，但是我们认为在当前这个科技与创新主导的时代里，面对产业背景的剧烈变化和在各层面取得共识愈加困难的现实，战略的范式很可能会发生重大的转变，即从过往工业时代流程化的方式，向智能时代生成型的方式转变，从最大化地规避风险向最高效地从失败中学习推进。这不仅需要企业改变战略规划与管理的组织运作方式，也需要改变洞察获取的渠道、方式和效率，以及以传统框架为基础的战略形成逻辑，甚至以报告为载体的沟通方式。我们相信只有这样，战略才能在范式转变的基础上，更好地借助智能时代的信息和算力，以及分析和传播工具的效率优势，从根本上解决计划不如变化快的问题，从而让企业在这一前所未有的新时代里，借助战略的力量跨越时代获得更好的发展。

而从中国的视角来看，我们还面临一个时代转换下的适应性问题，也就是从高速度增长时代到高质量发展时代，中国企业存在一个思维方式和能力上的转换过程。经历了40多年的高速增长，虽然拥有对未来发展的充足信心，但中国企业缺乏应对市场巨变的心理和能力上的准备。这也正是前面我们提到的，企业关注活下去而忽视战略的原因。所以虽然欧美国家的产业经常会因为金融危机深处跌宕之中，但是不可否认这个过程也增强了欧美企业正视风险的心态和对抗风险的能力。从这个视角来看，这也正是中国企业面临当前时代转换，需要努力提升的东西。

续写新的历史

而以此为基础我们也必须正视一个现实，就是战略理念、方法与实践在欧美发达国家从20世纪50年代开始，已经历经了数十年的发展与完善，而中国企业在2000年前后才开始真正重视战略，所以这之间确实存在巨大差距。即便中华文化源远流长，对于战略也有着千年的理解与发展，我们也仍然无法否认欧美发达国家在战略融入商业的过程中所做出的巨大贡献。所以对于中国企业而言，只有站在历史和市场的肩膀上补足这个差距，才能更好地理解战略，更充分地发挥战略的价值。而这也正是我们时隔6年重新推出《战略简史》的原因。

《战略简史》首版推出之时，我们曾有过一个挥之不去的遗憾，就是《战略简史》只描述了2010年以前战略领域和咨询行业在全球的演化和发展，却难以向2010年之后全球战略与咨询领域的发展延伸，也未能描绘中国在这一领域的变化。但现在想来，这也正是我们慎思行创立十年来，坚持在战略与咨询领域开展研究填补这一空白的意义。

所以，此次除了再次推出《战略简史》，我们还从慎思行过往十年数百万字的原创研究中，精选了四篇有关中国战略和咨询领域发展的内容[1]，以便读者能够从 2010 年之后和中国市场这两个延伸的视角，对战略与咨询行业的发展形成更深入的理解，从而将慎思行的原创内容精华在时间和空间上与《战略简史》连接起来形成更为完整的时空逻辑。我们相信这一方面将有助于推动中国的战略管理和咨询领域跟随全球的视角，真正走上发展的快车道。另一方面也将促进中国在战略这个领域做出源于华夏文明但能够影响世界的理论与实践创新，与全球企业一道共同续写战略在新时代里的历史。

慎思行

2024 年 5 月

---

1 可关注公众号"慎思行"，发送"论战略与咨询"关键词，索取相关精选内容。

译者序：战略的历史能告诉我们什么

战略的光辉与尴尬

无论是在东方还是在西方，"战略"这个关键词都有着千年的历史，在过往无数次的争斗之中，"战略"厚重的内涵不仅承载了旧世界的兴衰，亦容纳了新世界的崛起。从东方的《孙子兵法》到西方的《荷马史诗》，千年以来战略始终与战争紧密相连，因为战争是形式最激烈也最纯粹的竞争，取胜将受益巨大，失败则无可挽回。所以，面对战争人们会穷尽资源、全力投入，进行充分准备。在这样的条件下，战略才具备了创造价值的基础。所以，无论是滑铁卢之战还是诺曼底登陆，无论是赤壁之战还是"三大战役"，不管双方实力如何悬殊，是否具有天时地利，战争的参与者都不敢掉以轻心。正是在这种情况下，战略展现出人类智慧的精妙和扭转乾坤的伟力。

在商业世界，战略概念只有50多年的历史，仍然相当年轻。虽然人们常说商场如战场，但事实上商业世界和战争世界还是有很多本质上的差别。与战场上的你死我活不同，商业世界的竞争正在变得越来越复杂而多元，随着市场节奏的加快和技术的高速发展，产业的跨界融合和竞合关系的共同存在早已成为常态，这使得商业竞争不仅不会像战争那样短周期、高烈度，同样也不会只以胜负为结果那么简单纯粹。所以，从这个角度来看，长周期、大跨度、多维度和深层次的竞争，使得战略在商业世界实现价值，比在战争世界实现价值更加困难，且需要更复杂的条件。

即便这样，企业家们对战略这个概念仍然颇为青睐，因为其所呈现的号令千军、攻城拔寨的清晰画面感，与他们率领整个公司披荆斩棘、迈向全球所要的感觉非常一致。但是，在很多时候，置身商场苦战之中的企业家却忽略了战略本身复杂化、情境化和个性化的特点，希望有个放之四海而皆准，只要运用就可以马上出结果的战略，以解决自身面临的所有问题。面对现实世界不断加速的变革和计划没有变化快的无奈，有关战略空虚无用、不切实际、难以落地的论调甚嚣尘上，一发不可收拾。

中国市场更是如此，现代战略理念和咨询行业作为来自西方世界的舶来品，在进入中国市场初期就已经与本土企业的模式与思维产生激烈的冲突，从麦肯锡兵败实达到 BCG 否定 TCL 出海，"洋战略"与"洋咨询"水土不服的问题一直受到国内企业界诟病。而 2008 年金融危机导致的摩立特破产被并购，及随之而来的咨询行业并购潮，更让国内企业界认定了咨询公司"医者尚且不能自医"的逻辑，这不仅严重动摇了中国市场对咨询行业的信任，更动摇了战略在中国市场创造价值的根基。而所有这一切都使得战略这个曾经助力人类改变历史格局、推动世界经济崛起的光辉力量，在中国变得无比尴尬。

现实的问题与困境

为了解决这个问题，咨询界和学术界仍在推出更多新的理论来证明战略的价值，而企业界也依然在不断重申执行对于战略的重要性。不过作为战略与咨询领域的第三方，我们更愿意从另一个视角来看待这个问题。如果把战略本身看作一个产品的话，那么这个产品在中国市场的尴尬处境显然不是单方面的问题，而与战略的供应方、需求方和市场环境都密切相关。

供应方——"水土不服"与"不接地气"

从战略的供应方来看，咨询行业已有百年的发展历史，从提供支持、完善组织，到改善效率以及后来的构建战略，咨询公司在汹涌的商业大潮中屹立不倒，显然积累了足够扎实的实践经验，创造了影响巨大的理论方法，也已经在成熟市场铸就了无可辩驳的价值。但是，在新兴市场，环境显然存在巨大的差异，而咨询公司却仍然延续在成熟市场构建的商业模式，并未进行实质性的调整来适应，加之对中国市场复杂性和特殊性缺乏深刻的理解，西方思考方式和行事方法与中国本土商业逻辑产生激烈冲突，或许这也正是人们认为战略和咨询"水土不服"的真正内涵。

而咨询公司的常规做法是在大量的商业实践中提炼具有普遍性的理念和方法论，再将其运用于新的商业实践，帮助企业创造价值。严格保守客户商业秘密的行业规则也决定了咨询公司通过先进理念推广自身影响，并以此创造商业机会的基本方式。而这种不强调实践而更注重理念的业务推广方式，在长期缺乏商业基础知识积累的中国企业界来看，成为咨询公司"不接地气"问题的核心来源。所以咨询公司作为战略供给方的"水土不服"和"不接地气"显然是战略在中国处境尴尬的关键原因之一。

另外，相比西方管理理论历经百年的深厚积累，起步于中华人民共和国成立初期和计划经济时代的管理理论基础，在成熟度和先进性上还有相当多的不足。具体到战略管理理论而言，欧美发达国家在这一领域经过 50 多年的不断发展，在肯尼斯·安德鲁斯、伊格尔·安索夫、阿尔弗雷德·钱德勒、迈克尔·波特、亨利·明茨伯格、杰恩·巴尼等众多战略巨擘的不懈努力下，已经构筑了庞大、复杂、系统、先进的战略理论体系。而中国的战略管理理论在 2000 年以后才有了一定的发展，且仍处在学习消化西方理念、缓慢改进和不断完善的阶段。虽然构建源于中国的管理理论正在成为近年来的热点，但拿来主义、洋为中用泛滥，缺乏本土化有效理论，仍然是本土企业在战略管理领域不得不面对的普遍现实，而这也成为战略尴尬处境的又一个原因。

需求方——"认知偏差"与"能力缺乏"

从战略的需求方来看，企业中的不同群体对战略的看法不仅相当多元而且差异巨大。对于一部分决策层而言，面对巨大的市场压力和自身战略制定能力的缺乏，对外部咨询机构还是有相当大的需求。不过，由于咨询公司缺乏足够的时间获得对组织自身问题的深刻洞察，所以一般会更多从外部市场的视角给企业提供建议，而最终建议的颗粒度不够与公司自身战略解读和执行能力不足叠加，给战略落地带来了巨大的挑战，进而使得企业的执行层对战略和咨询怨声载道。而另一部分决策层，则干脆相信自身敏锐的嗅觉、果敢的决断以及下属的执行能力，对战略和咨询不屑一顾。

其实，中国市场在战略需求端的这种多元和矛盾的现象，有相当深层的原因，除了理论基础缺乏之外，商业基础素质的落后和专业人才的不足亦是战略需求端的两个至关重要的问题。而这与中国商业教育的水平密切相关。与西方以 MBA 为主的商学院教育已有上百年发展历史相比，中国的商学院和 MBA 只有短暂的几十年历史。所以，从 MBA 的规模、平均素质和商业知识的普及率等方面来看，中国市场的商业知识基础和商业人才发展水平都处在比较初级的阶段。

上述问题带来两个结果，一方面，对于大多数企业的决策层来说，由于基础缺乏，在很多情况下他们对源于西方商业知识体系的战略理念缺乏完整的认知，并未真正理解现代商业战略的本意，也很难具备针对特定情境制定有效且个性化战略的能力；另一方面，对于企业的执行层而言，同样因为商业基础素质不足，他们缺乏将结构化、概念化的商业战略进一步分解形成具体计划以落地实施并形成最终结果的能力，这使得他们更愿意相信来自经验主义的判断和机会主义的决策，这成为战略失效的又一个来源。所以管理层的"认知偏差"和执行层的"能力缺乏"就成了战略在中国如此尴尬的关键因素。

市场环境——"原始假设"与"中国现实"

最后且最重要的方面还是市场环境问题。我们需要明确的是，战略是高度情境化的产物，也就是说，战略能否创造价值和创造多少价值，与市场竞争环境和企业个体情况的优劣密切相关。所以，面对市场形势和自身能力，设计发展路径达成长期目标是现代商业战略的目的。但是，由于其产生、发展于西方高度成熟的市场环境之中，所以其中蕴含着一些属于这个情境的核心假设，即在市场规则日趋复杂和竞争密度不断增加的前提下，具备强大的战略设计和执行能力的企业，才能通过实践独特战略从竞争中获益。

中国市场的实际情况与这个假设并不相同。改革开放后，中国经济连续 40 年的高速发展，给企业创造了一个可以依赖政策和资源红利高速生长的独特市场环境。在这个市场里，在全面开放导向的政策环境下，消费需求从长期压抑中解脱后巨量释放，几乎所有领域都呈现爆发式增长，形成了"鹰击长空，鱼翔浅底，万类霜天竞自由"的独特局面。而在这种情境之下，企业无论采用什么样的战略，也不论自身的组织是否健全，只要有一个坚定勇敢的企业领导者，几乎都能实现在西方成熟市场不可想象的增长。从这个意义上讲，在中国这样一个特殊的市场环境中，战略在很长一段时间里的确价值有限，所以不得不说，这也是战略在中国市场面对的最为尴尬的问题。

历史的答案与选择

但是，这种情况显然不会永远持续。正如党的十九大报告所说，我国经济已由高速增长阶段转向高质量发展阶段，正处在转变发展方式、优化经济结构、转换增长动力的攻关期。企业面对变化的市场环境有些不知所措，中美贸易摩擦的发生更使得一直有利于中国发展的国际环境陡然变得紧张起来，让长期技术发展和核心零部件供应等中国企业普遍关注不足的问题，突然成为企业未来生存和发展必须考虑的生命红线。面对这样的困境，我们不得不谨慎思考到底应该怎样应对，到底应该坚持怎样的长期战略来进行系统性的推进，才能走出当前的局面，以更优雅的方式将自身庞大的体量融入到全球的经济格局之中。

历史的妙处在于，往往现实的问题总能在过去的经验中找到答案，这也是我们推出《战略简史：引领企业竞争的思想进化论》这本书的意义所在。其实在20世纪70年代，美国同样经历了"二战"后30年的野蛮增长时代，在增速放缓的时刻，美国企业同样也受到来自日本企业的强大压力和冲击而不知所措。如此看来，美国和美国企业当时面临的问题与当前中国和中国企业的现状非常相似。本书讲述战略理念自20世纪60年代起50多年的发展历史，恰恰也正是从战略这一侧面折射了美国和美国企业超越竞争、走向世界巅峰的过程。所以，战略的源起、高峰和面临的冲击对当下的中国和中国企业而言都有相当的启发和借鉴价值。

战略的起点

其实，谈到战略的源起，我们需要面对的问题是，在战略诞生之前，企业到底是如何生存和发展的。对于这一点，本书已经给出了很明确的答案。作者所谓的前战略时代，起步于19世纪美国取代英国成为世界霸主，终结于"二战"结束后的30年。在这段时间里，市场需求的爆发和战后的繁荣为美国企业创造了一个难以想象的黄金时代，也让美国企业一直处于跑马圈地般的野蛮生长之中。由于市场本身迅速膨胀，与企业之间展开竞争相比，抓住市场增长的红利，是那个时代美国企业家关注的主题，所以，那时候人们关注的是洛克菲勒、亨利·福特、托马斯·沃森、J.P.摩根这些挥斥方遒的企业领袖，而战略作为激烈市场竞争的产物并没有走入人们的视野。

到了20世纪70年代，美国国内市场的增长已经达到顶峰，美国企业也已经发展成日益慵懒的庞然大物。为了限制企业垄断给市场带来的不利影响，政府出台反垄断法和禁止同业并购的政策，使得企业走上了通过跨行业并购获得增长的"歧途"，因而变得越发膨胀和低效。也正是在这个阶段，日本企业带着高质量、低价格的产品开始全力冲击美国市场，让美国企业终于如梦方醒。但是，面对自身产品的成本比日本产品的零售价还高的现实，处在崩溃边缘的美国企业迫切需要找到能够应对日本企业竞争、重建自身优势，从而走出困局的方法和路径，这时战略作为提升组织运转效率、系统降低成本和有效配置资源的利器才真正走入美国企业的视野，也成为美国企业面对日本企业进攻展开绝地反击的"核武器"。

战略的高峰

在初尝战略的胜果之后，就像本书所写的那样，美国的企业界、咨询界和学术界对战略的关注度开始陡然增加。这不仅推动了咨询公司的蓬勃发展，形成了更多满足市场需求的方法和理念，也让企业在这场商业思想的风暴中通过战略理念找到了洞悉市场机会以整合自身优势和实现未来雄心的真正抓手。更为重要的是，那时已有 60 多年发展历史且具有更高权威性的哈佛商学院，也正式加入这场事关企业未来的思想高地争夺之战。作为其中的代表和后来战略领域的领军人物——迈克尔·波特通过将产业组织理论与企业管理理论相结合，陆续创造了包括五力模型、三种通用战略、价值链等一系列在战略领域影响深远的理论，并通过将其战略定位论熔铸于《竞争优势》、《竞争战略》和《国家竞争优势》三部扛鼎巨著之中，奠定了他本人以及哈佛商学院在战略领域的崇高地位，最终将战略理论的发展推向高峰。

20 世纪 90 年代前后，计算机技术的高速发展也推动了新的管理浪潮。随着网络、数据库和 EPR 系统等一系列信息基础设施和工具的出现，战略走向了更加流程化和纵深化的阶段。这个时期，战略的理念和方法开始深刻融入每一个美国企业的意识之中，并通过企业信息化的全面发展，延伸到企业每一个能触及的角落。价值链理论的扩展和供应链概念的出现，不仅让美国企业的效率空前提升，管理能力全面增强，同时也加速了这些企业的地理扩张和全球化进程。伴随着企业流程再造概念的出现，战略与信息化的完美结合正在成为一种无与伦比的力量并席卷全球。而各类咨询公司也在这场全球化和信息化的大潮中迎来了自己的黄金时代，真正成为走遍世界、影响未来的知识精英。

战略的涅槃

在 21 世纪曙光到来之时，美国企业已经具备了敏锐的战略意识和强大的战略能力，遍及全球的咨询公司业务网络也成为一股不可阻挡的力量。学术界的战略理论和方法更如雨后春笋般层出不穷。不过，这时的市场已经不再处于稳定增长的黄金岁月，而进入一个充满不确定性的巨变时代。先是 21 世纪初的互联网泡沫破灭，之后是举世震惊的 "9·11" 恐怖袭击的发生，再然后是席卷全球的金融危机到来，高速增长的良好环境一去不返，变革丛生的现实成为市场常态。在这个新时代里，战略似乎突然失去了以往的威力。那些深谙战略之道的企业巨头和钻研理论的学者未能预料来势汹汹的金融危机，作为知识精英的咨询顾问也未能给在金融危机中挣扎的企业提出有效的建议。甚至连咨询行业自身都陷入破产、并购和整合这个前所未有的循环。面对这些现实，人们开始深刻质疑，身处变化频仍的市场之中，战略到底能不能预见未来、洞察先机并帮助企业解决问题、走出困境。

事实上，本书中也提到 1995 年之后战略理论已经很久没有大的突破和创新了，难道战略这个曾经辉煌的概念已经落后于这个时代，走到了生命的尽头吗？事实上，战略理论和方法的发展并未停息，只是在西方发达的市场环境下，战略已经发展到一个相当高的水平，并且成为企业发展的核心能力之一。在中国这个异军突起、充满特殊性和复杂性的市场里，虽然战略陷入尴尬境地，但是这恰恰也意味着，在这一不断成长且规则尚不健全的市场里，战略的发展才刚刚开始。就像达尔文在《物种起源》中提到的自然环境塑造生物一样，其实市场环境同样也在塑造战略的发展。从这个角度来看，或许未来蓬勃发展的中国市场，才是孕育新的战略理念和方法的新天地。

时代的努力与行动

国家视角——从获得发展到赢得尊重

当然，新的战略理念和方法显然是不可能自动发展出来的，回顾本书讲述的历史，其实每一次战略理念和方法的创新和演进都源于激烈的市场竞争和重大商业问题的出现。在50多年前的美国是如此，对于当前的中国来说更是如此。随着中国改革与全球化的进一步深入，日趋严峻的国际环境和国内环境，以及扑面而来的产业和企业转型升级问题，都在推动中国和中国企业寻找一条与以往不同的路径，将自身发展推进到一个全新的阶段，事实上这也为在中国推动战略理念与方法的进一步发展创造了巨大的可能性。

换一个视角来看，中国企业走过了高速成长的阶段，时至今日，中国已经成为世界政治经济格局的重要力量，并被美国视为"战略竞争对手"。在这个新时代，为了能够真正融入全球体系，获得认可与尊敬，中国必须探索出一条源于东方文化且可以为世界所用的理念与方法，我们相信，只有做出这样的贡献，中国和中国企业才能在国际上真正获得话语权。其实，美国曾经的贸易战对手日本，就在20世纪创造了丰田生产方式和精益生产等理念和方法，为整个世界的发展做出了巨大贡献，从而赢得了其他国家的尊重。

企业视角——从过往基础到未来能力

那么，中国企业到底应该做什么呢？显而易见的是不能再采取跟随者的方式了。因为这种方式虽然在市场快速发展阶段有效，但是创造的是大量相似的企业，从而使市场陷入低效竞争并最终形成无法挽救的红海。事实上，战略的本意并不是打造最优秀的企业，而是打造最为独特的企业，因为只有企业足够独特并且形成差异化的竞争方式，才能创造最丰富的供给从而在最大限度上满足市场不断变化的需求。《广场协议》签订后日本陷入"失去的二十年"，其原因从企业层面来看，就是日本企业虽然对过程精益求精，却普遍缺乏战略思维，从而无法找到有效的定位和建立独特的优势，难以进一步形成整体性的国家竞争力，最终在与美国的竞争中败下阵来。

所以，如果说中国企业在过去 40 年的高速发展中奠定了未来发展的基础，那么今后最重要的就是发挥这些基础带来的优势，在风云变幻的市场中找到属于自己的独特定位，从而构建不可替代的优势，并最终凝结为中国的国家竞争力。这不仅意味着，我们需要认真回溯和深刻理解战略在美国市场的发展历史，及其对美国企业走向强大、迈向全球的重要作用，而且意味着中国企业需要在公司层面建立同样敏锐的战略意识，在组织层面建立强大、灵活从而能将宏伟愿景转化成具体方案的战略能力，更意味着中国企业应该在领导者层面建立拒绝机会主义而坚持自己的方向不动摇的战略定力。

个体视角——从实现成长到走向成熟

面对世界贸易环境的影响，我们的关注点不应是自身能承受多少损失，而应以更宽广的胸怀和更宏大的格局接受国际市场对我们的考验，同时以更成熟的心态展现我们向市场领导者学习的敬意，以及努力提升自身能力的决心。这需要我们改变过往的成长方式，重塑成长所需要的基本能力，事实上，面对从成长阶段到成熟阶段的深刻变化，更需要改变的是我们长期以来的思考方式。

从这个角度来讲，本书或许是了解美国和美国企业作为领导者从成长阶段到成熟阶段的发展历史，并理解其思考方式如何转变的最佳选择。而与以往关于战略的图书最为不同的是，本书并没有深入讲解战略理论的细节与优势，也没有试图通过分析企业案例总结规律，而以一种第三方的超然视角，通过时间和空间交汇的方式，阐述了战略的发展历史和其在当今能够产生影响的真正原因。当然，为了讲清楚战略产生发展的缘由，作者在书中提到了大量专业的概念、人物和公司，为了帮助读者更好地理解本书的内容，我们不仅在每章内容之后提供了详尽的注释，还在慎思行平台上对文章中划线的重点概念做了进一步的解读。读者如果想了解相关内容，可以关注平台回复相应关键词，即可获得相关解释。

最后，我们付出这么多努力推出本书，是因为本书内容与慎思行长期以来坚持的"战略与咨询行业第三方"的定位不谋而合，也对慎思行致力于解决的"提升企业战略意识和能力"问题有所助益。在我们看来，战略和咨询在中国之所以没有像在西方世界那样形成巨大的影响，并不是因为其本身没有价值，而是因为我们所处的成长阶段缺乏让战略发挥作用、产生价值的市场条件和必要能力。而在 2018 年这个充满转折和变化的年份，市场条件已经发生变化，能力提升的要求也扑面而来。面对未来全新的世界，我们必须重视战略思想和方法带来的力量，学会用战略意识和能力武装自己。我们相信只有这样，中国企业才能真正跨越野蛮竞争的"成长时代"，并在理性的竞争中以胸怀人类和全球的格局充满自信地迈入属于中国和中国企业的"成熟时代"。

慎思行

2018 年 6 月

目　录
CONTENTS

理解战略革命的意义，需要人们摒弃三个非常传统也非常顽固的观念。其中最重要的一个观念，也是人们最底层的逻辑，就是认为新的理念对商业而言并不重要。当然有这种想法的人也不能否认，一个有关新产品的绝妙点子会创造巨大的差异，比如，量产汽车的问世，或者个人电脑的出现，等等。但如何思考某项业务或分析其发展历程，这样的想法或理念的重要性并没有得到人们的关注。

企业的战略是需要相当深入的思考才能够明晰的，就像案例那样是需要被"破解"的，这还是相当新颖的提法。其新颖之处在于，这需要将各种前所未有的因素整合在一起，进行通盘考虑，而众多外部专家和产值高达几十亿美元的咨询产业则提供了这样的专业性。事实上，我们可以看到，战略概念本身的确不像实际经验那么重要，但是，它给企业建立了必须搜集空前规模的各类成本、市场和竞争者数据的基本原则。

"战略"这个词，根据牛津英语词典的解释，源自希腊语 Strategos，意思是"将军的命令或其所在的地点"。它所展现的是一个戴着白色头盔的荷马史诗式的人物，以及他在敌人重装部队越过山头时调动自己军队出战时的形象（不过根据标准的军事用法，一旦敌军出现在视野中，剩下的就都是战术问题了）。因此，保有一定的战场指挥气息，是"战略"这个词如今能够被公司管理层广泛应用的重要原因。

他的贡献，然后再来做一些有助于我们重建领导能力的必要工作，从而让往日的光辉能够重新回到我们已经生锈的形象上。

《财富》杂志发表了关于战略核心概念的系列文章，其中一篇就围绕波特提出的通用性战略进行讨论。文章的配图就是波特戴着玳瑁眼镜，宛若年轻神明的样子，这一装束有点像把弗朗西斯·斯科特·菲茨杰拉德笔下的人物按"箭头领子男"广告打造过一样。他之后就一直是这样的打扮。后来，《财富》以哈佛商学院的改革为封面故事，将这位知名学者的照片搬上了封面。

让那些每天都在与现实中的公司打交道的人感到惊讶的是，在考察公司运作中人们扮演的角色时，咨询顾问会变得像那些理论经济学家一样健忘。在 BCG 会议中解释经验曲线时，亨德森的开场通常是"假设公司拥有标准意义上良好的运作管理"，好像这是给定的一般。然而，在随后的 40 年里，他和他的同事会逐渐意识到这一假设是多么不可靠。

从观察者的角度来看，其实商业组织中发生的大部分事情都可以归结为两类人之间的争斗。其中一类可以叫作"数字派"，他们主要通过企业的销售、成本、预算等数据的好坏来判断企业成功与否；与之相对的另一类则是"人本派"，他们对于企业的认知主要来源于企业的员工，这些员工动力是否强劲，技能是否完善，等等。

改革者和商业界感到自身陷入一个难题，如何将概念用在公司具体实践中，更通俗地说就是"实施战略"，也可以叫作"执行战略"。实施（implement）来自拉丁语"去实现"，执行原意是"跟从到最后"。但长期以来这并不是咨询顾问愿意考虑的事情，因为实施已经明确的战略，不仅缺乏挑战性，也难以激发新的想法和分析上的突破。

那时大部分咨询顾问在战略大旗下的工作依旧聚焦于成本，并且有很多工作是与削减成本有关的。20 世纪 80 年代中期，迈克尔·波特引入"价值链"的概念，这个至关重要的工具最终将把公司从原材料采购到最终产品交付的所有过程分解成越来越小的模块，从而可以单独计算成本和评估其竞争力。

到底什么是公司？我们为什么创造了这个实体并为其辛勤劳动？企业的目的无非是为其所有者，通常是股东，创造价值。而战略革命本身并没有带来股东资本主义的胜利，但它的领导者精准地抓住了战略的基本原则，并把这些原则看作制订作战计划的必要知识基础。当然，它们也很喜欢泛泰勒主义。所以最终结果是，这一组合成为搅动并激化资本主义的最大力量。

鉴于战略理论长期以来对客观事实和量化结果的不懈追求，"行为"这一变量很难满足卓越学派对"准确性"的要求。但是，"行为"现在必须与战略更紧密地结合起来，同时也需要更加缜密，用 20 世纪 60 年代马克思主义学者而非咨询顾问最喜欢用的形容词来说，那就是行为要"更加具象"，变成一个更为具体的东西，最终这个具体的东西被打上了"能力"、"过程"和"技能"等各种标签。

咨询公司在全球范围的扩张，淋漓尽致地体现了战略横扫当今全球经济领域每一个角落的过程。然而，更关键的在于，战略及其相关概念在 20 世纪已经成功地渗透到管理层的意识中，进一步推动了商业的智能化。关于这一点的证据，主要体现在全球范围内人们对于 MBA 学位的追捧，以及公司对具有咨询公司工作经验的人的需求增加。这些商界的新兴阶级不仅积极宣扬他们脑海中的想法，而且越来越多地参与实战。

作为创新和增长的关键资源，培育人才是我们要在本章探讨的以人为本的三种战略的第一个。其实，每个方法都可以看作从弯弯绕绕的灌木丛中长出的新芽。第二种以人为本的战略则是利用网络的概念分析个体之间相互联系的方式，这也是网络时代竞争优势的基石。第三种以人为本的战略也许最令人吃惊——私募基金。私募基金巨头对所收购的业务采取的措施堪称战略的典范。

毋庸置疑，战略的箴言的确让公司变得更有竞争力了，也让它们对行业环境变化的反应更加敏锐，并因而拥有了前所未有的韧性。既然如此，那为什么在 2008 年将尽之时，还是有那么多深谙战略的公司深陷金融危机无法自拔呢？难道是战略顾问将银行和金融服务公司的管理层带入了歧途？让我们站远一点审视这一切，也许通过满是愤怒和失望的双眼，可以找到对于这些控诉来说更为有利的证据。

在 20 世纪 80 年代早期，就已经出现了对战略的抵制。因为战略规划的实施结果远不及预期，致使公司在失望之余大规模裁减内部负责战略的员工。这种情况背后的原因简直和二三十年前如出一辙。面对世界如此日新月异的变化，我们怎么可能预测未来？面对数据如洪水般滔天而来的今天，过去的理念和分析框架还能继续适用么？被束之高阁的连篇累牍的战略规划又有什么用处，难道不是只有执行才能带给公司竞争优势吗？

序 章 | **摒弃三个传统观念**

布鲁斯·杜林·亨德森[1]（Bruce Doolin Henderson）在他还非常年轻的时候，就已经做到了西屋公司[2]（Westinghouse Electric Corporation）管理层的位置，成为当时公司历史上第二年轻的副总裁。但是也正如他自己所言，这份工作以及后来的所有工作，最后他都以被解雇告终。不过，他在1963年创立了波士顿咨询集团[3]（The Boston Consulting Group，BCG），而这家公司后来改变了整个商业世界。1992年他过世之时，《金融时报》[4]（*Financial Times*）曾这样评价道，"20世纪后半叶，很少有人能够像亨德森那样对国际商业格局形成如此深远的影响"。但是你听说过布鲁斯·亨德森吗？

他和他所创立的咨询公司引发了整个企业战略领域的革命。当然，在商业世界里，革命几乎每天都在发生，无论是从媒体对领先技术的热捧中，还是从管理学书籍映衬时代的前沿论断里，人们都能深刻地感受到这一点。但是，"战略"这一概念的兴起，仍然无可置疑地刷新了所有人的认知方式。一方面，战略以思考框架的方式引领了整个企业世界的发展，让企业开始以全新的视角思考当下的境遇与未来何去何从；另一方面，战略也从体系建构的角度，帮助企业明确了应该努力的方向。因此，近50年来，不得不说战略理念折射的光芒，让其他所有商业思想都变得黯然失色。

然而理解战略革命的意义，却需要人们摒弃三个非常传统也非常顽固的观念。第一个观念，也是人们最底层的逻辑，就是认为新的理念对商业而言并不重要。当然，有这种想法的人也不能否认，一个有关新产品的绝妙点子会创造巨大的差异，比如，量产汽车的问世，个人电脑的出现，等等。但如何思考某项业务或分析其发展历程，这样的想法或理念的重要性并没有得到人们的关注。

当然，那些不太认同商业理念重要价值的人，也不会只简单重复自己的想法。他们会从其他角度强调"商业在很多时候只跟常识有关"（我们多么渴望相信商业的民主），或者"你可以拥有世界上最好的想法，但要是这个想法不能落地，那它就没有任何意义"（好像行动每次都胜于思考）。

事实上，这种对理念的力量缺乏热情的现象影响范围之广，远超人们的想象。对于那些熟悉战略领域工作的人来说，应该会赞同《哈佛商业评论》[5]（Harvard Business Review）是面向实践者传播商业理念的旗舰刊物，但事实上在 6.5 万名活跃的哈佛商学院校友中，只有不到 4% 在订阅这份受人尊重的刊物。而《华尔街日报》[6]（Wall Street Journal）的社论却成为日常诠释经济、政治及政策议题的权威。但是即便翻阅《华尔街日报》过去 40 年来所有的内容，也很难发现有对经验曲线（Experience Curve）、价值链（Value Chain）或时基竞争（Time-based Competition）等商业理念的深入报道。所以，如果你想让一个咨询顾问，甚至曾经出过书、写过不少文章的管理学者难堪，只要问他们是否认为自己是个知识精英就可以了。

布鲁斯·亨德森就是这样的知识精英，不过这倒并不是因为他执着于自己想法所形成的理念，而是因为他痴迷于发现整个世界的运转方式。对他而言，这不仅意味着要发现企业之间相互竞争的深层逻辑，也意味着需要发明解释这些逻辑所需要的微观分析方法。而更关键的是，他还试图揭示一家公司相对于竞争对手获得优势的真正原因。因此，不得不说亨德森是驱动战略理念发展的先行者的代表，这也进而使得他成为一名"企业战士"、一位有号召力的领袖和一个特立独行的企业掌门人。

他从客户的行为和业绩的表现着手，利用自己从复杂的商业竞争实践中挖掘出来的概念和方法来改变整个商业世界。所以，他的雄心壮志可以说代表了战略革命的全貌。他所构建的体系由一系列丰富而深刻的理念和复杂的分析方法结合而成，并融汇于时间的脉络之中，以这样的方式回溯历史的确比关注当下有不少高明之处，但所有思辨也依然没有离开对公司财富的关注。

换句话说，这或许有助于避免因过度理性而产生的恐惧，对于困扰企业的各种问题来说，几乎总会找到特定的解决办法。而在新的企业世界之中，商业理念的发展历史看似神秘，却一直与企业面临的挑战息息相关，无论是20世纪70年代与日本公司的效率之争，还是21世纪之初涉险渡过的全球金融危机，都是如此。为了应对这些危机，人们设计出各种概念化的解决方案。而商业理念的发展历史，正是一幅由这些解决方案构成的宏大画卷。在这样的历史脉络中，我们的故事就演变为解读当今世界和经济何以如此的逻辑：股票市场的涨跌起伏，国家财富的此消彼长，乃至在遥远的边境爆发的战争，都如月之阴晴圆缺般变化曲折；然而，与这些变化相比，战略自始至终保持了难能可贵的一致性，而且作为企业首选的分析框架，战略也一直在不断演进，它不仅能够帮助企业理解发生在自己身上的事情，也能够告诉它们应该如何面对这些问题。

　　在亨德森出现之前的半个世纪，如果说一个公司没有战略，那简直就是不怀好意。因为人们很难理解你在说什么，难道在战略的理念提出之前，那些运转良好的公司和杰出的领导者就没有自己的战略？那洛克菲勒[7]（John Davison Rockefeller Sr.）和标准石油[8]（Standard Oil Company, Inc.）、福特[9]（Henry Ford）和福特汽车[10]（Ford Motor Company）以及托马斯·沃森[11]（Thomas John Watson Sr.）和IBM[12]是不是就不应该存在了呢？这等于说，战略的思想是随着企业的发展而自然形成的，而不可能有自己独立的发展历史，而这也正是第二个需要克服的传统观念。

　　诚然，纵观历史上的那些聪明的企业，都有如何赚钱的敏锐直觉。它们通常对自己销售的产品和服务了然于心，对客户也有相当的了解，当然肯定比现在了解的要少得多，对竞争对手的情况更茫然无知，就好像认为自己处在一种必然的市场垄断地位一样［回想一下美国的汽车产业不正是这样么，20世纪80年代，它们对日本汽车业的崛起充耳不闻。亨利·福特二世虽然身居公司CEO的高位，却对即将进入美国市场的丰田[13]（Toyota Motor Corporation）和达特桑[14]（Datsun，日产早期名字）不屑一顾，而将其产品称为"那些小破车"（those little Shitboxes）］。而福特公司自己虽然在年复一年地制订计划，但也仅仅是对现状的延伸而已。计划并非战略，"战略"这个关键词在 20 世纪 60 年代之前还只是零散地出现在企业的语境之中。

实际上，在战略革命之前，企业所缺乏的是一种系统地综合考虑所有决定自身命运的因素的能力，特别是缺乏对于组成优秀战略至关重要的"3C"元素的思考：一是公司成本（Cost），特别是相对其他公司的成本；二是对公司所服务市场的定义，即其顾客（Customer）；三是公司相对竞争对手（Competitor）所处的市场地位。那个时候，如果一家公司拥有不同的业务线，一般只会将其放到时间的维度中去考虑，"我们先开始收音机业务，并随之进入电视机业务"，或者认为这是一个资金和资源分配的问题。但是，它们从来没有将这些业务当作一个组合来整体考虑，虽然每个业务都会历经发展、成熟、购并或出售的过程，但从来没有公司将这些过程看作服务于更高层次公司目标的一种方式。而最危险的是，在前战略时代的世界观中，缺乏一种对动态竞争的严谨认知，即"如果我们这么做了，其他人也会如法炮制"。这就像在不懂物理学基本原理的情况下实施一个大型工程一样。作为一系列理念的集合，战略正在试图修补以上所有缺陷。

而厘清战略的重任也被亨德森及其后的咨询顾问（Consultant）承担起来。所以，对于很多读者而言，需要反思的是看起来更为理所当然的第三个传统观念：咨询顾问是一些作用极其有限的阿谀奉承者，就像一个古老的冷笑话说的那样，有人先向你借了手表，然后再告诉你时间。当然，这也并不总是一件坏事，更糟糕的说法是，咨询顾问只是依附于企业组织的贪婪寄生虫，他们不仅存在感低，在领导力方面也唯唯诺诺，有着很强的不安全感。

当然，咨询顾问有很多种类，成为咨询顾问也需要很多条件，不过即使最优秀的咨询顾问也是一种"雌雄同体生物"，可能前一分钟还像学者一样展现着解读宏大概念的热忱，后一分钟却已经开始使尽浑身解数兜售自己的技能了。所以，我的观点是，或许正是这两种性质的奇妙组合，才让亨德森和他的同行推动了这场战略的革命。

时至今日，战略革命已经遍及商业世界的每个角落。但是从打造这些理念的人和组织的源头上来看，这场运动深深触动我的原因在于它体现了一种独特的美式特质，特别是在其实现理念的方式上。《哲学俱乐部》[15]（*The Metaphysical Club*）这部精彩的著作极大地鼓舞了我写作本书。在这本书中，路易斯·梅南德[16]（Louis Menand）通过对书中四个主角的描写，对自南北战争以来的美国精神进行鸿篇巨制般的诠释。在他的序言中，梅南德定义了他们对于理念所共有的态度：

> 如果排除他们在个人层面和哲学层面的不同，那我们可以说，奥利弗·温德尔·霍姆斯[17]（Oliver Wendell Holmes Jr.）、威廉·詹姆斯[18]（William James）、查尔斯·桑德斯·皮尔斯[19]（Charles Sanders Peirce）、约翰·杜威[20]（John Dewey）这四个思想者的共同点是，他们都没有一大堆理念，而都仅是有一个简单的想法，或一个有关理念的理念。他们都坚信理念并非躺在那里等待人们去发现，而是一种工具，就像叉子、刀和芯片那样，人们发明这些东西用以探索世界，在这过程中人们也发现了自我。他们坚信理念并不是由一个人创造的，而是由一群人形成的，因此理念是具有社会性的。他们认为理念并不是根据自己内在的某些逻辑生发出来的，而更是像细菌一样依附在人类社会和环境之中，他们也坚信，既然理念是对某些特定的或无法人为制造出来的环境的反应，那么这些理念的存亡就不依赖它们本身永恒不变的特点，而依赖它们的适应性。

布鲁斯·亨德森是一个管理咨询专家，而不是法学家或哲学家。但是，他关于战略革命背后思想的观点与梅南德等思想家如出一辙。这一点能够让亨德森和其他战略理念的引领者载入商业理念的史册吗？很多的读者会认为这是难以企及的高度，但是这至少可以让我们在向霍姆斯或杜威思想表示敬意的同时，也一定程度上认可咨询顾问和商业思想家的理念。

无论好坏，在探索理念的道路上，亨德森和其他战略革命者已经展现了一种全新的商业智慧，相较于那些自命不凡且徒劳无益的唯我论者而言，无异于当头棒喝。本书将会讨论这些战略革命者的案例，以及他们厌恶的人、他们在道德上的缺陷等。据我所知，你手中的这本书第一次以书籍形式和这样的篇幅论述战略革命问题。它目标明确，知其所往。在书中，我以新闻学的逻辑在思考，所以确切地说，这是一次在新闻出版界而非学术界探索战略理念的尝试，当然这也是我 30 年来一直感兴趣的领域，从开始的《财富》[21]（Fortune）杂志到后来的《哈佛商业评论》，一直都是如此。

作为一本新闻学著作，本书基于 100 次以上的访谈，每次访谈短的一个多小时，长则持续数天，有的书中有所提及，有的书中未加表述。我早年就关注布鲁斯·亨德森，并曾在他生前进行过三次采访，其他大部分"战略之王"如今仍然健在，可以对话。[22]

最后，这本书更接近历史学随笔，它结合了我个人的观察、判断和成见。我怀疑，任何一个自尊的学者都不愿意被我以这样的方式进行剖析，特别是剖析其思想形成的方式。所以，在这种情况下，本书或许是一本饱含争议和需要深入研究的随笔，期待本书在战略这个主题上能够引起更多的关注。

本章注释

以下注释内容皆摘选自公开来源并经慎思行整理,其中员工和营业额数据皆为近两到三年数据,仅供读者参考和理解规模之用。正文中带下划线的重点关键词,亦可以在慎思行微信平台通过回复相关关键词来获得具体解释。

1　布鲁斯·杜林·亨德森（Bruce Doolin Henderson，1915–1992），波士顿咨询集团（Boston Consulting Group）创始人，美国企业家。亨德森是增长份额矩阵（BCG Matrix）、经验曲线（The Experience Curve）、三四律（The Rule of Three and Four）等经典战略理论的提出者。

2　西屋公司（Westinghouse Electric Corporation，亦称西屋电气公司）是一家拥有悠久历史的美国电气设备制造企业。它于 1886 年由乔治·威斯汀豪斯（George Westinghouse，1846-1914）创立。公司长期以来一直是爱迪生创立的通用电气公司的主要竞争对手,交流电的发明人尼古拉·特斯拉曾是该公司的技术工程师,西屋公司拥有员工 125000 人,年营业额逾百亿美元。公司于 2007 年被日本东芝（Toshiba Corporation）收购成为其旗下子公司。

3　波士顿咨询集团（Boston Consulting Group，简称 BCG，亦称波士顿咨询）是一家著名的全球性管理咨询公司,是战略咨询领域公认的先驱。公司由布鲁斯·亨德森于 1963 年创立。目前波士顿咨询在全球 50 个国家设有 90 个办公室,其中在中国的北京、上海、香港和台北设有 4 个办公室。

4　《金融时报》（*Financial Times*，亦称 FT）是于 1888 年创刊的世界著名金融、经济与商业媒体。《金融时报》每日平均读者达 220 万人（普华永道，2011）。其世界 500 强榜单以上市公司总市值为标准。

5　《哈佛商业评论》（*Harvard Business Review*，亦称 HBR）是哈佛商学院于 1922 年创立的标志性综合管理杂志。其内容涵盖各行业并覆盖广泛的主题,重点关注领导力、组织变革、战略、谈判、运营、市场营销、财务管理等领域。包括克莱顿·克里斯坦森（Clayton M. Christensen，1952– ）、彼得·德鲁克（Peter F. Drucker，1909-2005）、迈克尔·波特（Michael Porter，1947– ）在内的众多管理学大师都经常在 HBR 上发表观点。HBR 的全球英文发行量为 25 万份,除英文以外,HBR 还以其他 13 种语言发布。

6　《华尔街日报》（*The Wall Street Journal*，简称 WSJ），创办于 1889 年,现隶属于新闻集团旗下的道琼斯公司,是美国相当具有影响力的报刊,报道侧重金融和商业领域,并获得过 40 次普利策奖。该报是美国发行量最大的报纸之一,除了美国国内版本外,国际发行的包括以英文撰写的欧洲、亚洲、印度版本,以及中国的中文版、日本的日文版。

7　洛克菲勒（John Davison Rockefeller Sr., 1839–1937），美国石油工业的商业巨头、资本家、慈善家，并被认为是社会达尔文主义（Social Darwinism）的支持者，其言"大企业的发展只不过是适者生存"（"The growth of a large business is merely a survival of the fittest"）常被引述。洛克菲勒于 1913 年出资设立洛克菲勒基金会（Rockefeller Foundation），积极关注并资助教育、健康、扶贫和民权等慈善领域。此外，洛克菲勒亦是芝加哥大学（University of Chicago）和洛克菲勒大学（Rockefeller University）的创始人。

8　标准石油（Standard Oil Company, Inc.）是一家集生产、运输、炼制和销售为一体的美国石油公司，它于 1870 年由约翰·洛克菲勒在美国俄亥俄州成立，是世界上最早出现、最大规模的跨国公司之一。1911 年标准石油被美国最高法院裁定为非法垄断企业后，被迫解散为 34 家小公司，其中包括埃克森美孚（Exxon Mobil Corporation）、雪佛龙（Chevron Corporation）等当今著名的石油企业。

9　福特（Henry Ford, 1863–1947），美国汽车工程师、企业家，福特汽车（Ford Motor Company）的建立者。

10　福特汽车（Ford Motor Company）是世界最大的汽车企业之一。福特汽车采用以移动装配线为核心的制造流程大规模生产汽车，并大规模管理工业劳动力，这些方法在世界各地被称为福特主义（Fordism）。福特汽车在 2008 年爆发的国际金融危机中拒绝了美国联邦政府的注资援助，通过政府担保的信用额度渡过难关。目前，福特汽车拥有约 36 万名雇员，年营业额逾 1400 亿美元。

11　托马斯·沃森（Thomas John Watson Sr., 1874–1956），美国企业家，IBM 的创始人。沃森发展了 IBM 独特的管理风格和企业文化，将 IBM 打造为一个高效的销售机构。他在去世时被称为世界上最伟大的推销员。

12　IBM（International Business Machines Corporation，国际商用机器公司）是全球最大的信息技术和业务解决方案公司之一，它于 1911 年由托马斯·沃森创立，并通过不断调整产品组合以专注于价值更高且利润更丰厚的市场，公司历经多次重大战略转型而数度崛起，百年来仍屹立于世界科技企业潮头，其员工曾获得包括 5 项诺贝尔奖和 6 项图灵奖在内的多项科学技术奖项，并在美国专利数量上连续 20 余年位列第一。IBM 拥有全球雇员逾 41 万人，业务遍及 160 多个国家和地区，年营业额超过 800 亿美元，是美国工业时代和科技时代精神的象征，被称为蓝色巨人。

13　丰田（Toyota Motor Corporation）是日本的一家跨国汽车制造商，由丰田喜一郎（Kiichiro Toyoda, 1894–1952）于 1937 年创建。丰田是目前世界上最大的汽车生产公司之一，亦是全球混合动力汽车的市场领导者。丰田在 20 世纪 40~70 年代形成了世界著名的丰田生产体系（Toyota Production System），并以精益生产的理念和独特的企业文化闻名于世。丰田拥有员工超过 34 万人，年营业额逾 2300 亿美元。

14 达特桑（Datsun）是日产（Nissan）旗下的汽车品牌。达特桑始于 1931 年，1958~1986 年，日产出口的车辆被命名为达特桑，随后日产逐步取消达特桑系列直到 2013 年 6 月重新推出。

15 《哲学俱乐部》（*The Metaphysical Club*）是由路易斯·梅南德（Louis Menand，1952– ）撰写的讲述美国实用主义哲学发展形成过程的书。该书于 2002 年获得普利策奖（Pulitzer Prize）。

16 路易斯·梅南德（Louis Menand，1952– ），美国评论家和散文家，以《哲学俱乐部》而闻名。

17 奥利弗·温德尔·霍姆斯（Oliver Wendell Holmes Jr.，1841–1935），美国法学家，曾任美国最高法院副法官。霍姆斯是历史上被广泛知晓的美国最高法院法官之一，也是少数被称为学者的法官之一。他支持道德怀疑主义，反对自然法学说，并将美国的法律思维转向法律现实主义，这标志着美国法理学的重大转变。

18 威廉·詹姆斯（William James，1842–1910），美国心理学家、哲学家和教育学家，实用主义的倡导者，机能主义心理学派创始人之一。詹姆斯于 1904 年当选为美国心理学会主席，1906 年当选为美国国家科学院院士，被誉为"美国心理学之父"。

19 查尔斯·桑德斯·皮尔斯（Charles Sanders Peirce，1839–1914），美国哲学家、逻辑学家和数学家，实用主义创始人。皮尔斯对逻辑学、数学、哲学和符号学均有突出贡献，被誉为"实用主义之父"。

20 约翰·杜威（John Dewey，1859–1952），美国哲学家、心理学家，实用主义哲学的主要人物之一。杜威亦是格奥尔格主义的支持者和教育改革者。

21 《财富》（*Fortune*）是于 1930 年由亨利·卢斯（Henry Robinson Luce，1898–1967）创立的商业杂志。《财富》的发行量为 88.5 万份。其著名的世界 500 强榜单（Fortune 500）以上市公司收入为标准。

22 贝恩咨询创始人比尔·贝恩已于 2018 年 1 月在家中辞世。

第 一 章 | **战略：尚待破解的案例**

曾经有传闻,彼得·德鲁克(Peter F. Drucker)声称是他"发明了管理",但这怎么可能,就连他的忠实拥护者也不会同意,因为人类社会在管理各种组织方面已经有成百上千年的历史了。这个睿智的老人回应,实际的情况是当他在20世纪30 ~ 40年代开始研究这个领域时,只发现两三本书提到过与此相关的内容,通过提出"管理"(Management)这一概念,德鲁克将这些内容进行了有效整合,从而给那些一直在做着类似事情的人一种全新的方式来理解自己所做的工作,并且也给他们提供了新的手段来研究和改善所做的事情。

其实本书在讨论企业战略是如何出现时也刚好面对同样的情况。因为战略肯定不是突然从某个天才的头脑中喷薄而出,而是在众多的思想交锋和激烈的商业实践中逐渐磨砺而来。所以,这并不是一次简单的范式转移,而更多是将所有事关公司生存、竞争和取胜的关键要素放在一起综合考虑之后,一点一滴将一个复杂范式建立起来的故事。

其中,有三条最终融为一体的脉络。第一条脉络是关于批判性理念的历史,即这些理念到底是如何被构思出来的,源于哪些已知的背景,又为了解决哪些特定问题;第二条脉络是关于人的故事,包括布鲁斯·亨德森、迈克尔·波特(Michael Porter)、汤姆·彼得斯[1](Tom Peters)及其他人;第三条脉络则关于组织,尤其是那些不畏艰难试图让新理念发挥作用的公司和机构,不仅包括那些提出了很多新理念的咨询公司,而且包括那些将管理战略发展成一门学科的商学院。另外,过去和现在还涌现出很多战略理念的推动者,在他们当中既有那些理念的实际创造者,也有将这些理念付诸商业实践并因此而功成名就的企业家。

● 企业世界"天降神兵"

变革的力量在每个时代都是发展所面对的最大困扰，企业世界在过去的50年里，一直在被各种突如其来的"意外惊喜"冲击，而战略理念的兴起则正是对这些冲击的一种应对。其中最重要的转折，看起来如四大天王[2]从天而降一般。虽然没有明确的先后次序，但首先是政府对航空、银行以及通信等高度管制产业的放松，因为长期以来这些行业一直受到政府的严格限制，难以进入；其次则是新技术的广泛使用，包括个人计算机的大范围普及以及互联网时代的到来；再次是资本市场的自由化，它不仅扫除了恶意并购的障碍，也建立了一个真正由公司控制的实实在在的自由市场；最后是全球化，它不仅意味着企业开始面向全球的客户出售产品，也意味着企业向全球的供应商采购原材料，并时刻面临来自全球企业的竞争。

这四个趋势的共同特点是，它们都在扩展市场与竞争的边界，使整个商业世界进入一种过去从未有过的熊彼特（Joseph Alois Schumpeter）式的创造性破坏之中。但是，如果战略能帮助所有企业建立一种警觉，就意味着前所未有的觉醒正在到来：所有企业都将发现，来势汹汹的后来者正在试图夺走自己的生意，入侵自己的市场，新的无良竞争者更会时时刻刻从不知名的地方冒出来。英特尔[3]（Intel）的 CEO 安迪·格鲁夫[4]（Andrew "Andy" Grove）在他 1996 年有关战略的书《只有偏执狂才能生存》[5]（*Only the Paranoid Survive*）中已经充分捕捉到了这种氛围。

如今，"竞争"和"竞争力"（Competition and Competitiveness）的概念已经在我们的脑中深深扎根，以至于我们已经忘记了这是多么晚近的发现，尤其是对于那些坐享战后 30 年繁荣时代，而变得松懈慵懒的美国企业。最早有关公司战略的两本书可以追溯到 20 世纪 70 年代，在这两本书中仅分别有 2 页和 4 页的内容提到了竞争，这也部分地反映了当时的商业生态：那时人们担忧的是没有受到合理监管的公司，而不是公司本身所受到的威胁。

与同时代的大部分人相比，布鲁斯·亨德森对于竞争的态度却完全不同，他对这个概念相当着迷，并且激进地相信竞争在促进企业的绩效提升方面有巨大的潜力。20 世纪 60 年代，当他读到达尔文主义 [6]（Darwinism）的人类学著作时，就立即将 BCG 拆分成三个独立的小公司——红色公司、蓝色公司和绿色公司，并且让它们展开竞争。竞争的效果的确超出亨德森的预期，但结果不是他所预想的那样：不过三年，几乎整个蓝色公司，即其中最为成功的一支，独立出来创立了贝恩公司 [7]（Bain & Company），并在日后的 15 年成为 BCG 最为强大的竞争对手。

亨德森同时也是解决问题的先驱，因为他将客户面临的所有挑战都看成等待破解的谜题，并通过大量充满创造性的方法搜集数据，然后将数据输入合适的分析框架之中，或干脆建立一个全新框架来进行分析，从而得出一些关键性的结论。那些大型咨询公司的战略专家，如贝恩的奥里特·加迪什 [8]（Orit Gadiesh）一直认为"破解案例"（Crack Case）是咨询顾问工作中最激动人心的部分。这最初只是咨询顾问从商学院学到的一种方式，但是通过团队的不懈努力，他们让这种"破解案例"的功能变得难以想象的强大，以至于超过了任何商学院教授所能达到的水平。

所以，本书的核心观点之一是企业的战略需要相当深入的思考才能够明晰，就像案例需要被"破解"一样，这对于企业界还是相当新颖的提法。其新颖之处在于，它需要将各种前所未有的因素整合在一起，进行通盘考虑（在战略革命开始之时，大多数公司并不知道自己相对竞争对手的成本差异是多少，很多公司可能到现在都不知道），而众多外部专家和产值高达几十亿美元的咨询产业则提供了这样的专业性。事实上，我们可以看到，战略概念本身的确不像实际经验那么重要，但是，它给企业建立了必须搜集空前规模的各类成本、市场和竞争者数据的基本原则。

● **迈向泛泰勒主义**

商业史学家仍然在他们的小圈子中争论着泰勒主义的作用，其争论主要在于弗雷德里克·温斯洛·泰勒（Frederick Winslow Taylor）在 19 世纪完成的基于工作的时间动态研究，以及这种以结果为导向的在严格时间监督下为提高效率而进行的激励，到底是不是一件好事。但所有人都认同泰勒主义的确是在企业世界引发巨变的重要力量。

战略革命的一部分来自我所说的泛泰勒主义时代的来临。作为公司重点应用的一种分析利器，泛泰勒主义所关注的重点不是个别工人的表现，如装载生铁棒或复位一台机器的速度到底有多快，而是更广泛地关注公司职能的总体运转方式和公司生产经营的整个流程。我们在生产钢铁的时候消耗了多少成本？为何日本企业能以如此低的消耗，生产出和我们质量相近的产品？我们又如何通过重新设计整个生产活动链条，重整包括从购买原料到交付成品的各个环节，来和它们展开竞争？

泛泰勒主义对于公司世界的渗透几乎覆盖了大型企业的方方面面，并且影响了 21 世纪每个大陆上的资本主义实践。其间，它对于数字和信息的强烈渴望，似乎只有靠提升计算机的运算能力才能够得以满足。与此同时，泛泰勒主义却对结果逐渐失去了耐心，因为我们一夜之间便能够获得所有市场信息。而私募基金公司（Private Equity）的短视和强烈的结果导向，从某种程度上讲也是泛泰勒主义不断演进的结果。

在许多方面，与由各种概念不断发展而构成的战略革命相比，稳定而广泛传播的经验主义代表了一种更简单也更有说服力的逻辑。哈佛商学院[9]（Harvard Business School）教授、具有前瞻性的学术史学家潘卡基·格玛沃特[10]（Pankaj Ghemawat）经过观察指出，"战略的早期发展史是相对线性的"，然后差不多在 20 世纪 80 年代中期，"各种想法才如雨后春笋一样冒了出来"，各种假设和主张沿着不同的理论分支近乎野蛮地发展。至此，战略的超然目的才变得日益清晰：至少对于华尔街而言，它的目的是让股东致富，帮公司拉抬股价。

● 战略革命的三个阶段

所以即便是在资本主义股东至上的残酷原则下，我们也没有在错综复杂的历史发展中迷失战略的全局。它帮助我们形成了一个理解不同时期战略发展的框架。BCG 伦敦办公室的资深合伙人巴里·琼斯（Barry Jones），给出了一个非常简单的"3Ps"模型。当然，这看起来有些过于简化，不过所有模型都是这样，虽然简单但绝对不会断章取义或削足适履[11]地看待问题。

根据琼斯的定义，战略革命的第一阶段起步于 20 世纪 60 年代早期，并延续到 20 世纪 80 年代中期，其核心问题是市场定位（Market Positioning），也就是公司到底处于经验曲线的哪一段，和竞争者相比成本定位又在哪里，以及如果以市场份额的标准来看，某一个特定的业务在公司的业务组合中到底占据何种位置，是需要被继续发展还是应该被卖出去。

琼斯定义的战略革命的第二阶段是从 20 世纪 80 年代至今，这个阶段战略思想的关注点开始转向公司完成任务的具体流程、程序和惯例。BCG 因为发现了时基竞争法而实现了战略革命在流程领域的第一个突破，这意味着如果你比竞争者更加专注，并且抢先一步设计和生产产品，那么你就将在竞争中取得优势地位。20 世纪 90 年代，流程思维是企业理解和建立自身核心竞争力的热门选择。"企业流程再造"（Business Process Reengineering）或"企业再造"（Business Reengineering），在 1990 年的热度像火箭一样蹿升，然后又迅速跌入低谷，最终变成一个经常被人提起但毫无思想的商业热词的典型。

琼斯所讲的战略革命的第三阶段，即以人为本的战略，目前仍然存在一些疑问，主要是因为我们刚刚开始关注这个问题，并且业界对于以人为本的关注点到底在哪里还没有达成一致。在那些号称最理性的投资者的私募基金公司里，似乎职业经理人是完全可以替代的，需要时招之即来，不要时也可挥之即去。而与之相对，BCG 的菲利浦·埃文斯[12]（Philip Evans）则认为，对于战略家而言，最小的不可细分的单位应该是个人而不是公司。公司只有让每一个个体都达到最优化，才能有效组织人才参与市场竞争。而占据两者之间宽广地带的是还有一个学派，它强调人是创新之源，同时创新也是企业在当下商业竞争环境中的成功之本。

所以，在我们的故事中，战略对人的关注度正在不断攀升，并且已经成为特别重要的段落，因为大家逐渐承认，作为战略的关键元素之一，人的作用确实在很大程度上被忽视了。我们将此称为荣格阴影（Jungian Shadow），或者其他思想史上的类似概念。

这个被瑞典心理学家假设存在的阴影，构成了自我的一部分，包括精力、渴望、野心，而我们自身通过对这些因素进行压制显现自我的人格。所以这也就是人们"自我拒绝的那部分心理和尚未被开发的潜能"。一位心理学专家如此解释道。这么看来，被战略概念的创造者、咨询顾问和数据搜集者所压制的，有时甚至被疯狂压制的那个部分，就是一种在创造和执行各种战略的过程中，对人所发挥的重要作用的认识。当然这并不是说在公司世界，完全没有呼吁以人为本理念的声音。事实上，偶尔会有像汤姆·彼得斯一样的大声呼号。但问题是这种偶发性的呼吁并不能引起咨询公司的关注，而且事实上，彼得斯及其《追求卓越》（In Search of Excellence）[13] 的共同作者鲍勃·沃特曼 [14]（Robert H. Waterman Jr.）很快就被麦肯锡 [15]（McKinsey & Company）驱逐了，虽然沃特曼已经在麦肯锡工作了近 21 年。

构筑这种张力更传统且更温和的方式是将战略的发展历史看成战略定位论和战略学习论不断斗争的过程。战略定位论学派由哈佛大学的波特领导，认为战略是公司关于在哪里竞争、在哪个行业竞争以及在这个行业的哪个位置开始竞争的一系列选择，以及如何通过差异化的产品和定价锁定一个独特的利基市场来进行竞争。

相较而言，战略学习论认为已经建立并正在经营的公司无法像一张白纸一样来选择自己的战略。它们对于战略定位论学派抱有一种近乎嘲笑的态度，至少战略学习论学派的领军人物麦吉尔大学 [16]（McGill University）的亨利·明茨伯格（Henry Mintzberg）是这样的。这个学派同时声称没有一个战略能像最初制定的那样有效地被执行。在他们来看，关键是公司一开始就要朝一个方向前行，并从市场和竞争者的反应中不断学习进而调整自己的战略。

而两个学派之间互相诋毁。"迈克尔·波特战略中人的因素在哪里？"一个哈佛商学院的教授嘲讽道。"为什么明茨伯格不讲些新的东西呢？"另一个哈佛商学院的教授问道，继而强烈批评战略学习论学派缺乏具有严谨性和解释力的模型，并且没有微观经济学视角。

所以，如果只以两个学派的争论来描绘战略的历史发展脉络的话，似乎难以超越学术论战的种种限制，因为它只是在《战略管理》[17]（*Strategic Management Journal*）期刊的页面上进行斗争。而与此同时，《追求卓越》作为对公司成功必要特质的赞歌，却已经卖出了 600 万册，超过以往任何一本管理学巨著，成为商业管理和理念的先锋之作引领市场。而这个市场也是我们故事关注的一部分。但是，这样狭隘的架构肯定会对一些问题避而不谈，比如，"在企业战略的发展史中人的因素到底在哪里"，而这正是本书尝试探讨的问题。

● 日益激进的资本主义

除了从定位到流程的演进，以及面对人的因素时的挣扎，我们论述的战略发展进程还有两个非常重要的主题。第一个是在我们这个时代，资本主义已久经磨砺并正在变得越发激进。虽然战略不是 21 世纪唯一推动资本主义变得激进的力量，那么至少在资本主义走向"激进"的发展道路上，战略贡献了大部分概念和分析技术。

所以我们必须承认这是一种非常奇特的激进，只是一些看起来互相冲突的因素，使其难以和早期资本主义发展史进行比较，因为那时候的资本主义对人要更加残酷一些。而在 20 世纪的后半叶，人类社会总体的富裕程度已经达到相当高的水平，贫困率也大幅下降。不仅美国，其他日益受资本主义影响的国家也是如此。全球金融危机或许会稍微减缓这个过程，但是远期来看，它仍然势不可当。

除此之外，中间阶层或底层的人们却担心财富分配不均的情况愈发严重，大量财富正在流向比尔·盖茨[18]（Bill Gates）或沃伦·巴菲特[19]（Warren Buffett）这样的企业家或投资人，而更加令人不安的是，财富已经流向公司高管和金融家等新贵。投资银行家、抵押贷款经纪人以及金融衍生品经纪人的高薪已经引发很大的争议，而 CEO 的薪酬也预示着企业端将面临更大的问题。虽然企业的领导者的确做得非常出色，但也没有出色到比其他员工好那么多。

所以，战略也因为它带来了这些直接或间接的影响而备受责难。有点不协调的是，布鲁斯·亨德森这样一个独特的美国人也恰恰是一个精英主义者。他甚至在哈佛商学院中以令人颇为不满的方式在学生报纸投放广告，说 BCG 期待雇用的并不是一般的学生，而是奖学金获得者如拿到过罗德奖学金[20]（Rhodes Scholarships）、马歇尔计划[21]（The Marshall Plan）资助或获得贝克学者[22]（Baker Scholars）称号的学生（排名年级前 5% 的资优学生）。而且，他为了招募最顶尖的聪明人，甚至准备忽略一些看起来非常必要的条件。在 BCG 最早的 7 位专业人士中，除了亨德森之外，只有一个人有过在咨询行业工作的经历。

这种精英主义为战略革命注入了新的活力，也促进了企业和社会的分化，当然这也有先后顺序；有些家伙比其他家伙更聪明，因此也更值钱，这造就了如今资本主义残酷的一面。对于那些新手顾问来说，这是一种完全崭新的咨询公司模型，也就是说，一家公司的可信度并不只来自满头白发的资深行业专家的积累，而同样可以来自精妙的商业理念以及资历尚浅的人对这些理念的解读，即使这些人只有 28 岁。为了推动新型商业精英人士的形成，亨德森让那些从最好的商学院毕业并且有过人智力的人展开竞争——这种竞争直到今天还在持续。

那些将战略作为定义自己主要方式的公司或者说当今绝大多数的公司，会发现它们已经受到亨德森式精英主义的深刻影响。虽然在公司中管理层与其他人的差别在德鲁克 1940 年定义管理职能时就已经变得非常明确，但是如果想确定谁是一个公司最重要的影响者，只需要问"谁负责拟定战略"就可以了。

所以，对于现代企业的首席执行官（CEO），不论这个人本身如何光彩照人，其首要责任都是制订和解释公司的战略。如果公司的 CEO 曾是个战略咨询顾问，那么这将大有裨益，如美国运通[23]（American Express）和 eBay[24]（贝恩公司）、联合技术公司[25]（United Technologies Corporation）（BCG）、施乐公司[26]（Xerox Corporation）（麦肯锡），以及大量名闻遐迩的企业［例如，前哈佛商学院院长莱特 [27]（Jay Owen Light），早年在 BCG 有从业经历，也是比尔·贝恩 [28]（Bill Bain）最想挖走的人；本杰明·内塔尼亚胡 [29]（Benjamin Netanyahu），在成为以色列总理之前也曾是一名咨询顾问］。

亨德森式战略带来的精英主义是众多知名商业人士讨厌咨询顾问的一个重要原因。尽管如此，还是有 3/4 以上的美国大企业和很高比重的法国企业正在使用麦肯锡、贝恩公司、BCG 的服务，或以某种组合方式在使用它们的服务，而且这些企业多数都是回头客。

随着 CEO 的薪水比普通雇员的薪水高得越来越多，对于他们的批评听起来也有点类似对咨询顾问的经典嘲讽了：你们凭什么能拿那么多薪水？你们真的比别人聪明吗？

而在 CEO 的自我辩护中，这些将百万美元薪水卷回家中的人，则将矛头直指自己不得不面对的资本主义残酷模式：竞争和市场机制渗透到公司的每一个角落，从客户到外包商；德古拉 [30]（Dracula）式的残酷惩罚正在股票市场的上市公司和未能达成财务目标的高管中体现得淋漓尽致（即使没有经历 2008 年金融危机也是这样）；CEO 以更快的速度和更高的频率被解雇；大量公司出现破产和重组。而战略帮助这个世界认识到公司存在的真实目的就是为股东制造利润。

在公司层面，这个战略本应施展拳脚的地方，一个令人迷惑的激烈竞争图景也在逐渐形成。除了最具创新性的业务之外，公司原有的战略优势正在快速消失，商业模型的寿命也变得更短。同时，在一些产业中，更多的资本和市场力量进入了少数大型公司中，如银行、电信、零售、制药等（这些巨头为咨询公司带来了大量客源，而事实上咨询公司的主要客户也是它们。直到全球金融危机爆发之前，BCG 差不多 40% 的利润来自为金融机构和医疗健康行业服务。早期从不雇用咨询顾问的沃尔玛现在也是麦肯锡的客户）。

但是高处不胜寒。"在过往几年中，微软 [31]（Microsoft Corporation）花了数十亿美元研发新产品。"一个哈佛大学的教授观察后说道。"但他们搞出什么新东西了吗？没有。"创造财富的新理念开始更多来自那些门外的野蛮人和初创公司，以及能够迅速看到并抓住机遇的小公司，或者曾经规模小而现在已经长大的企业巨头如谷歌[32]（Google LCC），虽然它或许已经开始失去优势。所以，在整个创新之轮的最后一环，战略开始研究如何帮助既有机构像初创企业那样获得强大的创新能力。

● 商业的智能化

最后一个贯穿本书的主题是战略带来商业智能化。很多实践者或许会对此有异议，就像很多咨询顾问那样。商业被认为是实践导向的，而并非飘在云端的装模作样的概念，或 20 分钟热度的流行趋势和最新的行业术语。商业的秘密和机会对于每个人都是均等的，不是吗？（咨询顾问的存在实际上戳穿了这个谎言，而这也是他们被鄙视的原因之一。）

但是，如果稍有耐心以不感情用事的眼光去看待的话，过去 50 年你随处都能发现，越来越多的人开始以研究的态度和框架性的思考来了解一项业务，而不像过去公司所强调的那样，以实际从事这项业务的方式来形成自己的理解。考虑到这样的趋势，《追求卓越》在 1982 年出版以后，商业管理类图书就开始日渐火爆，现在每年有 8000 本相关图书出版；美国的 MBA 学位授予从 1948 年的每年不到 4000 个到现在一年 14 万个。最重要的，当然是战略咨询行业（Strategy Consulting）的兴起，咨询顾问只因为其理念、分析和思想就创造了超过 50 亿美元的全球市场价值。

战略已经成为我们思考如何做生意的关键，也推动一批新的知识精英形成了现代企业界的中心思想。战略发展到今天或许已经很难回到过去，不过如果想回望战略初始的样子，其实只需要退回到半个世纪之前。

本章注释

以下注释内容皆摘选自公开来源并经慎思行整理，其中员工和营业额数据皆为近两到三年数据，仅供读者参考和理解规模之用。正文中带下划线的重点关键词，亦可以在慎思行微信平台通过回复相关关键词来获得具体解释。

1   汤姆·彼得斯（Tom Peters, 1942-　），美国商业实践家，以其代表作《追求卓越》而闻名。彼得斯在美国乃至整个西方世界被称为"商界教皇"、顶级商业布道师，《财富》将其评为"管理领袖中的领袖"。他从斯坦福大学毕业后加入麦肯锡，并在麦肯锡长期从事企业组织发展的相关研究。

2   英文原文对应的表述是"天启四骑士"（Four Horsemen of the Apocalypse），《圣经·启示录》中提及的"天启四骑士"，出自《圣经·新约》末篇《约翰默示录》（俗称《启示录》）的典故，描述的是当世界终结，全人类接受审判之时，有羔羊解开书卷七封印，召唤分别骑着白、红、黑、绿四匹马的骑士，将战争、饥荒、瘟疫和死亡带给接受最终审判的人类，届时天地失调、日月变色，随后世界毁灭。第一个骑士骑白马，传统上代表的是征服者，魔鬼之子，反基督，其弓和冠冕都代表征服，而白色代表的是神圣的逆反；第二个骑士骑红马，传统上代表大领主，大刀象征战争和毁灭；第三个骑士骑黑马，代表的是饥荒和不公正的交易，这也是天平的象征意义；第四个骑士骑绿马，代表的是纯粹的死亡和与无尽的苦难。所以"天启四骑士"暗指人类的四大祸害：战争、瘟疫、饥荒和死亡。本书出于符合中国文化及更易于读者理解和阅读的考虑，将其意译为"四大天王"。

3   英特尔（Intel Corporation）是一家跨国半导体芯片生产商，它于1968年由罗伯特·诺伊斯（Robert Noyce, 1927-1990）、戈登·摩尔（Gordon Moore, 1929-　）和安迪·格鲁夫（Andy Grove, 1936-2016）在美国加州创立。英特尔是当今个人电脑微处理器的主要供应商，并通过积极的反竞争策略捍卫其市场地位。目前英特尔拥有雇员超过10万人，年收入逾600亿美元。

4   安迪·格鲁夫（Andrew "Andy" Grove, 1936-2016），犹太裔美国著名企业家、工程师，半导体行业的先驱，英特尔公司前CEO。格鲁夫参与了英特尔的创建，并主导公司在1980~2000年的成功发展，是硅谷的众多创业者包括乔布斯在内的偶像和导师。格鲁夫于1998年当选《时代周刊》年度世界风云人物。

5   《只有偏执狂才能生存》（Only the Paranoid Survive）是安迪·格鲁夫于1996年撰写的商业管理类图书。其核心内容阐述了追求更强竞争优势的公司永远不会停止步伐的观点。根据格鲁夫的说法，"商业上的成功包含了自身毁灭的种子"，成功会滋生自满情绪，自满会滋生失败，所以只有偏执狂才能生存。该书是公认的商业管理必读书，同时也当之无愧地被誉为"当代领导艺术的经典之作"。

6　达尔文主义（Darwinism）通常用以指称从自然选择视角解释地球上生命的历史与多样性的生物进化理论。尽管这一词中包含查尔斯·达尔文的名字，但也包含与其无关的思想。随着时间的推移，"达尔文主义"的含义已经发生了变化，这取决于谁在使用这个词语。

7　贝恩公司（Bain & Company）是一家著名的全球性管理咨询公司，它于 1973 年由前波士顿咨询副总裁比尔·贝恩（Bill Bain, 1937-2018）在美国波士顿创立。目前贝恩公司在全球拥有 56 所办公室，雇员超过 8000 人。贝恩公司在中国的北京、上海、香港设有 3 个办公室。

8　奥里特·加迪什（Orit Gadiesh, 1951-　　），以色列裔美国战略咨询顾问，现任贝恩咨询公司主席。2004 年以来，福布斯（Forbes）四次将她列入世界 100 位最有影响力的女性，《财富》杂志亦将她誉为"商业领域中最成功的女性"。加迪什著有《私募股权启示录》（*Lessons from Private Equity Any Company Can Use*），并提出利润池（Profit Pools）分析法等管理概念。

9　哈佛商学院（Harvard Business School, HBS）是哈佛大学（Harvard University）的研究生学院之一，提供全日制工商管理硕士（Master of Business Administration, MBA）项目、博士项目、HBX（HBS 于 2014 年提出的在线学习课程）和众多高管教育项目。美国教育界中流传着一种说法：如果说哈佛大学是美国所有大学中的一顶王冠，而王冠上那引人注目的宝石，就是哈佛商学院。哈佛商学院于 1908 年建立，是美国培养企业人才的最著名的学府，在美国 500 强企业里担任最高职位的经理中，有 1/5 毕业于这所学院。此外，哈佛商学院亦是 MBA 学位和案例教学法（Case Study）的发源地。哈佛商学院拥有哈佛商业出版社、哈佛商业评论，亦是贝克图书馆 / 彭博中心（Baker Library/Bloomberg Center）所在地。

10　潘卡基·格玛沃特（Pankaj Ghemawat, 1959-　　），印度裔美籍经济学家、战略家、演讲家和作家，在全球化研究方面享有盛名。格玛沃特创造了 DHL 全球连通性指数（DHL Global Connectedness Index）和 CAGE 距离框架（CAGE Distance Framework）。格玛沃特曾是哈佛商学院有史以来最年轻的教授，现供职于纽约大学斯特恩商学院（Stern School of Business at New York University）和 IESE 商学院（IESE Business School at University of Navarra）。

11　原文中对应的表述是普洛克路斯忒斯之床（Procrustean bed），普洛克路斯忒斯（Procrustes）是古希腊神话中的一个强盗。据公元前 1 世纪古希腊历史学家狄奥多（Diodoros，约前 80 ~ 前 29 年）所编《历史丛书》记述，普洛克路斯忒斯开设黑店，拦截过路行人。他特意设置了两张铁床，一长一短，强迫旅客躺在铁床上，身矮者睡长床，强拉其躯体使与床齐；身高者睡短床，用利斧把旅客伸出来的腿脚截断。他因这种特殊的残暴方式被称为"铁床匪"。后来，希腊著名英雄忒修斯（Theseus）在前往雅典寻父途中遇上了"铁床匪"，击败了这个拦路大盗。忒修斯以其人之道还治其人之身，强令身材魁梧的普洛克路斯忒斯躺在短床上，一刀砍掉了"铁床匪"伸到床外的下肢，为民除害。现在普洛克路斯忒斯之床按其形象意义，与汉语成语"削足适履""强求一律"的说法含义接近。

12 菲利浦·埃文斯（Philip Evans），管理咨询顾问、作家、商业演说家。他是波士顿咨询集团的高级顾问和研究员，并创立了 BCG 互联网与媒体行业的业务分支。其文章曾获得麦肯锡奖。此外，埃文斯亦在一些研究机构供职。

13 《追求卓越》（*In Search of Excellence*）是汤姆·彼得斯和罗伯特·沃特曼（Robert H. Waterman Jr.）撰写并于 1982 年出版的商业类图书。该书对 20 世纪 80 年代公司所使用的管理科学和艺术进行了探索，一经发售便成为有史以来最为畅销的商业类图书之一。《追求卓越》被誉为美国优秀企业的"管理圣经"，《福布斯》（*Forbes*）评价其为 20 世纪最具影响力的工商管理书籍。

14 鲍勃·沃特曼，即罗伯特·沃特曼（Robert H. Waterman Jr.），美国商业管理研究与实践专家。除与汤姆·彼得斯共同撰写的《追求卓越》外，沃特曼亦是《美国的明智之举》（*What America Does Right*）等商业管理类书籍和许多企业管理方面文章的作者。

15 麦肯锡（McKinsey & Company）是一家著名的全球性管理咨询公司，它于 1926 年由芝加哥大学（University of Chicago）会计学教授詹姆斯·麦肯锡（James O. McKinsey，1889-1937）在美国创立。创立之初，麦肯锡致力于将会计准则应用于企业管理，公司经过多次重组。目前为人所熟知的麦肯锡在马文·鲍尔（Marvin Bower，1903-2003）的领导下于 1939 年建立，在全球拥有 120 所办公室，雇员超过 25000 人。麦肯锡在中国北京、上海、深圳、香港、台北共设有 5 个办公室。

16 麦吉尔大学（McGill University）是一所加拿大公立研究型大学，它于 1821 年由国王乔治四世（King George IV，1762-1830）授予皇家诏令，以詹姆斯·麦吉尔（James McGill，1744-1813，蒙特利尔商人，于 1813 年成立了麦吉尔大学的前身麦吉尔学院）之名建立。麦吉尔大学培养了 12 位诺贝尔奖获得者（Nobel Laureates）和 144 位罗德学者（Rhodes Scholars），其在国际上声誉极高，研究水平享誉世界，被视为"加拿大哈佛"。

17 《战略管理》（*Strategic Management Journal*，SMJ，亦称《战略管理杂志》）是 1980 年成立的战略管理协会（Strategic Management Society）的官方期刊，每年由 Wiley-Blackwell 发行 13 期。《战略管理》是国际上企业战略管理理论与实践的权威期刊，主要讨论战略资源分配、组织结构、领导力、企业家精神、战略决策过程等主题。

18 比尔·盖茨（Bill Gates，1955- ），美国著名企业家、投资人、慈善家，微软公司（Microsoft Corporation）创始人。盖茨与保罗·艾伦于 1975 年创立了微软公司，该公司目前是全球最大的个人电脑软件公司。盖茨的商业策略曾遭到批判，并被认为具有垄断性质。在职业生涯后期，盖茨通过其基金会向各种慈善组织和科学研究计划捐赠了大量资金，并致力于全球的公益事业。

19 沃伦·巴菲特（Warren Buffett，1930- ），美国著名投资人、慈善家，伯克希尔哈撒韦（Berkshire Hathaway）董事长兼CEO，被认为是当今世界上最成功的投资者之一。他以坚持本杰明·格雷厄姆（Benjamin Graham，1894-1976）创造的价值投资理念而闻名。巴菲特亦是一位著名的慈善家，承诺将其99％的财富捐献给慈善事业。

20 罗德奖学金（Rhodes Scholarships）是世界上竞争最激烈的奖学金之一，有"全球本科生诺贝尔奖"之称，其获得者被称为罗德学者（Rhodes Scholars）。罗德奖学金由英国政治家、商人塞西尔·罗德兹（Cecil John Rhodes，1853-1902）于1902年创设，以帮助来自世界各地的学生前往牛津大学学习，并致力于为世界培养具有公共意识的未来领导者。目前有超过8000名罗德学者遍布世界。

21 马歇尔计划（The Marshall Plan），官方正式名称为欧洲复兴计划（European Recovery Program），是第二次世界大战结束后美国对被战争破坏的西欧各国进行经济援助、协助重建的计划，对欧洲国家的发展和世界政治格局产生了深远的影响。该计划于1947年7月正式启动，并持续了4个财政年度。在这段时期内，西欧各国通过参加经济合作与发展组织（OECD）共接受美国包括金融、技术、设备等各种形式的援助131.5亿美元。

22 贝克学者（Baker Scholars）是1973年由乔治·贝克（George F. Baker，1840-1931）的家族于乔治敦学院（Georgetown College）设立的一项针对本科生发展的计划。该计划致力于培养学生的商业领导潜力。

23 美国运通（American Express）是一家美国跨国金融服务公司，它于1850年在美国纽约由三家不同的快递公司合并而成。美国运通以其信用卡和旅行支票业务闻名，亦是美国道琼斯工业指数（Dow Jones Industrial Average）30家公司中唯一的服务性公司。美国运通目前拥有雇员超过5万人，年收入逾300亿美元。

24 eBay是一家位于美国加州的跨国电子商务公司，它于1995年由皮埃尔·奥米迪亚（Pierre Omidyar，1967- ）创立，并作为互联网泡沫的成功案例被广泛熟知。eBay目前拥有雇员超过1万人，年收入逾89亿美元。

25 联合技术公司（United Technologies Corporation）是全球多元化制造企业之一，主要为全球航空航天和建筑业提供高科技产品和服务，它于1850年在美国康涅狄格州成立，旗下包括开利空调、奥的斯电梯、普惠飞机发动机等专业领域的领先公司。联合技术公司亦是一个大型军事承包商，其约10％的收入来自美国政府，公司目前拥有雇员超过20万人，年收入逾500亿美元。

26 施乐公司（Xerox Corporation）是一家跨国商业印刷与数字化文件解决方案提供商，它于 1906 年在美国康涅狄格州成立。旗下的帕罗奥多研究中心是众多现代计算机技术的诞生地，其相关成果包括个人电脑、激光打印机、鼠标、以太网、图形用户界面等，也是乔布斯开发图形界面电脑的灵感来源。在亚太地区，施乐公司与富士胶片合资运营富士施乐（Fuji Xerox）品牌。作为一家巨型成熟企业，施乐公司一直被列入世界 500 强（Fortune 500）。目前，施乐公司拥有雇员超过 3 万人，年收入逾 100 亿美元。

27 莱特（Jay Owen Light）是前哈佛商学院第九任院长（2006-2010）。他于 1970 年从哈佛商学院获得博士学位。目前，莱特是黑石集团（The Blackstone Group）和美国医院集团（Hospital Corporation of America，美国规模最大的营利性连锁医院之一）的董事会成员。

28 比尔·贝恩（Bill Bain，1937-2018），美国企业家，贝恩公司及贝恩资本（Bain Capital）创始人。在成立贝恩公司之前，贝恩是 BCG 的副总裁。

29 本杰明·内塔尼亚胡（Benjamin Netanyahu，1949-   ），以色列现任总理，政治家、军人。内塔尼亚胡自 1988 年从政以来，曾在 1996~1999 年担任以色列总理，并于 2009 年再次当选后连任 3 届至今。内塔尼亚胡对以色列的经济发展具有重要影响和突出贡献，被形容为"自由市场的倡导者"。

30 德古拉伯爵（Dracula）是以吸血鬼为题材的小说和电影中常见的虚拟人物，原型来自中世纪时外号为"穿刺者"（Țepeș，意为刺棒）的瓦拉几亚大公弗拉德三世，弗拉德三世在 1456~1462 年统治现在的罗马尼亚地区。他的父亲弗拉德二世被称为"dracul"（罗马尼亚语"龙"），也被称为"龙之大公"，他因此得名"德古拉"（Dracula），意为"龙之子"、"小龙公"或"龙公子"。据传说，弗拉德三世有见血发狂的病症，同时还有用尖木桩虐杀战俘的残忍行为，当时的敌军奥斯曼土耳其人曾在德古拉城堡前看见两万人被插在长矛上任其腐烂，尽管多数人将德古拉视为虚构的嗜血怪物，但罗马尼亚人仍将他视为民族英雄。

31 微软（Microsoft Corporation）是一家著名的美国跨国科技公司，全球个人电脑软件开发的先驱，于 1975 年由比尔·盖茨和保罗·艾伦在美国华盛顿州成立。微软是目前最大的电脑软件提供商之一，凭借其 Windows 操作系统和 Office 系列软件闻名于世。微软开创性地利用其在电脑操作系统市场上的份额优势，通过捆绑销售，扩大其他软件的市场份额，其中以微软网页浏览器（Internet Explorer）最为著名。也正是因为这种行为，自 1997 年起，微软陷入与包括美国联邦法院在内的多个政府机构有关的反垄断案件。20 世纪 90 年代以后，微软不断多元化其产品结构并进行了多次收购，其中包括 2011 年以 85 亿美元收购 Skype（一款著名的即时通信软件）和 2016 年以 262 亿美元收购领英（LinkedIn，一个著名的职场社交平台）成功推动了公司的互联网转型。微软目前拥有雇员超过 12 万人，年收入近 900 亿美元。

32　谷歌（Google LLC）是一家著名的美国跨国科技公司，于 1998 年由拉里·佩奇
（Larry Page，1973-　）和谢尔盖·布林（Sergey Brin，1973-　）在美国加州共
同创立。谷歌自成立以来发展迅速，除其世界闻名的谷歌搜索引擎之外，谷歌公司
还涉足软件开发、云服务、社交网络、人工智能、自动驾驶、投资等领域。谷歌要
求工程师每周都花一天时间在个人感兴趣的项目上，这种近乎强制性的要求造成谷
歌公司内多种新产品的出现。2006 年，谷歌以 16.5 亿美元的股票收购 YouTube（一
个著名的视频分享网站）。2015 年，谷歌宣布对其企业架构进行调整，并创办了
一家名为 Alphabet 的"伞形公司"（Umbrella Company），随后谷歌成为 Alphabet
旗下子公司。谷歌目前拥有雇员超过 7 万人，年收入超过 900 亿美元。

第 二 章 | **布鲁斯·亨德森：定义战略的主题**

"一间房，一张桌，没电话，没秘书。"1963 年 7 月 1 日，BCG 就这样开始正式营业了，公司的官方历史这样记载着。作为波士顿平安储蓄信托公司[1]（Boston Safe Deposit and Trust Company）管理咨询部的创始人，布鲁斯·亨德森是这个部门当时唯一的员工。不过如果你看过亨德森那时候的简历，你肯定不会认为他是一个企业家。事实上作为创业者，这个 48 岁的男人此前一直在成熟型公司里工作。

● 早期的探索

1915 年 4 月 30 日出生在田纳西州纳什维尔的布鲁斯·亨德森，是一位《圣经》出版商的儿子。他的父亲拥有西南出版公司。这家公司的历史可追溯到 19 世纪 50 年代，并一直号称是美国历史上最早开展"直销"业务（挨家挨户登门推销）的企业。青年时代的亨德森曾跟朋友聊起过他的父亲，说他父亲虽然给消费者营造出自己每天都会研读《圣经》的刻板形象，但是现实中并非如此。亨德森与父亲的关系也算不上融洽，其一生与权威人士矛盾不断，我们或许也可以从中找到一些原因。从早期的职业生涯来看，他的主要工作就是采购，这是一个对于销售人员颇有权势的职位。

尽管亨德森偶尔会到父亲的公司去帮忙销售《圣经》，但通过在弗吉尼亚大学[2]（University of Virginia）的学习，他还是选择了与父亲截然不同的人生方向，觉得自己或许可以成为一名律师。但最终他在 1937 年拿到了范德堡大学[3]（Vanderbilt University）的机械工程学士学位。自此，工程学科的学位就成了"战略之王"的"标准配置"。

亨德森的第一份正式工作，是在通用汽车的冰箱分部[4]。这不仅是他的第一份正式工作，也让他尝到了大型公司破产的滋味。在仅仅入职 9 个月之后，他就被辞退了。据他自己回忆，被辞退的部分原因是公司的一次裁员，亨德森所在部门的 13500 名员工被裁掉了 6300 人。不过亨德森倒也并不沮丧，经过几番尝试，他从一位前辈那里得到了一个去 IBM 工作的机会，不过最后他还是放弃了这个机会，去了位于俄亥俄州代顿的利兰电器有限公司（以下简称"利兰电器"）。

利兰电器是一家规模较小的企业，但当时作为全美领先的汽油泵用防爆电机生产商，利兰电器主导了这个市场，公司在这项业务上甚至和体量较大的竞争对手西屋公司难分高下。利兰电器是如何做到的呢？亨德森一直在思考这个问题。他在利兰电器总部的职责，就包括搜集和整理所有公司销售团队的往来通信资料，而其中的销售报告也形成了稳定而丰富的数据流，包括产品的报价和卖价、订货量和客户的特殊要求等信息。有了这些数据，亨德森就用上了自己在大学里学到的两个重要思维习惯：第一个习惯源于他在范德堡大学上过的微积分课程，这是他自认为所学的最重要的课程，因为这让他能够乐于持续观察那些同步发生变化的现象，即当一个因素发生变化时，其他因素将会发生怎样的变化；第二个习惯是钻研商业模式和市场运转机制，这是他在弗吉尼亚大学上经济学课程时养成的，令人吃惊的是这个习惯导致他毕生蔑视传统经济学理论。

在两种思维习惯的滋养下，亨德森的好奇心不断膨胀，他开始寻求继续深造的机会，一个特别的偶然事件使他做出了选择。据说，那是在一个寒冷的夜晚，一个朋友问亨德森是否有兴趣一起去参加一场当地哈佛俱乐部举行的活动。当天的演讲者正是在准备重建麦肯锡的马文·鲍尔[5]（Marvin Bower）。作为哈佛法学院和哈佛商学院的校友，鲍尔在演讲中多次提到了哈佛商学院，这引起了亨德森极大的兴趣，最终这个年轻人决定向哈佛商学院递交申请。

后来，亨德森被哈佛大学录取，成为哈佛商学院 1941 级学生中的一员。然而，在通过了所有课程考试，距离毕业只有 90 天的时候，他却选择了退学。关于退学的原因，他自己谈的并不多，不过与他相熟的人还是提供了一些有关动机的信息。其中最主要的原因，还是西屋公司给了他一个很好的但需要尽快到任的职位。在"二战"期间一切都变得紧缺的背景下，一份好的工作显得弥足珍贵。然而，选择离开学校并不意味着他不看重自己与哈佛商学院的联系。他喜欢谈及自己因为退学而成为班级里的"风云人物"，并且和学院的教职员工一直保持着很友好的关系，还应邀参加了学院的课堂演讲，而且，在公司的聘用惯例上，他也会给哈佛商学院毕业的 MBA 很高的起薪。

亨德森后来在西屋公司工作了 18 年，大部分时间都是在采购部门，并在 1953 年被公司提拔为副总裁。但对于他长期的职业生涯和成功的经历而言，不管是亨德森本人、有关他的书面材料，还是 BCG 的同事，都很少提到他在西屋公司的经历和所学的东西。不过，从我们的角度来看，或许下面这段小"插曲"可以管窥一二。

在职业生涯早期，有一次亨德森碰巧和公司总裁共进晚餐，其间他和总裁聊到了自己的职业背景。三天后，他就被分配到了小型电机部门。这个部门负责公司种类相当广泛的一系列产品，其中包括和利兰电器竞争的产品线。亨德森对于自己在利兰电器工作的经历记忆犹新，他把利兰电器的产品成本、价格、保证金等信息通通拿出来和西屋公司进行对比，这让他有了令自己惊讶的发现。

西屋公司的汽油泵用防爆电机的售价和市场主导者利兰电器相差无几，但是利兰电器能从电机的销售中获得盈利，而西屋公司则始终亏损。早在 1776 年，亚当·斯密[6]（Adam Smith）在《国富论》[7]（The Wealth of Nations）中就指出过分工的优点。到了 19 世纪 90 年代，英国经济学家阿尔弗雷德·马歇尔[8]（Alfred Marshall）更概括了规模经济（Economies of Scale）效应的概念。然后，20 世纪 20 年代，亨利·福特则向世界宣告了大规模生产（Mass Production）方式在降低产品价格方面的巨大潜力。但那时的经济学家并没有将他们的研究细化到可以用于对比企业之间的差异，而只假设两家经营相同业务、生产相同或相似产品的企业，势必应该拥有几乎相同的成本。一位那个时代的制造企业高管总结了当时的普遍看法："你的成本就是你们的成本。也就是说，如果你和别人采购同样的原材料，雇用工人的成本也和别人相同，那你的总成本势必也跟别人是一样的。"所以这里的隐含假设就是：你无法改变自己的成本。

为什么西屋公司对一个亏钱的产品如此坚持？因为公司需要抢占整个系列产品的市场。亨德森后来有些不屑地解释说："这源于企业文化（Organizational Culture）。"而他自己的测算却得出一个相当讽刺的结果。西屋公司和利兰电器各自都有不少产品业务既不比对方的规模大，也不比对方更赚钱。如果这两家公司简单地互换失败的产品线，那么在销售额没有增加且成本没有改变的情况下，它们都会发现自己的总利润会提高10%，用亨德森的话说，这简直就是"巨幅增长"。而这个见解也预示了一个更广泛的结论。"几乎所有我所知道的公司都有大量它们本不应该涉足的业务。"亨德森在1985年说。后来这个结论也在战略革命中占据了相当重要的位置。

亨德森将他的考察重点放在监督西屋公司的采购工作上，他发现供应商的成本跟公司的产量密切相关，所以亨德森要求供应商必须按照公司的采购规模来相应降低价格。同时，他还建立了一个由顾问、工程师、科学家和其他高管组成的非正式交流网络，在这个网络中，他可以和这些人自由讨论和分享关于价格、成本与竞争的各种想法。更有意思的是，这个体系还可以解释一些供应商的行为逻辑。但这还不足以让他获得进一步升迁，而他的雄心壮志、日益强烈的好奇心以及偶尔的偏执却开始让他与上司摩擦不断（在1992年亨德森追悼会上，第一个发言人提起他时说："他通常是一个不太好相处的人。"）1959年，亨德森离开了西屋公司，这是他又一次被解雇的经历，他加入了位于马萨诸塞州剑桥的理特咨询公司[9]（Arthur D. Little，ADL），成为公司管理服务部门的高级副总裁。

ADL以其创立者麻省理工学院[10]（Massachusetts Institute of Technology，MIT）教授亚瑟·迪宏·理特[11]（Arthur Dehon Little）命名，其历史可上溯至1886年，所以这家公司一直以来也被认为是创立最早的管理咨询公司。纵观其历史，它的主要业务是为公司和政府提供技术研究方面的支持服务。ADL 的总部大厅中曾长期陈列着一些丝织钱包，这些钱包就是 ADL 的科学家用从母猪耳朵，准确地说是从许多猪耳朵中提取的明胶编织的产品。长期以来，这一直被作为公司的闪光点在宣传，但根据《波士顿环球报》报道，当 ADL 在 2002 年宣告破产时，为了清偿公司的债务，这个由 ADL 早期顾问所取得的非凡成就竟然被作为资产拍卖了，不得不令人有些惋惜。

亨德森承认虽然他"当时对于咨询行业一无所知"，但是 ADL 还是给了他很多重要的任务，包括壳牌石油[12]（Shell Oil Company）和联合果品公司[13]（United Fruit Company）的项目。后来亨德森也一直强调 ADL 是一家"伟大的公司"，但是公司的工作并没有提供一个他一直在寻找的可以尝试各种新奇想法的平台。

当步入中年之时，他的独立思考，或者说偏执也变得越发强烈。同时，他也陷入了 ADL 的领导权争夺战之中。詹姆斯·加文将军（General James M. Gavin），作为"二战"时的伞兵指挥官而久负盛名，1957 年他从军队退休后，加入 ADL 成为公司领导。1961 年，加文离开 ADL 并就任美国驻法国大使。在他两年后回归时，亨德森希望能够获得更多权力，却被加文拒绝。因此，不久之后，亨德森就离开了 ADL。

● 市场细分的秘密

亨德森还在 ADL 的时候，就认识波士顿平安储蓄信托公司和它的 CEO 威廉·沃尔巴赫（William W. Wolbach）。这家公司长期以来一直在管理洛厄尔家族[14]（The Lowell Family）的资产，但沃尔巴赫期望通过引进新的业务唤醒这家死气沉沉的公司。他和亨德森一致同意成立一个新的管理咨询部门，并由亨德森来领导。其实由这样一家公司来开展咨询业务是一个非常奇怪的选择，因为波士顿平安储蓄信托公司并不是一个有企业客户的银行，因此没法给咨询业务提供客户。但正如 BCG 后期领导人曾经提到的那样，当他询问亨德森创立公司时所追求的是什么时，亨德森的回答简单而干脆："你要知道，我当时没有工作。"

亨德森创业时两手空空，他既没有商业计划，也没有客户清单。结果在第一年，他接的都是些大杂烩型的任务，比如，为一家美国中西部公司进行背景调查（Due Diligence），为一家市场研究公司在波士顿地区做调研，以及进行一项关于办公室纸张购买影响因素的研究。然而，公司的销售额从第一个月的 500 美元开始逐月翻番。

除了痴迷于那些可以解读商业竞争机制的概念以外，亨德森还对人才的选择有着独到的眼光。他雇用了一个教授作为兼职资深顾问，而吸引这位教授的则是亨德森对于商业理念的神往。

亨德森雇用人的条件并不墨守成规。艾伦·扎肯，曾经是波士顿大学金融系的副教授，后来接替亨德森成为 BCG 的总裁，他描述了自己在 1966 年第一次和亨德森通电话时的情景：

> "我是亨德森，希望你能和我一起做一些咨询方面的工作。"
>
> "很好。"
>
> "你期望的薪水是多少？"

扎肯那时收入微薄，但听到亨德森说公司前途无量，便开始期望得到更高的报酬：

> "日薪 125 美元。"
>
> "天哪，太高了！"亨德森大叫道。"将你的年收入除以 365，乘以 4，再加上 22。"

扎肯提出了异议，后来承认如果他知道咨询行业（Consulting and Advisory Industry）在干什么，他是绝对不会入行的。在经历了长时间的沉默之后，亨德森终于答应："我会每天付给你一百美元，明天来吧。"扎肯也同意了，并在第二年成为 BCG 的全职员工。

1964 年早期，这个初创团队终于迎来了他们的第一个大客户——诺顿公司。这是一个拥有 90 年历史的跨国公司，它的工厂已经成为公司发源地马萨诸塞州伍斯特市的主导产业。不过诺顿公司（Norton Company）的产品并无新意，主要是砂轮。这个家族企业引以为傲的是一堆令人眼花缭乱的砂轮产品，有些销量巨大，比如供给汽车制造商的产品，其他则少量地卖给各种专业化制造商。

正如西屋公司和它的电机产品系列一样，诺顿公司产品的多元性是一个问题。而小型的竞争对手通过专注于大批量产品的生产，以低价抢走了诺顿公司当时最大的客户。诺顿公司发现自己正处于一个非常尴尬的境地：产品售价在竞争中不断下滑，产品的平均成本却在逐步上升。

诺顿公司的境遇首次为咨询顾问呈现了一个以后经常会遇到的问题——市场细分（Market Segmentation）问题。问题的实质是，综观你所面对的所有市场以及你的产品和服务所面对的所有顾客，你到底应该如何对市场进行有效切分，才能确定哪些可以赢利，哪些不能赢利？是按照顾客类型、产品特点来切分，还是按地理位置来切分，或者将这三者综合考虑？（任何断言"价格中减去成本就等于盈利"的人，肯定没在大公司工作过）

时至今日，在经历了近 40 年泛泰勒主义的洗礼之后，面对计算机巨大的数据消化能力，市场细分虽然在个别情况下仍然很棘手，但已经不是不可逾越的困难了。30 年来，战略咨询顾问们发现，如果想向潜在客户的 CEO 推销业务，那最优策略无非是问："你是否真的清楚公司各个部门所做的业务到底有多少和公司最大的客户有关？这些业务的赢利情况又是怎样的？"通常，那些回答也具有高度相似性并伴随些许惭愧："好吧，你确实说到了点子上……"

亨德森和他的顾问设计的解决方案被称为诺顿计划。这个计划融合了生产经济学、金融学，和对诺顿公司及其客户资本成本（Cost of Capital）的深入思考。20 世纪 60 年代，公司仍然担心违反 1936 年通过的《罗宾森 - 帕特曼法案》（Robinson-Patman Act），因为这个法案规定一家公司对不同客户进行同物不同价的销售是违法的，涉嫌价格歧视。而诺顿计划则为诺顿公司及其主要客户设计了一系列精巧的合约：这些客户在同类产品上需要支付给诺顿公司比竞争对手更高的价格，而诺顿公司则会提供小型竞争者无法提供的售后服务来帮助客户盘活库存。从这个项目亲历者的回忆来看，诺顿计划是成功的：不仅诺顿公司接受了这个建议，新的合约也在某种程度上挽回了公司不断被侵蚀的市场份额。

● 理念营销专家

1964 年末，波士顿平安储蓄信托公司管理咨询部已经有了 6 名雇员，但它仍然默默无闻。所以，为了获得市场的关注，管理咨询部在当年实施了两个极富创造性的计划，正如公司一位早期的合伙人所言："我们发明了商业理念的零售营销方式。"这个创举也开启了咨询公司竞争模式的转变：BCG 将开始围绕商业理念而不是公司的悠久历史或某些资深合伙人的专业性来构建自身的业务。

第一个创新就是后来广为人知的《管理新视野》（BCG Perspective），汇集了一些 800 字左右短小精悍的文章，这些文章的主要内容一般是新的商业观点或被反复讨论的商业问题，册子的大小刚好可以放到大衣口袋里，因此非常便于携带和阅读。在那个时代，咨询顾问还很少有机会在《哈佛商业评论》上发表文章，所以一些咨询公司开始尝试出版自己的期刊。例如，ADL 有《棱镜》[15]（Prism），麦肯锡则在 1964 年创立了《麦肯锡季刊》[16]（McKinsey Quarterly），这些期刊非常适合留给客户阅读，只是还没有人尝试用诸如"商战中的边缘政策"和"负债累累或无债一身轻"这样直戳要害且炮火猛烈的标题来吸引客户的注意力。

《管理新视野》的最初意图是办成类似《读者文摘》[17]（Reader's Digest）风格的刊物，将其他地方出版的企业管理文章进行浓缩和总结。事实上，第一期《管理新视野》就是 1963 年《哈佛商业评论》文章《如何评估公司战略？》的精简版，并由西摩·蒂尔斯（Seymour "SY" Tilles）发布，他原来是哈佛商学院的讲师，后来加入 BCG 就任资深岗位。很快亨德森意识到，出版其他人的作品并不能实现他和咨询顾问们所追求的理想。所以他开始亲自撰文并偶尔也让同事来完成一篇。

在接下来的十年里，BCG 公开印发了超过 400 期《管理新视野》，在巅峰的时候甚至达到一年 15 期。一些合伙人计算后发现，这些文章的阅读受众已经和《商业周刊》[18]（Bloomberg Businessweek）不相上下，特别是在大量"商业圣经"和"企业信条"层出不穷的今天，回过头来重新阅读这些早期的文章的确相当受启发。亨德森文笔简洁、叙述有力、毫无粉饰，冷静而不带主观色彩的阐述也让人耳目一新。"如果一个商业人士可以理解成本与经验的关系，那他就可以预测未来的成本走向""市场份额的优势可以直接体现在相对成本上"，从这样的表述来看，显然作者本人对这些观点也深信不疑。

即使是在其他方面被亨德森逼得发疯的同事，也承认亨德森确实是一个非常好的撰稿人，他相当努力，几乎每篇《管理新视野》都被他至少修改过 10 ~ 15 次，并在专业编辑协助下尽可能完善作品。1964 年末公司的 6 个员工中就有一个是全职编辑。不过他犀利的写作风格与他偶尔在口头表达上的语无伦次形成了相当奇特的对比。

亨德森非常讨厌在争论中失败，但是因为被越来越多的聪明人围绕，亨德森的不安全感与日俱增。一旦感觉受到威胁，亨德森会采用"乌贼战术"退却，就是用夹带着一些高级观点但含混不清的表述来进行搪塞。"他会给你一种感觉，也就是只有他能在宏观上把握住方向，而你不能。"亨德森的一个仰慕者如是说，"即便是他自己也不知道自己在说什么"。所以其他同事将其称为亨德森不确定性定理，在这里我们只能对海森堡[19]（Werner Karl Heisenberg）表示歉意了：或许你能理解布鲁斯正在说的东西，或者你对他想说的东西有点感觉，但你不可能同时做到这两个事情。

但在《管理新视野》中，亨德森的观点清晰明了，他犀利的风格也找到了新的释放方式，即对某些权威人士的固有观念和传统思维展开激烈批判。在 1984 年合辑的介绍中，虽然他的口吻比以往有所缓和，但仍然一针见血地总结了这些权威人士的意图："一些资深经理人深信不疑的观点并没有得到证据的支持……只有那些有敏感度的内容才值得深入讨论……我们之所以特意挑选出那些主题，就是因为它们有着显而易见的敏感性和重要性，并且与企业竞争的决策密切相关。"

布鲁斯·亨德森是个颠覆者，而战略本身也充满颠覆性，或者用某个聪明人的话来说，"战略就是变革"，而并不是你想要的当一天和尚撞一天钟的生活。

还有一个重要的营销创新，就是公司在 1964 年推出的仅限受邀人士参与的商务论坛。商务论坛、"博览会"以及"思想领袖峰会"如今已经相当普及，以至于随便向窗外扔一颗鸡蛋都能砸中一个正在去参加这类会议的人。不过这似乎已经让人们忘了，这类活动的历史其实并没有多长，那些负责邀请演讲者并组织活动的人，可以证明其历史不会超过 30 年。1971 年在达沃斯小镇创立的世界经济论坛[20]（World Economic Forum），最初目的就是将美国最新的商业思维引入欧洲，而这一背景现在已经鲜为人知。

1964 年，BCG 在马萨诸塞州戴德姆市麻省理工学院的爱迪科特宾馆举行了一场研讨会。会议的主题是长期规划，这是一个顾问们认为颇受关注的主题。这个主题的产生受到罗伯特·麦克纳马拉[21]（Robert Strange McNamara）和"精明小子"[22]（Whiz Kids）的启发。麦克纳马拉在就任国防部部长之前曾经在福特汽车公司工作过一段时间，并帮助福特公司改进过公司的规划体系。这场研讨会一共吸引了 8 位客人，其中有 4 位是有一定规模的公司的副总裁。在西摩·蒂尔斯的主持下，讨论的气氛相当热烈，不过在顾问们看来，这次活动让他们比从业人员学到了更多。当年，BCG 就已经开始为 6 个参加这个活动的公司服务了。

当然，研讨会本身也有一些问题，如活动主题的策划和整体的设计等。正如亨德森后来在公开场合说到的那样，他其实对规划并不太感兴趣，因为他不认为规划能起到什么作用，所以不想花费时间在那些头衔是规划师或含有规划字眼的人上面。虽然他和同事还没有为战略给出明确定义，但是他已经意识到有些东西是公司迫切需要搞清楚的，比如，他们相对竞争者的位置，以及应该如何应对竞争者的行动，等等，而这些问题显然没有被包含在绝大多数公司的规划中。

所以战略和规划的差别，或者说所谓的战略规划（Strategic Planning），正是大部分"战略之王"瞄准的方向。有些顾问和学者可能会就两者的差别提出异议，我们不妨问他们如下问题：你到底想让谁做你的客户或者研究对象，是一家公司的 CEO 还是它的企业规划师，如果公司确实有这个头衔的话。总之，麦肯锡、贝恩公司和 BCG 在这个问题上都有相当明确的答案，它们只关注公司的 CEO。而对于规划的关键，读者应该去参考一下现代管理学的一部非常重要的作品——加拿大学者亨利·明茨伯格撰写的《战略规划的兴衰》[23]（*The Rise and Fall of Strategic Planning*）。

第一次研讨会在设计上的问题在于，与会者的目的并不是与其他人交流，而是获得一些新的观点并带回自己的公司。幸运的是，亨德森和他的同事一开始就注意到了这个问题。

● 崛起的故事

1965 年，波士顿平安储蓄信托公司管理咨询部面临改名的问题。正如公司历史记载的那样，BCG 的顾问通常会被开门见山地问到三个同样的问题："除了为银行客户工作，你们还为其他客户服务过吗？你们除了金融咨询之外还会做些什么？你们从服务中获得报酬了吗？"但是，不管怎么说，BCG 还是诞生了，虽然仍隶属同样的母公司，但名字的改变似乎还是带来更好的运气，因为新公司已经确定了自己的主攻方向——战略。

"战略"这个词，根据牛津英语词典的解释，源自希腊语 Stategos，意思是"将军的命令或其所在的地点"。它所展现的是一个戴着白色头盔的荷马史诗式的人物，以及他在敌人重装部队越过山头时调动自己军队出战时的形象（不过根据标准的军事用法，一旦敌军出现在视野中，剩下的就都是战术问题了）。因此，保有一定的战场指挥气息，是"战略"这个词如今能够被公司管理层广泛应用的重要原因。

19 世纪早期，"战略"一词就开始被军事理论家使用，主要的使用者是卡尔·冯·克劳塞维茨[24]（Carl Von Clausewitz），但直到 20 世纪中叶，这个词才被纳入公司的话语体系，并开始以各种形式出现。哈佛大学的潘卡基·格玛沃特注意到新泽西贝尔公司[25]（New Jersey Bell Telephone Company）的 CEO 切斯特·巴纳德（Chester Barnard）在其 1938 年出版的经典著作《管理层的功能》[26]（*The Functions of the Executive*）中呼吁人们关注"战略性的因素"。1950 年，《财富》杂志的顶级撰稿人约翰·麦克唐纳在写一篇关于扑克的文章时，也对博弈论进行了深入思考，进而出版了《论战略：在扑克、商业和战争中的应用》（Strategy in Poker, Business, and War）。

到了 20 世纪 60 年代中叶以后，"战略"一词才开始在管理学界流行起来，尤其得到了那些经常思考公司规划和组织的人的热捧。1962 年，历史学者阿尔弗雷德·钱德勒（Alfred D. Chandler Jr.）出版了一本经典著作《战略与结构》[27]（*Strategy and Structure*），里面描述了诸如通用汽车[28]（General Motors Corporation）和杜邦（DuPont）[29]这样的美国企业巨头，依据自身的战略逐步展开业务的过程，从而将一个围绕各种职能（生产、营销）组织起来的庞然大物发展成事业部（Business Division）的形式，即每个部门都从事独立的业务。

但是，钱德勒关于战略的定义，对那些巨头的模仿者而言却没有太多的指导意义。"战略可以被定义成一种长期目标和企业的客观目的，以及为实现这个目标需要整合的资源和采取的行动。"他已经从许多不同的来源熟悉了这个词语和主题。或许只有那些痴迷者才会对这种螺旋交错的商业思想史感兴趣。1956 年，麦当劳[30]（McDonald's）雇用了钱德勒和一个在麻省理工专攻美国产业史的年轻学者，而这个年轻学者后来成为钱德勒和阿尔弗雷德·斯隆[31]（Alfred P. Sloan）的研究助理，并支持他们合著了一本关于通用汽车的书，这本书就是后来的经典著作《我在通用汽车的日子》[32]（*My Years with General Motors*）。

如果说钱德勒对于战略的定义比较宽泛的话，那伊戈尔·安索夫（Igor Ansoff）在他 1965 年出版的《公司战略》[33]（*Corporate Strategy*）中对战略的定义则过于细致甚至有些过犹不及。安索夫是一个数学博士，他在兰德

公司 [34]（Rand Corporation）工作过一段时间，并曾以资深公司规划师的身份服务于洛克希德公司 [35]（The Lockheed Corporation），后来加入卡内基 - 梅隆大学 [36]（Carnegie Mellon University）。安索夫的想法在某种程度上与哈佛商学院正在进行的思考很相似，即战略的目的是使公司的能力与其环境中的机会相匹配。在书的结尾，他将读者置身于整个规划过程之中，并在一页纸上列出了 57 个在制定规划时需要考虑的目标和因素，而且每一个都要按照正确的顺序进行，就好像《爱丽丝梦游仙境》[37]（Alice's Adventures in Wonderland）中的回转箭一样精准。

至此，虽然业界对于战略的兴趣越来越浓厚，但是企业战略的概念仍然处于一个唇枪舌剑的混乱状态，而此时亨德森和他的同事也在讨论 BCG 的潜在关注点。和其他公司的创业故事一样，BCG 的创业故事中包含着一些偶然的事件和很多奇闻逸事。其中一个故事是，亨德森和同事在公司发展方向上发生争论，当亨德森最终决定将战略作为他们的主攻方向时，其他人表示反对："根本没有人知道我们说的是什么。"亨德森则回应道："这才是妙处所在。因为我们可以自己来定义它。"而这也成为首份《管理新视野》的主题。

• 战略：泥塘中建立的大厦

在创业的整个过程中，亨德森和他的同事都从时代精神的转变中获得巨大的鼓舞。在作品出版 20 年后，彼得·德鲁克说起他在 1964 年出版的《成果管理》[38]（Managing for Results）的原名其实是《商业战略》，只是出版商说服他改了标题，因为他们问过的每个人都说战略是"属于军事或者政治运动领域的概念，而与商业无关"。虽然德鲁克也曾试图用学者特有的谦虚风格来进行申辩"这将会是第一本有关商业战略的书"，但他也对标题的调整乐见其成，因为"成果管理"的确更能准确传递他在书中想表达的观点——"商业活动存在的目的就是在市场和经济中创造结果"。

时至今日，几乎所有职业经理人的简历都会对外宣称自己是一个"结果导向"的人，翻译过来就是，你可以依靠他们来完成业绩指标。所以，的确需要花一些体力将人们拉回过去那个时代。在过去"商业以获得结果而存在"的说法还是能够获得相当多的关注的。同样的事实也适用于这样一个概念，即一个企业可以积极并且有意识地进行管理直至达成理想的结果，这也是德鲁克一直坚持的观点，并在其 1954 年出版的《管理的实践》[39]（*The Practice of Management*）中第一次完整叙述。而理顺旧有的迂腐观念，并在公司经理人中注入一种全新的进步商业意识，则是这次战略革命最重要的任务和使命。

但是在这之前，是不是企业的高管就很失职呢？难道约翰·D．洛克菲勒、J.P. 摩根以及其他大型公司领导者做得不够好吗？一个简单的回答是，我们并不是在讨论洛克菲勒或摩根的思维方式，毫无疑问他们在任何时代都是精英，而我们讨论的是 20 世纪中叶的一般职业经理人的未来。因为当时的观察还不足以说明，美国的资本主义已经在法律和规章制度的重压之下变得日渐高尚，以至于可以阻止另一家像 J.P. 摩根[40]（J.P.Morgan & Co.）一样的巨无霸的出现，或者面对战后复苏的经济膨胀和欧洲与日本竞争对手的相继消失，美国企业能够实现高速发展。

格玛沃特在《战略和商业远景》[41]（*Strategy and the Business Landscape*）一书中讲述了一个企业对规划产生兴趣的历史故事，我觉得这可以作为判断公司战略意识开始进化的初步证据。就他所描述的，就 17 世纪中叶到 18 世纪中叶的第一次产业革命而言，市场是野蛮、带有竞争性且不惜代价的，整个市场上绝大多数都是小公司，所以形成了完全竞争的市场结构。公司对于能否影响市场环境或塑造自己的未来缺乏足够的自信。而根据亚当·斯密的观点，在这一时期"看不见的手"[42]（Invisible hand）发挥了推动市场发展的重要作用。

而这样的局面在第二次产业革命到来之时发生了改变，重工业在 19 世纪下半叶的美国开始出现。19 世纪 50 年代，铁路的大发展更使得"构建大型市场成为可能。格玛沃特认为大型市场就是为大型公司而生，并使得大公司能够利用"生产的规模经济和分配的范围经济"来构建自身的竞争力。那些历史上从未出现过的大型企业，终于开始有能力为经济远景制订大型战略了，就像洛克菲勒在石油行业和卡内基[43]与 J.P. 摩根在钢铁行业中表现出来的那样，这些公司需要大量的工厂，并通过科层体制进行组织安排并展开协作，以确保一切都在掌控之中，所以钱德勒机智地将其称为职业经理人（Professional Manager）的"看得见的手"。

但这只"看得见的手"需要更明智的指导，也需要用新的思想进行武装，从而在国家层面上思考业务发展和竞争问题，亨利·福特在 20 世纪 20 年代通过引进现代化大型生产技术而成为汽车行业的领头羊。但阿尔弗雷德·斯隆之所以能够在 20 世纪 30 年代带领通用汽车超越福特汽车取得领先地位，也是因为通用汽车意识到市场已经大到需要以雪佛兰[44]（Chevrolet）、庞蒂亚克[45]（Pontiac）等不同品牌来满足不同消费者的不同需求。

正像格玛沃特观察到的那样，"二战"为战略规划的发展提供了足够的契机，也提供了新的工具。因为那时全美国的产业都被重新定位于战争生产的状态。"运筹学"（Operations Research）也开始发展。时至 20 世纪 50 年代，有很多将在未来战略革命中得到广泛应用的先锋思想和分析技术逐渐萌芽。

但是，哪里才有使用这些思想和技术的动机呢？或许公司的命运由自己主宰的强烈理念已经建立，而且你已经开始喜欢它了？彼得·德鲁克开始发声，虽然他的声音仍然没有得到回应。正如格玛沃特所言，德鲁克"注意到经济理论长期将市场视为非个人的力量，认为市场超越了个体企业家和组织所能控制的范围"。这不够正确也不够好，这个睿智老人开始警告和争论，下面是德鲁克的原话，管理"隐含了试图塑造经济环境的责任，以及通过规划启动和推进经济环境不断改变的力量，在这一过程中，管理也将不断地抵消经济环境对企业自由活动的限制"。

但是，随着那些严肃而激励人心的信息不断传到人们的耳畔，战后繁荣带来的舒适也让人们闭目塞听、惰于行动。1956 年，《财富杂志》撰稿人小威廉·怀特出版的《组织人》[46]（The Orgainization Man）也成为商业管理领域的经典著作。研究报告是这本书的基础，怀特发现一个新的现象，即中产阶级的郊区化，并调查了公司为下一代管理者展开的培训项目。

现实的经历让他深感不安，他同时也将这种不安传递给了读者。他得出的结论是，新教的伦理和艰苦奋斗的精神，将在这批新商业领袖的崛起中逐渐死去。新兴的商业精英将来自技术人员和官僚，他们虽然训练有素，但更关心的是自己如何融入现有体系。而且，他们"正在成为这个社会中可以相互替换的角色"。怀特观察到"他们也理解并接纳了这个角色，诚如他们所言，大家都在同一条船上"。

"但是，船会驶向哪里呢？"他接着写了一段值得引用的话，非常精妙地捕捉到了当时企业慵懒的思维方式，并将战略革命出现的必要性提到了一个全新的高度。"似乎没有人提出哪怕是最简单的想法，也没有人看到提出问题有什么意义？而一旦人们变得勤于思考，他们就能掌握自己的命运，但在组织中鲜有人意识到这一点。他们每个人都把自己看成零件，随波逐流而不主动地采取行动，因此他们的未来将由他们自己和他们所在体系共同决定。"你的成本是你们的成本。这就像企业世界的"老人河"[47]（OI' Man River）一样，奔流不息、滚滚逝去。

但是，在这些公司坐吃山空[48]的背后已经是山雨欲来风满楼。而当它们感到威胁即将到来，想要寻求帮助的时候，BCG 的经验曲线就将展现其不可抗拒的魔力了。

本章注释

以下注释内容皆摘选自公开来源并经慎思行整理，其中员工和营业额数据皆为近两到三年数据，仅供读者参考和理解规模之用。正文中带下划线的重点关键词，亦可以在慎思行微信平台通过回复相关关键词来获得具体解释。

1　波士顿平安储蓄信托公司（Boston Safe Deposit and Trust Company）是原波士顿公司（The Boston Company）旗下的一家私人储蓄信托公司，波士顿公司于1993年被原梅隆金融公司（Mellon Financial）收购。目前，波士顿公司属于北美纽约银行梅隆资产管理公司（BNY Mellon Asset Management North America）。

2　弗吉尼亚大学（University of Virginia）是由美国第三任总统托马斯·杰斐逊（Thomas Jefferson，1743-1826）于1819年创建的美国历史上首个独立于教会的高校，是位于美国弗吉尼亚州夏洛茨维尔的世界著名公立大学，在学术界享有盛誉。弗吉尼亚大学为最初的8所公立常春藤（Public Ivies）联盟成员之一，25所新常春藤（New Ivies，亦称泛常春藤）联盟成员之一，也是北美地区唯一被联合国教科文组织（United Nations Educational, Scientific and Cultural Organization）列为世界遗产的高等院校，其知名校友包括两位美国总统及众多知名跨国集团公司创始人或CEO。

3　范德堡大学（Vanderbilt University，亦称范德比尔特大学）是由美国铁路大亨科尼利尔斯·范德比尔特（Cornelius Vanderbilt，1794-1877）捐建的位于美国田纳西州纳什维尔市的一所享誉世界的私立研究型大学，享有"南方哈佛"（Harvard of the South）的美誉。学校创立于1873年，属于新常春藤联盟，其杰出校友包括2位美国副总统、7位诺贝尔奖得主和21位美国国会现任和前任成员。

4　通用汽车于1913年购入卫生冰箱公司。

5　马文·鲍尔（Marvin Bower，1903-2003），美国商业理论家、咨询顾问，"现代管理咨询之父"，现代麦肯锡咨询公司的奠基者和领导者。鲍尔先后毕业于布朗大学（Brown University）、哈佛法学院（Harvard Law School）和哈佛商学院。1939年，鲍尔领导并打造了麦肯锡正式的管理咨询业务，并在随后几年成为麦肯锡的实际掌舵人，从此被人所熟知的现代麦肯锡咨询公司真正出现。作为一个理想主义者，鲍尔为麦肯锡树立了极高的标杆和独特的公司文化，这些标杆和文化在之后也成为管理咨询行业的标志。可以说，鲍尔定义了现代管理咨询。

6　亚当·斯密（Adam Smith，1723-1790），苏格兰律师、军法官，经济学的主要创立者之一，是苏格兰启蒙时代政治经济的先驱和关键人物。斯密在政治哲学、伦理学和经济学领域均有颇高建树。斯密奠定了古典自由市场经济理论的基础，阐述了理性人基于自身利益通过竞争带来社会经济繁荣的观点，这些观点经过后世包括托马斯·马尔萨斯（Thomas Robert Malthus，1766-1834）和大卫·李嘉图（David Ricardo，1772-1823）等著名经济学家的充实和修正，形成了当代的经典经济学体系。斯密在苏格兰启蒙运动期间亦曾与大卫·休谟（David Hume，1711-1776）合作。

7 《国富论》（*The Wealth of Nations*），全称"国民财富的性质和原因的研究"（An Inquiry into the Nature and Causes of the Wealth of Nations），是亚当·斯密于 1776 年出版的一本经济学著作。《国富论》讨论了分工、生产力和自由市场等广泛的话题，被认为是现代经济学科的先驱和第一部现代经济学著作。

8 阿尔弗雷德·马歇尔（Alfred Marshall，1842-1924），剑桥大学经济学教授，近代英国最著名的经济学家，新古典学派的创始人。在马歇尔的努力下，经济学从一门人文学科和历史学科的必修课发展成一门独立且具有科学性的学科，剑桥大学亦在他的影响下建立了世界上第一个经济学系。

9 理特咨询公司（Arthur D. Little，ADL）是全球第一家管理咨询和技术咨询公司，于 1886 年创立于美国波士顿。理特咨询公司率先提出了"合同专业服务"（Contracted Professional Services）的概念。公司经历了上百年的发展，2001 年由于新管理团队的误判而破产，并被法国的亚创（Altran）收购，后以欧洲市场为主继续发展。2011 年公司合伙人通过管理层收购（MBO）的方式脱离亚创，再度成为独立的咨询公司。目前，公司在全球 20 多个国家和地区拥有 35 个办公室，其中包括在中国北京、上海和香港的 3 个办公室。

10 麻省理工学院（Massachusetts Institute of Technology，MIT）是世界著名私立研究型大学。为了应对美国工业化趋势，MIT 于 1861 年在美国马萨诸塞州大波士顿地区剑桥市创立。MIT 素以顶尖的工程学和计算机科学而著名，拥有林肯实验室（MIT Lincoln Lab）和麻省理工学院媒体实验室（MIT Media Lab）。截至 2017 年，麻省理工学院拥有 91 位诺贝尔奖得主、6 位菲尔兹奖（Fields Medal）得主以及 25 位图灵奖得主。

11 亚瑟·迪宏·理特（Arthur Dehon Little，1863-1935），美国化学工程师、咨询顾问，理特咨询公司的创立者。理特在麻省理工学院开发化学工程学科方面发挥了重要作用。此外，他将"单元操作"（Unit Operation）这个术语引入化学工程并推广了工业研究的概念。

12 壳牌石油（Shell Oil Company）是世界最大石油公司之一荷兰皇家壳牌公司（Royal Dutch Shell）位于美国的全资子公司，创立于 1912 年，总部位于美国得克萨斯州休斯敦。壳牌石油是美国最大的石油和天然气生产商、营销商、汽油销售商和石化制造商之一，目前拥有员工近 22000 人，年收入近 400 亿美元。

13 联合果品公司（United Fruit Company）是一家在美国历史上颇有名气的公司，其主营业务是将第三世界国家种植园生产的蔬菜、水果（主要是香蕉和菠萝）销往美国和欧洲。联合果品公司成立于 1899 年，其对几个拉美国家的经济和政治发展产生了深远的影响，批评者经常指责它代表着剥削性的新殖民主义。经过兼并和品牌易名后，联合果品公司后由联合品牌公司（United Brands Company）更名为奇基塔品牌国际（Chiquita Brands International），并拥有超过 20000 名员工。

14　洛厄尔家族（The Lowell Family）是美国新英格兰地区波士顿婆罗门家族（Boston Brahmin Families）之一，以知识和商业成就著称，于 1639 年抵达波士顿。洛厄尔家族从约翰·洛厄尔（John Lowell，1743-1802）开始被普遍认为是美国最成功的家族之一。

15　《棱镜》（*Prism*）是理特咨询公司每年发布的有关战略、技术和创新最新思想的公司杂志。

16　《麦肯锡季刊》（*McKinsey Quarterly*）是麦肯锡于 1964 年创办的面向企业高级管理人员的工商管理及战略类商业杂志，每年发表一期。其内容主要由麦肯锡咨询顾问和其雇员以及一些客座作者撰写，此外它还发布麦肯锡全球研究院（McKinsey Global Institute）的研究成果。《麦肯锡季刊》最初只供麦肯锡内部和其客户浏览，于 20 世纪 90 年代才得以广泛公开出版。此外，该期刊亦被纳入商业期刊指数（Business Periodicals Index）。

17　《读者文摘》（*Reader's Digest*）是于 1920 年创刊的美国家庭类月刊杂志，以内容丰富广泛著称。多年来，《读者文摘》是美国最畅销的消费者杂志，目前在全球超过 70 个国家和地区以 21 种语言 49 个版本出版发行，全球发行量约为 1050 万份。

18　《商业周刊》（*Bloomberg Businessweek*）是于 1929 年成立的美国商业杂志，每年发行 47 期，是目前全球销量最高的商业类杂志之一，总发行量约 36 万份。

19　海森堡（Werner Karl Heisenberg，1901-1976），德国著名理论物理学家，量子力学的主要创始人，哥本哈根学派的代表人物。他以 1927 年提出海森堡不确定性原理（Heisenberg Uncertainty Principle）而闻名，并获得包括 1932 年诺贝尔物理学奖在内的众多学术荣誉与头衔。海森堡亦是第二次世界大战期间纳粹德国核武器项目的首席科学家。

20　世界经济论坛（World Economic Forum）是以研究和探讨世界经济领域存在的问题、促进国际经济合作与交流为宗旨的非官方国际性机构，总部设在瑞士日内瓦。其前身是 1971 年由现任论坛主席、日内瓦大学教授克劳斯·施瓦布（Klaus Schwab，1938-　）创建的"欧洲管理论坛"（European Management Forum）。该机构以每年一月底在瑞士阿尔卑斯山区的度假胜地达沃斯举行论坛而闻名，因此亦被称为"达沃斯论坛"。每年论坛汇集超过 2500 名顶尖商界领袖、国际政治领袖、经济学家、名流和记者，在四天时间中讨论世界性问题。该机构每年在非洲、东亚和拉丁美洲召开 6~8 次区域会议，并在中国、印度和阿拉伯联合酋长国举行另外层两次年度会议。除会议外，世界经济论坛亦会出版系列研究报告。

21　罗伯特·麦克纳马拉（Robert Strange McNamara，1916-2009），美国商人、政治家，前国防部部长（1961-1968）和世界银行行长（1968-1981）。麦克纳马拉在推动美国加入越南战争中发挥了重要作用，并主张在古巴导弹危机期间采用封锁策略。此外，麦克纳马拉曾受雇于福特公司，并和其他"二战"空军老兵一起为福特公司进行管理改革。

22　精明小子（Whiz Kids）是"二战"后福特二世为重振福特公司而雇用的包括罗伯特·麦克纳马拉在内的 10 位空军老兵的绰号。这些空军老兵曾是美国空军管理科学行动的成员，并在 1946 年成为福特公司的高管，通过引入现代管理方法帮助公司扭亏为盈。

23　《战略规划的兴衰》（*The Rise and Fall of Strategic Planning*）是当代加拿大管理大师亨利·明茨伯格的代表作之一，于 1994 年出版。明茨伯格在这本开创性的书籍中对当今战略规划的一些做法进行了批判。

24　卡尔·冯·克劳塞维茨（Carl Von Clausewitz，1780-1831），德国军事理论家和军事历史学家，普鲁士军队少将，著有《战争论》（德文 *Vom Kriege*，英文 *On War*）一书。克劳塞维茨有许多名言，其中最著名的是"战争是政治通过其他手段的延续"（War is the continuation of politics by other means，也被译作"战争是政治的延续"）。

25　新泽西贝尔公司（New Jersey Bell Telephone Company）曾是贝尔运营公司（Bell Operating Company）在美国新泽西州的区域性分部，成立于 1904 年。新泽西贝尔公司依托贝尔实验室，发展了大量通信业创新应用。经过多次公司兼并和品牌易名后，新泽西贝尔公司现更名为威瑞森新泽西（Verizon New Jersey）。

26　《管理层的功能》（*The Functions of the Executive*）是切斯特·巴纳德（Chester Barnard，1886-1961）在 1938 年出版的商业管理著作，着重讨论了组织实际如何运营的问题。

27　《战略与结构》（*Strategy and Structure*）是阿尔弗雷德·钱德勒所著的一本关于大型企业管理组织和商业战略关系的著作，于 1962 年出版。

28　通用汽车（General Motors Corporation，GM）是美国一家全球性汽车生产制造商，自 1908 年由威廉·杜兰特（William C. Durant，1861-1947）创立以来，GM 一直是全球最大的汽车制造商之一。通用汽车旗下拥有包括雪佛兰（Chevrolet）、别克（Buick）、凯迪拉克（Cadillac）在内的多个知名品牌。目前，通用汽车拥有超过 18 万名雇员，年收入逾 1600 亿美元，在 2017 年"世界 500 强"中排名第 18 位。

29 杜邦（DuPont）是美国一家国际性化学工业集团，于 1802 年在美国创立。公司是一家以科研为基础的企业，发明了包括尼龙、特富龙、氟利昂在内的众多影响世界的化学产品，并获得了 1987 年的诺贝尔奖。2017 年，杜邦和陶氏化学（Dow Chemical Company）合并，成为世界上最大的化工企业之一。目前，杜邦年营业额超过 250 亿美元，拥有员工超过 5 万人。

30 麦当劳（McDonald's）是美国一家全球跨国连锁快餐公司，于 1940 年在美国加州创立。通过大量的特许经营加盟（Franchises），麦当劳在全球超过 100 个国家拥有近 4 万家门店，年收入超过 240 亿美元，拥有员工超过 37 万人，是世界上最大的连锁快餐公司之一。2017 年，麦当劳中国业务被中信股份和凯雷投资组成的联合体收购，麦当劳（中国）有限公司也于 2017 年 10 月 12 日正式更名为金拱门（中国）有限公司。

31 阿尔弗雷德·斯隆（Alfred P. Sloan，1875-1966），美国企业家，通用汽车的第八任总裁，被誉为第一位成功的职业经理人。斯隆在长达 25 年的通用汽车总裁任期中，对公司关于生产设计、品牌架构、工业制造等方面的转型发挥了巨大的作用，并进一步影响了美国汽车制造行业。与福特不同的是，斯隆立足于人性化的管理哲学并通过精诚合作激励其手下员工，领导通用汽车成为世界上最大的公司。斯隆是在管理与商业模式上进行创新的代表人物，但其在第二次世界大战期间的态度亦为他带来了争议。

32 《我在通用汽车的日子》（*My Years with General Motors*）是阿尔弗雷德·斯隆的回忆录，于 20 世纪 50 年代写成。该书举例说明了斯隆关于职业经理人的设想和他精心设计的企业结构，被认为是现代管理教育领域的重要文本之一。

33 《公司战略》（*Corporate Strategy*）是安索夫的代表作，也是他的成名作。安索夫战略理论的所有基本假设、定理、范式和说明均包含其中，该书虽然出版于安索夫在卡内基 - 梅隆大学工作期间，但将其理解为安索夫对自己前半生战略理论研究和探索的总结更为准确。

34 兰德公司（Rand Corporation）是美国一家以军事为主的综合性战略研究机构，于 1948 年由道格拉斯飞机公司（Douglas Aircraft Company）设立。它先以研究军事尖端科学技术和重大军事战略而著称于世，继而又扩展到内外政策各方面，并逐渐发展成一个研究政治、军事、经济、科技、社会等各方面的综合性智库。兰德公司被誉为世界智囊团的开创者和代言人，是当今美国乃至世界最负盛名的决策咨询机构之一。目前，兰德公司拥有约 1700 名员工，年收入超过 3 亿美元。

35 洛克希德公司（The Lockheed Corporation）是一家美国航空航天公司，于 1926 年由艾伦·洛克希德（Allan Lockheed，1889-1969）成立。洛克希德公司后与马丁·玛丽埃塔（Martin Marietta）合并，于 1995 年组建洛克希德马丁公司（Lockheed Martin）。洛克希德马丁公司是目前涉及航空航天、国防军工等产业领域的世界最大公司之一，拥有员工近 10 万人，年收入近 500 亿美元。

36 卡内基 - 梅隆大学（Carnegie Mellon University）是位于美国宾夕法尼亚州匹兹堡的一所世界著名私立研究型大学，由安德鲁·卡内基（Andrew Carnegie，1835-1919）于 1900 年创建。截至 2017 年，卡内基 - 梅隆大学共培养出了 12 个图灵奖获得者、20 个诺贝尔奖获得者以及 7 个奥斯卡奖得主。

37 《爱丽丝梦游仙境》（*Alice's Adventures in Wonderland*）是英国数学家查尔斯·路特维奇·道奇森以笔名路易斯·卡罗（Lewis Carroll）出版的儿童文学作品。故事的主角爱丽丝，从兔子洞掉进一个充满拟人化动物的梦幻世界，遇到各种会说话的动物。该童话 1865 年出版，一直深受不同年龄读者的喜爱。《爱丽丝梦游仙境》属于典型的"奇幻文学"，亦是最具影响力的童话故事之一，已被翻译为 174 种语言出版。

38 《成果管理》（*Managing for Results*）是彼得·德鲁克于 1964 年出版的一本管理类著作。该书首次把"战略"一词应用到商业和管理中，并开创了对商业企业经济绩效的研究，迄今为止，大部分战略管理书籍阐述的问题几乎都源于本书。

39 《管理的实践》（*The Practice of Management*）是彼得·德鲁克于 1954 年出版的一本管理类著作。该书奠定了德鲁克作为管理学科开创者的地位。

40 J.P. 摩根（J.P. Morgan & Co.）是在世界上享有盛誉的一家综合性金融公司，主要提供商业银行、投资银行和其他各种金融服务，于 1871 年创立。J.P. 摩根在美国工业高速发展时期为多家大型工业公司和铁路公司提供融资服务，不仅帮助爱迪生组建了通用电气公司，还收购卡内基钢铁组建了当时全球最大的钢铁公司美国钢铁公司，凭借其雄厚的财力和摩根本人的巨大影响力，其还两次挽救了美国的国家金融体系。另外，J.P. 摩根亦是摩根大通（J.P.Morgan Chase）、摩根士丹利（Morgan Stanley）这两家全球性金融机构的前身。

41 《战略和商业远景》（*Strategy and the Business Landscape*）是潘卡基·格玛沃特于 2009 年出版的一本管理类图书。

42 "看不见的手"（Invisible hand）是经济学中的一个隐喻，由亚当·斯密在其著作《道德情操论》中首次提出，用来描述个人行为的非预期社会结果。斯密的经济学观点认为，理性人追求自身利益的自由贸易和市场交换过程可以自动地增加社会总效用，这也是古典经济学的根基之一。

43 安德鲁·卡内基（Andrew Carnegie，1835-1919），苏格兰裔美国实业家、商业巨头、慈善家，被称为"钢铁之王"。卡内基在 19 世纪后期领导了美国钢铁业的扩张，是当时最富有的人之一。卡内基在其晚年向慈善团体捐赠了约 3.5 亿美元，约占其总财富的 90%。但作为一个商人，世人对卡内基的评价褒贬不一。

44　雪佛兰（Chevrolet）于 1911 年创立，并在 1918 年被通用汽车并购后成为其旗下汽车公司和品牌。雪佛兰在 1929 年超越福特，成为美国最畅销的汽车品牌。目前，雪佛兰是通用汽车集团下销量最大的品牌，并且是世界上最成功的汽车品牌之一。

45　庞蒂亚克（Pontiac）是通用汽车旗下的轿车品牌。因通用汽车集团的财务问题和重组事项，庞蒂亚克系列于 2010 年底停产。

46　《组织人》（*The Orgainization Man*）一书对 20 世纪 50 年代美国大型机构及其雇员的研究带我们回顾了那时的世界，这个世界由慷慨大方的大公司、平静祥和的郊区生活以及千人一面的"组织人"构成。人们倾向于终生受雇于同一家公司，年轻人期望着丰厚的福利以及养老金，然而作为"组织人"，他们也为这种保障付出了巨大的代价，包括他们的个性。

47　"老人河"（Ol' Man River），又译为"河流老人""密西西比"，是美国音乐剧《游览船》中一首反映美国黑人悲惨生活的歌曲的名称。

48　英文原文对应的表述是"食忘忧果者"（Lotus eater），源自荷马史诗《奥德赛》（*Odyssey*）中的一个故事。希腊英雄奥德修斯（Odysseus）和他的部下来到北非利比亚海岸一个名叫 Lotus-Iand 的地方。该地因一种叫 lotus- tree 的树而得名。这里的 lotus 不是"莲"，而是当地一种神奇的植物，有人译之为"落拓枣"。奥德修斯发现当地民族，即所谓 lotus-eater 或 Lot-ophagi，以此树的果实为食。而这种果实具有强烈的催眠作用，能使食用者忘却烦恼忧愁，陷入浑浑噩噩、乐不思蜀的状态。特洛伊战争结束后，奥德修斯率领军队回国，曾经路过该岛，并派出三名士兵上岛寻找淡水和食物。这三名士兵在岛上食用了岛民提供的 lotus 后，立刻把所有事情抛诸脑后，再也不想走了。奥德修斯只得用武力将三人绑在船上，禁止其他人上岛，赶紧离开了这个岛屿。在后来的文艺作品中，这个典故经常出现。Lotus-Iand 常被译作"安逸乡"或"安乐乡"，lotus-tree 则被译为"忘忧树"，而 lotus-eater 则直译作"食落拓枣的人"或"食忘忧果者"用以比喻那些浑噩度日的人。

第 三 章 | **经验曲线的冲击**

20 世纪 60 年代伊始，日益强大的经济力量给商业人士带来了新的烦恼，他们迫切需要找到认知世界的新方法。而臃肿、自满的美国大公司则发现自身已经陷入一种意想不到的竞争之中，这种竞争既来自海外的制造商，也来自国内的新晋小企业。但是究竟发生了什么？到底该如何应对这些新形势？经验曲线为这两个问题提供了答案。

毋庸置疑，"经验曲线"概念的提出对于开启战略革命起到了至关重要的作用。尽管这一概念的实证根基尚不稳固，学术界也争先恐后地指出其局限性，甚至连 BCG 也在 20 世纪 70 年代转而使用新的分析工具，但是不可否认，没有任何一个概念能像经验曲线这样深刻改变企业的意识。

因为经验曲线完全改变了企业思考成本的方式。它传达的理念在当今社会早已深入人心，被视为"人尽皆知"的规律，但是这一概念提出之时震撼了整个市场，其含义是企业应该预期成本的系统性下降，并且可以准确预测下降的速度（也就是说，企业自身总是可以实现更低的成本）。事实上，一些企业虽在生产同类产品，却有截然不同的成本（当时很多经济学家对这一点都难以理解），并且企业的成本水平应该能够反映它所拥有的市场份额（一些企业或许能够以更低的成本进行生产）。市场份额大的企业经验更丰富，因为这些企业已生产了大批同类产品，所以它们的成本也应该比其他企业低（要么做大做强，要么被赶出市场）。

这些都为泛泰勒主义的大发展奠定了基础。直到今天，那些在成本大战中备受损失和对"中国价格"充满恐惧的人，都没有真正理解和遵守经验曲线所展现的规律。

● 企业成本应该如何降低

BCG 在 1966 年提出了经验曲线。当时，公司的客户美国通用仪器公司[1]（General Instruments）正因为电视机组件产品的价格水平跟不上竞争对手的节奏而痛苦不堪。布鲁斯·亨德森派出一个刚从哈佛大学毕业的 MBA，也就是 20 年后的 BCG 主席约翰·克拉克森（John Clarkeson）来研究问题的所在。亨德森同时还建议这个年轻人，要尽可能多地搜集关于学习曲线（Learning Curve）的文献，这不仅因为亨德森对学习曲线的兴趣由来已久，而且因为他深刻地感受到，学习曲线很可能就是解决这一问题的关键。

当时克拉克森找到的文献包括一篇标题为"从学习曲线中获利"的《哈佛商业评论》文章，这篇文章的作者是化学工程教授温弗雷德·赫尔思曼（Winfred Hirschmann）。赫尔思曼在文章中提到，早在 1925 年，飞机制造商就开始意识到投入飞机生产的劳动力，会随着飞机产量的增加而逐步下降，并且下降趋势是可预测的。通常，生产第四架飞机只消耗生产第二架飞机所需劳动力的 80%，而生产第八架飞机只需第四架飞机所耗劳动力的 80%。

如果将每架飞机生产所需的工时，或者说单位成本，标注在图的纵轴，同时将飞机的累计总产量标注在横轴，我们就会得到一条基于实际生产数据的递减曲线（见图 3-1 的图 A）。如果对横轴和纵轴同时取对数，我们将会得到一条能够很容易计算出斜率的直线（见图 3-1 的图 B）。在飞机制造商的例子中，这条线的斜率为 20%。而到了 20 世纪 50 年代中期，一些行业专家开始意识到这一现象同样适用于其他类型飞机的生产，包括战斗机、轰炸机和运输机。这使得行业专家开始进一步思考，其中是否有一般规律可循。

但是，其中的规律是什么呢？人们发现这只是一个总体现象，并非由某一个因素引发。赫尔思曼和其他人认为，这一现象的解释在于学习，或者说在学习曲线中，是企业作为一个整体进行学习的效果（这也构成了泛泰勒主义中的"泛"），而非员工个体学习的效果（弗雷德里克·泰勒通过工时研究发现，通过科学操作可以提高工人的生产效率）。赫尔思曼在文章中阐述这一现象时，也使用了其他名字，比如"制造进步函数""成本曲线""效率曲

图 3-1

经验曲线

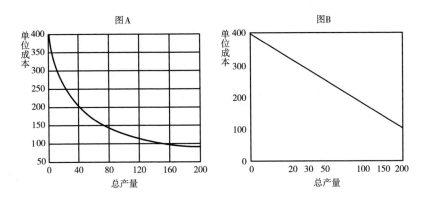

线”，当然也包括“经验曲线”，但是赫尔思曼认为“学习曲线”的说法最能解释这一现象。他还列举了证据表明学习曲线也能在其他行业中发挥作用，比如，石油炼制业、重型装备制造业、钢铁产业甚至电力行业等领域。

果然，克拉克森发现学习曲线在他所研究的美国通用仪器公司的产品（电视机铜线组件）市场中发挥着神奇作用。尽管咨询顾问一般很难获得客户竞争对手的成本数据，但其价格数据通常不难搜集。而通过观察行业趋势，BCG 用价格作为成本的替代变量，并发现价格随着生产产品数量的增加而下降，恰如学习曲线所预测的那样。

接下来，克拉克森和他的同事通过两个步骤，创造性地将不为人知的学习曲线转化成独特而引人注目的经验曲线。首先，他们拓宽了计算曲线时考虑成本的范围，将成本的概念拓展为“全成本”，除了生产产品所需的劳动力成本外，“全成本”还包括“资本、行政管理、研发和市场营销等方面的成本”，这些都是基于实际现金流（Cash Flow）（而非会计数字）的成本。BCG 最终给出了经验曲线的定义，一个企业或一个行业随着生产产品数量的增加，将逐渐积累“经验”，而经验每增加一倍，其产品的成本和价格也会可预测地下降，对应下降的比例通常是 15% ～ 25%。

其次，BCG 提出了更重要的结论，一个企业在经验曲线上的位置（即成本）与其市场份额（Market Share）直接相关。也就是说，占有最大市场份额的企业，不仅销售产品的数量远超过竞争对手，这个企业也积累了最多"经验"。而经验越多，企业从驱动经验曲线的各项元素中的获益也越大，这些元素包括规模效应、成本优化、设计改进以及源于研发的技术进步等方面。

考虑到企业自身所处的不同情形，经验曲线折射出的洞见既振奋人心也让人辗转难眠：在任何一个行业中，市场份额最大的企业，其成本在同行中也最低。所以只要这个企业的产出继续领跑所有竞争对手，并以更快的速度压低经验曲线，那么它就会永远保持低成本生产者的地位，谢天谢地。这家企业进而可以为产品定低价，然后它的产品销量将继续领跑竞争对手，因而获得永远领先于所有竞争对手的成本和价格优势。"我们曾用公开演讲的形式阐释经验曲线。"一位早期曾在会议中做过演讲的合伙人提到，"听到这些，听众中会有一两个人点头表示赞同并会心微笑，而有些人则面露愠色，好像要开始翻肠倒肚了"。

经验曲线所传达的行为召唤更令人震惊：如果一个企业不能准确地了解自身相比竞争对手的情况，那它就无法真正评判当前业绩或者未来的走向，比如，企业的市场份额相比竞争对手如何？成本比竞争对手高还是低？如果企业自身不具备任何成本优势，那么还有哪些别的因素能使自己的产品在市场中有别于竞争对手的产品呢？借助经验曲线，战略革命逐渐在企业的生命中注入强烈而敏锐的竞争意识。

今天，大多数企业对现有和潜在竞争的威胁时刻保持警惕，所以我们可能很难想象在缺乏竞争敏感度的时代，人们有着怎样的心态。20 世纪五六十年代正是这样一段时期，有证据表明，企业存在一些特定的盲点，这些证据有的来自历史资料，有的则来自对相关人士的访谈。

比如，笔者曾尝试在早期关于战略的书籍的文献索引中检索"竞争"这一关键词。在彼得·德鲁克 1964 年的《成果管理》一书中，仅有一条索引结果指向书中的一页，并配有简单注释"也可参见垄断"，这与检索"决策"二字所得到的 20 多页内容形成了鲜明对比。而他的《管理的实践》一书中甚至不存在任何关于"竞争"的索引项。阿尔弗雷德·钱德勒的《战略和组织结构》同样没有"竞争"索引项,然而关于"多样化"的索引指向书中近 80 页内容。伊戈尔·安索夫的《公司战略》(*Corporate Strategy*)一书中也只有三页内容引用了"竞争"。

曾经经历过前战略时代的咨询顾问普遍反映,那时候的客户也对这一主题缺乏兴趣。"我们只是从不谈论而已。"一位咨询顾问回忆时边摇头边带着后知后觉的惊愕提到,"根本没人来谈论这个主题"。

为什么企业会如此忽视竞争的威胁呢?尼丁·诺里亚(Nitin Nohria)、戴维斯·戴尔(Davis Dyer)和弗雷德里克·达尔泽尔(Frederick Dalzell)的《改变命运:重建工业企业》[2](*Changing Fortunes: Remaking the Industrial Corporation*)解释了这个问题,这本书对第二次世界大战后,大型工业企业的兴盛和衰落进行了非常有趣的研究。正如作者们在书中指出的那样,1948 ~ 1973 年是美国资本主义的"黄金时代",那个时候美国经济以每年 3.7% 的速度增长,而大型工业企业则主导了这一时期的经济增长。尽管那时美国经济已经开始从以制造为主向以服务为主转型,但几乎没有人察觉这个变化(诺里亚和他的合著者意识到,制造业占美国 GDP 的比重在1953 ~ 1957 年达到顶峰。而我自己则更倾向于用就业数据来证明这一趋势:美国制造业的就业人数占总就业人数比例在 20 世纪 40 年代早期达到顶峰值32%,如今,这一比例已经低于 10% 了,所以那些"震惊地"发现"美国的好工作"正在不断向海外转移的人,应该铭记这是一种历史的必然)。

1954 年,美国《财富》杂志开始刊登年度世界 500 强工业企业排名,以反映这些大型企业在经济体系中所扮演的重要角色。当时,人们对这些大型企业的担心,并不是它们可能受到竞争的威胁,而是这些企业实力过于强大却缺乏监管。正如诺里亚和他的合著者指出的,那时这些思想主要来自几部重要的著作,包括哈佛大学经济学家爱德华·梅森(Edward Mason)的《现代社会中的公司》[3](*Corporations in Modern Society*,1959)和约翰·肯尼思·加尔布雷思(John Kenneth Galbraith)的《新工业国家》[4](*New*

Industrial State，1967）。后者指出这些大型企业可能会带来非常恶劣的影响，因为它们有着贪婪和不受约束的本质，所以这些企业将会对业主、雇员甚至工会发号施令，对政府更是不理不睬。

所以，美国政府对这一威胁，或者说斥责，做出了回应。1950 年，美国国会通过《塞勒 - 凯弗维尔反兼并法》[5]（*Celler-Kefauver Antimerger Act*），取缔了一切降低"商业领域"竞争程度的企业兼并行为。此举使得仍在不断扩张的工业企业只能进军其并不擅长的领域，并最终导致这些企业陷入一堆烂摊子中，为战略革命的登场铺平了道路。20 世纪 60 年代早期，华盛顿就已经开始通过反托拉斯行动来遏制像 AT&T[6] 和 IBM 这样的企业巨头的强大势力。

不过，对大企业持批评态度的人其实根本不用担心，改变市场格局的四大天王早已上路，其带来的市场竞争，在遏制大型工业企业势力方面远比任何政府政策都有效得多。诺里亚、戴尔和达尔泽尔的计算显示，工业企业的市场势力在 1974 年达到顶峰，此时前 100 家最大的工业企业在美国经济产出中所占比重已经超过 1/3，而到 1998 年这一比重已经只有此时的一半了。

至少在 20 世纪 80 年代以前，BCG 和其他战略咨询公司的绝大多数客户都是工业企业。战略革命其实就是这些企业向咨询顾问和其他人寻求良方以摆脱衰落的故事，尽管这种衰落后来被证明是不可逆转的。经验曲线既为这些仍在梦游中的工业巨头敲响了警钟，也成为其寻求咨询公司帮助时掌握的第一个战略概念。

● 百得公司的经验曲线使用之道

"这一新工具最妙的地方，在于发现经验曲线之后的故事。在随后的五年，也许是更长时间里，我们将经验曲线应用到所有可变要素上，当然也包括很多不变要素。"约翰·克拉克森回忆道。我们一个行业接着一个行业搜集价格数据，以及所有可以获得的成本数据，BCG 发现经验曲线效应对绝大多数企业都奏效，比如化工企业、晶体管制造商、家电厂商、原油企业、纸巾制造商和日本啤酒生产商等。

咨询顾问也开始梳理经验曲线对于企业战略的影响，在这一过程中经验曲线的高质量输出，使得它与随后在战略革命中出现的其他概念工具形成了天壤之别：经验曲线是动态的，因为它不仅可以追踪变化，也可以预测变化，而且不仅限于成本变化。按照经验曲线的逻辑，我们就能更好地分析企业间的竞争将如何发展。

早期《管理新视野》也对经验曲线的逻辑进行了清晰有力的阐释：企业可能有必要在产量达到一定规模前，按低于成本的价格出售产品。如果市场中存在竞争，那么产品的价格最终将会随着成本而共同下降。拥有最大市场份额的竞争对手能够一直保持自身最低成本生产者的地位，如果其他公司成为市场领导者，也必须继续压低经验曲线来保持竞争优势。如果某一产品的市场正在迅速扩张，那么公司在这个市场中所占份额将会变得非常有价值。事实上，我们可以准确计算出市场份额的价值。各个竞争对手在市场中所占份额将会不断浮动，直至出现市场主导者，也就是市场份额领导者，并且凭借其超低的成本和价格优势抑制竞争对手市场份额的提高，或者直到这个市场整体停止增长。

对于经验曲线的逻辑，有两家企业尤其令人记忆犹新，并且成为 BCG 早期的重要客户（随后在 1973 年继续成为新成立的贝恩公司的重要客户）。其中一家企业是动力机床制造商百得公司 [7]（Black & Decker Corporation），弗朗西斯·卢西尔（Francis Lucier）是其少壮派高管，他收到邮件邀请并陆续参加了三次 BCG 组织的会议，在参会后感到被深深吸引。他随后邀请亨德森到其位于马里兰州陶森市的公司总部，为其他的公司高管进行讲解。

"我们就这样坐着，静静地听布鲁斯讲解经验曲线。"卢西尔回忆道，"听他讲经验曲线如何成为有力的市场营销及定价工具。因为基于累计产量，企业可以预测其成本。如果了解了自身成本，企业就可以相应基于成本为产品定价，而非按老套路在发布新产品的时候为产品定高价以期待尽快收回投资，却导致各路竞争对手纷纷杀入市场"。百得公司管理团队对亨德森的演讲印象深刻，他们甚至告诉卢西尔干脆把亨德森挖到百得公司算了。当然亨德森也很直白地回应"我肯定是不会去的"。卢西尔回忆道，"于是我问：'那谁是你的知己好友？'他说：'是比尔·贝恩。'"贝恩 1967 年就加入了 BCG，当时也正好在负责百得公司的项目。

其实，有很多原因使得百得公司成为应用 BCG 理念最理想的客户。这个公司从 1910 年就已经开始生产和销售电动工具，公司虽然在大萧条时期 [8]（The Great Depression）几近破产，但在"二战"期间因全力以赴推进战时生产而获得了发展，百得公司战后的市场领先地位和稳固优势归根结底还是来自业务多元化（Diversification），包括向消费产品市场的扩张等。即便如此，到了 20 世纪 50 年代晚期，百得公司在电动工具市场的份额似乎卡在 20% 左右而停滞不前。所以，卢西尔被百得公司看中，并受邀加入公司推动消费产品市场，公司希望他能够在主营业务即向制造商和建筑业供应工具之外，打造一条有竞争力的产品副线。

在与 BCG 展开合作前，卢西尔和他的团队已经做了很多研究，并有两条非常重要的发现。首先，百得公司销售渠道中的绝大多数经销商（通常是一些五金商店或同类商店的小连锁），完全不清楚在向消费者销售电动工具时面对的竞争对手到底是谁。而这个竞争对手事实上是有着工匠工具产品线和全国销售网络的西尔斯百货 [9]（Sears）。其次，卢西尔和他的团队还发现，如果百得公司通过压缩自身和分销商的利润率来拉低产品价格，产品销量会显著增加。这一点已在该公司先后降低电钻和圆锯产品价格的两次实践中得到了充分证明。当圆锯价格在 30 ~ 35 美元时，百得公司该产品的年销售量约为 5 万件。而当百得公司将产品价格降到 19.95 美元后，圆锯的年销量猛增至 60 万件。但百得公司也着实费了很大力气来教育和说服那些一心只想着利润率的分销商，告诉它们即使在较低的利润率下，更高的营业额也能够为制造商和分销商带来较高的利润总额。

经验曲线既帮助卢西尔和他的团队看清了降价策略带来结果的逻辑，也帮助他们树立信心将该逻辑应用到一个接一个新产品上，而这将不断扩大公司的市场份额，并威慑那些想在这个市场上投资的潜在竞争对手。比如，卢西尔回忆，一个在史丹利工具（Stanley Tools）工作的朋友告诉过他，史丹利工具对百得公司引入工友工作台的反应相当激烈："他们的 CEO 看到我们工友工作台的电视广告时惊呼：'天啊，那是我们的业务啊，就是我们的业务，他们怎么也进军我们的业务了？'但每次他们计算完成本时又会跑回来说，'他们在这个产品上根本不挣不到钱啊'。我们做的其实只是把产品价格定在了未来的水平上。你猜后来发生了什么？史丹利工具后来再也没敢进入这一产品领域。这就充分证明了我们的策略所起的作用。"而这正是经验曲线能够帮你实现的结果。

当然，经验曲线并不是百得公司从 BCG 咨询顾问那里学到的全部。"他们向我们展示了如何真正定义和理解我们所面对的竞争环境，"卢西尔进一步解释道，"我们开始从他们那获得市场情报（Market Intelligence），从而更好地理解，相比竞争对手我们在产品以及其他方面所处的地位，这些都是无价之宝"。这些情报在帮助百得公司制订下一步计划时显得尤为重要。通过对"竞争对手数据的解读"，一如卢西尔所述，如果哪个竞争对手正在寻找投资，"当他们没拿到钱时，我们就知道我们赢了，他们被绳索捆住了手脚，而下一步我们会把绳索勒得更紧一些"。卢西尔提到了自己没有足够的人手，"而咨询公司有整队人马能够外出获取这些情报"。对于这一点的价值，其他咨询公司的客户则在几年后才真正意识到。

比如，1/4 英寸的钻头，随着产品价格从 1963 年的 15.98 美元稳步降到 1970 年的 7.99 美元，百得公司销售额也一路稳步攀升，从 1964 年的 1 亿多美元增长到 1969 年的 2 亿多美元，再到 1974 年的 5 亿多美元，变成了华尔街宠儿，也成为"漂亮 50"[10]（Nifty50）股票中的一只。"漂亮 50"是 20 世纪六七十年代充满风险的投资市场中，被标榜为"一锤定音"的投资标的：你可以尽情地买入和持有它们，因为它们的盈利和增长总是那么稳定。卢西尔在 1970 年成为百得公司总裁后，在 1975 年又被任命为公司 CEO，成为该公司历史上首个非布莱克（Black）或戴克（Decker）家族的 CEO。

● 德州仪器遭遇滑铁卢

德州仪器[11]（Taxes Instruments）则将经验曲线更激进地应用到计算器业

务领域，公司业务原本集中在石油勘探技术上，而到 20 世纪 50 年代，该公司却成为发展迅猛的电子产品制造商，其产品大多出售给国防部。与此同时，德州仪器也致力于探索新的技术，在得到了西部电气公司（Western Electric）基础发明的授权后，公司开发了一种全新的晶体管。1958 年，德州仪器工程师杰克·基尔比 [12]（Jack Kilby）开发出一个基于锗的集成电路，将晶体管和其他电阻元件"印制"在一个半导体材料芯片上。这与硅谷仙童半导体 [13]（Fairchild Semiconductor）的罗伯特·诺伊斯 [14]（Robert Noyce）开发的集成电路几乎同属一个时期。这两家公司对这项技术专利的争夺也直到 1966 年达成交叉许可协议（Cross-Licensing Agreement）时才终止。

如今，人们可能已经忘记了集成电路并非一炮而红。而那时，由集成电路最终演化而来的电脑才刚刚问世。就像其他新技术发明一样，集成电路在实现大规模量产前，与它要取代的既有技术相比仍然非常昂贵。

所以，为了扩大客户群体，德州仪器开始探索面向消费者市场的集成电路技术产品。该公司最终将目光锁定在由基尔比和其同事发明并于 1967 年申请了专利的个人计算器上，不过公司此时所面临的经济挑战并不比技术难题少。

2005 年，曾有人问基尔比当初发明集成电路时是否考虑过这项技术可能给未来带来的影响，基尔比回答道，"真正的难题在于降低生产成本"。他提到，一个质量一般的晶体管在 1958 年售价在 10 美元左右。而今天，10 美元可以买到超过 2000 万个类似产品。而"第一个计算器的售价为 400 ~ 500 美元"，他回忆道，"而现在，一个质量不错的计算器却只需要 4 ~ 5 美元"。

到 20 世纪 60 年代中期，半导体成本的系统性下降带来的巨大影响已经端倪渐显。在 1965 年《电子》（Electronics）杂志的一篇名为"把更多原件装到集成电路板上"的文章中，英特尔公司的创始人之一戈登·摩尔 [15]（Gordon Moore）阐述了后来被命名为摩尔定律（Moore's law）的第一个版本：集成电路中的晶体管数量预期将每 18 个月翻一番。摩尔最初说的是两年，或者换个角度说，在同样时间段内给定计算能力的制造成本将减半。

类似的想法在德州仪器也已经存在了一段时间，只是一直不是很成熟，这也使得公司始终无法专心开拓自己的计算器业务，最终转而向 BCG 寻求帮助。一位雄心勃勃的德州仪器高管弗瑞德·布希（J. Fred Bucy）认识亨德森，并邀请 BCG 来帮助他们研究集成电路周边产业以及公司在计算器领域面临的机遇。

德州仪器一直在向佳能[16]（Canon）和鲍马尔仪器公司（Bowmar Instrument Corporation）供应芯片，而佳能在 1970 年已经向市场推出第一款手持商用计算器，售价为 400 美元左右，而后者生产的鲍马尔大脑（Bowmar Brain）计算器，则将售价拉低到 250 美元左右。不过，还有一项技术飞跃也使得德州仪器在市场中的前景变得更为扑朔迷离且激动人心：到 1971 年，德州仪器的工程师已经开发出早期的单芯片微处理器。时至今日，微处理器通常被定义为"芯片上的计算机"。英特尔也差不多在同一时期开发出了自己的单芯片微处理器，但与英特尔不同，德州仪器将它们的技术视为芯片上的计算器，并认为公司能够应用这一新的微处理器技术大大降低手持计算器的制造成本。

但是，成本到底能够降低多少，以及按怎样的速度下降，始终是个难题。因为那时还没有公司推出过以微处理器为基础的消费型产品（首款个人计算机直到 1978 年才面世）。所以，为了寻求答案，BCG 组建了一支明星团队，项目成员中的一些人后来陆续创建了三家咨询公司，还有人转投花旗集团[17]（Citigroup）主管投资银行运营，其中包括后来成为哈佛商学院院长的杰·莱特（Jay Light）。而这支团队再次由比尔·贝恩带领，他任命乔治·班奈特（George Bennett）为项目经理。班奈特是土生土长的西弗吉尼亚人，有工程学本科学位（这是当然的），他还有卡内基 - 梅隆大学的博士学位。他的博士学位论文讨论了如何利用人工智能（也就是计算机的能力）平衡地组装生产线。

但问题的关键在于，如果一家公司的生产体系生产多种产品，如计算器和导弹系统的组件，那么在给这家公司计算经验曲线效应时，就需要考虑对其所有产品线的影响。"我们建立了一个大型的共享成本系统，"班奈特回忆说，"建立了与半导体生产相关的 50 项主要活动中每一项活动的经验曲线，并将所有数据运用到这些曲线上，随后我们还建立了非常缜密的模型，同时也证明了，如果公司向市场推出价格为 10 美元的计算器，那么不仅其年销售量将达到 200 万~ 300 万个，其给半导体成本下降带来的影响也将对导弹的制造产生深远影响"。

"这也正是弗瑞德所做的事情，"班奈特说道，1972 年 7 月，随着 TI-2500 Datamath 计算器的发布，计算器价格开始迅速下降，并开启了向 10 美元靠拢的进程。如《电子》杂志当时报道的那样，零售商变得异常兴奋，一位零售商评论说，"德州仪器好像比这个业务领域中的其他公司更有章法"。另一位零售商则补充道，"以那样的价格（149.99 美元）销售，德州仪器的计算器将像龙卷风一样席卷整个市场"。实际的结果也确实如此，像加尔维斯顿（Galveston）飓风一般，德州仪器的计算器迅速占领了市场。

德州仪器计算器的销售量一路飙升，有咨询顾问回忆道，其销售量增长有时会达到每月 40% 的水平。德州仪器的计算器在 1971 年售出 300 万个，1973 年时售出 1700 万个，1974 年售出 2800 万个，1975 年售出 4500 万个，其年销售额最终也达到 1 亿美元，差不多占公司总收入的 1/10。成本和价格按预期下降，BCG 的分析也给公司管理层吃下了定心丸，公司在收到实际需求前，就早早地开始投资新的半导体生产设施。同样，如同预测，德州仪器在计算器市场中占有了绝对主导的地位。

然而，这个故事并没有一个像好莱坞电影那样的圆满结局，基于经验曲线和市场份额的战略最终将引发行业内最惨烈的竞争。竞争对手似乎并没有像德州仪器预期的那样知难而退，在看到计算器市场的迅猛增长后，国家半导体[18]（National Semiconductor）和罗克韦尔半导体[19]（Rockwell Semiconductor）等新公司，都陆续加入这一业务的竞争之中。更糟糕的是，鲍马尔作为组装厂商而非综合制造商（它未建立自己的半导体工厂），直到后来也没有把市场拱手让给德州仪器。当 1974 年美国经济进入衰退而计算器市场增长放缓时，小型企业的产品价格最终也达到了德州仪器的水平，并随之展开了一场血腥的价格战。终于，到了 1975 年，计算器价格开始雪崩，德州仪器的库存大幅贬值，使得公司在第二季度亏损了 1600 万美元。而面对这一困境，鲍马尔也不得不以破产了事。

然而，对于德州仪器，各种微处理器需求的暴增足以弥补计算器产品线的损失，公司销售额在 1973 ~ 1979 年翻了三番。布希在 1976 年升任公司总裁，随后在 1984 年又被提升为 CEO，直至一年后（尽管有点早）退休。在他的职业生涯里，他和乔治·班奈特等 BCG 前同事创建的贝恩公司又有过三次深入的合作。

那一时期，很多在 BCG 工作过的咨询顾问都会讲这样一个故事：在一些会议中或者演讲后，一些没有与 BCG 合作过的公司的 CEO 会满怀怒气地找过来，破口大骂，有时还眼中含泪，这些公司高官们用手指着咨询顾问说道，"都是你们这些人毁了我的公司"。这些人的公司曾经采用了一些基于经验曲线的战略，降低价格以提高市场份额，最终却陷入了一场无休止的血腥价格战中。咨询顾问则赶紧解释，这是对经验曲线概念的错误应用的结果，有可能是由于对市场的错误细分，或者未能分清曲线在总体成本系统中的适用之处。

20 世纪 80 年代早期，学术界和媒体都仍然乐于指出经验曲线的许多局限性。1985 年，在《哈佛商业评论》的一篇文章中，哈佛大学的潘卡基·格玛沃特轻松列举了一些事实：不同行业的曲线斜率其实非常不一样，通常也并非大多数公司所预期的 15% ~ 20%。在市场需求正在迅速增长的产品领域应用经验曲线的效果最好，如半导体，但经验曲线并不适用于成熟行业，如啤酒和水泥，因为这些行业中累积经验翻倍的步伐已经异常缓慢，而且多数低效企业早已被挤出了市场。

另外，陷入经验曲线战略和不断压低成本的死循环，最终也会导致公司忽视消费者的偏好和技术的变化。对于这一点，人们都喜欢引用的例子是亨利·福特和他的 T 型车 [20]（Model T）：虽然福特实施了类似经验曲线的战略（流水线、大规模的标准产品生产）并取得了成功，却忽视了消费者对多样化、小型化和流线型汽车的需求，从而将市场的主导地位拱手让给了通用汽车，并在之后的整个 20 世纪都没有得到机会翻身。

然而，值得强调的是，这些批评并没有否认经验曲线的价值，或者质疑曲线在推动公司思考和不断降低成本方面做出的贡献。而且经验曲线蕴含的力量和折射出的对企业的挑战，在 21 世纪仍然十分有益，正如一位咨询公司高级合伙人指出的那样："经验曲线的发现就像是牛顿发现万有引力定律，它是大自然的基本规律，任何敢于违抗这个规律的人都终将身陷危险而无法自拔。"

本章注释

以下注释内容皆摘选自公开来源并经慎思行整理，其中员工和营业额数据皆为近两到三年数据，仅供读者参考和理解规模之用。正文中带下划线的重点关键词，亦可以在慎思行微信平台通过回复相关关键词来获得具体解释。

1 美国通用仪器公司（General Instruments）是一家位于美国宾夕法尼亚州的电子产品制造商，专门从事半导体和有线电视设备业务。该公司在 1997 年分裂成通用半导体（General Semiconductor）等三家公司。

2 《改变命运——重建工业企业》（*Changing Fortunes: Remaking the Industrial Corporation*）是第一批描述大型企业将在未来发挥重要作用的书籍之一。该书描绘了美国最大的公司（通用电气和 IBM）在从工业经济时期转向后工业时期所经历的戏剧性变化，并预测了它们在不断变化的未来经济中的位置。

3 《现代社会中的公司》（*Corporations in Modern Society*）评估了大公司在美国生活中的社会贡献及其伴随的问题，讨论了包括公司管理层负责什么，其经理来自哪些组织，他们如何选择，他们的力量有多大等一系列的现实问题。

4 《新工业国家》（*The New Industrial State*）是加尔布雷思撰写的一本关于大型公司对经济社会影响的书籍。他认为美国不再是企业自主的社会，而是一个被那些规模最大的公司控制的结构化了的国家。

5 《塞勒——凯弗维尔反兼并法》（*Cellar-Kefauver Anti-merger Act*）是 1950 年通过的美国联邦法律，其改革并加强了 1914 年的《克莱顿反托拉斯法案》（*Clayton Antitrust Act*），修正了 1890 年《谢尔曼反托拉斯法案》（*Sherman Antitrust Act*）。法案通过弥补资产收购漏洞和涉及非直接竞争对手公司的收购漏洞，给予政府阻止可能导致竞争弱化的垂直兼并和企业并购的权力。

6 AT&T（American Telephone & Telegraph），即美国电话电报公司是一家美国电信公司，也是美国和世界最大的移动运营商之一，于 1877 年在美国得克萨斯州创立，最早可以追溯到电话的发明人贝尔所创立的贝尔电话公司，并在其 100 多年历史中多次被分拆和重组。AT&T 曾长期垄断美国长途和本地电话市场，后于 1984 年在美国政府反垄断政策的强制干预下被拆分重组为 7 个子公司和新的母公司，使得美国电信业进入竞争时代。目前，AT&T 拥有雇员超过 25 万人，年收入逾 1600 亿美元。

7 百得公司（Black & Decker Corporation）是全球最大的电动工具制造和销售商之一，于 1910 年在美国马里兰州创立。2010 年百得公司和史丹利公司（Stanley Works）合并成为史丹利百得（Stanley Black & Decker）。目前，百得公司是史丹利百得旗下的全资子公司，拥有雇员超过 2 万人，年收入逾 114 亿美元。

8   大萧条时期（The Great Depression）是指 1929~1933 年发源于美国并后来波及整
    个资本主义世界的经济危机，是 20 世纪持续时间最长、影响最深、传播最广的经
    济危机。1929~1932 年，全球生产总值（GDP）下降了大约 15%，失业率上升超
    过 25%，其对经济的负面影响一直延续到第二次世界大战前夕。

9   西尔斯百货（Sears）是于 1892 年创建的一家美国连锁百货公司。西尔斯公司从邮
    购业务起家，并于 1925 年开始设立零售店。目前，西尔斯公司拥有超过 570 家网
    点，年收入逾 130 亿美元。

10 "漂亮 50"（Nifty50）是美国股票投资史上特定阶段出现的一个非正式名词，用来
    指 20 世纪 60~70 年代在纽约证券交易所交易的 50 只备受追捧的大盘股。这 50 只
    股票均是评级和表现优异的蓝筹股，它们被认为推动了 20 世纪 70 年代早期的牛市
    并导致 80 年代早期的股市下跌。

11 德州仪器（Taxes Instruments，TI）是一家专门设计并制造半导体和各类集成电路
    的美国科技公司，于 1951 年成立。TI 是全球最大的半导体公司之一，以开发、制
    造、销售半导体及其计算机技术闻名于世，其中模拟芯片和嵌入式处理器业务占其
    总收入的 85%。迄今为止，TI 在全球拥有 43000 多项专利，近 3 万名员工，年收
    入约 130 亿美元。

12 杰克·基尔比（Jack Kilby，1923-2005），美国电气工程师，德州仪器员工，集成
    电路的两位发明者之一（另一位为罗伯特·诺伊斯）。2000 年，基尔比因集成电
    路的发明被授予诺贝尔物理学奖。可以说，他的发明是信息时代硬件的基础。此
    外，基尔比还拥有其他 7 项发明专利。

13 仙童半导体（Fairchild Semiconductor）是一家 1957 年成立于美国加州的半导体公
    司，是晶体管和集成电路制造的先驱，在硅谷拥有辉煌的历史，被称为美国半导体
    工业的摇篮和电子、电脑业界的"西点军校"，包括英特尔、国家半导体、AMD
    在内的众多半导体领域的世界级公司，以及红杉资本和凯鹏华盈（KPCB）这两家
    硅谷最主要的风险投资机构均由仙童半导体前员工创立。2016 年，仙童半导体被
    安森美半导体（ON Semiconductor）收购。目前，仙童半导体拥有员工约 1 万人，
    年产值超过 13 亿美元。

14 罗伯特·诺伊斯（Robert Noyce，1927-1990），美国工程师，仙童半导体（1957）
    和英特尔公司（1968）的创始人之一，被称为"硅谷市长"（the Mayor of Silicon
    Valley）。诺伊斯和基尔比一起推出了集成电路微芯片，推动了个人电脑革命，
    并命名了硅谷。此外诺伊斯还曾获得包括美国国家科技奖章（National Medal
    of Technology）、IEEE 荣誉奖章（IEEE Medal of Honor）、美国国家科学奖章
    （National Medal of Science）在内的多项荣誉。

15 戈登·摩尔（Gordon Moore，1929- ），美国科学家、企业家，英特尔公司的联合创始人、前董事长，"摩尔定律"（Moore's law）的提出者。此外，摩尔被授予包括美国国家科技与创新奖（National Medal of Technology and Innovation）、美国总统自由勋章（Presidential Medal of Freedom）、IEEE荣誉奖章在内的多项荣誉。

16 佳能（Canon）是总部位于日本的全球领先的跨国光学、影像和信息产品生产制造商，成立于1937年。目前，佳能集团拥有雇员近20万人，年收入逾300亿美元。

17 花旗集团（Citigroup）是世界上最大的银行与金融机构之一，于1998年由花旗公司（Citicorp）和旅行家集团（Travelers Group，已于2002年脱离花旗集团）合并而成。花旗集团的历史从1812年设立的花旗银行开始，现已成为美国第一家集商业银行、投资银行、保险、共同基金、证券交易等诸多金融服务业务于一体的大型金融集团。目前，花旗集团拥有员工超过20万人，年收入近700亿美元。

18 国家半导体（National Semiconductor）是一家总部位于美国加州的半导体生产制造商，于1959年在康涅狄格州成立。2011年，国家半导体公司被德州仪器收购，成为其位于加州硅谷的"部门"。目前，国家半导体拥有员工约5800人，年收入逾14亿美元。

19 罗克韦尔半导体（Rockwell Semiconductor）是罗克韦尔国际（Rockwell International）的后身之一，罗克韦尔国际是美国20世纪下半叶的主要制造型企业集团，在高峰期曾位于世界500强榜单第27位。1919年组建，后成为罗克韦尔-标准公司。公司在1967年与北美航空合并，随后收购航空电器提供商柯林斯无线电，并于1971年成为罗克韦尔国际。在随后的数年中，罗克韦尔国际推出了一系列非凡的产品，包括B-1战略轰炸机、奋进号航天飞机和全球定位系统GPS等。1996年，公司实施了巨大的战略性转型，将航空航天和防务分部出售给波音公司，将其半导体部门剥离并成立罗克韦尔半导体即后来的科胜讯公司（Conexant Systems, Inc.），该公司已于2013年申请破产保护，汽车相关部门组成了阿文美驰汽车工业公司。最终其剩余的部门分成罗克韦尔柯林斯和罗克韦尔自动化两个独立的公司。

20 福特T型车（Model T）是福特汽车公司于1908~1927年推出的一款汽车产品。福特T型车的面世使1908年成为工业史上具有重要意义的一年：T型车以其低廉的价格使汽车作为一种实用工具走入寻常百姓的家中，美国亦自此成为"车轮上的国度"。该车的巨大成功来自亨利·福特的数项革新，包括以流水装配线的大规模作业代替传统个体手工制作，支付员工较高薪酬来拉动市场需求等。T型车共计销售超过1500万辆，在20世纪世界最有影响力汽车的全球投票之中，福特T型车荣登榜首。

第 四 章 | **载入增长矩阵**

回想起每周一早上 8 点的员工会议，几乎所有 20 世纪 60 年代后期到 70 年代初期的 BCG 员工，都会怀念会议中的那种创造性的令人近乎欣喜若狂的感觉。到了 1970 年，公司在波士顿已经有 85 名顾问，而所有员工——通常是一大批人都会聚集在一起听同事报告近期项目的情况。在会议上大家会不断提出各种假设，然后这些假设将反复被修正、被考验甚至被推翻。新想法将不断地出现，并引发顾问激烈的论战。在 8:30 左右，亨德森会到达办公室，这是他从郊区乘火车到达的准确时间。他会将一切推倒重来，提出更多的问题，并激烈地盘问和要求顾问给出更好的解释。

即使是在 30 年后，曾经在场的人，在回忆当时的情景时还是会那么兴奋，甚至会突然变得精力充沛，不自觉地加快语速，完全不符合那种冷静盘算着从客户钱包里捞出更多钱来的咨询顾问的经典形象。他们如此一致的反应并不难理解，在这个咨询发展史上的关键时刻，在这个关键的地点，对知识的狂热探索往往同获得金钱和职场成功一样诱人。

亨德森始终致力于雇用那些最聪明的人，甚至不考虑其他因素 [这与当时的时代精神非常契合。在其他场合，这就是大卫·哈伯斯塔姆 [1]（David Halberstam）所说的"最好的、最聪明"的时代]。而竞聘的人往往也不需要有咨询经验。确实，如果细看那些最终受雇者的背景，可以说，他们在经验方面几乎是完全不合格的。只不过亨德森想寻找的是自己心目中那一抹最纯粹的烛光，所以他的理想目标是已经在顶级学术机构中经过万里挑一的竞争，证明了自己能力的人。1970 年，BCG 官方声称公司"雇用了超过 1/4 的哈佛商学院优异成绩毕业生……在这之前，还没有任何一家私人公司，雇用过这么多哈佛商学院的优秀毕业生"。除此以外，BCG 还有来自"至少两个其他顶尖商学院的"排名第一的毕业生。

那时，在 BCG 工作有三个层面的吸引力。第一个层面是金钱上的，亨德森故意比其他竞争公司开出更高的价码。在乔治·班奈特还在攻读研究生学历，尚不能全职投入工作的时候，亨德森就已经开出了每月 1000 美元的价码，而班奈特那时一个月的房租才 85 美元。第二个层面是声望上的，至少在身边同学的眼中，在 BCG 工作令人羡慕——你永远不要低估在顶尖商学院就读的学生群体中的羊群效应[2]（The Effect of Sheep Flock）。人们都在争相进入最有声望的大学，接着再争相进入排名靠前的商学院。当在商学院学习并拥有了独立思考能力后，除了努力进入那些大家都争相加入的公司以外，还有什么更好的选择呢？

上面两个层面的吸引力虽然都直击要害，但是 BCG 想雇用的人一般会有很多其他工作机会，所以第三个层面才是让毕业生真正愿意到 BCG 工作的原因。那就是亨德森对于打破砂锅问到底的热情，以及颠覆传统知识、找到真正支配商业竞争逻辑的决心。一些人称之为应用微观经济学，但这并不是那种学术型经济学家拿着从各处搜集来的有点陈旧的数据所能做到的东西，相反，这是一种对新一代知识精英的严峻考验，同时也是通往智能化商业的重要一步。

亨德森往往通过冗长而折磨人的面试过程，将自己的激情传递给 BCG 的潜在候选人。哈佛大学一位经济学博士桑德拉·穆斯（Sandra Moose），1967 年经人推荐到 BCG 公司面试。她回忆，一坐下就和布鲁斯开始了一场"长达 3 个小时的疯狂争论"，主要是关于长期平均成本曲线[3]（Long-run Average Cost Curve）。争论结束后，亨德森对她说，"我在咨询公司里从来没见过女性的身影，不过我觉得倒是可以做一些改变"。她后来成了 BCG 的第一任女性副总（Vice President，BCG 早期对合伙人职位的称呼），而且地位颇高。

一位差不多同期进入公司的顾问总结了当时大多数在 BCG 工作的人的经

历："我得承认我是一个思考上的'瘾君子'。我被一群极其聪明的人围绕着，并且他们也对思考非常上瘾，这简直就是我们的天堂。"

最后一个能证明 BCG 当时的重心在知识上的证据，是 BCG 在自身业务发展方面的努力非常有限。以至于 20 世纪 70 年代前后，艾伦·扎肯带着一丝特有的刻薄幽默感谈道："我很尴尬地告诉别人，我们没有做任何业务推广。"这显然是夸大其词了，BCG 在 20 世纪 60 年代中逐年扩张，不仅增加了雇员，还在 1968 年从母体分立，成立了独立的公司，但这个说法的确巧妙地描画了 BCG 上上下下对待业务推广的那种漫不经心的态度。在 BCG 关于头十年发展的总结报告里，1969 年的那条记录也特别提到"我们每年都在招聘上投入越来越多的时间和精力，而不在发展新客户上。"

简单地说，比起为 BCG 在商业界寻找可以持续发展的立足点，亨德森更注重探索知识和寻找令人兴奋的同伴。毫不客气地讲，虽然他所经营的企业专注于为身处重大困境的公司提供战略建议，但亨德森本人一直都不是一个特别优秀的商人。

"他根本不懂什么是销售。"一位早期的同事回忆道。这是认识亨德森的人普遍认同的观点。亨德森乐于针对观点或数据解读进行争论，有时近乎狂热，他甚至会同潜在客户争论，而且还不愿意在争论中认输。虽然骨子里充满不安全感，但严肃认真而无惧权威的作风，在这位创始人兼企业家的身上贯穿始终。

一位 BCG 的前员工讲到了一个故事。亨德森在接一通电话时不断地打断对方问："你是谁？你刚才说你想要什么？你叫什么来着？"而且只寥寥几句后便摔掉了电话。而打来电话的是通用电气 [4]（General Electric）的执行总裁雷吉·琼斯 [5]（Reg Jones）。"其实布鲁斯很清楚电话那头是谁，只是因为他曾经为通用电气的竞争对手西屋公司工作过，所以多年来竞争的失意让他想拿琼斯好好出出气。"

这个故事，再加上亨德森的其他几个怪癖，很快让同事们决定在打销售电话时尽量避开他。一位同事回忆起一次和亨德森、扎肯冒着暴风雪从波士顿赶去见大通曼哈顿银行 [6]（Chase Manhattan Bank）的二号人物的经历。

"我们坐在一个很有格调的前厅里等着客户，身上的雪水渐渐融化，而布鲁斯却在众目睽睽之下脱掉了他的鞋，并且还相当得意地从一个用来装保龄球的袋子中拿出了自己的西装三件套。"毫无疑问，他们最终没能拿到这个项目。

亨德森独来独往的性格和商业敏感度的缺失还体现在其他很多方面。1965年，为了给自己这个初创的咨询部门一个独立于母公司的身份，亨德森同意接手家一家米兰咨询公司的员工和债务，而这家米兰咨询公司的经营规模比BCG在美国的规模要大好几倍。融合两家公司文化的尝试迅速以失败告终，最终导致几乎所有米兰办公室的员工都离开了公司。

1968年，又一次靠合资启动BCG伦敦办公室的尝试也很快走到了尽头。这是BCG最后一次与别人合作尝试建立分支机构，从此以后，公司就只采取克隆母体的办法，即委任那些受过母公司真实文化和方法论熏陶的人去建立新的办公室。

虽然这一切不尽如人意，但BCG的海外投资决定再一次证明了亨德森的高瞻远瞩。那时他已经敏锐地注意到全球化带来的机遇和风险。而这种敏锐，也使BCG在早期一次成功的海外投资中硕果累累，即便知识上的收获仍远超金钱上的收获。1965年，亨德森雇用了詹姆斯·阿贝格林（James C. Abegglen），并让他坐上了公司的第二把交椅，还将在日本建立新办公室的任务交给了他。

阿贝格林还在海军陆战队服役的时候就开始学习日语，并在关岛和瓜达尔卡纳尔岛战斗中负伤，后来作为战后战略轰炸调查组的成员第一次访问了战败国日本。虽然他后来回到美国，并获得了芝加哥大学人类学和临床心理学的博士学位，但他始终被日本这个国家深深吸引，并在1955年作为福特基金会的成员再次回到日本。访问日本的经历促使他写成了《日本式经营》[7]（The Japanese Factory）。他本可以在远东担任ITT[8]的总经理，但是出于对在大公司空耗一生的不屑，他选择加入理特咨询公司，并在这里与亨德森相识。1962年，阿贝格林离开理特咨询公司加入麦肯锡。由于麦肯锡对在日本建立分支的态度一直不温不火，阿贝格林随即接受好友亨德森的邀请加入了BCG。他们后来继续保持了这段友谊，这是亨德森为数不多的与同事的友谊之一（即便阿贝格林也承认，很难深入地了解亨德森，亨德森的心理防御实在是太强了）。

阿贝格林和他不久后建立的 BCG 东京办公室为 BCG 的客户提供了一扇了解日本的窗户。那时，大部分美国公司对于所在行业面临的威胁只有非常模糊的认知，这种威胁和 BCG 所关心的现象有着惊人的一致，竞争的动力主要来自成本的持续降低。1968 年，公司针对美国和欧洲的客户组织了一场关于日本的会议，并在《管理新视野》上发布了文章《是什么让日本崛起》（*What Makes Japan Grow*）（答案绝不是低工资）。

最终，经济萧条在 1969 年末席卷了整个美国，这是 8 年以来最大的一场经济危机。这场萧条对于自成立以来就被各种古怪和矛盾包围的 BCG 来说是对痛苦的解脱。

1969 年，26 个新人加入 BCG，次年公司员工总数又增长了 60%。公司对商业理念的零售营销方式似乎很受市场欢迎。虽然 BCG 会对活动参会者收取 1500 美元 / 人甚至更高的费用，但还是有大量的参会需求，并且这种需求仍在持续增加，以至于 1972 年 BCG 开始给参会者设立门槛，规定只有指定的受邀者才可以参会，而且按公司的话讲，必须是“来自精心挑选的有限的几家公司的高层才行”。从那年开始，BCG 每年两次轮流在五个国家举办有关战略的会议，同时发布越来越多的《管理新视野》。1970 年发布了 10 期，1971 年发布了 15 期，而《管理新视野》的读者数量，也远远超过了公司客户的数量。

问题是这样高的企业参与度并不一定会给公司带来咨询项目。回顾 BCG 的早期历史，1971 年致辞的第一句话就是“这是令人沮丧的一年”，公司指的是仅仅 10% 的业务增长率。而这个增长率还掩盖了潜在的持续赢利能力的缺失，相比 BCG 已经雇用的那么多新人，甚至开始有传言说 BCG 可能要倒闭了。

不过有两个因素拯救了 BCG。第一，连续两场经济衰退，一场发生于 1970 年，另一场发生于 1973 ~ 1975 年石油危机 [9]（The 1973 Oil Crisis）诱发的经济衰退。这促使很多公司开始觉醒，并意识到自身对 BCG 服务的需求。这是在欣欣向荣的 20 世纪 60 年代里想都不敢想的事情。第二，1968 年开始，公司终于将有效的企业战略需要的所有要素都整合到一个框架里，打造了第一个成熟产品。

● 以债务和现金为纲

BCG 对商业理念的探索过程，也包括一次对财务理论领域的尝试。在这个过程中，亨德森和同伴得出了两条对战略革命至关重要的结论：第一，思考战略的时候应该关注现金流，即一个业务到底能带来多少现金，又要消耗多少现金，而不应只关注为会计目的公布的财务报告；第二，对大多数公司来说，举债经营是件好事。或者，按照 1972 年亨德森在《管理新视野》发布的说法，"要么比你的竞争对手借更多的钱，要么就离开这个行业"。

在为一个想收购小型石油公司的客户工作时，顾问们得出了一个结论：根据估算，目标公司"之前和现在所公布的收益情况其实没有任何意义"，唯一需要关注的重点是公司将来的经营能带来多少现金流。亨德森将这个观点与经验曲线结合，在 1972 年的《管理新视野》中提出了"现金流陷阱"的概念（cash traps）。他提出，大部分公司的大多数产品都是现金流陷阱，因为"它们消耗的现金永远多于产生的现金"，如果它们不是市场份额的老大，那它们就"不仅没用，而且还在长时间地消耗公司的资源"，此处他用斜体字强调。

亨德森大力倡导举债经营的重要原因，来自曾经担任波士顿大学金融学副教授的艾伦·扎肯的努力。1967 年，扎肯正在全力领导当时 BCG 最大的项目，研究惠好公司 [10]（Weyerhaeuser）是应该开发木材以外的产品来推动公司业务的多元化，还是应该继续购买更多的林地来巩固既有优势。惠好公司认为，林地作为资产并没太大价值。但一些竞争对手，比如路易斯安那太平洋公司（Louisiana-Pacific）、博伊斯凯斯凯德公司（Boise Cascade）和乔治亚 - 太平洋公司（Georgia-Pacific）都在竞相购买林地，并且神秘地从中获得了大量收益。扎肯在这个案例上花了将近 1 年的时间，他试图从框架的角度理解惠好公司的困境。最后，还是在公司的晨会上碰撞出了智慧的火花，他想出了一个可以推而广之的好办法，并称之为"持续增长方程"，BCG的文献更多地称之为"持续增长公式"。

扎肯发现，惠好公司竞争对手的成功秘诀源自一个事实，即木材开始被看作可再生资源。所以出售木材带来的收入和潜在土地升值的总收益，超过了收购和贷款购地所需要的成本。惠好公司的管理层比竞争对手的领导团队年长，所以不喜欢贷款，因此他们被困在了所谓萧条时代的思维模式里。"所以，我最后所做的就是基于合理的贷款量做林地价值的分析。"扎肯解释道。

扎肯提议的理论基础是"平衡运营风险和财务风险"，也就是说，如果你有较低的运营风险，如木材公司，那么就应该"通过借债提高财务风险，来达到在商业上合理的贷款量"。有鉴于此，惠好公司不久后便开始着手购买更多的林地。

而亨德森之所以被这个理论吸引，部分是因为它和当时主流观点相悖。"那时最有说服力的金融理论是莫迪利安尼和米勒提出的，认为企业的负债程度与自身发展并无关联。"扎肯说道，这样的阐述的确有点过于简单化了。弗兰科·莫迪利安尼[11]（Franco Modigliani）和默顿·米勒[12]（Merton Miller）在 1958 年的一篇影响深远的论文中写道，对于投资者来说企业的市场价值（Market Value）并不受资本结构即贷款和资产比例的影响。而当时主流的金融课本也明确肯定了这个理论，投资策略独立于融资策略。但扎肯不同意这个观点，并对此产生了极大的兴趣。

他还让亨德森相信，如果让潜在客户仔细研究 BCG 的公式，并将其应用到自己公司里，将会带来很大的价值。"虽然回头看这些价值显而易见，"扎肯说道，"但是当时人们的概念里还没有这样的联系，即将业务的利率、负债程度、红利政策以及内部收益放在一起，并基于此来确定公司增长的百分比"。扎肯以行动为导向的演讲也开始改变 BCG 的会议氛围，使得它不再像学术研讨会那么后知后觉，而变得更像"能听到前线的炮火"一样敏锐，使得大家都想了解这些惊人的观点，并立刻将其投入使用。

自从认识到了负债经营的好处，亨德森就开始向每一家他能得到数据的公司询问资产负债率[13]（Debt Ratios）的信息，包括那些比美国竞争对手持有更多债务的日本公司。他还痴迷于复利[14]（Compound Interest），他的这种专注让一些同事颇感为难，或者至少感到很可笑。"在一场会议中，"桑迪·穆斯回忆道，"亨德森突然站起来说：'你想知道如果按照15%的速度增长，需要多少年才能使收益翻一番吗？5年！'他站在那里，整整花了15～20分钟大声朗读一张复利表。其余的人坐在那里想'天哪！'这人真是太奇怪了，但很有效，在复利的推动下，亨德森很快找到了一条逻辑，而这条逻辑也自然而然地带领 BCG 走向了它命中注定的未来"。

● 构建唯一联系

接下来进行的是一系列令人眼花缭乱的知识整合，这是把战略作为一个包容性整体加以阐明的关键一步。或者如扎肯所说，"这是一次基于直觉的勇敢跳跃，并终于开始将所有相关部分整合到了一起"。

他列举了这些要素凝聚在一起的过程：

> 我们有一个日本公司将融资策略与低收益率模式相结合的例子。这个例子的结果是，你可以有很低的收益率和很多债务，但仍然能获得增长。经验曲线告诉我们，规模增长最快的公司的成本会下降。所以降低价格，虽然收益率会变低，但可以靠借贷来弥补，同时不支付股息，因为需要更多的钱以极快的速度进行再投资，这样才能赶在竞争对手之前压低经验曲线，使得成本比它们降得更快，从而进一步降低价格。
>
> 嘿，你知道吗？这样我就有了一个战略。因为我已经整合了定价、竞争关系、债务策略、持续性财务策略以及业务收益，并且得到了想要的增长率。所以这一切都已经胜券在握了。

穆斯还提到，"从这里开始，布鲁斯和其他人渐渐意识到，在一定程度上累积经验就等同于获得市场份额。所以你的目标不应该是短期收益最大化，而应该是市场份额最大化"。

在接下来的几年里，其他咨询巨头陆续提出，做一个低成本的制造商并不是竞争者能采取的唯一战略。同时，学术机构也逐渐开始挑战"将市场份额作为公司首要目标"的观点。然而，批评者们无法否定 BCG 企业战略的基本范式，即将一个强有力的"如果这样，则那样"的逻辑加入公司对自身战略的考虑之中，从而推动客户、竞争对手、成本以及财务策略等关键要素的碰撞，形成真正有价值的结论。

当然，这个范式还不能算是一个完整的"产品"。对于跟随一条曲线走的单一业务公司来说，经验曲线和持续增长等式虽然可以为构建战略提供足够的见解。但无论是已有的还是潜在的 BCG 客户，大多都不是单一业务公司。这个时代的公司仍然面临业务多元化的压力，有时候甚至被迫集团化。虽然公司可以将战后增长的收益作为红利分给股东，但是分红所得的税率相当高，而反垄断法又禁止并购本行业企业的行为，所以为了将获利再投资到公司，也为了不断地推动自身发展，往往只有一个选择，那就是收购一些跟自身行业毫不相关的公司。

而这样的结果往往是灾难性的，一个在某行业里成长起来的高管却要挣扎着去考虑其他行业的问题和动态。在 20 世纪 60 年代末，为了帮助客户解决多元化问题，BCG 提出了增长矩阵。在下一个十年里，增长矩阵的力量和影响范围是任何其他多元化管理工具无法比拟的。

● 增长矩阵源于"无聊"

扎肯提到，矩阵的想法其实来自一位同事的灵感（或许就是在一场周一早上的会议中）。这位叫肯特·阿德列尔肖夫（Kent Aldershof）的同事坚持认为，只有三种类型的投资：一是储蓄型投资，也就是"把钱放进银行，不断积累利息，存款期间虽然拿不回任何钱，但最后能拿回比初始投入更多的钱"；二是债券型投资，"按期给你现金，并且在到期后能拿回本钱"；三是抵押型投资（mortgage），对于持有者来说，"投资会获得一定回报，也能拿回本钱，但如果市场变差或者抵押物价值缩水，那么到最后它将分文不值"。

刚开始，扎肯觉得这种分类实在是"相当无聊"。

接着，在1966～1967年，扎肯和桑迪·穆斯开始为米德公司[15]（Mead Corporation）做业务多元化的研究。这是一家位于俄亥俄州并以造纸为主业的公司。在这项研究中，顾问们搜集了大量不同业务单元的信息（包括发展前景、资金需求等），并认为如果米德公司继续留在造纸行业，那么投资就将耗光公司所有赚到的钱甚至更多。如果公司想离开造纸行业，那就必须利用在造纸上赚到的钱，将业务拓展到那些高增长的领域，即便这意味着昔日支柱的造纸业将在缺乏资金供给的情况下衰落，也在所不惜。了解了这些研究成果之后，米德公司负责战略的高管威廉·沃玛克（William Wommack）对扎肯说："这实在太了不起了，你把结果好好修饰一下呈现给我吧！"

刚开始，扎肯也不知道该怎么做，不过他突然想起了阿德列尔肖夫的说法，"我突然想到储蓄账户其实就是高增长的业务，因为它会自动计算复利，但是你拿不到现金。而债券则是拥有稳定市场份额的业务，它将消耗资金并且产生等量的收入，长期维持价值。而抵押贷款则是正在衰退的业务，应该及时把资金从这种业务中抽出来。这是公司的三类业务组合"。他总结道："但我实在是不知道怎样来拿这三类投资说事，也许因为第六感吧，我觉得完美的平衡还缺少一类，所以我加上了第四种，野猫（wildcat）代表野猫井[16]（wildcat well），也就是纯粹的投机，它可能带来回报，也可能不会。"接着顾问们将四类投资放到了四格矩阵里，储蓄账户在左上方，债券在左下方，抵押贷款投资在右下方，野猫在右上方。这样一来，增长份额矩阵的雏形便跃然纸上了（见图4-1）。

比起未来的增长矩阵，在最初的矩阵中，格子与格子之间的关系还比较模糊，而格子之间的关系则决定各种业务应该属于哪个角落。就图的层面来讲，纵轴和横轴所代表的内容也不大清晰。然而，格子之间紧密的逻辑关系是矩阵本身强大力量的来源。哈佛商学院的教授克莱顿·克里斯坦森（Clayton Christensen）研究认为，四格矩阵就是二元多项式的一种表达方式，它可以描绘各种各样变量之间的关系。一个是画有幽默符号的四格矩阵图，另一个是等号左右连接的一堆难以记住的变量组成的公式，你会更希望

图 4-1

增长份额矩阵：早期版本

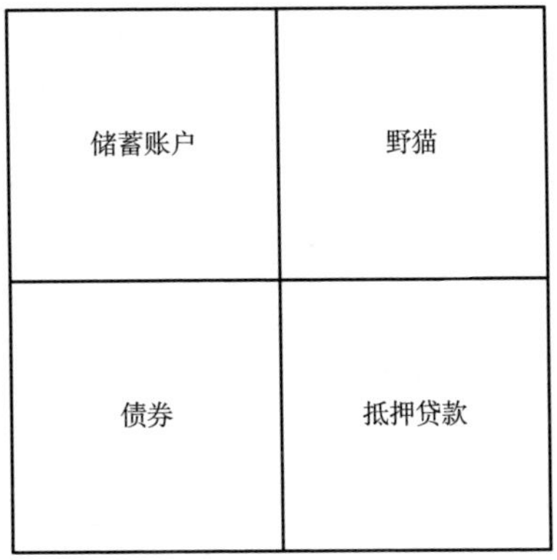

储蓄账户	野猫
债券	抵押贷款

哪个被放映到会议室的大屏幕上呢？

　　顾问们回忆，尽管矩阵在逻辑上还有不少缺陷，不过因为它带来的视觉冲击太强烈了，所以当米德公司的高管看到这个框架时，便"不顾一切地"爱上了它。通过与 BCG 合作，米德公司研究出了管理各种不同业务的方针，并明确了各个业务的关注点，是以获得收益为主还是以谋求发展为主，以及应该有多少利润。这是历史上第一次，BCG 做出了"一个真正的产品，一个能指导你如何经营公司业务组合的产品"。

　　扎肯和他的团队带着这个新成果，兴高采烈地回到了波士顿，并激动地展示给亨德森及公司里的其他人。大家从中看到了冉冉升起的希望，也看到了矩阵存在的局限性。矩阵主要针对的还是有关现金流的困境，比如，组合中哪项业务产生现金，哪项业务消耗现金。这为在多元化困境中挣扎的客户提供了不可多得的宝贵视角，而在那个时代，很多其他公司的咨询顾问还在盘算着公司到底购买了多少增长型的业务，而根本没有意识到，这些业务必须以从其他渠道获得的资金进行支持，否则它们在发展前期就会耗光现金流而走向衰落。

但是，这个矩阵还不能清晰地展现所有业务的竞争力。而且那些以投资工具命名的标签，如储蓄账户、抵押贷款等，也让人非常困惑。除此以外，就像扎肯对阿德列尔肖夫分类的第一印象那样，这些标签显得相当无聊。因此，根据一位新入职的初级顾问的建议，公司将这个矩阵进一步打造成了咨询史上最著名、最有影响力且最具争议的增长矩阵。

• 加入"明星"

1969 年 6 月加入 BCG 的加利福尼亚人理查德·K."迪克"·洛赫里奇（Richard K."Dick"Lochridge），是达特茅斯学院[17]（Dartmouth College）和斯坦福商学院[18]（Stanford Graduate School of Business）的毕业生。他才华横溢、文思泉涌，不仅与客户和同事相处融洽，还有在下午 6 点前就能完成工作的神奇能力，所以很多同事都说洛赫里奇就是"天生的咨询顾问"。

他革命性的观点源自联合碳化物公司[19]（Union Carbide）的项目，这只是他入职后接手的第二个项目。在为联合碳化物公司完成了一些小项目后，比尔·贝恩终于为 BCG 拿下了史上最大的项目，即在 6 个月内帮助联合碳化物公司研究它的整个业务组合。"我永远忘不了那个项目。"洛赫里奇说，他当时才 26 岁，就被公司安排来领导这个项目，并有点被贝恩给客户的承诺吓到了。"因为贝恩告诉联合碳化物公司的人说，'我们将把你们所有业务都放在一个轴上，把你们竞争对手的业务放在另一个轴上，最终我们将把这一切结合起来，然后告诉你这个行业的整体结构，以及将会发生什么'。"但是，现实的情况是 BCG 之前从来没做过这样的事。

BCG 建立了一个由 10 位顾问组成的团队，不过其他团队成员的资历比洛赫里奇还浅。团队试图想出一个搜集和处理数据的方法。"大家就像摸着石头过河一样，探索前进。"洛赫里奇回忆道，"不过我们还是渐渐搞清了状况，其实就是依赖大量数据得出了关于化工行业的一些直觉性的整体判断。你可以发现，陶氏化学[20]（Dow Chemical）在大多时候都是赢家，而联合碳化物公司则在所有事情上都做得不好，不过杜邦公司输得更惨"。最终，项目组成员洛恩·威尔（Lorne Weil）提出了一种描绘当时行业情况的新方法。

　　新方法根据横纵轴上相应的位置来排布每一项业务，纵轴代表业务所在市场近期的增长率，实质是对所有竞争对手整体业务增长速度的衡量，横轴代表业务的增长率，包括自身的以及竞争对手的业务增长率。整个图形被一个从左下角出发的45度斜线分为两半。斜线左侧意味着业务的市场份额在减少，斜线右侧则意味着业务的市场份额在增加。因此，这个图叫作市场份额趋势图（见图4-2）。

图 4-2

市场份额趋势图

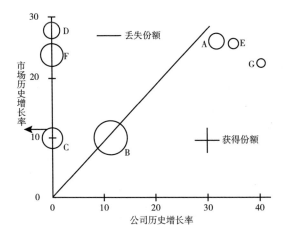

资料来源：改编自 BCG 工作底稿。

　　"单用这张图，我们就完成了差不多三场客户会议。"洛赫里奇说道。虽然他和贝恩当时已经将矩阵的发现积攒成了一本厚厚的活页笔记，却仍然不知道该怎么向联合碳化物公司的总裁沃伦·安德森（Warren Anderson）说清当前复杂的局势。"为了更好地展示我们的成果，大家在一起进行了好几次排练，但不管怎样都还是需要不断前后翻动报告页面才能勉强讲下去。"洛赫里奇回忆。

在即将开会的早晨，安德森突然说临时有事不能参加，并将会议推迟到了下午三点。就在联合碳化物公司等待开会的时间里，洛赫里奇闲逛到了公司的工程部门，发现一些半对数图纸散落在桌上（一个轴上标有连续的等距刻度，另一个轴上则标有对数刻度）。带着对矩阵早期的粗略构想，在比尔·贝恩的热情帮助下，洛赫里奇做出了第一个完善版本的增长矩阵。到下午三点，他们走进了会议室。"比尔说，'沃伦，我们这有好多事情要告诉你。'"接着他在桌上展开了一张纸，"这里画的就是你的完整业务组合"。安德森一看顿时两眼放光，觉得"这简直就是世界上最棒的东西"。洛赫里奇回忆道。

洛赫里奇最伟大的发明，就是将矩阵中用于排布业务的两个参考维度进行了量化（见图 4-3）。垂直维度代表业务所在市场的预期增长率，矩阵底部代表 0 增长，顶端则以一个数字如 25% 作为边界。因此，低增长率的市场即年增速低于 12% 的市场，将会分布在矩阵的下半部分，高增速市场则分布在上半部分。

水平维度代表相对市场份额，反映了一家公司的业务与同一市场中其他公司的对比情况。相对市场份额被标在一个对数刻度上，最左侧代表高相对市场份额（比如，其规模临近竞争对手的 20 倍），右侧则代表低相对市场份额（比如，其规模是对照公司规模的 1/10）。沿着这个维度，规模比临近竞争对手相应业务大 1.5 倍的业务将被放在图的最中间，其左侧意味着拥有更大的市场份额，右侧则意味着拥有更小的市场份额。

在描绘公司的业务组合时，咨询顾问们决定把每个业务都画成一个圆，而圆的大小则与业务的规模成正比。公司最大的业务将以大圆来呈现，最小的业务则几乎是一个点。

受安德森对增长矩阵巨大热情的鼓舞，洛赫里奇和他的团队在接下来的两个星期每天工作 18 小时，用同样的方法描绘了联合碳化物公司三个主要

图 4-3

改进版增长份额矩阵

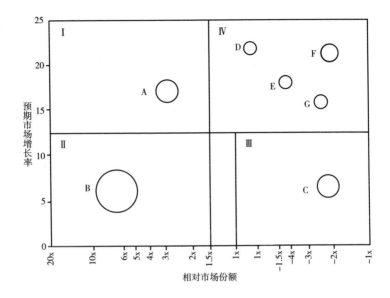

竞争对手的业务组合，并且将每个公司的业务组合都用不同的颜色加以表示，如红色、绿色、紫色和蓝色。"紧接着，比尔突然有了一个天才般的想法，他说我们可以将不同颜色的公司展示给客户看，但不告诉他们这些颜色到底代表哪家公司，让他们自己去研究，然后告诉我们市场的整体形势。"洛赫里奇说道，"最后，压轴台词就是，'这就是你，那是陶氏化学，而这个是杜邦，还有那个是孟山都[21]（Monsanto）'。"BCG 最终成功兑现了将客户和其竞争对手的战略位置描绘在一张图上的承诺。

接下来，就只剩最后一步，让矩阵变得更完美了，那就是重新命名矩阵的格子，这个任务被交给了公司所有的人。大家集思广益甚至还将"抵押贷款"象限取名为蜡烛，最终经过一番深思熟虑和千挑万选后，BCG 终于确定了最经典的阐述。左上方象限里，在快速增长的市场中拥有高市场份额的业务，被称为为明星（见图 4-4）；左下方象限里，在低速增长的市场中拥有高市场份额的业务，则被称为现金牛（cash cows），这几乎直接让人联想到，这项业务可以像奶牛一样挤出牛奶来，给其他有更好前景的业务提供资金；右下方的象限里，在低增长市里拥有低市场份额的业务则被称为瘦狗，有时候会被描绘成一个长耳朵、眼神悲伤的比格犬，表达出业务未来的悲凉；右上方的格子，曾被扎肯取名为野猫井（初探井），现在被一个问号代替——在这些在高增速市场中拥有较小市场份额的业务，是否要努力发展它们呢？

图 4-4

最终版增长份额矩阵

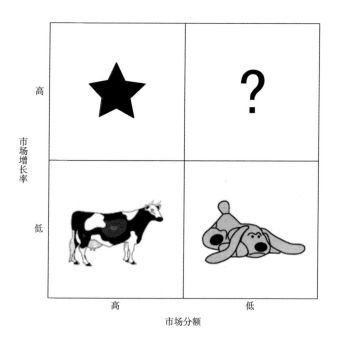

这应该还要画一个问号。

所以，让我们来欣赏一下这令人赏心悦目的杰作吧。靠一个图和概念性的设计，BCG 就成功地将对战略至关重要的三个元素放到一起，这三个元素就是三个 C——成本（Cost）、客户（Customer）和竞争对手（Competitor）。公司业务的市场份额，作为衡量公司竞争地位的重要指标，蕴含很多信息，比如，业务是否在经验曲线上，以及成本应该是多少（如果用市场份额来代表累积经验的话，有最大的市场份额就代表着有最低的成本）。而市场增长率则透露了很多与客户有关的信息，为了估算其重要性的变化，必须先弄明白目前到底有多少客户以及怎样才能有效地扩展客户的数量和消费量。

BCG 的顾问们会就增长矩阵的含义唠叨一通，也许他们在暗示该做什么，或者仅仅是在做一段说明。显然，大多数人都将其理解为前者。大家都觉得，明星业务需要得到守护，并给予充足的投资，以确保其增速能跟上市场总体增长，这样才能在市场增速回落后维持较大的市场份额。现金牛业务，它们在低增速市场上拥有高份额，所以需要受到节制，而它们产生的资金通常会供给那些更好的机会，如明星业务或问号业务。而现金牛的管理者争取更多投资的呼声会遭到回绝（一点谨慎的再投资还是可以接受的，尤其是在能进一步降低成本的情况下）。问号业务也许代表公司光明的未来，但是为了积累市场份额，它们需要大量资金。很多公司犯的错误就是将所有钱都投入问号业务，这意味着没有一项业务可以得到充足的资金供应。公司应当在众多的业务中选择最好的一项，并给其管理者足够的资金以促进增长，并且不要期待在短期内获得回报。

至于瘦狗，那就非常可怜了！在低增长市场中拥有低市场份额的情况，正是亨德森提到过的现金流陷阱的典型。你应当挤出它们能产生的任何微薄资金，或用它们来阻挠竞争者的行动。当然它们也是资产剥离的好对象，可以将其卖掉并将获利投资到其他更好的业务中去。

后来，某些咨询顾问，大多是贝恩的顾问常常会把描绘客户真实业务组合的矩阵图（见图 4-5）称为"百万美金页面"，因为它搜集并传达了有关公司战略情况的大量信息，单靠它就已经值百万美金的咨询费用了。BCG 终于做出了它第一个真正的"产品"。

　　BCG 随即开始在自己举办的会议中大力推销增长矩阵。大概唯一既参与概念创造又不愿意将其公开的，就是原先的客户了。"米德公司为这件事大为恼火，"扎肯说道，"由于沃马克对一些要素的取名确实有所贡献，所以他们觉得这个矩阵也是他们的专利。他们大概花了 9 个月才愿意重新和我们交流。当然这时他们已经克服这个心理障碍了"。

图 4-5

实际应用版增长份额矩阵（通用食品集团，1980~1982 年）

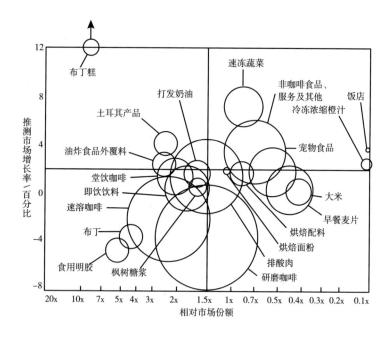

　　我们不妨把这个交换看作一场公开辩论中的意外，它将渗透到战略革命历史的方方面面，也将给那些咨询行业的批评家以口实和愤怒的理由。如果

说战略革命来自想法，而这些想法正来自那些与客户公司合作的咨询顾问们，那最终到底谁该拥有这个想法呢？

让 BCG 公司早期员工深感自豪的是，BCG 从来没有试图获取其所开发的概念的任何版权、商标或专利。

● 顶回业务部门主管

随着增长矩阵的不断推广，通过战略以牺牲业务部门主管为代价来巩固高层（或企业中心）管理的进程开始了。在发明增长矩阵之前，"任何一家已经演变为联合大企业的公司，如 ITT 或者美标公司[22]（American Standard），都不可能将所有业务烂熟于心。"桑迪·穆斯这样认为。由于大多数美国公司已经完成了多元化，所以 BCG 有了一个现成的市场。"高层们知道哪些业务部门所提出的计划不切实际，但不知道该如何进行反驳，"穆斯说道，"而增长矩阵作为一个框架，清晰地告诉他们该如何提出异议：'啊哈，你的业务计划的确说明你的收入从哪里来并将获得所有的现金流，但如果这是你现在所处的市场地位，你真的要改变它吗？你将采取什么不同的行动呢？'"

新框架也带来了艰难的讨论，尤其是和那些被认定为"瘦狗"业务的主管们进行的讨论。"我们犯了个错误，"扎肯承认，"我们没有预料到'瘦狗'业务的主管们并不喜欢'瘦狗'这个称号"。因为 BCG 创造的这些热门概念触及太多人际关系中敏感的部分。穆斯讲起一次向一家中西部制造企业的老总及其直接下属演示报告的经历。这家公司的增长矩阵显示，公司有大量的业务分布在右下象限。报告讲完后全场一片死寂，最后还是 CEO 率先打破了令人不安的沉默，无奈地评论道，"呃……其实我一直挺喜欢狗的"。这也给咨询顾问们上了一课，"后来，我们在给公司全体员工展示矩阵之前，总会跟 CEO 先过上一遍"。

聪明的客户不需多少帮助就能抓住增长矩阵蕴含的要义。在美标公司，咨询顾问们的分析显示，公司的小型空调业务正处于飞速增长的市场中，但该公司的市场份额仅是开利公司[23]（Carrier）的 1/20，这是一个经典的问号型业务。尽管公司在这个业务上倾尽全力，几乎把所有可用的资金都搭上了。顾问们总结道，"但是市场份额还是年年缩减"。扎肯回忆道，"他们的 CEO，马夸德说，'你要知道，这是我们公司拥有的最具发展前景的业务了，不过你是对的，我们的确负担不起它了。所以要把它卖掉，而且我得要个好价钱，因为这个行业炙手可热'"。最后他们做到了。BCG 隐去美标公司的名字，把这个项目的经验作为一个案例，在公司举办的会议上大肆宣传。

既然矩阵中的所有要素都是可以量化的，当然这也是它不可反驳的主要原因，那为什么客户在知道了方法后，不能自己画出公司的业务组合图呢？针对这个问题，顾问们毫不犹豫地回答道，"其实这并没有看起来那么简单"。除了要有搜集市场份额及增速数据需要的技能外，整个过程还需要有火眼金睛般的客观性，来认真探索自身的情况，而这种理性诚实（intellectual honesty）对公司来说并不容易。穆斯举了一个割草机生产商客户的例子，公司的总裁向穆斯抱怨道，"你们的逻辑根本不成立。因为我们主导了所在的领域，却根本没赚到钱"。

顾问们开始提问："那你们的产品是通过西尔斯和其他自有品牌零售商在销售吗？它们相当于多大的市场呢？""噢不，我们没有。"他们回答道，"即使这样，也就占 45% 左右的市场份额"。好吧，那么在杰西潘尼[24]（J.C.Penny）、蒙哥马利·沃德[25]（Montgomery Ward）、凯玛特[26]（Kmart）之类的百货商店有没有销售呢？"不，我们不在那里销售。它们大概占另外 45% 的市场份额。"连锁的五金市场呢？"对，这是我们的市场，不过我们只是出现在某些市场里，而且加利福尼亚也没有，因为那里有一种草我们的割草机对付不了。"总而言之，客户所说的主导市场的业务实际上只有 5% 的市场份额，并没有多大的利润空间。

接下来的几年里，教授们开始攻击增长矩阵及矩阵的逻辑，认为其过于简单化，甚至是危险的。他们指出，市场份额并不总是和低成本、高利润、竞争优势相关联。而且没有人规定一定要平衡业务组合的现金流，一定可以为明星业务找到公司外部的融资方式（现在融资的确比刚发明矩阵时要简单多了）。批评者们尤其喜欢拿那些在低增速市场中拥有低份额的业务，在新管理体系下变得利润丰厚的例子说事儿。实际上，有一位学者正打算把他的文章取名为"根本没有瘦狗"。

回头看，增长矩阵的发明者认识到他们在"瘦狗"这部分犯了错误，而且不只是命名上的错误。"作为外行，我们不会单刀直入地告诉他们如何去经营业务。"扎肯说道，这丝毫没有嘲讽之意。"我们之前没搞明白处理'瘦狗'的最好方式并不是让它挨饿，而是通过 LBO（杠杆收购）。"即通过杠杆收购将其卖给公司管理层，或卖给 KKR[27]（Kohlberg Kravis Roberts）这种在 20 世纪 80 年代出现的实施 LBO 的机构。"我们那时都把目光集中在矩阵中最诱人的部分了。而"瘦狗"本来可以值很多钱的，但我们没有注意到。"

虽然在 20 世纪 70 年代后期，BCG 继续推动增长矩阵的发展，不断地对它进行完善，但随着时间的推移，其他咨询公司也开始设计属于自己的矩阵，并将其投入增长矩阵的潮流之中。1979 年，欧洲工商管理学院[28]（INSEAD）的副教授菲利浦·哈斯普斯劳格（Phillipe Haspeslagh）进行了一项由《哈佛商业评论》支持的调查。这个调查主要是为了探究大公司在战略规划中使用增长矩阵这类的业务组合管理工具的普遍性。基于他收到的 345 家公司的回复，大约有 45% 的世界 500 强企业、36% 的世界 1000 强企业在使用某种形式的增长矩阵。而这些采用矩阵的公司每年在排行榜中都会上升 25 ~ 35 名，而且它们都是各行各业的领头羊。

回应者提到，使用业务组合框架极大地帮助一些人克服了在实践中遇到的困难，那些批判咨询顾问从未给企业带来多大贡献的人，真应该好好地看看这一段。哈斯普斯劳格 1982 年在《哈佛商业评论》上发表的文章总结指出，公司承认使用业务组合框架的确帮助它们获得了"更好的业务认知"，并做出"正确的战略决定"，因为它们通过增长矩阵可以更好地"解读行业逻辑"和评估自身竞争地位。而且，好处不只体现在公司的决策层面上，"经理们甚至将经营的改善也归功于使用业务组合框架，并认为它提升了专注性、客观性和忠诚度"。

增长矩阵成为 BCG 的成功"产品"，BCG 从此便一展雄风，走上了业务能力与学术声誉同步提升的道路。"虽然为客户描绘经验曲线值不了几个钱，"

扎肯说道，"描绘公司的业务组合却值很多钱。我们的一号产品是描绘业务组合，基于各项业务的市场份额和增长势头来分析它们是强是弱。只有在这样的分析后，CEO 才能跑去跟董事会说，'我打算剥离资产。我们必须要全面调整战略。前任把事情搞砸了，而现在要进行修补。但在修补之前，得先把残局打扫干净'。这可是个大事，惊天动地的大事"。

"我们的二号产品是剩下的任何业务都是值得研究的对象。"

这就是桑迪·穆斯多年来在美标公司所做的事情，帮助不同的业务部门制订各自的战略。"我记得大概花了 5 年才梳理完整个业务组合，"扎肯回忆道，"接着你可以重新开始"（"而且我们正是这么做的。"穆斯这样说）。"这就像在为乔治·华盛顿大桥刷油漆一样，没有尽头。"扎肯夸张地说。

这难道是一个巨大的寄生式咨询案例？当然不是，你应该仔细听听咨询顾问们讲这个故事的语气，尤其是略带讽刺意味的结尾。扎肯又说："美标公司的 CEO 比尔·马夸德（Bill Marquard）做了他分内的事情，卖掉了不少的业务，并将公司从不断赔钱的破产边缘拉了回来。马夸德搞定了一切，六七年后他培育了大量的现金牛，因为公司已经摆脱了所有的赔本生意，从而可以将大量资本投入新的业务，并且获得了美国五佳管理公司的奖项。但是他已经走到了死胡同里。"因为公司已经卖掉了最有增长前景的空调业务。

"所以他希望我们帮他做一个多元化研究，"扎肯继续说道，"我们其中的一个研究对象就是一家非常成功的大型空调公司特灵公司[29]（Trane），但它对收购完全不感兴趣。一年后，有人想投标特灵公司，就叫上了美标公司。我们完成了所有分析工作，特灵公司也帮助我们迅速地更新了情况。但是，更重要的是，在这次交易中我们成功推荐了马夸德这个买家。这是他重新进军空调业的机会，而且目标还是一个有很高市场份额的公司。当然最后他做到了。"1984 年，美标公司成功收购特灵公司。"如果你现在来看美标公司，它最大的单一业务同时也是利润最为丰厚的业务，一定属于特灵公司。"

比尔·马夸德在 2006 年 10 月 22 日去世，享年 86 岁。媒体的讣告恰如其分地赞美了他辉煌的职业生涯，《华尔街日报》赞扬他："用一场 70 年代最大的企业转型拯救了一个家喻户晓的名字。"除了其职业道德令人称道外，作为 CEO，他从未错过一个工作日。报纸重述他在 20 世纪 70 年代卖掉了一项又一项多年前买入的业务，从而极大地减轻美标公司负债的故事，并描述其"要求经理们提高市场份额，成为行业内的低成本制造商的卓越努力"，去掉了经理层和 CEO 之间的一整层管理层以便更好地监督经理们。关于对特灵公司的收购，《华尔街日报》引用他的话写道："这真的让我们如临大敌……不过我也很清楚，这是我一生中绝无仅有的机会。"可惜的是，没有任何一份我能找到的讣告，提起过咨询顾问们在推动美标公司的转型中所起的作用。

● 三四律

20 世纪 80 年代，产业界开始出现了越来越多的抱怨声，人们认为，虽然咨询顾问们可以很好地设计战略，但在将战略付诸实践即在其"实施"或"执行"上，他们起不了什么作用。BCG 也逐渐认识到，这个说法的确有很多值得关注的地方。

咨询行业先驱者的观点是，在战略革命的前期，直到 20 世纪 70 年代末，大多数战略实际上包含的都是投资和撤资的决策，就像美标公司的例子一样。所以，当时把战略付诸实践要容易得多，因为通常只需要帮助 CEO 或部门主管认识到公司必须卖掉或者买入什么业务就可以了。换句话讲，就是帮助公司进行正确的"定位"，而这是战略革命最重要的焦点。

1976 年，布鲁斯·亨德森在《管理新视野》上发布了一篇题为"三四律"的文章（*The Rule of Three and Four*），提出"在一个稳定的竞争市场中，永远不会出现三个以上的大型竞争者，其中，最大竞争者的市场份额不会超过最小竞争者市场份额的四倍"。他承认这个规则只是假说，"并没有经过严格的论证"，但似乎和大多数行业的情况吻合，包括航空、手机、婴儿食品、苏打饮料以及汽轮机等行业。

文章总结并重复了 BCG 关于经验曲线、成本竞争、市场份额中心化（the centrality of market share）的观点。这篇文章的发布可以被看作展现 BCG 早期高水平概念的标志。后来，越来越多学术批评家指出，获得市场份额并不一定等于赢得竞争，成本也不会像经验曲线所描述的那样能按照预期自动下降，而且一些行业中仍然充斥着大量小规模竞争者。

然而，对于那些精明的商人来说，这些观点还是有价值和影响力的。1981 年，在成为通用电气的 CEO 后，杰克·韦尔奇[30]（Jack Welch）在与证券分析师召开的第一次会议上宣布，今后公司将主要关注增长型市场，而且通用电气的业务必须在所处的行业中做到数一数二，否则就退出那块市场留给其他人做 [1983 年，韦尔奇雇用了迈克尔·卡彭特（Michael Carpenter）领导这个行业巨头的战略规划工作，卡彭特曾在在 BCG 作为咨询顾问工作了 9 年]。

亨德森在 1976 年的思考可能还受到一个事实的影响，当时 BCG 第一次遇到了真正的竞争，因为麦肯锡已经开始注意到 BCG 这种暴发户式的成功，并且开始了其理念复兴之路。而更为凶险的是，1973 年，BCG 史上最好的销售比尔·贝恩离职并创立了自己的咨询公司。

本章注释

以下注释内容皆摘选自公开来源并经慎思行整理，其中员工和营业额数据皆为近两到三年数据，仅供读者参考和理解规模之用。正文中带下划线的重点关键词，亦可以在慎思行微信平台通过回复相关关键词来获得具体解释。

1　大卫·哈伯斯塔姆（David Halberstam，1934-2007），美国记者、作家，历史学家，以其在越南战争、政治、历史、民权、商业等领域的作品而闻名，并在 1964 年获得了普利策奖。他亦被人称为"美国记者之父"。

2　羊群效应，原文为旅鼠效应（Arctic Hamster Effect）是指旅鼠在数量急剧膨胀之后，聚集在一起焦躁不安，做出迷惘且盲目的跟随行为。被巴菲特用来形容股民在牛市时狂热买入和在熊市时恐慌性抛售的跟风效应。

3　长期平均成本曲线（Long-run Average Cost Curve）是厂商或企业按不同产量计算的长期平均总成本数据所形成的曲线，其横坐标是产量，纵坐标是长期平均成本，是一条先降后升的曲线。长期平均成本曲线是短期平均成本曲线（Short-run Average Cost Curve）的包络线，两条曲线的切点是相应的最低平均成本和最佳生产规模。

4　通用电气（General Electric）是世界上最大的跨国技术、工业和服务提供商之一，于 1892 年由托马斯·爱迪生（Thomas Edison，1847-1931）在美国纽约创立。通用电气以其业务的多元化发展而闻名于世，其经营领域包括但不限于航空、电力电气、数字化、能源、医疗保健、照明、石油天然气、交通和金融。通用电气的员工曾在 1932 年和 1973 年两度被授予诺贝尔奖。目前，通用电气拥有约 30 万名员工，年收入逾 1220 亿美元，位列 2017 年财富 500 强第 13 位。

5　雷吉·琼斯（Reg Jones，1917-2003）是通用电气 1972~1981 年的董事长兼 CEO，美国最有影响力的商业领袖之一。琼斯实施了各种创新战略规划举措，将通用电气进一步推向全球市场，并获得了成功。其整个职业生涯都在为通用电气工作，并于 1978 年被授予弗米利耶勋章（Vermilye Medal）。

6　大通曼哈顿银行（Chase Manhattan Bank）是于 1955 年由大通国家银行（Chase National Bank）和曼哈顿公司（The Manhattan Company）合并成立的。大通曼哈顿银行已于 2000 年与 J.P. 摩根合并，成为摩根大通（J.P.Morgan Chase），目前是美国乃至世界最大的银行之一。

7　《日本式经营》（The Japanese Factory）是由詹姆斯·阿贝格林（James Abegglen，1926-2007）于 1958 年撰写并出版的一本描写日本企业经营机制的畅销书。书中描绘的日本企业的终身雇佣、年限工资、内部培训和工会组织等制度与西方实践形成了强烈对比，在美国引发了广泛的关注。

8 ITT（International Telephone and Telegraph Inc.，国际电话电报公司）是一家创立于1920年的美国制造业公司，目前为航空航天、交通运输、能源等市场生产特种部件。在20世纪60~70年代，ITT作为典型的多元化企业崛起，并于1986年和1995年剥离了电信业务和非制造业务。目前，ITT拥有近1万名员工，年收入逾24亿美元。

9 石油危机（The 1973 Oil Crisis）由于石油输出国组织（OPEC）成员宣布实施石油禁运，而于1973年10月爆发。禁运针对在赎罪日战争（Yom Kippur War，又称第四次中东战争）期间支持以色列的国家，最初包括加拿大、日本、荷兰、英国和美国，随后延伸到葡萄牙、罗得西亚和南非。到1974年3月，全球石油价格已从每桶3美元涨至每桶近12美元，美国石油价格明显上涨。1973年的石油危机后来被称为"第一次石油危机"，在这场持续3年的危机触发了第二次世界大战之后最严重的全球经济危机，并对发达国家的经济造成了严重的冲击，美国的工业生产下降14%，日本的工业生产下降了20%以上，所有工业化国家的经济增长都明显放慢。

10 惠好公司（Weyerhaeuser）是一家美国综合林木产品公司、房地产投资信托公司，创立于1900年。惠好公司是全球最大的林地私人所有者之一，在美国拥有并控制着近1300万英亩的林地，并以长期许可的形式拥有加拿大境内的林地。目前，惠好公司拥有超过1.3万名员工，年收入逾71亿美元。

11 弗兰科·莫迪利安尼（Franco Modigliani，1918-2003），意大利裔美国经济学家，1985年诺贝尔经济学奖获得者。他在UIUC（伊利诺伊大学香槟分校）、卡内基-梅隆大学和麻省理工学院任教。他提出了家庭储蓄的"生命周期"理论（Life-Cycle Hypothesis）和MM定理（Modigliani-Miller Theorem）。

12 默顿·米勒（Merton Miller，1923-2000），美国经济学家，1990年诺贝尔经济学奖获得者。米勒曾任美国经济计量学会会员、美国金融学会会长和《商业杂志》副主编。他亦是MM定理（Modigliani-Miller Theorem）的提出者之一。

13 资产负债率（Debt Ratio）是一个财务比率，表示债务占公司资产的百分比，是总债务（Total Debt）与总资产（Total Asset）的比率。资产负债率高的企业具有较高的财务杠杆效用，但同时具有较高的财务风险。同其他财务比率一样，一家公司的资产负债率需要与同行业或竞争公司相比较才具有意义。

14 复利（Compound Interest）是指一笔资金除本金产生利息外，以前各计息周期内产生的利息也计算利息的计息方法。简单地讲，就是之前利息也产生新的利息，即利息再投资。复利是目前金融和商业的惯例之一。

15　米德公司（Mead Corporation）是创立于 1846 年的美国造纸公司。米德公司在经营中积极发展多元化业务，并于 1968 年进入信息技术行业。米德公司和伟实伟克（Westvaco）在 2002 年合并成为米德维实伟克（MeadWestvaco），目前公司拥有雇员超过 2 万人，年收入逾 60 亿美元。

16　野猫井（Wildcat Well，亦称初探井）最初是石油钻井行业的俚语，指在未知土地上单独且突然有油气喷发的石油普查井。该词从美国传入，后来成为石油勘探业的标准术语。在 1838 年以前，"野猫"在美国俚语中可用于任何种类的商业冒险。

17　达特茅斯学院（Dartmouth College）是美国新罕布什尔州的一所常春藤联盟研究型大学，成立于 1769 年。达特茅斯学院拥有许多知名校友，其中包括 3 位诺贝尔奖得主、2 位美国最高法院法官、2 位美国副总统、79 名罗德学者、26 位马歇尔奖学金获得者、13 位普利策奖得主以及众多世界 500 强企业的 CEO 和创始人。

18　斯坦福商学院（Stanford Graduate School of Business）是位于美国加州的斯坦福大学的一所研究生院，是美国以及世界顶尖的商学院之一，创立于 1925 年。其MBA 项目是美国 M7 精英 MBA 项目之一。此外，斯坦福商学院亦提供非 MBA 的硕士学位和博士学位教育。

19　联合碳化物公司（Union Carbide）是一家于 1917 年成立的美国跨国化工企业，主要生产化学品和聚合物材料，其所服务的市场非常广泛。联合碳化物公司曾是道琼斯工业指数（Dow Jones Industrial Average）的成分股之一，目前是陶氏化学的全资子公司，而陶氏化学后与杜邦合并成为全球最大的化工企业之一。联合碳化物公司拥有员工超过 2000 人，收入逾 73 亿美元。

20　陶氏化学（Dow Chemical）是一家总部位于美国密歇根州的跨国化学公司，是世界上最大的化工企业之一，创立于 1897 年。2017 年，陶氏化学和杜邦合并成为陶氏杜邦（Dow DuPont）。目前，陶氏化学拥有员工超过 5 万人，年收入逾 481 亿美元。

21　孟山都（Monsanto）是一家位于美国密苏里州的跨国农化和农业生物技术公司，于 1901 年创立。其生产的旗舰草甘膦除草剂产品在全球范围内使用广泛，该公司目前也是全球转基因种子的领先生产商。孟山都于 2016 年接受了拜耳公司（Bayer）的收购报价，并于 2018 年 6 月正式完成收购。目前，孟山都拥有员工超过 2 万人，年收入近 150 亿美元。

22　美标公司（American Standard）是一家位于美国新泽西州的管道与车辆控制系统、厨房和浴室产品的生产商。该品牌创立于 1967 年，公司在 1984 年并购了特灵空调，并于 2007 年再度剥离。美标公司于 2013 年被日本骊住集团收购，并于 2015 年成为该集团水科技业务板块的一个组成部分。

23 开利公司（Carrier）是创立于 1915 年的一家生产空调、商用制冷和食品设备的美国公司。开利公司于 1979 年被联合技术公司（United Technologies）收购，成为其旗下品牌之一。目前，开利公司拥有超过 4 万名员工。

24 杰西潘尼（JC Penny）是一家创立于 1902 年的美国百货连锁店，在美国 49 个州和波多黎各拥有 850 个门店。除销售传统商品外，杰西潘尼还涉及其他多种租赁业务。经过转型，目前大多数杰西潘尼商店位于郊区。目前，杰西潘尼拥有近 10 万名雇员，年收入逾 125 亿美元。

25 蒙哥马利·沃德（Montgomery Ward）是一家创立于 1872 年的美国邮购和线下零售商。该品牌已于 2000 年企业破产后停止经营。2004 年沃德（Ward）以线上零售商的新品牌重新回归市场。

26 凯玛特（Kmart）是一家创立于 1899 年的美国大型连锁百货公司，它拥有超过 400 家店铺，是美国最大的日用品连锁零售商之一。凯玛特在 2004 年收购了西尔斯后，将公司转移至新的西尔斯控股公司之下经营。目前，凯玛特年收入超过 251 亿美元。

27 KKR（Kohlberg Kravis Roberts）是一家位于美国纽约的全球性投资公司，创立于 1976 年。KKR 的三位创始人曾在贝尔斯登（Bear Stearns）合作过，并完成了最早的一些杠杆收购交易（LBO）。KKR 管理多种其他资产类别，包括私募股权、能源、基础设施、房地产、信贷并通过其战略合作伙伴管理对冲基金。该公司是私募股权行业公认的领导者，美国老牌杠杆收购天王，金融史上最成功的产业投资机构之一，全球历史最悠久、经验最丰富的私募股权投资机构之一。目前，KKR 在遍布五大洲 16 个国家的 20 个城市设有办事处，并拥有超过 1000 名员工，管理超过 1400 亿美元的资产，年收入超过 18 亿美元。

28 欧洲工商管理学院（INSEAD）是一所创立于 1957 年的商科研究生院，其在法国、新加坡和阿布扎比均设有校址。欧洲工商管理学院一直名列全球最佳商学院之列，学院提供 MBA、EMBA、金融硕士和管理学博士等项目，其中，MBA 项目在全球范围内具有广泛的影响力和知名度。此外，欧洲工商管理学院亦和世界上其他著名商学院开展合作。

29 特灵（Trane）是一家创立于 1913 年的美国暖通空调（HVAC）系统、楼宇管理系统和控制系统的制造商。特灵于 2008 年被英格索兰（Ingersoll Rand）收购。目前，特灵拥有近 3 万名员工，年收入逾 100 亿美元。

30 杰克·韦尔奇（Jack Welch, 1935-　），美国企业家、作家、化学工程师。1981~2001 年，他担任通用电气公司的董事长兼 CEO。作为通用电气历史上最年轻的董事长和 CEO，他在任职期间通过强硬的作风和"数一数二"的战略，使公司的价值增长了 4000%，他所推行的"六西格玛"标准、全球化和电子商务，几乎重新定义了现代企业。韦尔奇被誉为"最受人尊敬的 CEO""全球第一 CEO""美国当代最成功、最伟大的企业家"等。如今，通用电气旗下已有 12 个事业部成为其所在市场的领先者，有 9 个事业部实力不逊于世界 500 强企业。韦尔奇带领通用电气从一家制造业巨头转变为以服务业和电子商务为导向的企业巨人，使百年历史的通用电气成为真正的业界领袖企业。

第 五 章 | **比尔·贝恩的诉求**

尽管有着辉煌的个人成就，但比尔·贝恩仍然为自己的教育背景耿耿于怀。作为一位顶级战略咨询公司创始人，他既没有 MBA 学位，也没有工程学位，这样的教育背景确实让人有些惊讶，因为一般来说，工程学位是像他这样的"战略之王"应该有的学历背景。不过除此之外，他职业生涯的其他部分是一段辉煌的传奇，他是一个坚持按自己方式工作的人，展现出一种充满颠覆性的力量。

　　出生于 1937 年 7 月 30 日的贝恩，成长于田纳西州的约翰逊城，他的父亲来自一个农民家庭，是他爷爷 12 个孩子中的一个。虽然贝恩的父亲只上完了小学，但是仍然通过自己的方式坚持打拼，成为一个小型食品批发商。贝恩则在东田纳西州立大学开始了他的大学生涯，一开始主修工程，后来很快遇到了一位可以将所有内容都融会贯通的历史学教授，在这位教授神奇魅力的影响下，他转而开始攻读美国历史。

　　2 年后，他带着获得博士学位并最终成为历史教师的期待，转学到了范德堡大学，而他的父亲则为此取出全部保险金来支付额外的花费。虽然贝恩已经获得伍德罗·威尔逊奖学金（Woodrow Wilson Fellowship），也可以继续完成研究生阶段的深造，但是这时候他已经对做研究和日复一日在图书馆填写卡片不感兴趣了。因此，在暑期实习结束后，贝恩就留在一家钢材分销公司工作。不过，他的工作并不顺利，入职没多久就因为公司整体裁员而被解雇了。

　　这时，一个朋友建议他回到范德堡大学，到学校的发展办公室任职，因为当时的学校发展办公室正面临一项前所未有的挑战。范德堡大学是福特基金会一项百万美元匹配赠款覆盖的五所大学之一，也就是说，如果这所大学能在特定的时间里募集到等额的资金，就能够获得这笔巨额赠款。否则，如贝恩所说，"就将什么也得不到"。按他的回忆，福特基金会发起的这项活动，虽然让高等学府这座象牙塔疲惫不堪，却带来了未来教育产业中逐渐普及的趋势——现代资本运动。

贝恩对他的工作进行了充分的准备，并在 26 岁时成为范德堡大学的发展办公室主任。在这段工作中，他获得了两条至关重要的人生经验。第一，他发现自己很享受也非常善于和企业高层打交道。他的募款工作地域主要在纽约区域，所以到最后他花费了大量时间和柯达[1]（Kodak）、摩根大通（J.P.Morgan Chase）、化学银行（Chemical Bank）以及纽约银行（The Bank of New York）的老板们进行交流。"他们到底是怎么奋斗到现在的位置的，在这个位置上做了什么，又如何思考自己的工作，我对于这些问题相当着迷。"贝恩回忆道。他发现自己与这些人有着共同的兴趣爱好，"运动、女人、生意、竞争和目标"，他一一列举，"我喜欢他们每一个人，而他们也都很喜欢我，同他们在一起让我感到挥洒自如"。

第二，在这个过程中，他学会了专注于结果。在每周结束的时候，所有募款人都会聚集在一起开会用餐，并讨论最近遇到的一些趣事。而作为大家默认的会议牵头人，贝恩则总是要问这样一个问题："那么，钱在哪儿呢？"在他之后的职业生涯里，这也成为他的口头禅，更成为贝恩公司为客户服务的口号。

布鲁斯·亨德森就是贝恩当时联系的校友之一。他们第一次见面时，亨德森还在理特咨询公司工作。而当范德堡大学开始考虑建立一所商学院时，贝恩再次找到已经创立了 BCG 的亨德森，并提出希望他能给一小群纳什维尔（Nashville）的商业人士进行演讲，看是不是可以从这些人身上募到一些捐款。那顿午饭时光中，两人用餐非常愉快，相谈甚欢。亨德森对这个年轻人在会议前所做的充分准备赞赏有加，因为贝恩不仅剖析了每一位参会者的动机，也客观评价了亨德森在会议上的表现，还观察到亨德森发言中偶尔会有些不必要且略显生硬的内容。

活动结束后，两人再次在贝恩家中愉快地共进晚餐。亨德森对于贝恩的工作非常感兴趣，而在亨德森的询问下，贝恩也兴奋地讲起了自己在资金募集工作中的趣事，包括如何与一些公司高层建立联系并与之相处，学习他们思考问题的方式等。第二天，亨德森在离开纳什维尔之前找到了贝恩，他说：

> 我正需要一个聪明人，他应该理解企业高管，可以和他们一起工作，并且能够在激发这些人的同时，受到他们的尊重。当然我也需要一个懂得商业的人。虽然一般来说我都会选择了解商业而且非常聪明的人，但是实际上这些人并不是真的理解商业世界，只是因为他们读过商学院课程而已。虽然你没有在商学院学习的经历，但你拥有两项他们所没有的潜质。总之，没有理由说你比那些哈佛商学院出来的人差，因为当他们在尝试学习如何为人处世以及如何不被企业高管吓得魂飞魄散的时候，你已经可以轻松学习商业的精髓了。

最终，他邀请贝恩前往波士顿接受其他人的面试。

1967 年，范德堡大学的募款团队已经确定可以完成资金募集计划了。而贝恩意识到他需要寻找下一个职场机会了，所以他接受了亨德森的邀请。在波士顿，他与西摩·蒂尔斯（Sy Tilles）、吉姆·阿贝格林（Jim Abegglen）、亚瑟·孔德斯（Arthur Contas）三位亨德森之外 BCG 最资深的顾问，以及顾问中的新星查尔斯·法瑞斯（Charles Faris）进行了交流。在贝恩完成了所有的面试流程后，亨德森以经典的亨德森式姿势把面试评估表递给了贝恩。"评估表上写的内容简直就是在挖苦我，仅有的一点儿表扬，措辞也相当模糊，"贝恩大笑着说道，"他们当然看不到亨德森所能看到的东西，而仅仅看到了一个没上过商学院的聪明家伙。"

尽管如此，亨德森还是给了贝恩工作的机会。"因为布鲁斯知道他想要找的三样东西，"贝恩说，"我有其中的两样，但很多他雇用的人仅有一样"。当时，亨德森为贝恩提供的年薪是 14000 美元，相当于 BCG 为哈佛商学院

MBA 提供的平均薪水。问题在于，贝恩在范德堡大学的薪水是 18000 美元。"我当时的薪水确实不低。"贝恩说。最终两个人经过协商后，亨德森同意将薪资提高到 17000 美元，而贝恩则同意加入 BCG。"我告诉我的孩子，每次我换工作的时候，我的薪水都会比以前少点儿。"贝恩主动提到。

当然，如亨德森所述，贝恩很快就获得了他所需要的商科教育，这来源于他同亨德森一起出差旅行所了解的各种商业知识。他回忆说，刚进公司不久，在一次前往欧洲的 10 天之旅中，"我和亨德森不分昼夜地聊了 200 多个小时，我发现他简直就是个失眠症患者，虽然我不是"。而在与亨德森一起服务那些 BCG 最大的客户，包括通用仪器、道康宁（Dow Corning）以及德州仪器的过程中，贝恩也从亨德森身上受益良多。他自己则在工作中展现了建立以及保持良好客户关系的惊人天赋。1968 年，由于 BCG 业务匮乏，贝恩开始跟亨德森一道给目标客户拨打业务电话，一般来说其他同事是不会做这种事的。受到贝恩的持续影响，亨德森居然也学会了通过提出问题来开始一段对话，而不像他以前那样直来直去地说出自己的想法。

在这段时间里，亨德森对竞争概念的迷恋也使得他开始以超越业务的视角寻找一个实体与另一个实体相互对立的深层根源。20 世纪 60 年代，亨德森开始更深入地研读一些古人类学研究的材料。在这些材料中，学者提出现代人类的行为仍然受到原始祖先所具有的侵略性的影响，这些人类祖先以小群体的形式打猎，并与其他群体展开竞争，捍卫自己占据的狭小领地。受罗伯特·阿德里 [（Robert Ardrey，于 1966 年出版《领地寸土必争》）[2]（*The Territorial Imperative*）] 和其他作家作品的启发，亨德森也将自己的公司分成蓝色、绿色和红色三个更小的迷你公司。

现在来看，那个时代多数 BCG 的人认为这个决定简直就是一场灾难，部分原因是这一举动在不经意间为贝恩公司的创立做了铺垫。每个迷你公司都由两个资深副总（Group Vice President，原来 BCG 的资深职位，相当于现在的资深合伙人）、副总（Vice President，相当于现在的合伙人）以及与他们一起共事的经理组成。蓝色公司，由贝恩和帕特里克·格雷厄姆（Patrick Graham）负责，而帕特里克·格雷厄姆后来成为贝恩公司的联合创始人。

蓝色公司的主要人物乔治·班奈特、迪克·洛赫里奇、约翰·哈尔彭（John Halpern）以及拉尔夫·威拉德（Ralph Willard），其中除了洛赫里奇之外，其他人都跟随贝恩到了他的新公司。

正如我们所见，比尔·贝恩是 BCG 维系众多大客户关系的关键人物，这些大客户包括百得公司、德州仪器和其他公司。在迷你公司拆分完成后，贝恩的蓝色公司顺理成章地为 BCG 贡献了绝大多数收入和利润。而且贝恩说，亨德森也曾在不止一次对话中向他暗示，自己将是 BCG 未来领导人的不二之选。

● 经典战略研究的秘密

在比尔·贝恩的职业生涯中，有不少不喜欢他的人，他也给同事带来了很多不信任感和不满。首当其冲的，还是他在 1973 年离开 BCG 成立了自己公司的行为。如果列举当时人们对他离开 BCG 动机的揣测，恐怕写起来要占很大篇幅，其中绝大多数都类似"他想接管 BCG，而布鲁斯不允许"。而贝恩自己则从他观察到的 BCG 同事在工作中产生的问题开始谈起。

贝恩注意到在 20 世纪的 60 年代晚期到 70 年代早期，典型的 BCG 项目一般会持续六周，最终结果则会以报告的形式呈现给客户。

所以，一个问题始终困扰着他。长期以来，顾问都是呈上报告后就转身离开，并不会进一步跟进以确认项目是否真正产生了效果。更重要的是，与企业的规划者不同，真正的最终决策者似乎只会阅读报告总结摘要的那部分内容。他开始困惑，是不是 BCG 的顾问并不需要撰写这么精美细致的报告，揭示如此令人惊异的观察过程，并且提供翔实完备的数据支撑，而应该更侧重于帮助客户去落实这些发现。

在那段时间里，贝恩跟朋友聊天时曾经说过，"我感觉我就是一个在孤岛上的顾问，不断地写着报告，然后把它放进瓶子扔进水中，再转到下一个项目做同样的事"。如今，他回忆起自己当时沉重的心情："我（写报告时）并不知道，或许永远也不可能知道，那份研究我到底做得怎么样。"而这又指引他走向更终极的问题："我们的客户真的因为我们的努力而赚到更多的钱吗？"

彼时，咨询公司也已无法从客户手里赚到那么多钱了。贝恩在范德堡大学募集资金的过程中学会了一个道理，"从一个曾经给你签过支票的人手中拿钱，总是比从没给你签过支票的人那里容易"。而 BCG 的短周期、一次性项目，至少在 BCG 增长矩阵出现前，并没有在现有客户群中打造业务的可持续性。所以，这意味着 BCG 必须要不断地争夺新的客户资源，支出更多的营销费用，发送出更多的《管理新视野》，并组织更多的商业会议。

而贝恩认为灵光一闪的那一刻即"贝恩公司真的开始"的瞬间，发生于他为联合碳化物公司及其最大业务部门的负责人沃伦·安德森准备项目建议书（Project Proposal）的过程中。出于对 BCG 此前为公司所做一些小项目的认可，安德森邀请比尔·贝恩来公司曼哈顿总部进行交流。谈了 15 分钟后，安德森给自己的老板公司 CEO 佩里·威尔逊（Perry Wilson）打了电话，告诉他或许这些想法他也会感兴趣。随即他们两人被邀请去了威尔逊的办公室。

贝恩借鉴了近期在棋术上的一些思考，整合完成了一份 BCG 伦敦会议所需要的汇报。这份汇报展示了一个理论，当一个竞争者在一项业务上对公司形成了实质性负面冲击时，或许可以通过打击对手相对较弱的业务来进行反击。亨德森称赞这一构想"非常有意思"，而贝恩则开始不断思考，应该如何将这一理论融入给联合碳化物公司的项目建议书。

之后的几年，在贝恩公司创立后，批评者和赞誉者都将贝恩公司的成功归功于比尔·贝恩善于同客户公司高管建立关系的能力。一些批评者甚至在背后说这是贝恩的斯文加利效应[3]（Svengali Effect），就像乔治·杜·莫里耶[4]（George DuMaurier）在小说中构想的催眠师那样，夺取受害者柔软的心，并且让它们屈从于自己的意志。有鉴于此，这次在联合碳化物公司的简短对话非常有趣也富有开创性，既包含着机遇即获得统治性优势的机会，也包含困境即危险和失败。

"我们正坐在小桌旁，"奇怪的是，"这个小桌子好像就是你下棋时用的那种"，在宽敞的办公室里，光线从巨大的落地窗透射进来，一直到对话结束，光线才渐渐退去，所有这一切都让这次对话显得有些"超现实"，贝恩说。

我将联合碳化物公司全部业务的经验曲线都展示给他们看，然后我拿出随身携带的笔记本，给他们讲我在伦敦做的推演，并且和他们一起谈论竞争和不断变化的商业态势，资本主义自身的部分运转逻辑已经不可避免地决定了到底谁能够赚大钱。然后我补充道，"显而易见，现实世界会比这更复杂一些"。他们点头，"我们算是相当幸运的人了"。

（我告诉他们）如果你要用整个人生跟一个IQ很高的人进行一次比赛，那你想比什么？井字棋、跳棋还是国际象棋？我相信肯定是国际象棋，因为国际象棋最复杂，所以有最多的可能性。而现在，我把那个人的IQ改为和你一样，那你需要看多少国际象棋图谱和理解多少象棋大师残局？要么你在棋术上比他高明多了，要么你就得比他准备得更加充分，比他思考得更有战略性。

然后，调整归零。

因为这实在是太复杂了，而在这个世界上，在这样体量的公司里和这样级别的高管中，你们是唯一和我聊到这些的人，这也给了你们一个先机。如果明天，其他公司有了这样的谈话，那么这个先机的时限就只有一天。

如果你们现在想尝试真正去推进公司的业务发展，就需要从公司整体的视角来进行观察，公司所处的竞争环境错综复杂，利润和安全的获得最终也都取决于公司如何蜿蜒曲折地穿过这个四面楚歌的世界……如果我们真的可以开始，那么你们就有机会领先一大步，得到你们应该得到的所有利润。

三个人整整谈了五个小时。聊完之后，威尔逊和安德森开始觉得焦躁不安。他们请贝恩回去后准备一份项目建议书，详细描述BCG到底会为他们做什么、将花费多久时间以及这一项目要花多少钱。贝恩说道："这是一次自由的讨论，我亮出了对那时世界上最重要公司的一把手和二把手所能展现的最好的战略概念，从这个意义上讲，贝恩公司从这一刻起就诞生了，我用尽浑身解数描绘战略的复杂之美。而他们也理解了，并且对它喜爱至极。"

这份建议书由一封长信构成，这是贝恩从亨德森那儿学到的，他在开头写道"亲爱的沃伦"，然后在一段优美的措辞后，写上了最赚钱的一行字："经典的战略研究将按照以下方式展开。"他规划了一个项目轮廓，描述了将如何诊断联合碳化物公司所有部门的业务，应用了最先进的理论框架进行分析，并将结果糅进一个整合的战略之中，为客户打造业内独一无二的竞争优势。

此后不久，贝恩还将这份建议书展示给一些 BCG 的同事。他说，他们的反应是"回以大笑"。因为并不存在什么所谓的"经典的战略研究"，至少 BCG 从来没有这么说过。所以这份文件展现的，更多是贝恩自己想要做的，而不是任何一个 BCG 现存的项目类型。

这份建议书的一些特征的确展现出了与 BCG 标准业务流程不同的鲜明特点，它也同样具有贝恩想要在贝恩公司实现的咨询商业模式的核心。在此之前，就像所有传统的咨询顾问那样，BCG 也遵循着一个项目接一个项目的运转模式。它与客户的关系是断断续续的，因为其取决于客户那边到底发生了什么事情。而 BCG 本身对战略的专注则演进得相当缓慢，仅有少数例外如为米德公司所做的整个公司层面的业务。

比尔·贝恩提出了一项更为彻底的研究，以致他根本无法为客户估计完成这个项目需要花费多少时间和项目成果最终将是什么样子。有别于传统上为整个项目支出一笔固定的费用，他要求联合碳化物公司为此每个月支付 25000 美元，这在当时是一个令人咋舌的价格，因为那时 BCG 一般项目的整体费用也不过 15000 美元。而且，贝恩承诺的项目成果不仅包括一系列报告，还包含每个月顾问同客户召开的会议，在这些会议上顾问将与客户就什么已经完成了，什么需要完成达成一致意见。

贝恩公司的业务同 BCG 最大的不同点则更为微妙，并在随后使得贝恩公司看起来比起其他咨询公司凶悍。在 BCG 中，大家默认顾问所提出的想法和思想都是可以共享的，而比尔·贝恩则完全相反，他希望战略项目与众不同、独一无二甚至秘而不宣。我们甚至可以说，同他所有的同事都不一样，贝恩认为战略和竞争的力量具有非比寻常的重要性。

贝恩说，BCG 对待他的建议书的态度使得他意识到，是时候离开 BCG 了。

他就像联合碳化物公司的客户一样喜欢这个建议书。虽然布鲁斯也对此赞赏有加，然而大约十天后，贝恩却得知一位 BCG 的合伙人一字不差地复制了这份建议书，去游说另一家同联合碳化物公司有竞争关系的企业。贝恩非常愤怒，并与亨德森争论道，在同一行业内为两个有竞争关系的公司进行同一类型的项目涉及利益上的冲突。

"如果你看过这份建议书，"贝恩说，"你就会知道所谈论的是最终将主宰现实世界的竞争大师，这意味着你完全可以不用告诉客户你到底做了什么以及为什么这么做，但仍然可以通过自己的实际行动来成就他们。如果你希望客户成为行业领袖，并且也希望其他竞争者都是它的手下败将，那就不应该把同样的灵丹妙药给他的竞争对手"。

亨德森让贝恩把他的意见收回去，并且警告说公司随时都可以按自己的意志雇用和炒掉咨询顾问。并且说，咨询公司不可能在每个行业仅服务一个客户。但亨德森确实同意让贝恩向安德森解释 BCG 的建议书，正如贝恩所做的那样。

令贝恩吃惊的是，联合碳化物公司居然接受了他在建议书中写的每一条内容，甚至包括他提出的费用要求。贝恩也因此组建了一支一流团队，当然，如果你每个月能收到 25000 美元，你也会做同样的事。贝恩还承诺"帮助联合碳化物公司挖掘出每一个竞争者"，包括 BCG 矩阵中稳定增长的那些成熟的竞争者。他承诺，咨询顾问"也将重点标记出一些可以帮助联合碳化物公司做得比竞争者更领先的要素"，然后帮助公司规划下一步应该怎么走。

这项工作前后持续了 2 ~ 3 个月，直到有一次贝恩在 BCG 办公室中参加会议，他的同事终于开始向他提出疑问，而且话中带刺，主要是"同客户维持永续合作关系"的有关问题，这些问题包括如果按这样的方式工作会将咨询顾问拴住，可能让他无法从事其他类型的工作。还有同事担忧，这种开放式的项目管理会扰乱编辑部门日常提前准备最终报告的进程，甚至就连亨德森这个颠覆性项目最初的支持者，也开始变得犹豫和矛盾起来了。

最终，几个月后贝恩离开了 BCG 并于 1973 年创立贝恩公司，同时也将BCG 蓝色公司中的绝大多数资深顾问带到了自己门下。

● 泛泰勒主义的完美案例

鉴于比尔·贝恩之前的思考，这家崭新的公司花了几个月时间去琢磨自己的战略。公司建立伊始，在比尔的灯塔山公寓里展开运营。贝恩公司最初押注在公司另一个创始合伙人乔治·班奈特开发的战略分析电脑模型上，但事实上这些模型根本不管用。而班奈特也在饱经失败之后离开了贝恩公司寻找新的发展机会，并在不久之后建立了属于自己的咨询公司——博敦咨询（Braxton Associates）。

比尔·贝恩和其他初创团队的成员则继续留下来完善他们理想中的新一代咨询公司。其实这个过程并不漫长，无论是面对 20 世纪 70 年代的石油危机，还是 80 年代的多次经济衰退，就招募的专业人员数量而言，贝恩公司始终保持 40% ~ 50% 的年增长率。

当时，在咨询行业之外，还没有很多人意识到咨询工作的重要性。其实，在某种程度上对大型公司的咨询业务是可以公开进行的，比尔·贝恩和他的同事却希望以非公开的形式帮助客户解决问题，以免客户的竞争对手知道咨询公司的存在，而察觉到这个客户潜在的新战略或新的产品动向。基于这种考虑，在贝恩公司诞生的初期，咨询顾问甚至都没有自己的名片。竞争对手嘲弄贝恩公司是咨询业里的克格勃[5]（苏联国家安全委员会，简称为 KGB），也有人将贝恩比作文鲜明[6]（Sun Myung Moon，朝鲜富有争议的宗教领袖），并给贝恩的咨询顾问贴上了"贝恩人"（Bainies）的独特标签。

不过克格勃难道不是功勋卓著么，甚至在运营效率上远超对手。贝恩公司与客户合作的方式确实在特定的领域帮助客户实现了很多改变，而他们的想法直到 20 世纪 70 年代末 80 年代初才开始被其他人关注。贝恩公司的崛起并不是因为它有多神秘，而是因为它能够和客户保持长久而深厚的合作关系，并且其顾问公开强调要为客户带来成本控制、提升盈利进而使股价超越竞争对手的成效。

贝恩公司一位资历颇深的合伙人史蒂夫·舒伯特（Steve Schaubert）说过这样一句话，"我们希望制定出来的战略是接地气的，就连手拿扳手的一线工人也可以参与进来"。直到 20 世纪 70 年代中期，业界有人提出制订和实施战略是全然不同的两回事，秉承伴随客户成长的精神，贝恩公司开始效仿竞争对手对项目实施跟踪。实际上，贝恩公司从战略革命的早期就开始接受这些概念，并且已经把它们转变成了具体的行动，而仍然执着于发现新的杀手级商业理念的 BCG 却没有做到这一点。

这种方式源于经验曲线。"我们意识到成本并不是随着经验曲线自动降低的。"舒伯特如是说，"你必须通过有效管理手段来降低成本"。虽然贝恩公司并没有说明到底是怎么做的，但是如果你想看泛泰勒主义做得最成功的案例，那么你一定要看看贝恩公司与客户合作的方式。

如果客户同意进行长期多年度合作，贝恩公司就可以在这个行业内只为这一家公司服务。而这样持续性的合作，也可以保证咨询公司有足够的时间去搜集和分析数据，甚至在必要的情况下，贝恩公司还会派出顾问团队到客户公司去办公。

贝恩最后的项目成果也不只是一份报告或调研结果，最重要的是带来收入和股价的直接反应。他们的价值主张可以被总结为："我们不以工时计酬，而从给企业带来的利润中抽成。"贝恩公司主要从成本、客户和竞争者三个角度出发为客户展开分析，这是对战略基本要素的再次升华，而贝恩人特别关注成本方面。

贝恩公司在 20 世纪 80 年代早期为隐形眼镜制造商博士伦公司[7]（Bausch + Lomb）展开的工作就是这样一个案例。那时，作为刚刚加入公司的新顾问，克里斯托夫·祖克[8]（Christophe "Chris" Zook）参与了这个项目，后来他成为贝恩公司战略业务的负责人。在他看来，"这是贝恩在那个时代最经典的作品，也是我们在 80 年代所做一切的完整展现"。

自 1853 年创建以来，博士伦公司就以生产镜片为主业，它的产品包括眼镜、相机、军用装备等，同时也将产品卖给其他将镜片作为零部件的制造企业。20 世纪 60 年代，博士伦公司在软性隐形眼镜研制方面处于市场领先地位。1971 年，博士伦推出清朗系列接触镜产品，使其股价迅速上升。之后，隐形眼镜市场开始蓬勃发展，吸引了更多像沃尼尔·朗伯[9]（Warner-Lambert）

一样的竞争者进入这个市场。但直到 20 世纪 70 年代后期，博士伦依旧占据50% 以上的市场份额，同时软性隐形眼镜业务也贡献了公司利润总额的 2/3。

博士伦的成功的背后，丹尼尔·E．吉尔（Daniel E. Gill）居功至伟。他于 1978 年从雅培公司[10]（Abbott Laboratories）辞职并加入博士伦公司担任软透镜业务主管，并于 1980 年升任博士伦公司总裁，次年出任 CEO 和董事会主席。从各个方面看，他都是贝恩公司最想合作的那种 CEO。用贝恩公司那些较为资深且直来直去的合伙人的话来讲，在寻找潜在客户方面，贝恩公司就喜欢寻找那些"自己的菜"（Our Kind of guy），即那些"不满公司现状并希望做出变革的高层管理者"。

媒体都称吉尔是一位顽强、要求严格以及数字导向的公司领袖。作为审计师出身且具有营销高管背景的 CEO，吉尔一直担心公司的发展会受到一些老旧低效业务的限制，于是他卖掉了其中的一些业务如处方眼镜。同时，他也认识到博士伦公司在核心的隐形眼镜业务上遭遇了来自强生[11]（Johnson & Johnson）和汽巴 - 嘉基[12]（Ciba-Geigy）的强力挑战。这两家竞争公司都引进了如长期型软镜片、透气型硬镜片等博士伦公司没有或不具优势的产品种类。而这也正是博士伦公司请贝恩公司来提供协助的原因。

祖克说："我们的团队当时做了非常详细的竞争成本分析。比如，我们拿到了 BBC 制作的伊丽莎白二世王太后参观库博光学[13]（Cooper Vision）（一个竞争对手）在英格兰南部新建工厂的影片。项目团队基于录像，对工厂的成本结构进行了深入剖析。我们详细记录了王太后在视频中经过的所有机器的铭牌，并且拜访了所有设备的生产供应商。我们还以采购者的身份去咨询这些设备商说'我们对这种铸型和车削加工的机床感兴趣'，获得了一些必要的信息，然后我们对这些机器设备上的每一个部件都进行反向工程（Reverse Engineering）破解，并请博士伦公司的工程师一起计算出成本数据。这部分调研前后持续了 3 个月。"

"对于顾客也是如此。我们亲自拜访了全国各地的验光师、配镜师和眼科医生。我们坐下来，详细地跟他们交流，最终发现市场上只有三种眼科医生、四种配镜师和两种验光师，从而对这个错综复杂的市场形成了深入理解。"这项工作也持续了 3 个月。

在项目的最后一个阶段，贝恩公司为博士伦公司制订了一系列战略，并列举了与之匹配的能力。贝恩公司认为博士伦公司应该像竞争对手那样，以并购的方式进入透气型镜片业务市场。同时认为在隐形眼镜的制造上，库博光学的铸模成形制造方式对博士伦公司的威胁要比想象中的大。因为从根本上讲，那个时代有三种制造隐形眼镜的方法：第一个是最初级的通过车削塑料盘片来做最复杂的镜片的生产方式；第二个是通过旋转铸造来生产，这也是博士伦公司当时最擅长的方式；第三个是终极的低成本解决方案——铸造成型。

顾问们建议博士伦公司利用原有产品的市场营销和分销力量全面进入高端、中端、低端三个市场。因为贝恩公司发现有一些博士伦公司可以收购的公司也正在引入铸造成型生产线以与库博光学展开竞争，而库博光学并没有进行反击，但如果这样的趋势延续下去，势必会拉低博士伦公司现有产品的价格水平，所以"必须被制止"。祖克说道："我们必须让这些公司以及其他所有想进入这个市场的企业清楚，它们根本没法在这里赚钱。"另外，博士伦公司也需要将其旋铸业务产品线向更高端、更舒适的方向进行重新定位。顾问还建议博士伦公司投入更多的资源给高端镜片解决方案业务，以推动其发展。因为公司可以利用自身在"3Os"市场（眼科专家、眼镜制造商和验光师）的强大营销优势来促进镜片解决方案的销售。

祖克认为："这是公认的近十年来最为成功的企业战略之一。这次战略实施后，公司在高、中、低端三个细分市场通过挖掘新用户获得 50% ~ 60% 的市场份额，同时还赢得了 50% 的成本优势。"即便库博光学对博士伦公司的行动展开了价格战攻势，博士伦公司仍然能够获得市场的主导地位，而且这种优势至少可以持续到 20 世纪 80 年代中期。

贝恩公司也为其他公司做过同样复杂的项目，其客户还有百特公司 [14]（Baxter International）、邓白氏公司 [15]（Dun & Bradstreet）和孟山都公司等。贝恩于 1981 年在美国钢铁公司 [16]（U.S. Steel）开展项目，当时这家钢铁企业在制造冷轧铁业务上的成本是全美最高的，并且遭到了来自日本钢厂的巨大竞争压力（1947 年，美国的钢材产量超过全世界钢产的 50%，然而到 1960 年，这一比例已经下降到了不到 10%）。从祖克的观察来看，公司所面临的挑战是纯粹的成本问题。

贝恩公司参与过这个项目的另一个合伙人说："在商业世界里，绝大多数人从未真正地深入微观经济的层面，去审视那些微小成本到底是如何影响整体业绩的。"而贝恩公司的分析关注到了这一点。贝恩公司建议美国钢铁公司卖掉一些资产，尤其是公司位于西弗吉尼亚州的规模庞大的韦尔顿分部，并同时引入一些像连铸在内的新科技。贝恩公司完成项目之后，美国钢铁公司已经是美国钢铁行业中成本最低的企业了，泛泰勒主义再次展示了它的巨大威力。

● 最佳实践的最佳实践

即使来自技术、竞争和经济方面的变革不断将客户送入贝恩的怀抱，这家咨询公司也仍在不断完善其用于解决问题的知识技术。基于自身持续不断的努力，这引领战略从以定位为核心向定位与过程融和转变。

为了帮助客户有效估计和对比与竞争对手在成本及做事方式上的差异（所谓的过程），贝恩公司设计了一系列对标分析（Benchmarking）工具。在成立的头几年里，贝恩一直跟随业内最佳实践（Best Practice）的脚步，直到 20 世纪 70 年代后期到 80 年代初期，许多关于对标分析的书籍、文献和学术研究才开始在各行业陆续出现。到那时，人们才开始关心，到底哪些对大众公开的信息可以为咨询公司的客户所用，又有哪些信息或理论可以复制和转化为客户可行的实践行为。

贝恩公司利用《信息自由法》[17]（The Freedom of Information Act）在企业向政府提交的各种备案文件中搜集竞争对手的情报，同时也使用像在博士伦项目中用到的反向工程手段对竞争对手的产品展开分析。

即便这种努力有所局限，咨询顾问也还是逐渐总结出了经验。在这个行业之间日益相互渗透的时代，为什么还要将思维限制在自己所在的行业中呢？

为什么不能帮助一个制造业的客户仿照零售公司的分销系统甚至客户服务体系来取得竞争优势呢？这一雄心最终催生了最佳竞争实践分析。

直到 20 世纪 80 年代，至少在其他战略顾问的眼中，贝恩公司的模式一直都非常成功。而此时，大多数咨询公司还都建立在以盈亏平衡点（Break-Even Point）为基础的经营模式上，咨询顾问的工作效率也只能发挥到 50%，因为你需要合伙人用另外 50% 的时间去寻找新客户。贝恩公司却从现有客户那里获得了大量的持续性业务，以至于贝恩公司顾问的付费使用率能够被发挥到 90%。因此，不仅贝恩公司取得了大量持续而丰厚的利润，其创始人也积累了很多财富，当然，比尔·贝恩毫无疑问是他们当中赚得盆满钵满的一个。

从创立一路走来，贝恩公司对于可测量结果的追求更加充满热情。从 1980 年开始，在合伙人总结并评价各自一年以来的努力并且共同决定年终奖励的大会上，每一个合伙人都需要公开其客户的股价走势与行业竞争对手及整个股票市场表现的对比。而这一工作的展开也恰逢其时。

咨询公司在 20 世纪 70 年代，之所以一直没有把客户的股价作为衡量项目结果的最终标准，是因为那时市场还没有经历动荡，因为 20 世纪 60 年代股市一片大好。但在接下来的十年中，在"这个市场变得无能为力的时代"，市场被丑陋的熊市包围了。1972 年 11 月 14 日，道琼斯工业指数 [18]（Dow Jones Industrial Average）（描绘股票市场 30 家大型公司业绩的指数）首次跌破 1000 点，两年之后更下跌到 577 点，直到 1982 年末才重新上升到 1000 点以上（如果将通货膨胀考虑进来，那么直到 1992 年股价才算超过 1972 年的高峰）。在这段时间里，世界的目光不再关注公司在股市上的表现，因为即便在 1974 年"漂亮 50"中一些公司的股价也遭遇了惨跌，企业更关心的是如何能在通货膨胀和国外对手的竞争压力中坚持下去。

从 1983 年开始，贝恩公司在帮助客户提升股市表现方面已经有了足够的自信，从而开始绘制经普华永道 [19]（PricewaterhouseCoopers）审计的客户与同业竞争者的股票增值表现图，公司没有什么聪明的市场营销方法，因此客户股市表现的实际提升情况，就成了贝恩公司唯一能够和潜在客户谈判的筹码。

与此同时，贝恩公司的创始合伙人们，那些优秀的企业家，也开始寻找其他赚钱的方式，并开始考虑到底如何使其帮助客户在股票市场取得的成绩更有效地货币化，进而提出了设立共同基金[20]（Mutual fund）的想法，但是最后还是觉得这样的举动更像是在直接投资他们的客户，这会使咨询顾问陷入道德和操作上的困境。

最终的解决方案是在 1983 年创立了独立于贝恩公司的贝恩资本[21]（Bain Capital），而这家私募基金公司主要从贝恩公司的合伙人及其他投资者那里募集资金，用于投资各类行业。而贝恩公司则会帮助客户提升股市表现，如帮助客户优化资本结构等。一旦咨询项目奏效，对应投资项目就可以上市或者被转卖给其他买方，而贝恩资本则可以获得相当于其最初投资额数倍的收益。在后面的章节中，我们将看到贝恩公司及其合伙人在私募基金方面的决策是多么具有先见之明。

不过，许多咨询顾问没有预料到的是，贝恩公司或者说比尔·贝恩治下的贝恩公司已经经历了它历史的最高峰。1986 年，贝恩已经拥有 800 名专业人士和超过 9000 万美元的年收入，并一举超越 BCG。然而，因为其本身模式的问题，即战略项目集中来源于 CEO，而且有太多咨询顾问耗费海量时间在客户公司的业务运营上，贝恩公司逐渐失去了优势。更重要的是，贝恩公司引以为豪的有关竞争格局和技术的理解，也在竞争对手的进步之下逐渐失去了光彩。这时，麦肯锡，这家全球最负盛名也最有声望的咨询公司，终于在战略革命的猛烈炮火下逐渐苏醒过来。

本章注释

以下注释内容皆摘选自公开来源并经慎思行整理，其中员工和营业额数据皆为近两到三年数据，仅供读者参考和理解规模之用。正文中带下划线的重点关键词，亦可以在慎思行微信平台通过回复相关关键词来获得具体解释。

1   柯达（Kodak）是一家成立于 1888 年的美国技术公司，在摄影业及其相关行业中拥有悠久历史和显赫地位。柯达以相片胶卷闻名，此外还为世界各地的企业提供包装、功能印刷、图形通信等专业服务。但在 20 世纪 90 年代后期，由于摄影业的发展和数码相机的出现，柯达开始陷入财务困境。2012 年 1 月，柯达在美国纽约申请破产保护，并在一系列的资产、业务出售等举措后，于 2013 年 9 月摆脱了债务问题。目前，其主要业务部门是打印系统、企业喷墨系统、微型 3D 打印包装、软件和解决方案以及消费电影。柯达拥有员工超过 6000 人，年收入近 18 亿美元。

2   《领地寸土必争》（*The Territorial Imperative*）是罗伯特·阿德里（Robert Ardrey）于 1966 年出版的一部非小说作品。它描述了进化对人类及其属地和所有权等的影响。该书扩展了阿德里开创性的人类学工作，为行为科学的发展做出了贡献。该书是阿德里"人类自然系列"（Nature of Man Series）的第二本书。

3   斯文加利效应（Svengali Effect）是指人在受到"催眠师的催眠"后被其操纵行为并为其牟利的场景。该概念出现在 1894 年乔治·杜·莫里耶（George du Maurier，1834-1896）的经典小说《软帽子》（*Trilby*）中。当时人们相信的确有人可以操纵他人的行为，但之后的科学研究证明，催眠不能让人做出违背自己意愿的事。

4   乔治·杜·莫里耶（George du Maurier，1834-1896），法裔英国小说家、插画家，以其小说《软帽子》和在《笨拙画报》（*Punch*）中的绘画而闻名。

5   克格勃（KGB，苏联国家安全委员会）是苏联在 1954~1991 年主要的国家安全机构，是承担国内安保、情报工作和秘密任务的部门，接受军方管理。苏联解体后，克格勃分裂为俄罗斯联邦安全局（the Federal Security Service）和俄罗斯联邦外国情报局（the Foreign Intelligence Service of the Russian Federation）两个部门。

6   文鲜明（Sun Myung Moon，1920-2012）是朝鲜的一位宗教领袖。他是共产主义的反对者，也是韩国统一的倡导者，他因此得到韩国和韩国政府的认可。文鲜明因其商业投资、社会活动和政治成就而闻名，他也因这些而饱受争议。

7   博士伦公司（Bausch + Lomb）是一家创立于 1853 年的美国眼科健康产品公司。博士伦是世界上最大的隐形眼镜、镜片护理产品和其他眼科产品的供应商之一。目前，博士伦拥有约 1.2 万名员工，年收入逾 15 亿美元。

8   克里斯托夫·祖克（Christophe "Chris" Zook），即克里斯·祖克，美国管理咨询顾问、商业管理类图书作家。祖克目前是贝恩公司的合伙人并曾领导公司的全球战略实践。他被伦敦《泰晤士报》（*The Times*, London）列为世界前 50 名商业思想家之一。其书籍《回归核心》（*Profit From The Core*）被喻为管理界第一部对战略性扩张行动进行深入研究的著作。

9   沃尼尔 - 朗伯（Warner-Lambert）是创立于 1955 年的一家美国制药公司，其前身创办于 1856 年。多年来，该公司通过多次兼并和收购扩大成多家企业的国际竞争对手，最终于 2000 年被辉瑞（Pfizer）收购。

10 雅培公司（Abbott Laboratories）是一家创立于 1888 年的美国多元化全球性医疗保健公司，从事药物和营养品的研发、生产和医疗器械制造等相关行业。自 1988 年进入中国以来，雅培公司现在已经深深扎根于中国。目前，雅培公司拥有近 10 万名员工，年收入逾 270 亿美元。

11 强生（Johnson & Johnson）是一家创立于 1886 年的医疗卫生、保健品及消费者护理产品制造商，旗下有多个知名品牌。此外，强生亦是道琼斯工业指数的成分股，常年被评选为世界 500 强之一。目前，强生拥有雇员超过 13 万人，年收入逾 764 亿美元。

12 汽巴 - 嘉基（Ciba-Geigy）是由汽巴和嘉基于 1971 年合并而成的一家瑞士精细化工、医药产品公司。1980 年，汽巴 - 嘉基成立了汽巴光学（Ciba Vision），并进入隐形眼镜市场。1996 年，汽巴 - 嘉基和山德士（Sandoz）将双方的制药、农化部门合并成为诺华（Novartis），而两家公司的其他业务则分拆为独立公司。

13 库博光学（Cooper Vision）是一家创立于 1958 年的美国隐形眼镜制造商。目前，它是库博公司（The Cooper Companies）旗下的一个分支，年收入超过 11 亿美元。

14 百特公司（Baxter International）是一家创立于 1931 年的美国医疗保健公司。该公司主要专注于治疗血友病、肾脏疾病、免疫素乱以及其他慢性和急性病症的产品。百特公司于 20 世纪 80 年代进入中国，是最早进入中国医疗市场的跨国公司之一。目前，百特公司拥有近 5 万名雇员，年收入逾 100 亿美元。

15 邓白氏公司（Dun & Bradstreet）是一家创立于 1841 年的美国商业数据与分析公司。该公司亦是国际上最著名、历史最悠久的企业资信调查类信用管理公司，历史上曾经有四位美国前总统先后就职于该公司。目前，邓白氏公司拥有雇员近 5000 人，年收入超过 17 亿美元。

16 美国钢铁公司（U.S. Steel）是一家创立于 1901 年的美国综合钢铁生产商，由卡内基钢铁公司（Carnegie Steel Company）和联合钢铁公司（Federal Steel Company）等十几家企业合并而成。美国钢铁公司曾控制美国钢产量的 65%，依靠雄厚的经济实力垄断了美国的钢铁市场。目前，它拥有员工近 3 万人，年收入逾 122 亿美元。

17 《信息自由法》(*The Freedom of Information Act*)是美国联邦政府于 1966 年颁布的一项法律，该法律允许全面或部分披露美国政府控制的尚未发布的信息和文件。在美国之外，这被称为获得信息的自由或知情权，意思大致是公众有权获得政府掌握的信息。

18 道琼斯工业指数（Dow Jones Industrial Average）是一种描述美国 30 家大型上市公司交易信息的股票市场指数，由《华尔街日报》(*Wall Street Journal*)和道琼斯公司（Dow Jones & Company）创建者查尔斯·道（Charles Dow，1851-1902）创立于 1885 年。作为测量美国股票市场上工业构成的发展标志，道琼斯工业指数是世界上最著名、最重要且最悠久的股票市场指数之一。时至今日，其成分股包括美国 30 家最大、最知名的上市公司。虽然名称包含"工业"两字，但实际其在历史上的意义可能比实际上还来得多些——因为今日的 30 家构成企业大部分都已与重工业不再有关。

19 普华永道（PricewaterhouseCoopers，简称 PwC）是一家通过多次合并创立于 1998 年的英国著名全球会计师事务所，提供审计、咨询、税务等多项专业服务，其前身可追溯到 1849 年。普华永道是国际上知名的"四大会计师事务所"（Big Four Auditors）之一，并为世界 500 强企业中的 422 家提供服务。目前，普华永道在全球 158 个国家和地区拥有 743 所办公室，其雇员超过 23 万人，年收入达 377 亿美元。在中国，普华永道在北京、天津、大连、广州、上海、青岛、西安、厦门、苏州、重庆、深圳及沈阳设有办事处。

20 共同基金（Mutual fund）是一种通过公开方式募集并由专业人士管理的投资基金，与广义的私募基金相对。一般情况下，共同基金可以直接代表美国的公募基金。与个人直接投资相比，共同基金的主要优势在于它们提供更高水平的多元化投资、流动性和专业投资者管理服务；而劣势在于其投资者必须支付各种费用。可以说，共同基金是一种利益共享、风险共担的集合投资方式。按照结构划分，共同基金可分为开放式基金（Open-End Funds）、单位投资信托（Unit Investment Trusts）和封闭式基金（Close-End Funds）；此外，也可按照投资类型分为货币市场基金、债券或固定收益基金、股票基金、混合基金、指数基金等。

21 贝恩资本（Bain Capital）是创立于 1983 年的一家美国私募股权投资公司。贝恩资本提供多种投资策略，从事包括私募股权、风险投资、信贷产品等多种投资。贝恩资本由贝恩公司的资深合伙人创立，投资并收购了包括玩具反斗城（Toys "R" Us）、华纳音乐集团（Warner Music Group）在内的数百家公司，并通过专业且有效的投后管理手段，取得了领先于市场的收益水平。贝恩资本获得成功后，这种将管理咨询的方法应用至投后管理的策略在私募股权市场得到广泛的复制。目前，贝恩资本拥有超过 900 名专业人士，管理着约 750 亿美元的资产。

第 六 章 | **麦肯锡的觉醒**

时至今日，弗雷德里克·W．格鲁克[1]（Frederick W. Gluck）依旧生活在圣巴巴拉一座 8667 平方英尺的大房子里。这栋房子被命名为卡萨利奥琳达，并有狮子雕像守卫前门，而房子的女主人则是格鲁克的第三任妻子，前银行高管琳达。若要到达他的住处，你需要开车转到一条私人道路，并接受拿着对讲机的工作人员的检查，等 20 英尺高的电动门打开后，再驱车往上行驶。晚上，有专门受过培训的德国黑背在场地里巡逻。之所以有如此夸张的安保措施，是因为几年前，格鲁克和他的妻子半夜醒来突然发现卧室里有两名强盗正用枪对着他们的头。

　　这里离布鲁克林罗马天主教社区的单间公寓还有不少距离，而那里曾经是格鲁克和他的父亲、母亲、祖母以及五个兄弟姐妹一起长大的地方（可以肯定的是，他的父亲在格陵兰到阿鲁巴各地的建设项目上做了大量的行政管理工作）。作为一个美国经典故事，人们很容易理解格鲁克的生活轨迹，一个出身贫寒的男孩最终通过自己的不懈努力取得了令人瞩目的成功，看似理所应当，但在看似寻常的职业发展道路之外，格鲁克的故事因其在思想领域和组织领域的独特交集而显得极不寻常，这也使其成为我们整个故事中的一个组成部分，从而和布鲁斯·亨德森以及比尔·贝恩一起成为推动战略革命的关键力量。但是，与那两位先驱不同，他并没有建立自己的公司，却做了更困难的事情。格鲁克在全球最负盛名、最成就卓著且充满自信的咨询公司麦肯锡领导了一场毫不逊色于其他"战略之王"的革命。

　　即便你仍然对顾问存在偏见，也能在这个故事中学到 21 世纪的管理课程的内容。像达特茅斯学院的詹姆斯·布赖恩·奎因[2]（James Brian Quinn）这样的智者就认为，如果你想弄清楚从现在开始的十几二十年后，怎样才能打造一家枝繁叶茂的大公司，那你就应该了解像麦肯锡这样的专业服务公司所面临的问题。正如我们的故事里呈现的那样，考虑到领先的战略咨询公司本身可能已经代表一个公司在这个时代生存的模式，包括真正的全球化——不仅可以在全球范围内招募人才，还会将其擢升高位。而对于麦肯锡来说，虽然它的智力资本大部分源于顾问的大脑，但最令人惊讶的还是民主在这个公司中的作用。而现在那些百亿级的大型企业中，还有哪些公司的领导是真正通过民主选举产生的呢？

不过战略革命带来的诸多变化已经让麦肯锡有如芒刺在背，而 BCG 和贝恩公司等的迅速崛起引发了全新竞争，更在 20 世纪 70 年代让麦肯锡的生存受到了威胁。在这场竞争中未能幸免的咨询公司包括当时强大的理特咨询公司和克雷萨普 - 麦考密 - 佩吉特咨询公司[3]（Cresap McCormick & Paget）。而麦肯锡不仅为这场革命付出了巨大努力，也第一次领悟了组织适应能力是一种无比强大的企业文化，它能够包容与拥抱一切不堪，甚至在高雅的灯光下也可以允许像格鲁克这样的怪人出现。

● 对于格鲁克，我们该怎么办

事实上从个人早期的发展史来看，没有任何迹象表明格鲁克会成为这家少数最伟大的白鞋机构[4]（White-Shoe Firm）的领导者。他的父亲是一名从未上过高中的孤儿，而格鲁克自己则就读于天主教学校，并在七岁时就开始做一些兼职工作，后来在曼哈顿学院电气工程系完成了自己的大学学业。由于他表现优异，最终获得了去哥伦比亚大学继续进修运筹学博士学位的机会，"这涉及很多统计理论，线性规划及基础的应用数学"，正如他所说的那样，后来他在贝尔实验室[5]（Bell Labs）找到了一份工作。在那里，他开始学习设计制导系统，并在将近而立之年成为斯巴达导弹的大项目经理，负责管理该项目中的一个工程师团队。现在来看，也许没有一个火箭科学家能够取得这样的职业成就，而格鲁克是一个特例。

他确实在贝尔实验室取得了不少成就，但毕竟已经快 30 岁了，考虑到家庭的负担，格鲁克需要找一份新的工作来为自己谋求更好的生活。1967 年，他在麦肯锡找到了落脚点，当时他 31 岁。而那时的麦肯锡也意识到，自身缺乏与科技公司合作的能力，所以正在寻求格鲁克所具有的那种智慧。但是，格鲁克很快就发现，实际上这种需求并没有那么强烈。

来到麦肯锡的格鲁克简直就是一个威风凛凛的怪物，至少他自己这么认为。麦肯锡由会计学教授詹姆斯·O．麦肯锡[6]（James O. McKinsey）于 1926 年在芝加哥创立，最初的业务主要是为客户提供财务和预算服务。一般陷入困境的公司的债券持有人委员会，为保证其投资的安全性才会找到麦肯锡。然而，1933 年，年仅 31 岁的克利夫兰企业律师马文·鲍尔（Marvin Bower）加入，20 世纪中期后的麦肯锡完全由他一手打造。因为詹姆斯·麦肯锡在 1937 年去世后，原来的公司实体就分裂了。一半成为专注于制造商运营管理的科尔尼公司[7]（A.T. Kearney）；鲍尔则承担了另一半即麦肯锡纽约办事处的领导职责，并保留了麦肯锡的名字。

鲍尔也把这家公司从詹姆斯·麦肯锡最初的"管理工程师"的定义中解放出来，因为他并不喜欢"工程师"这个称呼。鲍尔拥有哈佛大学法律学位和 MBA 学位，他一直不知疲倦地向同事强调，咨询是一个有尊严的职业，这点与医生或律师并无二致（1989 年，当《财富》杂志编辑告诉他已被选入美国商业名人堂时，他起初拒绝这个荣誉，因为他认为自己并不是商人）。而在他的公司里，客户的利益永远是第一位的，如果顾问不能为客户创造价值，那么项目就会被拒绝。当然除此之外，他还特别要求每个人离开办公室时都要戴上帽子。

但这家公司到底要做什么呢？麦肯锡虽然已经明确专注于解决"组织和管理问题"，但是随着时间的推移这个定义在不断变化。公司曾经涉足高级管理人才搜寻服务，也就是人们常说的猎头，并提供高管薪酬方面的建议，但最终认为该业务并不符合公司宏大的愿景而放弃了它。实际上麦肯锡早期的大部分工作都集中在组织上，特别是在 20 世纪五六十年代，公司的主要工作就是帮助大公司从传统的职能模式（Functional Organization）向事业部模式转变。受阿尔弗雷德·钱德勒为世界各地企业巨头所做工作的启发，公司从服务荷兰皇家壳牌公司[8]（Royal Dutch Shell）开始，逐渐演变成一个全球性的运营商，帮助客户建构这种颇为成功的美国模式。

回到詹姆斯·麦肯锡时代，连接这一切的关键元素就是被称为通用管理调研的工具。许多早期的咨询公司都偏好企业诊断服务，其实就是对公司组织、程序、记录和预算的一种标准化的审计，而审计的目的则是衡量公司对客户管理的有效性。鲍尔自己也重写和更新了麦肯锡的版本，并将其命名为"综合调研大纲"，发给所有加入公司的顾问。今天，他的一个竞争对手说，"鲍尔的方式就是推广一种规范的方法，具有如同律师般'你需要这么做才能达成好的结果'的风格。这显然不是通过深刻的分析、外向的视角和全面的测算来帮助企业制订竞争战略的思路"。

格鲁克 1967 年加入公司的时候，鲍尔已经辞去总裁职务而退居幕后。1950 年以来，鲍尔一直担任这个职位，每年的收入也从 200 万美元增加到 2000 万美元，此后还将持续在麦肯锡理事会发声直至 20 世纪 80 年代。不过他所创造的绅士装不管怎么看，都与这个操着布鲁克林口音的平头工程师兼运筹学专家不匹配。格鲁克说："虽然麦肯锡已经决定想要一个我这样背景的人，但当我真正出现的时候，没有人愿意让我加入项目。不过他们是对的，我的确对商业一无所知，也从来不认识任何一位商业人士。"

接下来发生的事情却预示着格鲁克最终将在公司大展身手。因为无事可做，他开始变得担心和焦躁不安，并向经理抱怨说自己不应该放弃在贝尔实验室这么好的工作，而来咨询公司无所事事。而那位正在为康宁玻璃[9]（Corning Inc.）工作的经理汤姆·穆拉尼（Tom Mullaney）虽然没有给他任何具体任务，却建议他去对"市场环境"进行研究，看看是否能帮助客户找到感兴趣的商业机会。

一个星期后，格鲁克回到穆拉尼的办公室，提交了一份报告和两份支持材料给他。"这到底是从哪里来的？"穆拉尼疑惑地问道。由于格鲁克在贝尔试验室时已经非常习惯于运作大型项目，所以他解释说，他找到麦肯锡的研究部门"并把他们组织起来做了这个研究,而且这个研究做得非常全面"。穆拉尼一时竟无言以对,只能回答"我的天"。

随后,公司迅速将格鲁克安排到服务康宁玻璃的咨询团队,其领导人是澳大利亚籍的牛津大学毕业生和桨手罗德·卡耐基(Rod Carnegie),据说他是自罗伯特·麦克纳马拉(Robert McNamara)之后哈佛商学院的最高成绩获得者,他还是艾默里·霍顿[10](Amory Houghton)的校友,而霍顿是创建和运营康宁玻璃家族的后裔。还有一个很有麦肯锡特色的地方是,卡耐基实际上是在他所创立的澳大利亚办公室运行整个康宁玻璃的项目。"哦,你是格鲁克。"卡耐基在听完新成员的自我介绍后回答道,"公司真是犯了一个大错,居然雇用了这么一个呆头呆脑地在研发实验室里工作了十年的人"。

整个项目团队下榻在离康宁玻璃纽约总部最近的佩恩提德波斯特镇的酒店里,但卡耐基不允许格鲁克与康宁玻璃高管进行任何接触,即便在项目团队的晚餐上,他也会时不时地解释说,要格鲁克学会搜集信息至少需要两年的时间,学会整理这些信息还需要两年,之后又需要另外两年来学习如何呈现这些信息。"然后,我们才会觉得你已经成为一个真正的顾问。"(由此可以看到,丰富的组织文化也有其不利的一面)而格鲁克回答说,他认为自己已经拥有了这些技能。

直到进行第一次薪资考核时,格鲁克才终于可以勉强在康宁玻璃的一些会议上坐到最后一排。虽然他一直埋头整理的关于电子产业的信息,很可能是客户的战略机会所在,但在麦肯锡的办公室里,他的地位也不过如此而已。格鲁克的新经理阿奇柏德·亚历山大(Archibald Alexander),也就是"阿奇"巴顿告诉格鲁克,他不会获得加薪,还说"你知道,弗雷德,事情不应该是这样的……也许我们还需要重新评估一下"。为了缓解尴尬的气氛,巴顿很快就接着说:"顺便问一句,康宁那边怎么样了?"

"一个想法瞬间闪过我的脑海。"格鲁克说:"我应该对这个人说什么?我能告诉他事实吗?但我是一个在贫困的布鲁克林社区靠摸爬滚打长大的人,这对我也没有什么大不了的,所以我对他说,'我认为我们根本就不知道自己在做什么'。""什么?"巴顿回答。格鲁克解释说:"我们去客户那里,向他们展示一张图表，也就是我们所说的战略差距分析（Strategic Gap Analysis）的东西，说这就是你们需要的收入，而这是现有项目的收入走势，它们之间有很大的差距。康宁的人则会对我们说，'别担心，我们会用实验室以外的东西填补的'，这意味着什么也没有发生。"巴顿惊愕地说，"那好吧，让我们静观其变。"

格鲁克回到他的办公室，打电话给他的团队负责人迈克尔·乔丹（Michael Jordan），一个标准的麦肯锡老兵，后来的哥伦比亚广播公司[11]（CBS）和电子信息系统有限公司[12]（EDS）的CEO，而卡耐基最后则成为矿石与金属业巨人力拓[13]（Rio Tinto）的领导人，并被授予爵位。在跟乔丹说明了与巴顿的交流之后，格鲁克回到家中，喝了几杯马提尼便呼呼睡去。第二天早上，他像往常一样早到，并在自己的桌子上找到一张手写的便条——"亲爱的弗雷德，请来找我。"来自负责纽约办事处的高级合伙人迪克·纽舍尔（Dick Neuschel）。

"我去了，"格鲁克说，"他让咖啡服务员先出去。'你好，弗雷德，很高兴见到你。想来点什么？咖啡？一切都好吗？'"然后纽舍尔说起他整晚都在和乔丹、巴顿以及澳大利亚的卡耐基打电话，"好吧，弗雷德，我们已经确定你是对的。这个项目的确应该停下来并且取消，我们不但要退给康宁一半的费用，也将确保你有一个真正能施展才华的机会"。

"你可以想象，"格鲁克说，"这件事让我对麦肯锡到底是一家什么样公司有了全新的认识"。他还说，这个故事在朝更好的方向发展。虽然麦肯锡过去和现在都有一个定期进行绩效评估的政策，但是格鲁克从未收到过评估结果，这让他对自己的价值一无所知。但当公司告知客户自己的决定时，康宁玻璃也同意了，并表示这项研究的确没有取得多少进展，"但我们希望那个格鲁克能够继续留下来完成他对电子行业的研究"。虽然他一直坐在客户会议室的后面，但格鲁克猜想"客户显然知道谁在做这个工作"。

麦肯锡信奉并最大限度地实施了一种被称为思想民主的原则。这个概念应该被任何一个依赖人才智慧的公司推崇，而且到21世纪中叶，这将适用于每一个公司。这个原则强调的是应根据内容本身来判断一个想法或观念的价值，而不应基于其来源的背景和资历。这虽然听起来通俗易懂，但是很难做到，部分原因是我们在接受父母教育的过程中，早就潜移默化地接受了一定程度的等级观念。而格鲁克在麦肯锡的早期经历以及他后来的成功，却证明了思想民主所具有的颠覆性力量。

● 为公司带来尖端科技

20 世纪 70 年代是公司近 80 年历史上"最具挑战性的十年"，麦肯锡官网这样轻描淡写地叙述道，并继续像顾问一样自我剖析说，"我们发现，公司在 20 世纪 60 年代的增长已经威胁到一种弥足珍贵的东西，就是我们的客户关系。所以，我们开始认真地研究公司选择和评估顾问的过程以及我们所掌握知识的质量，以求能够解决这个问题"。这就是麦肯锡，面对全球经济困境的加剧以及来自 BCG 和贝恩公司等新贵的竞争，它已经意识到自己扩张得太快了，并且晋升了那些并不那么睿智的人。作为公司总裁，马文·鲍尔的接班人正在鲍尔的影子中奋力挣扎，这显然不是一个愉快的合伙人体验，同时也削弱了公司的实力。

相比之下，格鲁克在 1972 年当选麦肯锡的初级合伙人，并在 1976 年升至资深合伙人。他曾为美国广播公司 [14]（American Broadcasting Company）、AT & T、西部电气 [15]（Western Electric）和北方电信 [（最终将成为北电网络 [16]（Nortel Networks）] 等客户提供过服务。虽然他很高兴自己被认定为服务科技公司的资深人士，却一直拒绝被贴上技术专家的标签。格鲁克得出的结论是，公司的大部分合伙人都以自己是通才而感到自豪。因此麦肯锡职能领域业务（Functional Practice）的负责人在技术、财务等领域并没有很大的影响力，进而使得他们缺乏可靠的客户基础。

格鲁克通过对成本、技术和竞争对手数据锲而不舍的挖掘，并进行比公司常规要求更深入的分析来帮助自己持续地建立声誉。他说："我告诉同事们，我们不能仅仅将收到的信息进行汇总"因为这些信息通常只是财务报告中的数字，而实际发生的事情是在这个层面以下的。因此，"我们全力投入，并且创造了大量的数据",然后再挖掘它们,把它们组装起来成为我们的结论,"这是以前没有的。"但这并不是战略。"因为那个时候,我还不知道什么是战略。"

同时,格鲁克也惊慌地发现,用更顾问式的话来说,麦肯锡没有办法系统地捕捉每个咨询项目所获得的知识。顾问完成一个项目或者为客户写完一份报告后就继续另一个了。除了一两个新兴业务领域(消费产品就是最好的例子)之外,公司从来没有尝试停下来,提炼一下可能对其他业务有所帮助的普遍经验教训,更不用说在整个公司内部进行分享了。

在肩负很多公司的正式责任之前,格鲁克就已经开始为推动信息的搜集和提升分享的热情而积极奔走了。20世纪70年代初,纽约办事处的顾问一般每月有一个星期六会就特定主题进行为期半天的进修培训,像大多数"进修培训"一样,这些课程的内容通常令人耳目一新。技术领域的业务负责人要求格鲁克针对电子行业进行一次介绍。格鲁克最初拒绝了,后来确定只有对这一主题感兴趣的顾问可以参加,才应邀飞往百慕大进行介绍。今天,他认为这是麦肯锡第一个伟大的传统,即工作之外的知识创造。

1976年,一直牢骚满腹的格鲁克终于遇到了千载难逢的机会,当时麦肯锡推选 D. 罗纳德·丹尼尔(D. Ronald Daniel)为全球总裁。丹尼尔在许多方面都代表了麦肯锡合伙人的完美形象,现在也依然如此,他高大、帅气、儒雅,从维思大学[17](Wesleyan University)获得了数学学士学位后,先担任过一段时间的海军军官,之后前往哈佛商学院深造,1957年成为鲍尔为公司招聘的第一批顶尖 MBA 之一。

丹尼尔最终连任四届麦肯锡全球总裁,每届任期三年,并带领公司走出了20世纪70年代的低谷,步入现代化的发展道路。在海外业务拓展方面,他并没有派遣美国人去往各地,而在麦肯锡的德国、意大利、日本和法国的办事处任用当地人作为办公室负责人,并最终让公司成为真正的全球化企业。

作为第一个被选举出来的全球总裁,丹尼尔迈出了体现麦肯锡文化最好一面的关键一步——坚持审视自己。他向他的合伙人询问,公司到底应该关注什么问题。作为回应,格鲁克写了一个备忘录,基本上认为公司在多条战线上都已经落后于竞争对手，特别是在战略、运营和组织方面。

同样作为回应，丹尼尔使用了一个格鲁克自己日后也会常用到的管理策略：让发现问题的人负责解决问题，也就是让格鲁克成为公司战略业务的负责人。但格鲁克拒绝了这一邀请，毕竟他还没有真正从事过战略工作，不过他表示，他将担任战略管理指导委员会主任，并推进麦肯锡对这个问题的理解（这实际上让他成为麦肯锡战略业务的领导者）。同时，丹尼尔也发起了打造组织和运营业务的举措，直到那时，麦肯锡在这两个领域都还没有构建足够的专业性。在运营方面，他努力帮助麦肯锡改善对制造业客户的服务，但没有取得任何进展；而组织业务的努力成就了汤姆·彼得斯（Tom Peters）和鲍勃·沃特曼（Bob Waterman），同时也引发了外界对战略本身弱点的长期批评。

● 从巴别塔到沃韦海岸

格鲁克虽然承担起了这项任务，但在真正向前推进时才发现这给麦肯锡既有规则带来的挑战是多么巨大。直到那时，公司的顾问所知道的是，他们接到的任何与战略有关的项目需求，都必须提交给一个专门的合伙人比尔·约翰逊（Bill Johnson），因为他曾经与通用电气在相关主题上有过合作。格鲁克说："我觉得这很夸张。"他的第一步是邀请 30 个"来自全球办公室的同事"花两天时间来"一起分享他们到底是如何做战略的"。但结果难以让人满意。"我把它称为巴别塔[18]（Tower of Babel），"他说，"因为这场讨论并没有得出任何一致性的结论，也没有给出任何确定的定义，而只是在原地打转而已"。不过，这个混乱的局面却让一些真正的人才脱颖而出，其中最主要的是一位年轻的日本人，他在 1972 年获得麻省理工学院的核物理学博士学位后加入了公司。当格鲁克要求每个参与者公开总结讨论的结果时，伦敦一位合伙人宣称："基督徒：0 分；雄狮：0 分；大前研一[19]（Kenichi Ohmae）：100 分。"

但关于战略的困惑还是让格鲁克格外沮丧，最终他决定建立一个小组来领导这场智力碰撞。因此，他召集了包括大前研一在内的六名来自不同办公室的顾问。格鲁克还毫无顾忌地将这个团队命名为巨星团队（Super Team）。然后，团队成员开始对战略进行系统探索，并从公司内部和外部搜集意见，以找出他们不知道的东西。"我们的进展相当迅速，"格鲁克回忆说，麦肯锡在思想上的僵化不仅针对公司外的人，对内也是如此。一位合伙人告诉格鲁克，构建战略的任务既非常具有挑战性也非常重要，因此只有十个合伙人，也就是那些最聪明和经验最丰富的人才可以涉足这个领域。格鲁克回忆说："我也觉得这很夸张。"

格鲁克最终决定，如果战略的努力是为了取得成功的话，那么所有麦肯锡合伙人都需要了解这一点。在丹尼尔的支持下，他向哈佛商学院协调借用了位于瑞士沃韦（Vevey）的一块场地，这块场地坐落在日内瓦湖畔一个非常高雅的小镇里，作为公司将要进行的为期一周的研讨会举办地。格鲁克指出，这些研讨会"确实是麦肯锡战略业务得以发展的秘密所在"。他和他的团队将合伙人分为15～20个人的小组，并向他们展示已经开发出来的"原始材料"，这确实是非常关键的一步，因为它提供了一个可以让参与者自由讨论自己见解并和他人展开辩论的场合。"我们发现公司里还是有不少非常出色的人的，他们真的有很好的想法，当我们把他们拉在一起讨论一个礼拜之后，培训讲师从正在做这个工作的人身上学到了更多具有实践意义的内容。"

奇怪的是，这个贯穿整个公司发展的主题却与战略的发展历史存在相悖之处，因为麦肯锡在这些研讨会上总结的大多数想法被遗忘之彻底，让观察者着实震惊，当然这也并不是任何经验曲线或增长份额矩阵的延续。即使是公司最接近战略思想的资产，即一份由战略业务的长期领导人约翰·斯塔基[20]（John Stuckey）撰写的名为《战略新视野》的38页员工论文，在20世纪80年代中期以前也几乎没有人提到过。

20世纪70年代后期，麦肯锡每年的收入超过1亿美元，几乎是BCG的三倍，但从回顾历史的角度来看，格鲁克和麦肯锡最密切关注的问题其实很清楚，如果你是一个拥有庞大客户群的老牌咨询公司，当客户来问你："这个叫作'战略'的东西是什么？与我们目前的规划工作有什么关系？我们又该怎么做？"那么这就是你理应回答的问题，此外还需要找出战略、计划与被命名为战略管理（Strategic Management）的神奇东西的本质之间到底有怎样的关系。这对于我们所研究的思想史而言，的确颇为值得关注。

1978 年，格鲁克和巨星团队的两位成员发表了麦肯锡的第一篇员工论文，并开始建立他和其他人所说的公司"知识文化"（或许愤世嫉俗的人可能会问，他们以前有过什么样的文化）。这篇员工论文就是《战略管理的演变》。在 1981 年发表的 20 篇类似的文章中，有 11 篇在标题中都有与战略相关的词语。

正如我们所说的那样，将战略与战略规划画等号其实很容易，也非常危险，尤其是在战略革命初期。当然在今天也是如此，仍有许多公司有计划而没有战略。如果去看大多数计划，你会发现很多都是"我们将继续做我们一直在做的事情，但明年我们会做得更多和 / 或更好"等类似内容的重复。通常，规划工作只在涉及确定每个人来年的预算时，才变得非常严肃。在大多数计划中，即便是在那些带有"战略"字眼的计划中，你不会找到对 3C 要素的认真考虑。

所以，格鲁克在《战略管理的演变》中承认规划只是战略的一个来源。他认为，更准确地说，同样重要的还有战略思维（Strategic Thinking）（"企业家的创造性洞察"）和机会主义决策（Opportunism Decision-making）（"对突发性机会和问题的有效应对"），而其来源都是"对市场的理解和分析"以及"对关键趋势"的把握。

为了支持这个论点，以及明确客户应该追寻的目标，格鲁克和他的合作者基于对"一些大公司"规划过程的系统调查，提出了一个公司"制定战略决策"的过程包含四个逐步向上演进阶段的理论（见图 6-1）。第一个阶段，定义为萌芽阶段，仅包含财务规划。这里的规划"仅被视为一个财务问题"，而只包括年度预算。顾问们发现，在接受调查的企业中（包括一些非常成功的企业），有一半以上的企业的正式规划从未超出年度预算的范畴。

第二个阶段，麦肯锡定义为启蒙阶段，则主要是基于预测的计划。企业的规划者认识到，他们需要进一步向前看，并开始采用"包括趋势分析、回

图 6-1

战略规划的阶段

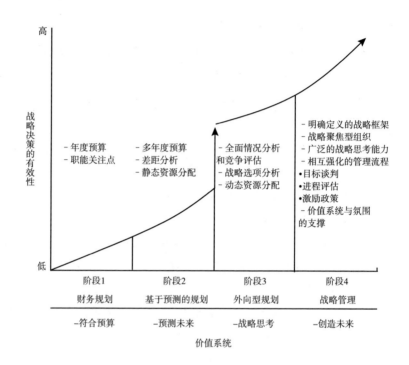

价值系统

归模型和仿真模型在内的更复杂的预测工具来评估未来的趋势"。这是第一次"一个创造性的火花激发了规划者的想象力,从此第一个真正的战略规划诞生了"。而远在云端的规划者们"也突然意识到,他们的责任其实不是去规划未来",因为这是很难做到的,他们应该做的是"向管理层呈现公司当前所面临的关键问题"。麦肯锡的论文把这个阶段命名为"问题导向"。

顾问们在研究中得出结论认为,大多数公司在第二阶段首先要面对的问题是资源分配,即决定每个企业应该接受多少资本或投资。研究发现,大多数企业用来解决这个问题的工具是"投资组合分析(Portfolio Analysis),也就是将一系列多元化的业务从竞争力和市场吸引力这两个维度进行对比分析"。在这里，你可能会想到增长份额矩阵，但这篇论文指的是麦肯锡的矩阵（McKinsey Matrix）（见图 6-2），其九宫格在垂直轴上绘制行业吸引力（并不像行业增长率那样精确），在横轴上绘制业务实力（也不像市场份额那样敏锐）（30 年后，格鲁克会相信他当时应该完成的任务之一，就是要"撤下"九宫格矩阵，或者至少用一个更好的主意来替代它，其中最关键的原因还是麦肯锡的构想与 BCG 的太相似了）。

图 6-2

麦肯锡九宫格矩阵

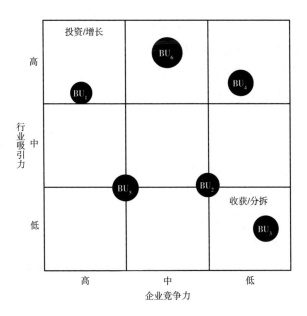

麦肯锡公司的第三个阶段是外向型规划，代表了公司规划能力的"大飞跃"（Great Leap Forward）。在这个克罗马农人[21]阶段（Cro-Magnon stage），最杰出的计划从"对商业环境、竞争态势和竞争策略的全面分析"开始，具体工作很可能包括"历经多个月努力的深入分析"，毫无疑问这也是优秀的顾问能够在很大程度上帮到你的地方，最后输入 3C 要素，这样你的资源分配就变成动态而非静态的，机会也将浮出水面，这时候再通过创造新的能力、重新定义市场或改变顾客标准来更好地匹配你的优势，最终就可以把一个企业所面临的"转折点"转变成更有吸引力的业务。

不过，这里还是有一个问题。如果第三个阶段的工作奇迹般地奏效了，那么规划者"为管理层提出的行动方案很可能不是一个，而是几个"。顾问们总结说，这对高层管理者来说是一个非常痛苦的阶段。当然，不只规划者，基层的经理也要做决策，甚至要做战略决策，而这些决策却不会有最高层人士的参与。

值得高兴的是，这种乾坤颠倒的可怕情况还是有了一个解决方案：公司只需要进入第四个阶段，战略管理的终极状态，并在那里实施战略管理。不幸的是，这件事失败的可能性也很大，因为"世界上只有少数几家公司可以声称，它们是真的通过战略来进行管理的"。

在公司的最高层次上，"战略管理将战略规划和管理融为一体"，并最终形成一个被广泛理解和认同的框架，从而将规划与组织结构进行连接以适应公司的战略（麦肯锡 20 世纪 50 年代和 60 年代的方式再一次登场，结构将遵循战略）。当然，由于整个公司的人都具备战略思考的能力，所以规划过程最终还需要把战略管理细化到"基于合理的可选方案来进行目标谈判"的阶段，不过这其实也减轻了那些负责低份额、低增长业务的经理人的负担。

随着《战略管理的演变》的出现，我们已经与 BCG 的 800 字的《管理新视野》渐行渐远。麦肯锡的想法似乎瞄准公司战略规划人员、业务线主管甚至更广泛的群体。它相当迅速地将对战略的讨论转化成对流程和组织的关注，而这是麦肯锡的核心优势领域。这篇文章从战略管理的概念出发，深入探讨了战略执行与战略概念本身联系的问题。但是，至少在这位观察者的眼中，沿着这条路走下去，一些关于战略构成的清晰阐述正在日渐模糊，包括对成本、竞争对手以及企业竞争态势等必不可少观念的敏锐关注。

无论这个想法存在怎样的短板，麦肯锡内部的许多人都开始热衷于战略。格鲁克和他的团队每个月进行一次研讨会，并持续了两年，几乎所有来自世界各地的麦肯锡合伙人都参加了这些研讨。"这是让人不可想象的大事，"格鲁克在会议上说，"喝酒、畅饮。一天晚上，酒店的迪斯科舞厅已经关闭了，我们的人却自己把它打开了"，最终把许多混乱的家具和女士们的长袜留在了舞厅里。第二天早上，当格鲁克向酒店经理道歉并提出要赔偿损失时，这位年轻的瑞士人却微笑着回答道："格鲁克先生，兴高采烈并不是什么坏事。"事实上，这就是这个观点的一部分，"我们让这个故事变得有趣了"，格鲁克说。

更重要的是，客户似乎很喜欢麦肯锡做的东西。在那个时期结束的时候，格鲁克说："我们正在全力绞杀 BCG。"他计算得出，到 1979 年，按照麦肯锡对战略的定义，公司已经差不多有 50% 的收入源于战略项目，这已经超越了 BCG 或贝恩公司。实际上，格鲁克甚至向丹尼尔表达过一个更高的比例，如 75%，但这将会影响麦肯锡帮助客户解决其他领域问题的能力，如运营和组织。

● 致敬布鲁斯·亨德森

格鲁克关于麦肯锡战略的野心尚未消退。1979 年，丹尼尔要求格鲁克"制订一个计划，把公司建设成'公认的战略咨询领导者'"。格鲁克给丹尼尔的建议也相当有吸引力，因为这个建议不仅说清楚了这个领域是如何进化的，也厘清了麦肯锡还有什么工作要做。

格鲁克把 BCG 的成功归结为一个战略爱好者的大集会，他并不是在刻意嘲讽。尽管麦肯锡强调"战略发展的情境本质"，即"一切都需要具体问题具体分析"，但竞争对手已经开发了一个系统的方法来解决这个问题，甚至还有所超越，因为它们已经实践了"将这个方法执行落地的能力"。对格鲁克而言，这些战略爱好者都深知其中的奥妙，并且总是在讨论它的优点，特别是"以标准化分析方法为支持"的实施手段，这比麦肯锡的经验主义更有效，并且竞争对手也越来越"致力于发展与我们不同的用于培养和开发客户的人际交往技巧"。

"在所有'战略爱好者'中最成功的人",格鲁克继续说道,"毫无疑问是布鲁斯·亨德森。在过去的 15 年里,他已经成为世界上最有思想深度的战略布道者。事实上,他目前似乎没有任何挑战者"。或者至少没有一个格鲁克所知道的挑战者。接下来,作为麦肯锡最大的专业领域的领导者,同时也是一颗冉冉升起的新星,格鲁克的随和与非麦肯锡式的谦卑却令人惊叹:

> 从正面攻击亨德森及其门徒(无论是来自 BCG 的内部还是外部)的概念领导力的方式,十年前就已经被证明是失败的了。他的贡献已经被世人公认具有恒久的价值,而他所建立的公司也强大有力。所以我们应该把自己的集体精神瞄准他的方向,并且发自内心地承认他的贡献,然后再来做一些有助于我们重建领导能力的必要工作,从而让往日的光辉能够重新回到我们已经生锈的形象上。

为了对付闯入者,格鲁克制订了一个包含多重举措的组合方案。这套组合方案包括:首先,"通过密集的内部发展计划来加强和扩展我们以概念、技术、工具、知识、从业人员和发言人为基础的战略军火库";其次,广泛接触那些具备战略领域专业优势的人或机构,如哈佛大学的迈克尔·波特,"使我们能够与学术界的进展保持同步";最后,麦肯锡也会采取一个"更加外向型和政治家式的姿态"。换言之,公司必须将自己义无反顾地投身到争夺思想高地的理念营销大战之中。

麦肯锡采纳了格鲁克提出的许多建议。作为构建"知识文化"的一部分,咨询顾问们基于服务客户的经验和内部的激烈辩论,开始打磨通常长达 20 页的员工论文,同时也将一些合适的文章重新刊登在《哈佛商业评论》上。在不到五年的时间里,他们陆续发布了 23 篇文章,主题分别包括"战略市场细分""竞争成本分析""将经验曲线作为战略工具"。麦肯锡向格鲁克提名由迪克·福斯特(Dick Foster)接管战略研讨会,公司甚至雇用了一家公关公司,虽然这家公司最后根本没起什么作用（格鲁克说，因为其CEO虽然是一个知名的公关专家，却永远无法"理解"麦肯锡的想法）。而真正起作用的则是公司聘用的一位年轻的哈佛大学MBA比尔·马塔索尼（Bill Matassoni），他作为格鲁克的左膀右臂帮助他打造公司理念，并展开研究、编纂书籍，甚至构建了一个用于分享公司日积月累形成的宝贵财产的知识管理系统。

格鲁克认为，20世纪80年代初，麦肯锡正在成为一个战略爱好者的公司。可以肯定的是，公司里仍然有很多人对此漠不关心或充满抵触，因为许多人直到今天仍然坚信，公司最大的资产不是它的思想，也不是它的雇员，而是其令人目不暇接的客户群以及稳固而持久的客户关系。时至今日，公司收入的85%都来自既有客户的重复性业务。

从马文·鲍尔时代开始，麦肯锡就以"全球一家"的模式为傲，这意味着公司没有独立的利润中心，并且在全球范围内保持一致的组织文化，公司在其运作的每个地方都通过同样的方式招聘、评估和制定薪酬方案。即使在这种非常民主的合作关系下，办公室经理作为负责特定地理区域内所有客户关系的合伙人，仍然被赋予很大的权力。事实上，最近当我问一个最资深的合伙人如何看待公司内不同角色的影响力时，他的评估是，办公室经理10分；行业业务的负责人（如医药或电信）4～5分；职能业务的负责人（如企业融资或战略）1～2分。而他本人，当然是以办公室经理的身份建立了自己成功的职业生涯。

格鲁克说，为了在3～4年时间里将麦肯锡打造成战略领域"公认的领导者"，他到公司的一个美国办事处进行一场关于战略的演讲，顾问们虽然乐于倾听，但办公室经理对他不屑一顾："弗雷德，我对你说的这些废话一点儿都不感兴趣。你只要给我用来拿下项目的东西就可以了。"这也使得格鲁克针对这些战略的怀疑论者制定了一个特别的政策，"我不会强迫任何人接受这些东西"，但是他仍然会酸酸地补上一句："不过，至少你可能想知道你自己应该在客户面前说什么。"

当然，这时他已经着手一件更重大的事情。1980年，麦肯锡公司要求他正式负责审视公司所有关于系统性建立特定主题和行业专业性的工作。在此让我们加快一点故事的进度，此后很快，公司就通过传阅公告单页来总结每次参与项目的经验教训。1986年，完成了四届任期的罗恩·丹尼尔因为年龄的原因，不再担任麦肯锡公司的全球总裁。而弗雷德·格鲁克则毫无悬念地被选为丹尼尔的继任者，并继承了马文·鲍尔的衣钵。但格鲁克从来没有当过办公室经理，也从来没有领导过行业领域（Industrial Practice），更没有做过传统上从基层步入高层需要做的大部分事情，他所做的一切就是将麦肯锡打造成"一家战略咨询公司"。

然而，一位办公室经理不屑一顾的评论，不仅勾勒了格鲁克的成就，也说出了麦肯锡公司对早期战略思想史的贡献和局限性。如果公司发现自己需要"搞定这个项目"，那么格鲁克就得和他的团队立即着手建设公司在该领域中的"专长"。

反过来说，世界上最负盛名的咨询公司把战略看成服务客户的基本项目，这简直如同教皇在为这个新生范式赐予祝福。如果麦肯锡推动战略概念的发展，谁又能否认战略的重要性呢？或许哈佛商学院是唯一具有更高权威的机构。而面对这个问题，在长达15年的沉寂之后，另一位战略革命者发出了更为响亮的声音。

本章注释

以下注释内容皆摘选自公开来源并经慎思行整理，其中员工和营业额数据皆为近两到三年数据，仅供读者参考和理解规模之用。正文中带下划线的重点关键词，亦可以在慎思行微信平台通过回复相关关键词来获得具体解释。

1　弗雷德里克·W.格鲁克（Frederick W. "Fred" Gluck，1935-　），美国咨询顾问。格鲁克是麦肯锡的长期高级合伙人兼董事，亦是麦肯锡战略咨询业务的创立者，在1988~1994年担任董事总经理（CEO）。此外，格鲁克亦在一些其他组织担任董事职务。

2　詹姆斯·布赖恩·奎因（James Brian Quinn），知识管理大师，学习学派的代表人物。奎因是达特茅斯学院塔克商学院（Tuck School of Business）的管理学教授，现已退休。他是战略计划、技术变革管理、企业创新等领域的学术权威。奎因著有《智能型企业》（*Intelligent Enterprise*，1992）并曾三度获得麦肯锡奖。

3　克雷萨普 - 麦考密 - 佩吉特咨询公司（Cresap McCormick & Paget）是一家美国咨询公司，成立于1969年，于1983年被韬睿咨询（Towers Perrin）收购。

4　白鞋机构（White-Shoe Firm）是一个用于描述美国领先的专业服务公司的词语，它通常指银行、会计师事务所、律师事务所和管理咨询公司，尤其是那些位于纽约和波士顿的公司。这个词源于常春藤联盟并用来描述具有精英主义特征和高声誉的历史悠久的传统大公司，有时也有所贬义地表示僵化或缺乏多样性。

5　贝尔实验室（Bell Labs）是一家美国科学研究与开发公司，目前由诺基亚公司（Nokia）所有。贝尔实验室除在美国新泽西州的总部外，在世界上的其他国家和地区也拥有实验室。贝尔实验室始于19世纪末期，并在1925年成为一家独立公司，由当时美国电话电报公司（AT&T）和西部电气（Western Electric）所拥有。贝尔实验室是晶体管、太阳能电池、发光二极管、数字交换机、通信卫星、电子数字计算机、蜂窝移动通信设备、有声电影、立体声录音以及通信网等许多重大发明的发源地，并获得过超过25000项专利和8次诺贝尔奖。

6　詹姆斯·O.麦肯锡（James O. McKinsey，1889-1937），美国会计师、管理咨询顾问，麦肯锡公司的创始人和芝加哥大学教授。麦肯锡是当时为数不多的几个处于商业研究前列的学者，他的开拓性工作为后续者开辟了道路。

7　科尔尼公司（A.T. Kearney）是一家美国全球管理咨询公司，起源于1926年由詹姆斯·麦肯锡（James O. McKinsey，1889-1937）创立的麦肯锡（公司）。詹姆斯·麦肯锡去世后，麦肯锡（公司）的纽约和芝加哥办事于处于1939年分立，其中芝加哥办事处由安德鲁·托马斯·科尔尼（Andrew Thomas Kearney，1892-

1962）领导，并于 1947 年改名为科尔尼公司。科尔尼目前在全球拥有 60 所办公室，雇员数量约 3500 人。科尔尼公司在中国的北京、上海、香港设有共 3 所办公室。

8　荷兰皇家壳牌公司（Royal Dutch /Shell Group of Companies，或 Royal Dutch Shell），通常称为壳牌公司，是一家总部位于荷兰并在英国注册的跨国石油与天然气公司，创立于 1907 年。壳牌公司是全球六大石油和天然气"超级巨头"之一，也是全球最大的公司之一。壳牌公司的业务涉及石油天然气的各个领域，包括勘探、生产、炼制、运输、分销、石油化工、发电和贸易，它在全球超过 140 个国家开展业务，并拥有 44000 家加油站。壳牌公司是挂牌于伦敦证券交易所（London Stock Exchange）的上市公司，是富时 100 指数（FTSE 100 Index）的成分股。目前，壳牌公司拥有员工近 10 万人，年收入超过 3000 亿美元。

9　康宁玻璃（Corning Inc.）是一家成立于 1851 年的美国特种玻璃、陶瓷等工业科学应用品生产商。康宁玻璃是苹果公司（Apple Inc.）的主要供应商，并与其合作开发了 iPhone。康宁玻璃是世界上最大的玻璃制造商之一，拥有超过 4 万名员工，年收入近 10 亿美元，并获得过 4 次美国国家技术创新奖（National Medal of Technology and Innovation）。

10　艾默里·霍顿（Amory Houghton，1899-1981），美国前驻法大使（1957-1961），美国童子军国家主席（National President of the Boy Scouts of America）。他曾是康宁玻璃董事会主席（1941-1961），亦在 1959 年当选为纽约辛辛那提学会（New York Society of the Cincinnati）的荣誉成员。

11　哥伦比亚广播公司（Columbia Broadcasting System，CBS）是美国三大全国性商业广播电视网之一，于 1927 年成立。哥伦比亚广播公司于 1941 年正式开办电视广播，并于 1954 年播出彩色电视节目。目前，哥伦比亚广播公司旗下拥有超过 240 座电视台。

12　电子信息系统有限公司（Electronic Data Systems，EDS）是一家美国跨国信息技术设备生产和服务公司，成立于 1962 年。该公司曾于 1995 年收购科尔尼公司，并于 2006 年在一次管理层回购中又将其出售。2008 年 EDS 被惠普公司（Hewlett-Packard Co.）以 139 亿美元收购，成为惠普企业服务部门。2017 年，惠普企业服务部门与计算机科学公司即 CSC 合并，组成 DXC 科技公司，目前该公司拥有超过 17 万名员工，年收入超过 250 亿美元。

13　力拓（Rio Tinto）是一家澳大利亚和英国的跨国公司，它是世界上最大的金属和矿业公司之一，成立于 1873 年。该公司通过一系列长期的兼并收购成长为世界领先的铝、铁、铜、铀、煤炭和钻石的生产商。目前，力拓是富时 100 指数等的成分股，拥有雇员近 5 万人，年收入逾 400 亿美元。

14　美国广播公司或 ABC 电视台（American Broadcasting Company，ABC）是美国三大全国性商业广播电视网之一，成立于 1943 年。美国广播公司的前身是全国广播公司（National Broadcasting Company，NBC）旗下的蓝色电视网（NBC Blue Network）。目前，美国广播公司旗下拥有超过 230 座电视台，并隶属于迪士尼公司（Walt Disney Company）。

15　西部电气（Western Electric）是一家美国电气工程和制造公司，并在 1881~1996 年成为 AT&T 的主要供应商。此外，西部电气还担任贝尔系统（Bell System）成员公司的采购代理。该公司开创性地发展了许多技术创新和工业管理策略。西部电气公司已于 1996 年停止运营。

16　北电网络（Nortel Networks）是一家加拿大电信和信息传输设备制造公司，成立于 1895 年。起初公司名为北方电气（Northern Electric），并在 1976 年更名为北方电信（Northern Telecom），最后改为北电网络。北电网络于 2009 年破产，这是加拿大历史上最大规模的破产事件，并产生了较大的负面影响。北电网络已于 2013 年停止运营。

17　维思大学（Wesleyan University），曾译卫斯理安大学，位于美国东北部康涅狄格州的米德尔敦，创立于 1831 年，是一所私立四年制文理学院。维思大学与同位于新英格兰地区的安默斯特学院及威廉姆斯学院组成"小三强"（Little Three）。维思大学也是小常春藤（Little Ivies）联盟的创始成员。2017 年学校正式将中文名定为"维思大学"。

18　巴别塔（Tower of Babel）是《圣经·旧约》中的一座传说中的高塔。据传，人类联合起来兴建通往天堂的高塔。为了阻止人类的计划，上帝让人类说不同的语言，使人类相互之间不能沟通，计划因此失败，人类自此各散东西。此传说为世上出现不同语言和种族提供解释。

19　大前研一（Kenichi Ohmae，1943- ），日本著名管理学家、咨询顾问、经济评论家，加州大学洛杉矶分校罗斯金公共事务学院（UCLA Luskin School of Public Affairs）前院长，提出了著名的 3C 模型（3C's Model），著有《无国界世界》（The Borderless World）等书。大前研一从 1972 年开始任职于麦肯锡，并于 1979 年升任为麦肯锡日本分公司总经理，1981 年担任该公司董事，并于 1995 年离职。作为高级合伙人，大前研一与同事共同开创了麦肯锡的战略管理实践。此外，大前研一亦是斯坦福商学院客座教授。

20　约翰·斯塔基（John Stuckey）美国咨询顾问，在麦肯锡供职长达 25 年，曾是麦肯锡澳大利亚分公司的负责人、亚太区主席和全球委员会成员，亦是麦肯锡战略业务的长期领导者和贡献者。

21　克罗马农人（Cro-Magnon）是一种解剖学意义上的现代人（智人），旧石器时代，居住在欧洲，距今约 3 万年前。克罗马农人的化石在 1868 年的法国被发现，但和现代欧洲人并不是一个种群。克罗马农人身体坚实、肌肉强壮，脑容量高于现代人的平均水平。

第 七 章 | **迈克尔·波特的超凡经历**

在人们看来，作为研究公司管理和培养企业未来领导者的机构，商学院早就应该开始孕育战略革命的计划了。但事与愿违，实际上商学院对构建现代战略概念这件事情嗤之以鼻，甚至试图阻止这样的改变。它们蔑视那些试图将这种讨论带到课堂上的教授，尤其是迈克尔·波特（Michael Porter）也就是那个最终成为少数最知名的商学院教授的人。为了达到这个目标，迈克尔·波特必须与那些想要解雇他的老学究们展开激烈的辩论，并彻底颠覆哈佛商学院（Harvard Business School）的课程和过往的教学方式。

● 哈佛的前战略时代

20 世纪 70 年代，哈佛商学院曾经有一门近似战略的课程叫作商业政策（Business Policy），这门课时长两个学期，是 MBA 项目最后一学年的必修课，也是学生们学习生涯的结业课，这门课的主要目标就是告诉学生如何综合应用已经学到的金融、市场营销、会计等不同领域的知识，从而能够像一位公司的"总经理"那样，承担公司的盈亏风险并肩负整体的运营责任。

这一现代商业政策课程的首席架构师有两位：一位是教授罗兰·克里斯·克里斯坦森（Roland Chris Christensen），一个在完成博士论文后几乎没写过文章，也从没出过任何一本书的传奇教师；另一位是第一个发布与战略相关书籍的肯尼思·安德鲁斯[1]（Kenneth Andrews），他在 1971 年出版了《公司战略的概念》[2]（*The Concept of Corporate Strategy*），书中引用了罗兰·克里斯·克里斯坦森在商业政策这门课上用过的案例和分析框架。在迈克尔·波特出现之前，毋庸置疑，哈佛商学院一直将这本书视为战略的信条。

这本书在很大程度上反映了作者安德鲁斯（已于 2005 年逝世）自身的特点，他是一个令人敬畏的多面的且有时有些忧郁的人。整本书都体现了他人文主义者的立场，这也是一个从维思大学（Wesleyan University）毕业的斐陶斐[3]荣誉毕业生（Phi Beta Kappa）的特点。他以马克·吐温[4]（Mark Twain）为主题写了一篇博士毕业论文，并最终获得了一个英语博士学位。在他去世前的一个简短的访谈中，他半开玩笑地告诉我，自己其实是一个"对数字没什么概念的人"。但事实上，"二战"期间，他曾在哈佛商学院教员所管理的美国空军统计学院（Army Air Force's Statistical Control School）受训，并从一个二等兵晋升为陆军少校。"二战"之后，在一位曾经教过他的教授的力劝之下，他去了商学院教书。

在近 40 年的教学管理实践中，安德鲁斯卓越地完成了哈佛大学的教学工作，并且实现了许多创举。作为商学院高级管理项目[5]（EMBA，这种项目通常提供给正在工作而没有 MBA 学位的企业管理者）的负责人，他写了一篇报告，建议增加这种项目的数量。于是在 20 世纪 70 年代，这种项目从 2 个增加到了 12 个。在同一时期，他和他的妻子也成为哈佛莱弗里特之家[6]（Harvard's Leverett House）公寓的共同负责人，并为上百名在学海生涯中奋勇拼搏的大学生提供了父母般的温暖和帮助。

作为《哈佛商业评论》1979 ~ 1985 年的编辑，安德鲁斯通过选取最优秀的管理学文章，为这本杂志后来的成功奠定了关键的基础。他拥有杰出的洞察力，雇用了一大批优秀的编辑，虽然他们对商业所知有限，但所有人都对管理学满怀真情，并拥有卓越的英文理解和行文编辑能力。通过他在莱弗里特之家的关系，安德鲁斯在美国文明史的博士课程中发现了不少这样难得的人才，包括他的得力干将南·斯通（Nan Stone，《哈佛商业评论》20 世纪 90 年代的编辑）、艾伦·康特罗 [Alan Kantrow，后来成为麦肯锡的合伙人，并参与编辑《麦肯锡季刊》，之后加入迈克尔·波特的咨询公司——摩立特公

司 [7]（Monitor Company）]。

先不论其他成功，安德鲁斯在战略发展史上的地位主要由他 1971 年推出的"战略总纲"[8]奠定。今天再来读他的那本书（虽然很少人会这么做），就可以看到公司战略的概念所展现的战略蓝图，那是一个志存高远的蓝图。但其中关于战略的内涵并没有被后来的学者采纳，包括那些后来让哈佛商学院在战略这一主题上成为学术知识圣殿的人。

其实，安德鲁斯已经对一些战略的核心概念给出了准确或基本准确的定义。他将战略定义为公司用以决定自身存在目的和发展方向的一整套框架。尽管作者采用与布鲁斯·亨德森几乎相反的散文式笔触给出了这样的定义，但是在当时还是引起了相当大的轰动。安德鲁斯认为，"公司战略就是为了定义公司现在从事或将要进入什么样的业务，以及明确公司现在是或想要成为什么样的公司，而设定的预期目标和目的组合，以及实现这些目标或目的的必要计划"。虽然这些想法有时似乎深埋在他琐碎的表达之中，但安德鲁斯仍然清楚地表明，公司的战略在一定的限制下，是其领导者做出选择的产物，这在那个时代的学术界可以说是一个相当令人惊讶的新颖想法。

对于安德鲁斯来说，他对瑞士手表行业所做的研究已经清楚地说明了这些概念。商业政策这门课的基石其实就是案例的写作与分析，他的发现与同时代经济学家预测的情况刚好相反，瑞士手表行业的不同公司实际上都有不同的成本结构和盈利水平，其主要原因是竞争对手采用了不同的产品和销售策略。

在我们的对话中，安德鲁斯不厌其烦地解释，他是从企业管理者的视角对战略进行构想的，而不是经济学家的视角。他认为，这是因为经济学家没有考虑企业管理者描绘公司未来时需要面对的各种各样的问题，包括与社会需求、环境和经理个人价值观相关的战略，以及"组织过程和行为"推动"目标的达成"的逻辑。从这个意义上讲，他关于战略的描述更强调"整体"的方式（虽然他可能不太赞同这个形容）。他的书的第一章节正好完整地概括了这一套方法——"全面看待事物的重要性"。

但是，后来者包括哈佛商学院的学者，恰恰抛弃了安德鲁斯所坚持的这种多维度的视角，安德鲁斯告诉我："经济学家一直在曲解我对竞争战略概念的想法，因为他们在很大程度上忽略了人本身、道德和伦理对竞争战略的影响。迈克尔·波特和他的团队一直在这个概念框架下进行研究，却因为兴趣导向不同而越来越远离人文、道德和伦理的元素。"

或者，他们认为战略缺乏严密性和实用性。所以，安德鲁斯和其他商业政策课程的同事坚决抵制这一想法（这也是他的理念后来从战略史上消失的原因），因为他们不同意一套标准的框架成为分析所有商业和竞争环境的逻辑。当然有一个框架例外，或许是因为他们在开发这个框架时有所贡献，那就是所谓的 SWOT 分析（SWOT analysis），它要求分析者关注企业的优势、劣势、机会和威胁。似乎也没有其他框架可以比 SWOT 分析能更好更全面地承担这一项功能了。不过除此之外，由于不同公司与不同行业差别太过巨大，管理者的雄心壮志和价值观也太过多元，所以没有任何单一框架可以包罗所有的问题。

● 五力框架的缘起

这些就是迈克尔·波特在 1969 年入学哈佛大学 MBA 项目时所接受的常识。波特的父亲是一个从佐治亚理工学院（Georgia Tech）毕业的土木工程师，后来成为陆军军官。年轻时的波特很大程度上继承了他父亲的特点，在普林斯顿大学[9]（Princeton University）就读航空工程，不仅在学院里获得班级第一，同时也在美国大学生高尔夫锦标赛（NCAA championship golf squad）上获得过名次。如果你今天再问波特当初为什么对竞争这个主题感兴趣，他一定会回答"可能是因为我成长过程中参与了很多的体育运动"。他尤其擅长足球、橄榄球和篮球。

波特考虑过攻读一个工程学博士，但按他的话说，最后还是选择了"更全面的"管理学位。波特笑着回答，他在普林斯顿的教授之一伯顿·马尔基尔[Burton Malkiel，由于提出了有效市场假设（efficient-market hypothesis）而名声大震]建议他"应该去读哈佛商学院"。

在商学院第一年的课程中，波特表现突出。但在第二年的学习中，曾经在第一学期给他讲授商业政策课程的克里斯·克里斯坦森教授却让他从常胜将军的位置上滑落下来。这个年轻人害怕在课堂上发言，但这是他所在的这个教育体制里获得加分的先决条件，也被称为奥德里奇神奇时刻。在与之同名的教学楼里，学生们在老师的教导下，通过团队合作进行案例分析，并采用苏格拉底式的问答法进行讨论[当然他们都是好老师，但与哈佛学院[10]（Harvard College，隶属于哈佛大学文理学院）或法学院不同，在哈佛商学院，除非你的观点能够在课堂上被广泛认可，否则没有任何学术积累能够让你在这里获得教职]。至今，波特想起克里斯坦森送的手写纸条时仍然感慨良多，上面写着："波特先生，我相信你可以在课堂上贡献更多的想法。"

波特满怀感激地说："我对战略真正开始感兴趣始于罗兰·克里斯坦森。"他称呼老师的名字来表达他更深层的敬意。"我发现这位老师和这个课程相当难以抗拒，而这些都点燃了我对这种全方位、综合性、将所有因素考虑在内的分析方法的巨大兴趣。"波特将这个主题和他一生的工作联系在一起："从我的角度来说，我最大的才能在于能够解决非常复杂的综合的多维度的问题，并且着手在概念上提高它的普适性，从而让实践者能够应用。"

在和克里斯坦森交流之后，波特说："我深受启发，并下定决心在课堂上发言。"眼下他要解决的问题就是"培养自己的发言能力"。按照一般标准的流程，也就是"默认方式"，他应当在获得工商管理学位之后进行博士学位的深造，继续攻读哈佛商学院的DBA[11]（工商管理博士）。但是考虑到这样能学到的东西和MBA项目中所学的东西重复性太大，波特决定进入哈佛商学院和哈佛文理学院经济学系联合设置的商业经济博士项目。这个决定看起来在学术层面并没有多大差异，却对战略革命产生了极其深远的影响。

哈佛商学院仅授予工商管理博士（DBA）学位，不授予哲学博士[12]（Ph.D，一般简称"博士"）学位。肯·安德鲁斯辩解说，商学院是在1908年因为"抗议哈佛经济学系"而成立的，因为他们看不起那些为了在商业管理方面教育年轻人所付出的努力（公平起见，哈佛文理学院也不允许哈佛大学的其他院系授予哲学博士学位）。波特后来在哈佛商学院推动改革的一种方式就是，为许多来自商业经济项目的博士而非 DBA 争取院系职务，所以 DBA 学位证书的价值逐步降低。

作为博士学习的一部分，波特选择了一门由年轻的经济学教授理查德·卡乌斯（Richard Caves，后来成为商业经济学项目的第三位主任）主讲的产业组织学课程。刚从商业政策的世界中走出来，又进入产业组织学的新领域，这对于波特来说，简直就是一段"超现实的体验"。这段学习经历启发他，从一个全新的视角看待竞争和战略，一个与咨询顾问完全不同的视角。

产业组织经济学（Industrial Organization Economics，IO）是一门以模型描述各种影响因素效用的学科，它站在最高的角度解释为什么有的产业存在竞争，而有的产业没有，并进一步描述为什么一些产业的利润率更高。这门学科的发展源于哈佛经济系两位教授的努力：爱德华·梅森（Edward Mason）于 20 世纪 30 年代提出这门学科，并由乔·贝恩（Joe Bain，与比尔·贝恩没有任何血缘关系）于 20 世纪 50 年代进行了完善。

就像众多经济学家一样，梅森和贝恩一开始就假设，利润在某种程度上是一种偏差，或者至少高于"正常"水平的利润是这样（因为正常水平的利润一般较低，基本和市场参与者的资本成本差不多）。在他们所设想的完美世界中，在需求和供给法则的作用下，竞争将抹平任何可以获得超额利润的优势。但如果这一切没有发生的话，那原因是什么？有什么特别的原因吗？事实上，正如乔·贝恩提出的那样，产业组织经济学主要围绕以下议题展开：一个利润丰厚的行业是不是说明其中的公司不让公众知晓竞争的益处，如低价。

产业组织经济学家所得出的包罗万象的结论，或者说他们对众多事物的高度抽象和总结，被归结为 SCP 范式（SCP shema），即市场结构（structure）、市场行为（conduct）和市场绩效（performance）的缩写。每一个产业都需要克服不同的供需条件，从而在激烈的竞争中形成特有的市场结构（Market Structure），包括市场买卖双方的规模、数量。而市场结构反过来也影响市场参与者的行为和选择，从而进一步影响他们的市场表现，而不只影响其赢利能力，也如潘卡基·格玛沃特所指出的，市场结构还影响市场参与者的效率和创造力。而产业组织经济学则通过进入壁垒、企业集中度等概念来分析和解决这个问题。

因为商业政策这门课认为在企业竞争和行业发展中概括一般化的规律是不可能的，所以波特第二学期商业政策的教授肯·安德鲁斯认为，产业组织经济学也不过如此，或者用波特自己更客气的表达方式来说，就是"非常模式化"。不过基于一直以来的勤勉习惯，波特还是决心进行研究并撰写论文，包括与卡乌斯合作探索退出壁垒、转换成本这些概念的定义（从理论上计算一下需要给一家公司多大激励，才可以使其更换供应商）。

他也发现了属于自己的关键机遇，这个机遇后来将被证明是他未来十年工作的基石。波特说，他应用产业组织学中的概念工具（即为什么只有一些特定行业存在高度竞争），采用众所周知的理论"来换个角度考虑问题"，着眼于产业中是否有某种市场结构因素，可以为公司加大竞争优势创造机会。他想将这套分析理论带回商学院，并且相信那里对于理论的要求更高。然后从商学院的角度思考公司，并分析应当怎么做。

波特说："我当时是一个激进的人。至今我也认可每家公司都不同，即每家公司都是独一无二的前提。"但是，他也认为，"确实存在一个一般化的可以分析竞争情况的框架或结构。正如我当时所说，'看，我们可以相信克里斯和肯的核心理念，但这不意味着你不能从中推导出新的分析框架，为这项独一无二的战略提供新的动力和观念'。这也正是我们（指波特自己）将要做的事情"。

但是将产业组织学中的概念引入战略领域比波特预想的要困难，尤其是他打算将这些概念拆分到现实中的公司也可以使用的地步。他说，按当时产业组织学的发展阶段，"比较普遍的观点认为，市场结构完全由两种因素主导，包括卖方集中度（前四家或八家公司的市场占有率之和）和进入壁垒"，可能包括三四种壁垒，如规模等。"当我试图将这一套理论应用到商学院的时候，我不得不承认，'不，不行，而且远远不够，太简单化了'。"这使得他最后变成了商学院里对产业和公司案例研究劲头最足的学生，同时波特也开始广泛涉猎多种商业杂志，如《财富》和《福布斯》。"我就是在阅读、阅读，不断地阅读。"

通过研究，波特使产业组织学的模型变得更加详细具体，以便解释具体公司的实际情况，最终他发明了研究产业的五力框架（Five-forces Framework），这也正是让他成名的理论[用"框架"（Framework）而不是用"模型"（Model），意味着这是一个深思熟虑的选择，波特想要强调其理论体系的实用性，以及相对缺乏理论主张的实际情况]。他整体的假设，体现在 1980 年出版的《竞争战略》[13]（Competitive Strategy）的第一章第一句，"竞争战略形成的核心在于将公司及其所处的环境紧密联系起来"，而"核心因素"是企业所在行业以及这个行业的结构。

这一框架列出了可以决定一个产业中公司盈利能力和可能竞争空间的五个核心因素。图 7-1 中，厂商之间的竞争性对抗处于图的正中，而其他"力"都围绕这一要素展开，并决定了它的强度：供应商议价能力（the bargaining power of suppliers）、购买者议价能力（the bargaining power of buyers）、新进入者的威胁（the threat of new entrants）以及替代品的威胁（the threat of substitute offerings）。在书中，波特对每一个"力"都进行了深入的解释，并详细地列明了应该考虑的因素，以及用来衡量这个"力"在具体行业中强度的指标。

对于五力框架批判最多的是咨询顾问，他们说这个框架只反映了静态的情况，不像经验曲线那样有一定的预测性，可以用来预测产业竞争环境将如何演化，或不同的市场竞争者将如何塑造和摆脱其市场地位。但波特并不在意这些评价："五力框架是一个可以用来评价持续运行体系的工具。产业、技术、购买者议价能力以及其他外力都在这五力之中起作用。在任何时候，你都可以采用这个框架解释产业的赢利能力。没有任何关于行业结构的研究指出行业结构是固定的。"所以咨询顾问的指责显得毫无必要。

五力框架同时也引起了产业组织领域学者的反对和怀疑，不过这也正体现了波特试图将经济学世界与商业实践结合的独创性。正如格玛沃特在他宝贵的战略史文章中评价的，"20 世纪 80 年代后期，五力框架在其由波特第一次提出的十几年之后，其中只有有限的几点获得产业组织学领域实证文献的有力论证"。

図 7-1

五力框架

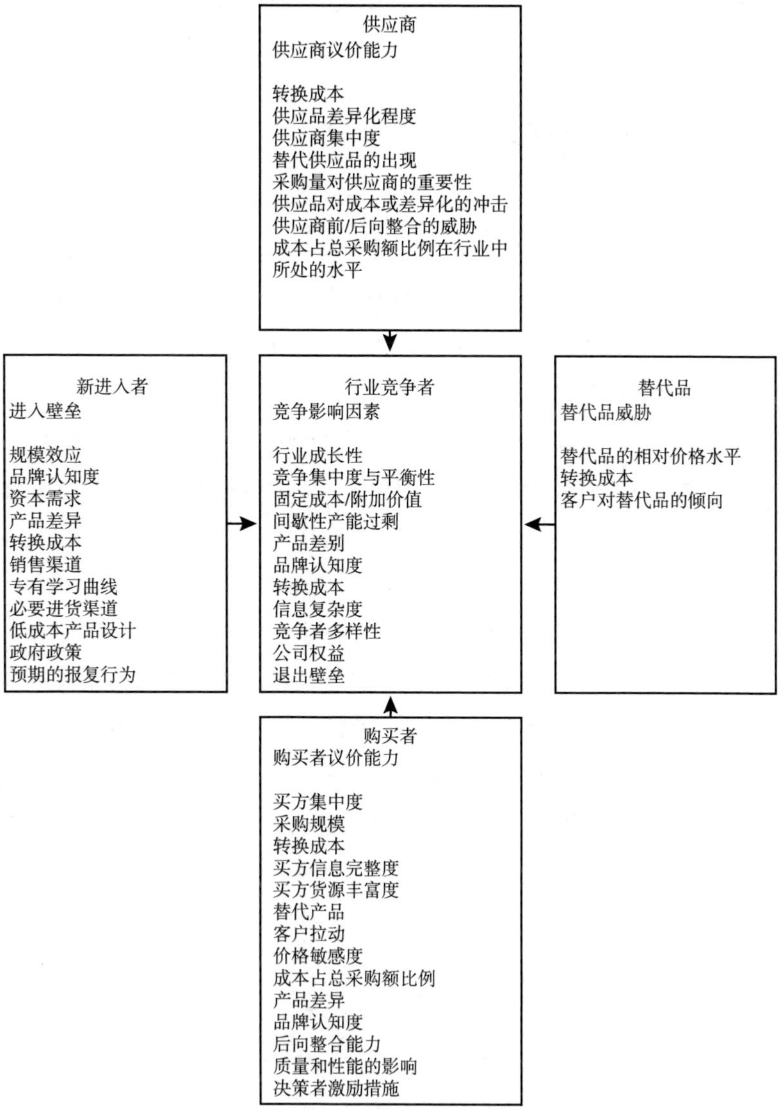

供应商
供应商议价能力

转换成本
供应品差异化程度
供应商集中度
替代供应品的出现
采购量对供应商的重要性
供应品对成本或差异化的冲击
供应商前/后向整合的威胁
成本占总采购额比例在行业中
所处的水平

新进入者
进入壁垒

规模效应
品牌认知度
资本需求
产品差异
转换成本
销售渠道
专有学习曲线
必要进货渠道
低成本产品设计
政府政策
预期的报复行为

行业竞争者
竞争影响因素

行业成长性
竞争集中度与平衡性
固定成本/附加价值
间歇性产能过剩
产品差别
品牌认知度
转换成本
信息复杂度
竞争者多样性
公司权益
退出壁垒

替代品
替代品威胁

替代品的相对价格水平
转换成本
客户对替代品的倾向

购买者
购买者议价能力

买方集中度
采购规模
转换成本
买方信息完整度
买方货源丰富度
替代产品
客户拉动
价格敏感度
成本占总采购额比例
产品差异
品牌认知度
后向整合能力
质量和性能的影响
决策者激励措施

虽然批判声此起彼伏，但五力框架仍然得到了咨询顾问、学生和商务人士的广泛应用，用来制定企业战略。相对 BCG 的增长矩阵（growth-share matrix），它可能难以提供足够有力的量化结果，但是模型列出的需要考虑的众多因素满足了使用者想彻底检验市场的心理需求。

● 旧势力的反击

不过，如果仅看波特的成果在哈佛商学院获得的反馈，是无法预料框架后期的成功的。虽然哈佛经济学系很欣赏他的工作，他的博士论文甚至获得年度最佳论文威尔斯奖（Wells Prize），但波特说他仍然跨越了"阻力巨大"的河流。难道他们讨厌这篇论文？"是的，他们讨厌它"，或者至少商业政策的教员讨厌这个框架。

1973 年，波特回到商学院做助理教授，教授商业政策课程，并努力按照学院的铁律（每个教员都要在同一天讲授同样的案例并表达同样的观点）来适应课堂。在他提高教学能力的过程中，波特获得了克里斯坦森（至今都被哈佛商学院作为案例教学的典范）的无私帮助。

其实在波特还没有完成他的博士论文的时候，就已经开始在每次课堂讨论之前花很多时间来备课了，并且认真观察课堂的情况，还经常在课后跟硕士们一起详细讨论，以进一步理解学生对于这种苏格拉底问答法教学的体验。虽然他的课程将最终在商学院大行其道，甚至可以向商务听众收取接近六位数的出场费，但是他仍然不认为自己的教学水平能达到克里斯坦森那么高。波特说："我认为自己可以称得上一位优秀的教师，但是还远没有达到他的高度。尤其在人文角度上，我远不及他，希望有朝一日我也可以在自己的课堂上发现另一位'迈克尔 波特'。"

波特一直将克里斯坦森曾经给予的帮助铭记于心。虽然如此，但波特说"我并不认为他真正了解我所做事情的妙处，也就是其实我可以两全其美"，既能遵循克里斯坦森和安德鲁斯设立的传统基础，又能够建立一套广泛适用于产业和公司的框架（很显然，安德鲁斯从未达到这样的高度，虽然波特说他就像克里斯坦森一样支持年轻学者的工作）。

20世纪70年代，克里斯坦森和安德鲁斯已经逐渐将商业政策这门课的教学任务移交到新一代的教员手中。克里斯坦森花费大部分的时间和商学院斐陶斐荣誉毕业生之外的人分享他案例教学的经验和思考。在出版《公司战略的概念》（*The Concept of Corporate Strategy*）5年之后，安德鲁斯放弃了在哈佛商学院教授MBA商务政策这门课的教职，转而投身《哈佛商业评论》。

在此期间，波特则继续他的经济学研究，并试图将其转化为商学院的语言。其中最为知名的就是1975年的那篇文章，标题为"产业结构分析"，按照哈佛商学院的规范来看它应该算是研究报告，文章详细描述了五力模型。一位商学院的资深教授告诉他，这篇文章是"一项伟大的实验，只可惜失败了"。当波特参与助理教授的评选时，除了一个人之外，所有商业政策的教员都投了反对票。

● 无法阻止的力量

最终，一个智者挽救了他的职业生涯，约翰·麦克阿瑟（John McArthur，后来成为商学院院长）建议教员们一年后再表态，在此期间波特不再教授商业政策这门课，而教授一个不授予学位的项目，以便让他在企业经理人身上实践自己的理论。在管理发展的课程项目上，波特终于从商业政策课程的教义和僵化的教学方法中解放出来。作为比大部分学生都年轻的教师，波特说他学会了倾听，并将他的视角从产业转移到了具体公司的情况和困境。

波特利用这段痛苦时光远离了哈佛商学院的主流，他承认确实经历了"很多心情低落的时刻"，来完成两项巨大的有助于实现最终胜利的项目。1978年，他为MBA项目设计了一门叫作"产业和竞争分析"（Industry and Competitive Analysis，ICA）的新选修课程。这门课程一经推出便广受学生的推崇，想选修的人争先恐后，以至学院不得不增派更多教员来协助波特教学，并在他的指导下安排额外的课程满足学生的需求。一位哈佛商学院的教授称："两件事情可以帮助你在这里获得同事的认可，一是设计一个热门课，二是进入学院董事会。"而波特做到了第一件事。波特说："正是 ICA 让所有反对我的同事都闭上了嘴，这也是我不断进行研究的动力，我们应当完善这项理论。"

正如 2002 年在访谈里说的，他"凭借这门新课程最终在商学院的教学战争中取得了胜利，从而让学院决定摒弃之前僵化的教学方法"。学生们不仅可以拿到用于分析的案例，也可以获得分析案例所需框架和概念的笔记，而且几乎每个班都拿到了这类材料。波特承认他在一些课程结束的时候，也从"苏格拉底的面具"下走了出来，做了不少的演讲。他的学生也充分吸收了这种新的更理性的课程，从而打破了原来认为"每个案例都是不一样"的成见：课堂讨论不再是思考他们应该学会什么，而是试图用图表、模板和列表来分析遇到的战略问题。正如波特形容的，"每个人都受益匪浅"。

在这个过程中，他确定了这门课程的教学目标：一位教育水平较高但实践经验较少的经理人，在采用了正确的分析技巧后，也应该可以画出较为清晰的战略决策图。他说："这门课程使得天资一般而且之前没有管理经验的人也可以较好地掌握战略制定技巧。而克里斯坦森和安德鲁斯旧的战略教学方法存在的问题，"波特说，"就是除非足够幸运，否则你每次都需要白费力气做不少重复性的工作"。

在不教授商业政策课程的这段时间，波特还完成了他 1980 年出版的《竞争战略：分析行业和竞争者的方法》（Competitive Strategy: Techniques for Analyzing Industries and Competitors）。今天，这本书已经再版 60 次，成为这个领域最受瞩目的专著，唯一能够与其抗衡的书只能是波特 1985 年出版的《竞争优势》[14]（Competitive Advantage），这些著作最终让作者名扬天下。彼得·德鲁克（Peter Drucker）2005 年过世之后，波特开始引领一群在战略管理领域著作颇丰的学者共同探索，并成为最具有影响力的管理学专家，所以，只有当你在战略史的大背景下读这本书的时候，它独特的品质才会真的跃然纸上。

对于初学者，书中也提供了分析的示例。如果咨询顾问正在设计概念帮助客户解决问题，那么波特在理论中已经给出了清晰的答案，他的大部分改进都源于产业组织经济学，并且这些理论都在实际的公司研究文献（案例、期刊文章等）中得到佐证。他关于具体公司的论证很少超过一两句话，因为大部分已经归纳在理论里了。

在下一章，我们将会更深入地看待战略的意图。而目前，了解波特通过案例提出让商业文献读者魂牵梦绕的问题，这就已经足够了，无论他们是否曾经看过这种用公司案例来说明战略理论的写作方式，从这个角度来看，当然也可以用这种方式来说明变革管理或领导力等主题。换句话说，"公司是否清楚了解自己正在做怎样的决策，又是否明了自己正在执行所谓战略的行为？"

对于我们所讲述的历史来说，《竞争战略》这本书最奇怪的一点在于，全书 16 章有 15 章都没有谈到战略。相反，这本书谈的更多的是产业，以及如何分析产业的结构，正如波特所承认的："《竞争战略》首先是一本关于产业的书籍，因为我主要着眼于这一方面。"

与全书对产业专注相比，《竞争战略》第二章（波特最后写完的一章）显得格外与众不同。在写这本书的时候，波特已经清楚解释了五力框架，但直到最后一刻"他才觉得有必要对定位的概念进行说明"，也就是考虑到这五个"力"的强弱，一家公司到底应该如何在一个产业中确定自身的位置。"之前讲案例的经历告诉我，人们对于公司肯定还是有些想法，他们还是相信公司和公司之间是完全不同的。"

《管理学院新视野》（*Academy of Management Executive*）在 2002 年对波特进行了采访，他概括了自己的理论："超额利润对于任何定位理论而言都至关重要。因此公司需要考虑竞争优势，而范围或者说公司战略目标的广度，对于任何关于竞争优势的思考都意义重大。这一切都指向一般意义上的战略。"他第二章的主题和这本书闻名于世的一个重要思想是，公司有三种战略可以选择：低成本领先战略（low-cost leadership，受到经验曲线支持者的欢迎）；差异化战略（Product Differentiation，让你的产品更独特，从而能够收取更高的价格）；市场专注战略 [specialization，选择一个利基市场（niche Market），并形成垄断]。

正如我们所见，20 世纪 70 年代的中后期，即便是探索这一领域的波士顿咨询智囊团，也只是根据经验曲线认为低成本战略是一家公司所能采用的唯一制胜策略。但是，没有人能够像波特那样清晰地界定所有这些可能的战略选择。为了令结果更加让人印象深刻，他甚至还加入了一些对失败案例的观察，暗示读者最好从这个三种战略中选择一个，并且坚持下去。

他指出，一个"卡在行业中端的""没能从三个方向中确定任何一个战略……的公司，将会处于最糟的战略环境之中…它们一般赢利能力也都比较弱"。这样的公司不仅因为无法持续降低成本而失去大量关注最佳价格的用户，而且损失了那些愿意为更高价值产品付钱，从而可以让公司获得高利润的客户。其实战略的主题就是选择，一家公司必须选择一种战略，让它区别于其他竞争对手，这也成为波特未来几十年一直坚持的论述。这一理念让他一直站在"定位战略"学派的顶端。

不管人们有什么样的意见都无法否认《竞争战略》比其他任何书都更能巩固战略革命的发展，也为战略这一主题带来了学术上的尊重，并将这种范式塑造成公司思考和商学院教学的核心。BCG 的咨询顾问虽然发明商业理念的零售方式，但他们唯一遗憾是未能出版一本能像波特这样有如此强大囊括能力的书。

波特不仅总结了他们所做的全部内容，还为行业分析提供了详尽而实用的建议，这本书后面题为"如何进行行业分析"的附录共计 14 页，即便在进行分析之后还没有想出公司发展的战略，你也会觉得自己好像已经产生了一些想法。在这本书的其他附录里，波特通过六页篇幅简短地批评和驳斥了BCG 增长矩阵和麦肯锡九宫格矩阵。

他可能并不在意咨询公司的努力，但是无可置疑的是，波特是站在咨询顾问的肩膀上才获得《竞争战略》这颗皇冠上的明珠。这些咨询顾问尤其是BCG 的咨询顾问，在过去 15 年里致力于在企业意识中不断强化战略的概念及内涵，才使得波特的书一经推出就马上被公众接受 [如果波特的书命名为"竞争性产业分析"（Competitive Industry Analysis），到今天它是否还能再版60 次呢？]。而且借助经验曲线和 BCG 增长矩阵这些工具，咨询顾问已经率先使用了这些易于理解的概念，就像 BCG 的西摩·蒂尔斯向潘卡基格玛沃特描述的那样，这些概念已经为战略大厦的搭建提供了"强大而精练"的基石，并为波特接下来打造更详尽的分析框架打好了基础。

就像其他的"战略之王"那样，面对重重质疑，迈克尔·波特也表现出不屈不挠的精神。而与其他作者不同的是，他发表文章的时间十分巧妙。在20世纪70年代后期，战略概念已经广为人知，出版社也开始注意到这一概念。《商业周刊》已经设立了一个叫作"公司战略"的常规部门，并通过举办战略研讨会让读者付钱了解咨询顾问最新的理念。1979年，波特在《哈佛商业评论》发表了一篇文章《竞争性因素如何影响战略》，也获得了由麦肯锡颁发的年度最佳文章奖。

1981年，在波特的书出版之后，《财富》杂志很快就发表了四篇关于战略核心概念的系列文章，其中一篇就围绕波特提出的通用性战略进行讨论。文章的配图就是波特戴着玳瑁眼镜，宛若年轻神明的样子，这一装束有点像把弗朗西斯·斯科特·菲茨杰拉德[15]（F.Scott Fitzgeral）笔下的人物按"箭头领子男"[16]（Arrow-collar man）广告打造过一样。他之后就一直是这样的打扮。六年之后的1987年，《财富》以哈佛商学院的改革为封面故事，将这位知名学者的照片搬上了封面。

在弗雷德·格鲁克的带领下，麦肯锡开始以它的权威来认可战略的重要性。在此期间，BCG的光辉也开始有所消退，它创造的概念渐渐丧失了魅力，在业务上更遭到麦肯锡和贝恩公司的激烈竞争。正如我们所见，当波特随着书的出版开始初露锋芒的时候，上一代"战略领头羊"布鲁斯·亨德森已经被他的合伙人明升暗降，逐步丧失了管理权，并处于焦躁的半退休状态。而亨德森也从来不像这位年轻人一样上镜和擅长表达，所以他被迫将向公众解释战略的角色交给波特，而后者也自此承担下了这一任务。

● **哈佛商学院的革命**

波特的产业和竞争分析课程大获成功之后，他开始在哈佛商学院之外声名远播，这也成为他拥有教学能力的"绝好证明"。根据一位同事的回忆，

1982 年，他"以绝对的支持票数"，毋庸置疑地获得了哈佛商学院的终身教职。1986 年，有将近 2700 名学生选择了波特及其门徒教授的 ICA 选修课，其中有一半是在读的 MBA。

这样的趋势也顺理成章地影响了哈佛商学院，从 1979 年开始，传统一年期的商业政策课程被拆分成两门课：商业政策 I，第一学年教授，主要关于战略制订，这也逐步增加了波特的工作负荷；商业政策 II，是所有 MBA 第二学年唯一的必修课，理论上着眼于战略的实施。正如约翰·麦克阿瑟所说，商业政策这门课的拆分只是课程改革的开始。1983 年，波特被任命为商业政策 I 课程的主任，不过从那以后教过商业政策 II 的几位教授都认为没有人能上好这门课程，因为根本就没法设计课程的内容。也就是说，除了教授战略，在过去的 25 年中，哈佛商学院从未想清楚到底如何教授这门综合管理学的"结业课"（我们在第 15 章会详细介绍最新的尝试，主要是着眼于企业家精神）。不过，对于受过良好教育的企业管理者来说，与战略制订相比，所有其他职能领域的课程都黯然失色。

作为商业政策 I 的课程主任，波特开始将他的框架和思路融入所有 MBA 的必修课。也是由于这一点，1986 年这门课的名字被改成竞争与战略。作为课程主任，波特可以在他的教学改革中进行其他尝试。他还将学院博士点培养 DBA 的费用更多地用在为教员团队引入博士方面。

商学院在波特的管理下，正如哈佛商学院的教授拉凯什·库拉纳（Rakesh Khurana）[17] 在《从高目标到高技能》[18]（*From Higher Aims to Hired Hands*）中描写的那样，20 世纪 60 ~ 70 年代，为了能在一定程度上提高商学教育的学术性，商学院已经比以前雇用了更多的非商学院博士。

"在我之前，每个人都有一个 DBA 学位，"波特说，"而在我之后……除非你有商业经济学背景或受过一些经济学培训，否则我是不会聘请你加入我的教学团队的。我将在这个学院里开始改革，并将学术水平提到一个新的高度，正因为我就是商业经济学的博士之一，所以，以我为例，从外部聘请教授成为常态"。他指出，哈佛商学院的商业经济博士项目已经成为哈佛商学院优秀教授的主要来源，不仅在战略领域，而且包括金融、企业管理和商务谈判等其他领域。

不过改革可能也有点过度了。目前，波特担心商学院可能在纯学术方向上走得太远。"虽然我们从其他优秀的学院聘用一些博士，但坦白说，我们处于危险之中，因为我们关注的是商业实践。其实这个学院的核心就是关注商业问题与实践，而我们将会采用分析和学术相结合的方式来解决这个问题。然而，现在许多同事都来自文科领域，虽然这也是他们的兴趣所在，但是吸引他们的主要是学术知识、文章、出版物，而不是商业问题。"

● 与人有关的难题

时至 1981 年，迈克尔·波特已经名扬四海。几年之后，他成立了一家咨询公司，名为摩立特咨询公司，并在 1985 年出版《竞争优势》。在 20 世纪 80 年代末，在他认为已经基本解决了关于战略的大部分问题之后，波特开始了关于国家竞争力的研究。直至 20 世纪 90 年代中期，一如我们所述，当战略开始变得声誉不佳的时候，他又再次回到论战中。

其实，很多反对意见在《竞争优势》出版时，就已经开始产生并逐步积累起来了，反对者认为包括波特在内的大部分战略家完全忽略了人的因素，以及个体为了将战略从概念变成现实所需要的能力和所展现的愿望。其中的一些问题让我们的威廉劳伦斯主教大学教授（Bishop William Lawrence University Professor，指波特本人）也开始思考之前提到的问题——"在迈克尔·波特的战略理论中，人的因素在哪里？"

他说："我认为需要明确一点，就是我的工作是积极有效的。在一定程度上，它试图解释'世界是怎样运行的'。而世界到底是如何运行的，它是可知还是不可知的，以及人们在其中扮演了怎样的角色，这确实是一件很重要的事情，但并不是这次研究所涉及的领域。"

"关于竞争者分析的部分，我们已经提供了一些比较清楚的解释；在分析中确实有一些人文因素，人们有自己的价值观、自我认知和情感因素，有时甚至会与你所认为合理的经济学观点有些背道而驰。但是，那些认为流程比定位更重要的人，"事实上，这被称为"战略学习论"（strategy-as-learning）与"战略定位论"（strategy-as-position）之争，"实在是很滑稽。事实上这两个方面都需要关注。你需要了解其中的经济学逻辑，免得每次都白费力气做重复工作。这是我的工作，即创造一个不仅可以理解这两项要素，并且能够实践、坚持和专注于此的组织，这是一件非常重要的事情，也是对波特过往所有努力的必要补充"。

在波特获得成功的一两年后，人的因素突然变得重要起来。而事实上也确实如此。

本章注释

以下注释内容皆摘选自公开来源并经慎思行整理，其中员工和营业额数据皆为近两到三年数据，仅供读者参考和理解规模之用。正文中带下划线的重点关键词，亦可以在慎思行微信平台通过回复相关关键词来获得具体解释。

1   肯尼斯·安德鲁斯（Kenneth "Ken" R. Andrews, 1916-2005），美国学者。安德鲁斯与伊戈尔·安索夫和艾尔弗雷德·钱德勒共同被认为在引进、推广商业战略概念方面发挥了奠基性作用。在哈佛商学院任教期间，他作为核心成员建立了商业政策课程，提出了一系列关于战略的概念，并著有《经营策略：内容与案例》（*Business Policy: Text and Cases*）。

2   《公司战略的概念》（*The Concept of Corporate Strategy*）出版于1971年，标志着战略管理成为一个独立的研究领域。书中提出战略管理是由战略制定和战略实施两个阶段组成的。战略制定由市场机会、企业能力和资源、个人激情、社会责任四个要素组成，并应实现四者的匹配。战略实施则是指配置企业资源、设计组织结构、建立激励、控制和领导等活动。该书最大的贡献在于给出了一个战略管理的基本分析框架——SWOT模型，SWOT模型既注重企业内部因素，也注重外部环境因素，其焦点在于企业自身力量和外部机会的匹配上。

3   斐陶斐（Phi Beta Kappa）是美国最古老的文科荣誉社团之一，被认为是全美最著名的荣誉组织之一，于1776年在威廉玛丽学院（The College of William and Mary）创立。斐陶斐也是最早的大学兄弟会之一，其名称为"哲学是生命的引导者"之意。

4   马克·吐温（Mark Twain），本名萨缪尔·兰亨·克莱门（Samuel Langhorne Clemens，1835-1910），美国作家、演说家、出版商，以其小说《汤姆·索亚历险记》（*The Adventures of Tom Sawyer*，1875）和《哈克贝利·费恩历险记》（*The Adventures of Huckleberry Finn*，1885）。他被称为美国文学之父，是美国批判现实主义文学的奠基人。

5   高级管理项目（EMBA），也用来指高级管理人员工商管理硕士，是为满足高级管理人员的教育需求而开发的在职工商管理硕士课程。与MBA项目相比，EMBA项目的学生通常具有更长的工作经历（一般超过10年）。除了常见的在职EMBA项目外，也有全日制EMBA项目供工作年限较短的管理者申请。

6   哈佛莱弗里特之家（Harvard's Leverett House）是哈佛大学12座本科生宿舍之一，建于1925年。它是哈佛大学宿舍系统中拥有最多学生住客的宿舍。

7   摩立特（Monitor Company）是一家美国著名管理咨询公司，于1983年由包括迈克尔·波特在内的 6 位哈佛商学院教授创立。受 2008 年经济危机的冲击，摩立特于 2013 年申请破产并被德勤（Deloitte）收购，成为德勤摩立特（Monitor Deloitte）。德勤摩立特目前拥有雇员近 1500 人，拥有办公室超过 27 个。

8   "战略总纲"，此处英文原著中作者用《神学大全》（*Summatheologica*）来代指安德鲁斯的《公司战略的概念》。《神学大全》是托马斯·阿奎那在 1265~1274 年撰写的一本西方哲学史经典著作。虽然并未完成，但《神学大全》仍是西方文学最有影响力的作品之一。它旨在指导神学学生的教学，并因此提供了西方基督教神学几乎所有观点的推理。

9   普林斯顿大学（Princeton University）是一所位于美国新泽西州的世界著名私立研究型大学，于 1746 年创立，属于常春藤联盟。截至 2017 年，普林斯顿大学拥有 63 位诺贝尔奖获得者、14 位菲尔兹奖获得者、10 位图灵奖获奖者、209 个罗德学者，并培养了 2 位美国总统、12 位美国最高法院法官以及多位知名企业家。

10   哈佛学院（Harvard College）是哈佛大学唯一的本科生院，是一所文理学院，成立于 1636 年。哈佛学院是美国历史最悠久的高等学府之一，也是世界上最负盛名的学院之一。哈佛学院拥有约 6700 名学生，并拥有众多知名校友。

11   DBA（Doctor of Business Administration，工商管理博士）是工商管理领域中的研究型博士学位，也是工商管理领域的最高学位。和其他类型的博士学位一样，在取得工商管理博士学位之后，毕业生一般会在领域内担任全职教员或研究员。

12   哲学博士，即 Ph.D 全称是 Doctor of Philosophy，在西方教育体系中拥有 Ph.D 的人并不一定修读"哲学"学科，而涉及广泛的研究型学科，因此所谓哲学博士，是指拥有人对其知识范畴的理论、内容及发展等都具有相当深刻的认识，能独力进行研究，并在该范畴内对学术界有所建树，所以相当于研究型博士的概念。因此，哲学博士可以授予绝大多数学科的博士毕业生。只有部分专业型或应用型学科的博士毕业生有特别的学衔，例如，工程学的博士毕业生常称为工程学博士（D. Eng.），教育学的博士毕业生常称为教育博士（Ed.D），而医学博士为 M. D. 即 Doctor of Medicine，等等。

13   《竞争战略》（*Competitive Strategy*）是迈克尔·波特于 1980 年出版的一本商业类图书。该书剖析了零散型产业、新兴产业、成熟产业、衰退产业和全球性产业中的竞争战略，并介绍了企业面对重大战略决策时所需的分析技巧。《竞争战略》在美国管理学院研究员（Fellows of the Academy of Management）民意调查中被评为 20 世纪最有影响力的九本管理书籍之一。这本书如今已再版 63 次，并与他的另外两本著作《竞争优势》（*Competitive Advantage*）和《国家竞争优势》（*The Competitive Advantage of Nations*）合称"竞争三部曲"。

14   《竞争优势》（*Competitive Advantage*）是迈克尔·波特于 1985 年出版的一本商业

类图书，波特的"竞争三部曲"之一。该书阐述了企业在实践中将普遍理论付诸实施的问题，以及一个企业如何才能创造和保持竞争优势。《竞争优势》旨在将战略的制定和实施沟通起来，而不是像该领域中许多著作那样将二者割裂开来。这本书对竞争优势的原理、产业的竞争范围、企业的策略、竞争中暗含的攻击和防御四个方面做了详细的论述。

15 弗朗西斯·斯科特·菲茨杰拉德（F. Scott Fitzgeral，1896-1940），美国作家、编剧，代表作有《人间天堂》（*This Side of Paradise*，1920）、《了不起的盖茨比》（*The Great Gatsby*，1925）、《夜色温柔》（*Tender Is the Night*，1934）等。菲兹杰拉德被认为是 20 世纪美国最伟大的作家之一，"迷惘一代"的代表人物。

16 箭头领子男（Arrow-collar man）1907 年，以生产男式衬衣为主的 Cluett Peabody 公司，开发出可更换的领子、袖口等小配件，请来年轻画家 J.C. 林戴克（Joseph Christian Leyendecker）为这些尺寸小得不起眼却很有市场潜力的新产品设计广告。林戴克很有创意地画出一系列帅气俊男，以人衬物，使得"箭头领子男"成为美国最具标志性的平面视觉形象之一，20 世纪二三十年代，他们成为美国男士的时尚标杆，女士的心中男神，并最终将"箭头"品牌推上了巅峰。

17 拉凯什·库拉纳（Rakesh Khurana，1967- ）美国教育家，哈佛大学文理学院社会学教授，哈佛商学院领导力发展教授，卡博特之家院长兼哈佛学院院长。他使用社会学方法来研究精英和企业领导人选拔和发展的过程，相关研究成果多次获奖。

18 《从高目标到高技能》（*From Higher Aims to Hired Hands*）是拉凯什·库拉纳（Rakesh Khurana，1967- ）于 2007 年出版的一本商业类图书。该书对美国商学院的变迁和管理职业化等问题进行了讨论，并获得了包括马克思韦伯奖（Max Weber Prize）在内的多项荣誉。

第 八 章 ｜ **人性的痕迹**

下面的问题也许还不曾有人明确地提出来，却几乎隐含在所有关于战略及其批评意见的讨论中：定义企业意识的最好方式是什么？能否把企业定义为一个有目的的实体？当然，企业并非有意识的生物，却是由个体构成的法律组织，而其中每个个体都有自己的想法，每个个体都受协议、法律或习俗约束。但是，假设你想要（如正在经营一家公司）在公司中传播自己的想法，就像一个拥有自我意识、雄心抱负以及恐惧与敬畏之心的人那样，然后再针对这个想法构建行动计划并付诸实践，那么到底什么样的思想框架、模型或构想才对实现这一目的最有帮助呢？

　　虽然商业人士一般不会花大把时间来思考这些问题，但是人们通过回顾20世纪后半叶的管理学文献还是发现，至少有三类主流理论在当时引起了商业人士的注意。按时间顺序来说，最早出现的第一类理论应该是彼得·德鲁克1946年的《公司的概念》[1]（ *Concept of the Corporation* ）一书提出的，如书的标题所示，德鲁克认为世界需要这样一个概念。在该书1993年版的前言中，德鲁克评论道，自己的书并非关于"生意"，而是"首次将'生意'作为一个'组织'来看待，也就是一个将人们聚集在一起，以实现社会经济发展和需求的社会组织"。他同时声称，"这也是第一本将'管理'视作从事特定工作、具有特定使命的器官"的书。因此，企业是一个组织，而管理是其大脑。

　　尽管德鲁克谦虚地承认《公司的概念》一书奠定了管理学作为一门独立学科的地位"，但令他吃惊的是，即便学术界也很少有人在他的理论基础上再有建树。几乎每个具有丰富思想的管理人士在一定阶段都会发现德鲁克的智慧，以及他深刻洞见的力量。然而，并没有一家大型咨询公司，甚至实际上也没有哪个学校的院系，是基于德鲁克思想建立和成长起来的。深受其社会学教育背景影响，德鲁克的理论极其丰富、广博，并随着新认知而不断更新，然而他的理论不知为何并不被视为系统性理论，至少不是那种能够帮助社会学家在商学院得到终身教职的系统理论。当然，德鲁克也并未做矩阵分析或构建成本曲线。

相比之下，在第二类主流理论中，公司战略的早期支持者并没有花费太多笔墨讨论社会学或社会。隐含在他们思想中的公司的概念更类似经济学家的说法，只不过相比经济学家，他们认为公司更为主动，更像是自身命运的主宰者，而非任市场势力摆布的棋子。如果说经济学家就像他们的著名假设那样，认为公司是经济人，那么咨询顾问则赋予"经济人"这一概念更多的军队特质，即总是处于战斗（竞争）中，受上层指挥者（管理者）领导，并通过战略来定义自身。然而，让那些每天都在与现实中的公司打交道的人感到惊讶的是，在考察公司运作中人们扮演的角色时，咨询顾问会变得像那些理论经济学家一样健忘。在 BCG 会议中解释经验曲线时，亨德森的开场通常是"假设公司拥有标准意义上良好的运作管理"，好像这是给定的一般。然而，在随后的 40 年里，他和他的同事会逐渐意识到这一假设是多么不可靠。

关于如何看待公司或者公司如何思考的第三类理论，相比前两类有更为深厚的学术背景。它的思想领袖从始至终都是赫伯特·西蒙[2]（Herbert Simon），一位通晓认知心理学、电脑科学、公共管理和社会学的博学人士，同时凭借其在"经济组织内部决策制定"（如颁奖词中提到的）方面做出的杰出贡献，他还在 1978 年获得了诺贝尔经济学奖。赫伯特·西蒙最让人印象深刻的发现可能是，组织并不遵从理性决策理论。也就是说，组织并不会选择经济学家预测的那条导向最佳结果的路径，相反它们会选择可以协调内部派系竞争并能维系内部和平的路径，用西蒙创造的词就是组织追求"和谐化"而非整体"优化"。

与德鲁克不同，西蒙的理论所激发的后续研究使很多学者都成为组织决策领域的著名专家，至少在学术领域颇为知名，包括理查德·西尔特[3]（Richard Cyert，"公司行为理论"）、卡尔·韦克[4]（Karl Weick，"压力下的集体意义构建"）、亨利·明茨伯格（Henry Mintzberg，出版了四本关于战略的书）以及斯坦福大学的詹姆士·马奇[5]（James March）。西蒙的研究发现同时也为马奇的一位博士生托马斯·雅各·彼得斯（Thomas Jacob Peters）提供了灵感。翻阅 1971 年彼得斯读过的那一本马奇和西蒙的《组织》[6]（Organizations），就如同在追寻思想如礼花般绽放后留下的缥缈烟迹一样——到处都是横线标记、边角笔记、勾画出的字词以及将一页关联至另一页的箭头。

● "卓越"的起源

汤姆·彼得斯于 1942 年出生于巴尔的摩，是父母唯一的孩子。他父亲在巴尔的摩燃气电力公司（Baltimore Gas & Electric）工作了 41 年，按彼得斯的话说，他的父亲"有点普鲁士"，而他的母亲则是一位学校老师。彼得斯在一本致母亲的书中描述道：这是"一位养育了一个健谈者的健谈者"。后来他拿着海军后备军官训练队的奖学金去康奈尔大学[7]（Cornell University）读了本科，一开始在建筑专业，最终转到土木工程专业，随后他继续在该专业的硕士项目深造，他的硕士学位论文研究的是结合概率时间分布的"多任务项目评审技术"[8]（Program Evaluation and Review Technique，PERT），他声称自己设计了世界上最复杂的项目评审技术图。

彼得斯在海军服役了四年。他非常喜欢那段生活，其间他随修建营去了两次越南建造桥梁和机场，还在五角大楼工作过一段时间。服役结束后，彼得斯在匹特马威克公司[9]（Peat Marwick）短暂工作过，随后并没多想就决定读取 MBA 学位。在斯坦福读完第一年后，他的好奇心驱使他转入研究组织行为的博士项目。

凭借题为"输赢模式：朋友和敌人的亲近与回避带来的影响"的论文，彼得斯最终在 1977 年取得了博士学位。这一标题也充分显示了当时他对组织这一主题的追求，而这些主题后来则为他的畅销书出版带来了众多灵感。事实上，这篇学位论文反映了一个让读者感到惊讶的事实，就像彼得斯在一次采访中描述的那样，"我对统计分析充满热情。你如果看到我的论文，就会发现满篇都是基于各种古怪分布的令人惊艳的统计分析，这对我来说简直太有趣了"。准确地说，那乐趣在论文的 380 页中占 370 页。

在完成斯坦福课程并取得 MBA 学位后，彼得斯仍继续精心完善他的论文，甚至在他开始联邦预算管理办公室（Federal Office of Management and Budget）主任助理的工作后也没停止。他后来告诉传记作家，正是在那里他才发现自己"已经完完全全无可救药地被复杂的组织迷住了，并亲眼见证了人们因官僚主义而受到轻视"。随后，在 1974 年的冬季经过多次尝试后，他成功获得了麦肯锡旧金山办公室的一个职位。

彼得斯进入麦肯锡的时机非常好。就在他入职后一年多，麦肯锡新上任的总经理罗恩·丹尼尔启动了一项旨在提升公司战略、组织和运营方面知识储备的举措。尽管这一举措的侧重点在于战略，但基于麦肯锡在企业重组方面的深刻传统，组织领域也被包括进来。公司任命合伙人吉姆·班奈特（Jim Bennett）带领团队研究提升组织效率的最佳思想。他很快便找来了彼得斯研究相关文献，并且更令人激动的是，这项研究需要到世界各地去观察现实中的企业及其运营情况。也正是这些工作开启了日后《追求卓越》一书的写作。

彼得斯发现，与西蒙的组织理论思想相比，麦肯锡无论是通过自身积累，还是通过其他渠道学习获取的关于组织的智慧都不怎么深刻，而他在斯坦福期间几乎完全沉浸在西蒙的理论之中。麦肯锡最擅长的是将钱德勒关于组织结构追随战略的观察转化为客户实践。久而久之，一些麦肯锡人的头脑中形成了一个公司的战略就是这个公司的组织架构的错误印象。这虽然有些奇怪，却可能在所难免。

班奈特和彼得斯很快就发现，战略和组织结构本身远不足以回答如何使公司变得高效这一问题。所以，1977 年一整年，他们都在寻找能够发挥这一作用的其他因素。彼得斯向麦肯锡管理层展示了他的初步发现，这虽然引起了管理层的一些兴趣，却不足以让管理层下决心投入更多的时间和精力。所以这个项目就这样被搁置了，彼得斯也因而回归到寻常的咨询工作当中。

不过麦肯锡还是给班奈特升了职，并在1978年初任命令人尊敬（还算公司里的年轻人）的小罗伯特·H．沃特曼（Robert H. Waterman）来接替班奈特，担任组织知识提升举措计划的负责人。沃特曼本科毕业于科罗拉多矿工学院，自然也是一位工程师，当他不用油彩或水彩作画时，喜欢编写电脑程序并以此为乐。他还取得了斯坦福的MBA学位，并在1963年就已加入麦肯锡。沃特曼在一步一步逐渐升为合伙人的过程中，历任麦肯锡澳大利亚分公司多个职位，并深受其客户喜爱，即使他曾经中途休息一年并跑到瑞士的一所商学院教书，也没有受到任何影响。

他很快就和团队讨论并厘清了思路，并建立了明确的目标，而这些讨论现在转移到旧金山，在那里，他和彼得斯都有自己的办公室。然而，他们仍纠结于如何定义高效组织。沃特曼和彼得斯倾向于认为，他们在寻找的事实上是最具创新性的公司，这比后来出现的关于创新公司的全部商业图书和流派超前了整整20年。随后，按他们的话说，终于"紧赶慢赶地"找到了那个开启新思想的关键词，也就是"卓越"这个词，并将其确定为图书的标题。在这一标题下，他们的研究如有神助，知名度开始迅速蹿升：1980年多篇文章发表于《商业周刊》和《华尔街日报》，此外还进行了40多次面向高级管理团队的演讲[《商业周刊》的编辑卢·扬（Lew Young）是随后那本畅销书致辞中提到的五人之一]。

他们的研究能够引起人们共鸣，并且那本源自这些研究的畅销书能够取得巨大成功的重要原因是当时的时代背景。那时，商业媒体能够讨论的似乎只有日本企业的优越性，而麦肯锡的这项研究则表明，有43家美国大型企业也具备一些共同属性，使它们能够像世界上其他优秀企业一样管理经营良好（那时美国的失业率高达10%）。读过《追求卓越》一书的人大概都能说出这些典范企业所具备的重要品质，包括崇尚行动、贴近客户、自主创新、以人助产、价值驱动、不离本行、精兵简政以及宽严并济。

令彼得斯和沃特曼至今仍感到非常自豪的是，当初他们不顾反对意见，坚持将研究过程中逐渐形成的他们认为能够解释自己研究发现的理论写入书中，他们利用类似化学分子的结构图将使企业变得卓越的各个因素关联起来，每个因素的英文单词都以"S"开头，并把这一理论的思想框架称作"7S"，包括技能（skills）、员工（staff）、风格（style）、系统（systems）、结构（structure）、共享价值观（shared values），当然还有与这些因素同等重要的战略（strategy）（见图 8-1）。

图 8-1

麦肯锡 7S 框架

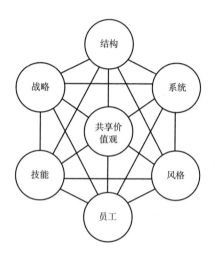

资料来源：Thomas J. Peters and Robert H. Waterman, Jr., *In Search of Excellence* (New York: Grand Central Publishing, 1988)。

不过，彼得斯和沃特曼所提出的这些问题并不能轻松地融入战略咨询顾问的计算公式中。比如，如何量化坚守本行或者贴近客户所产生的成本和带来的益处，这些又如何包括在矩阵分析中？

这个困难也充分体现了麦肯锡对《追求卓越》一书成功后的反应。彼得斯事实上在该书出版前八个月，也就是 1981 年 12 月就已经离开了麦肯锡，表面上是为了完成该书的创作。其实他被迫离开，是因为他的研究在公众中引起的反响已经使他变得难以驾驭了，因而不再适合麦肯锡"大家都在一条船上为客户和公司服务"的企业文化，即使是对远在加州北部具有相当宽松标准的麦肯锡办公室来说也是如此。彼得斯说："我们选择离开是因为我们已经变成了旧金山办公室里的怪胎。"他随后补充道，如果关于卓越的研究"发生在纽约，这一研究将被完全搁置在一旁并在一年后被彻底遗忘"，这两位冉冉升起的布道者对麦肯锡来说是太过狂野的存在。

也许沃特曼的遭遇更有说服力，那时他已是在麦肯锡工作了 18 年的老员工。早在 1978 年 10 月，当时关于卓越的研究还未启动，沃特曼就已经觉得麦肯锡需要改革组织方面的业务。他在给麦肯锡管理层的一份很有先见之明的备忘录中强调，应该确立帮助客户"切合实际地扩充和丰富其能力"的新目标（"能力"将在 10 年后变成最炙手可热的东西）。他非常认同麦肯锡的经验主义，并指出直至 20 世纪 70 年代"我们基本上都是规范执行者……也有着关于组织应该是什么样子的固定概念，而且我们花在理解客户上的时间非常多，这也足以让我们给出面向客户需求的定制化解决方案"。但是，他还是相当革命性地坦白说，"我们可能并不总是问题的解决者"。

为了弥补这一缺陷，并使组织业务也融入麦肯锡在其他业务领域推动的"知识文化"中，沃特曼建议像战略家那样将项目研究切分成三部分：识别问题、提出方案以及实施方案。他雄心壮志，俨然已经下决心要成为史上最好的社会科学家。

然而，这些努力最终几乎前功尽弃。沃特曼虽然召集了一些有兴趣深化组织这一业务领域相关工作的麦肯锡咨询顾问，并组建了一个团队，他们也定期到怀俄明科迪（Wyoming Cody）附近的度假村等地聚会，但时间最终大部分都被用在书籍的编写和出版上。虽然麦肯锡公司并没抱什么希望，但《追求卓越》一书还是在 1982 年 10 月出版了。麦肯锡的合伙人听说这本书很可能卖不了几本，所以他们认为这本书恐怕只能作为圣诞礼物送给客户。

而事实上，这本书不但在次年 4 月登上了《纽约时报》畅销书的排行榜并保持了两年之久，还成为有史以来占据该榜单榜首位置的第一本商业类书籍。彼得斯也获得了很多关于卓越的演讲和视频教学的机会，尽管沃特曼相对保守，但他回忆自己很快也发现"演讲排进了每天的日程之中"。

这些巨大的市场成功让沃特曼的合伙人和同事们坐不安稳了，他记得其中一位合伙人曾在备忘录中这样写道，"我们总有一天会渡过这个被'卓越'问题缠身的时期的"，而他们的不满后来被书籍的版税问题进一步激化：沃特曼给彼得斯提供的离职福利中包含《追求卓越》一书首发10万册的利益分红，但沃特曼在自己离职时没有分到任何收益。考虑到该书的巨大成功以及沃特曼从中分文未得的事实，当班坦图书公司（Bantam）拿着利润丰厚的计划找到沃特曼，商讨第二本、第三本书时，沃特曼说麦肯锡回应道，"这些都归我们所有了"。沃特曼觉得是时候离开麦肯锡了，并且在1985年时确实这么做了。

然而，他的离开并不仅仅因为钱。沃特曼曾非常积极地和其他合伙人分享他对公司的担心：虽然公司在战略咨询方面非常成功，但他担心公司扩张太快，使得员工素质和工作质量受到不利影响。另外，他也觉得公司对组织业务的重视度不够。谢天谢地，麦肯锡在战略和泛泰勒主义方面做出了杰出贡献，而相比之下，它似乎一直没有找到人文管理方面的正确路径。

● 战略的反例

虽然《追求卓越》在市场上卖得相当火爆，但战略纯粹主义者对"7S"框架嗤之以鼻。比尔·贝恩回忆道，"我跟别人谈论'7S'时总是非常欢乐"，几乎要笑出声。他乐于指出"7S"不仅缺乏定量基础，而且定义过于宽泛，各因素间的关系也令人质疑，缺乏全方位的严谨性，至少他这么认为。似乎是为了进一步验证这一点，约翰·伯恩（John Byrne）在1984年《商业周刊》的封面故事《糟糕！》中指出（当然，这个封面故事本身也引发了很多争议），自《追求卓越》一书出版后，书中提到的那些卓越的公司差不多有1/3经营每况愈下。

就战略历史而言，彼得斯和沃特曼的支持者认为，后来真正让这本书变得广为人知的，是其对以纯理性方式制定战略的激烈批评。《追求卓越》一书第一章第一段就以这样的批评开篇："一张组织结构图并不能代表公司，同样，战略也并非公司问题的默认解决方案。我们都清楚这一点，但又表现得似乎并不是这样，每当问题来临，我们总是试图通过采用新战略或重组来解决。"但实际上，不论是战略还是重组的效果都不会维持太久，因为"最终公司的原有文化还是会继续盛行，原有的习惯模式也会被继续保持。"此外，（接下来的内容引发了一个至今仍在持续被热炒的辩论）"关于战略，至关重要的问题是执行和不断地进行适应性调整，也就是完成该做的并保持灵活"[杰克·韦尔奇也在他 2005 年的新书《赢》[10]（Winning）中提出了类似但更尖锐的观点，"现实生活中，战略其实非常直白。你只需选择一个大方向，然后拼命执行就可以了"]。

就贯穿全书的积极主义而言，如果你的公司也能像这些优秀公司一样形成一些良好习惯，那么你的公司也可以变得卓尔不群。此外，彼得斯和沃特曼还指出，那些典型的并不那么卓越的公司也有很多尚待提升之处，比如，决策制定充满问题，对员工不够信任，对客户关注不足，以及过于关注利润，等等。彼得斯对该书引发的"至少有些美国公司是胜利者"的讨论感到相当讽刺，"实际上我们讨论的是其他大多数美国公司的管理有多差劲"。

无论是赫伯特·西蒙本人还是他的学生都不会对彼得斯和沃特曼的结论感到惊讶。对组织决策制定的相关研究其实早已预示了关于卓越（主要是其反面）的发现，当然也预示了书中所包含的肯定性结论，即通过人来提升生产力。在彼得斯和沃特曼后续出版的书中，他们一次又一次地强调人这一因素对公司成功的关键作用。公司员工是创新、良好服务以及公司持续学习的源泉。而作为公司的服务对象，我们必须能够理解客户、尊重客户，并且（如果可能）还要超越它们的需求。也正是因为这一点，沃特曼在 2002 年的一次采访中强调，"基于我研究并撰文写过的众多公司组织，我发现很重要的一点是战略其实就是组织"。

如果战略是精英主义的结果，那么彼得斯和沃特曼书中所形成和提出的就是完全相反的民粹主义路线，汤姆·彼得斯虽然想象威廉·詹宁斯·布莱恩[11]（William Jennings Bryan）那样亮出民粹主义的大旗，但是其民粹主义品牌不会在公司理念中取得胜利。

• 本田[12]（Honda）战略的秘密

《追求卓越》一书持续销售了500万册，首次让商业书籍成为摆在商铺前端显眼位置的热销产品。1984年春季，只有不到2万名订阅者的《加利福尼亚管理评论》（California Management Review）刊登了一篇对"战略是理性选择后的定位"的说法更具毁灭性打击的文章——《战略视角：本田成功背后的真实故事》。尽管文章读者数量微不足道，但其影响相当广泛、深刻且令人不安。

文章作者是理查德·帕斯卡尔[13]（Richard T. Pascale），他拥有哈佛大学的工商管理硕士（MBA）和博士（DBA）学位，后来同时从事写作、咨询并在斯坦福商学院兼职执教。他曾是白宫学者（White House Fellow），并历任两届劳工部部长的特别助理，还曾在海军预备役部队中服役四年。20世纪70年代晚期，他转而对日本公司感兴趣并展开了自己的研究，当时，日本公司正逐渐被视为对美国工业的主要威胁。如今，你仍能够感受到帕斯卡尔传递出的神秘东方气息，它包含着对禅宗精神和静默力量的赏识。他出生时名字是理查德·强森（Richard Johnson），在知道自己并非英国人后裔之后，他在1978年40岁时改了姓。他的朋友把这当作他对真实性追求的体现。

彼得斯和沃特曼在研究并逐渐形成"7S"框架的过程中，得到了帕斯卡尔以及哈佛商学院教授托尼·阿索斯（Tony Athos）的帮助。与这一思想框架有关并首次引起人们注意的出版物是1981年帕斯卡尔和阿索斯的《日式管理艺术》[14]（The Art of Japanese Management），这本书应该说是随着当时的市场环境应运而生，并且是有关从日本学到的经验教训的书中最好且最卖座的一本。25年后，彼得斯仍对帕斯卡尔率先出版了"7S"框架（有悖于他以为双方已经达成默契）而耿耿于怀。

帕斯卡尔的文章以他定义的"本田效应"开篇，提到尽管"战略"看起来是个"天真无邪"的名词，但它不仅已经聚集了一众颇有影响力的人物，包括公司高管、规划师、学者和咨询顾问，而且隐含了一个组织到底应该如何被引导的模型。而帕斯卡尔认为，所有这些就是美国和欧洲"每年5亿美元的'战略'行业"的基石。对他们而言，战略形成过程有以下特征："通常由

高级管理层设定战略方向，并假定由高级管理层驱动"；战略"深受实证模型
和理念影响"；"通常与费时费力的战略规划工作相联系，在一些公司中这一
过程产出的文件远比思想观点要多"。

但日本人觉得强调战略非常奇怪，帕斯卡尔提到，就像"我们不理解他
们对歌舞伎和相扑的热情"一样，在他们的超群智慧中，认为这种一心一意
的专注会限制人们的"外围视野"，而"外围视野"在他们看来对于觉察客
户、科技以及竞争格局的变化至关重要。

然而，真正让人们记住产生"本田效应"这篇文章的是，帕斯卡尔提
供的关于本田公司进入美国摩托车市场取得轰动性成功的不同解释。本田在
1959 年进入美国市场，到 1966 年，它已经占据了美国轻型摩托车市场 60%
的份额。然而这一切是怎么发生的呢？

首先，帕斯卡尔引用了 1975 年 BCG 的一份报告，这份报告源自 BCG 为
英国政府做的关于困境中的摩托车行业的竞争力研究。该报告将本田的成功
归功于日本国内摩托车市场 20 世纪 50 年代的增长，并认为是这一爆发性增
长提升了本田公司"超大规模的小型摩托车生产能力"，随之而来的便是经验
曲线预测的"与产量相关的成本削减"。正是利用这一"极有竞争力的成本优
势作为跳板，这家日本公司才在 20 世纪 60 年代迅速渗透了世界市场"，咨
询顾问在报告中总结道。

由于越来越多的商学院认同并接受了咨询顾问关于"本田效应"的解释，
帕斯卡尔随后提到，哈佛大学商学院、加州大学洛杉矶分校[15]（UCLA）、弗吉
尼亚大学的案例作者们开始在课堂教学中使用 BCG 的这份报告，尤其是在第
一学期的商业政策课程中，这也正是波特当时在哈佛大学着力改革的课程。确
实，BCG 的这份报告正是波特一直在寻找的用于案例讨论的理想"行业笔记"。

帕斯卡尔引用了很多"哈佛商学院"对 BCG 研究报告的解读，尤其是关
于"本田如何利用轻型摩托车拓展美国市场的例子"，即本田摩托车相较于美
国和英国大型摩托车的成本优势。本田轻型摩托车的零售价格为每辆 250 美
元，而其竞争对手的价格是每辆 1000 ~ 1500 美元，这反映了到 1960 年，
由于拥有巨大的国内市场，本田已经成为世界上最大的摩托车制造商。这一

解读进一步说明了这家日本公司"采取了一项按区域拓展市场的策略"由西海岸根据地向东扩张。

在总结本田横跨咨询界和学术界颇有影响的成功案例时，帕斯卡尔引用了 UCLA 的理查德·罗曼尔特（Richard Rumelt）撰写的案例教学笔记："BCG 的根本贡献并不是经验曲线本身，而是一个始终存在的假设，即成本（或效率）的差异是战略的基本组成部分。"罗曼尔特也拥有哈佛工商管理博士学位（DBA），他在当时已成为该领域颇为知名的学术专家。

接下来，帕斯卡尔跨越了知识层面的陷阱，想出了一个绝妙的点子，或者至少是很聪明甚至有些狡猾的点子，就是去日本采访曾实际负责本田进入美国市场的六位高管。这六人已全部年过六十，其中三人已经退休。他们所讲述的奇特故事实际上提供了对战略学习论和战略定位论这两个相反思想流派的最好对比。

帕斯卡尔强调，我们首先必须要深入了解这家公司的创建者。本田宗一郎 [16]（Soichiro Honda）"是一位发明天才，他有着强大的自尊且很善变"。幸运的是，他有一位头脑非常清醒的商业伙伴藤泽纠夫 [17]（Takeo Fujisawa）。藤泽建议本田宗一郎可以用他的发明天才去改善一下摩托车的发动机技术，而这最终带来的是具有革命性设计的四冲程引擎，并逐步取代了上一代噪声非常大的双冲程引擎。基于这项技术，本田公司后来逐渐成为日本摩托车行业领导者之一。

然而，这项对本田进入美国市场至关重要的技术创新，却非常偶然地来源于一个完全不同的细分市场。藤泽注意到很多日本小商户仍然在使用自行车进行递送和其他跑腿服务，帕斯卡尔写道，"这些小商户的钱包都被那些日本妻子管着，而她们并不想购买传统的摩托车，因为这些摩托车看起来既贵又危险，还不容易操控"。因此，藤泽给本田宗一郎提出了一个挑战："能不能利用从比赛型摩托车中学到的知识，设计一个不贵并且看起来很安全、能够单手操控（以方便携带货物）的摩托车呢？"

这一挑战的最终产物就是本田于 1958 年推出的 50cc 超级幼兽 [18]（Super cub），一个"带有自动离合器、三速变速箱、自动启动器，并且看起来安全、友善得像一辆自行车的摩托车。"这一产品一经推出便迅速获得了成功，以至于本田公司不得不急忙进行融资，投资建设新的生产设施来满足市场需求。帕斯卡尔提到，截至 1959 年末，本田已经成为日本最大的摩托车制造商。那一年本田售出的 28.5 万辆摩托车中有 16.8 万辆超级幼兽。

但这篇文章发现，超级幼兽的市场成功并不是本田进入美国市场的背后推力。帕斯卡尔引用川岛喜八郎（Kihachiro Kawashima）的说法讲道。川岛自 1958 年开始考察美国市场，随后很快便成为美国本田汽车公司（American Honda Co., Inc.）的总裁。他到美国后的第一反应是："我们怎么会愚蠢到跟这样一个庞大而富裕的国家开战！"同时，川岛对美国摩托车销售的惨状也感到相当惊讶：在美国似乎每个人都有车，而在 3000 家摩托车经销商中，仅有 1000 家每周营业五天，其他都只在晚上或者周末才营业。

川岛还注意到每年约有 6 万辆欧洲摩托车销往美国，略少于美国摩托车销售总量的 15%，因此他认为占领 10% 的进口市场也并没有什么不合理之处。他带着这个"拍脑门定下的目标"（川岛的原话）去见了藤泽，藤泽也没多想就给他这项提议分配了 100 万美元的预算。"他没定量考究这一目标，我们也没讨论收益或实现盈亏平衡的最后期限。"事实上，川岛说，"我们根本没什么战略，有的只是一个看看我们能不能在美国卖出什么东西的想法"。

而公司创立者本田宗一郎对公司的大型摩托车非常有信心，他认为这些产品肯定能在美国大卖，因为"这些大型摩托车的车把形状看起来像是佛祖的眉毛，这是一个很大的卖点"。因此，本田在美国原始库存配额构成是：305cc 摩托车、250cc 摩托车、125cc 摩托车和 50cc 超级幼兽各占 25%。而日本财政部对本田的这次投资仅批准了 25 万美元，而且其中只有 11 万美元可以使用现金。由此带来的结果是，本田美国团队只能在洛杉矶（有至少一个大型日本人聚集区）挤在一间有家具的公寓中简朴过活，团队中有两人不得不睡在地板上。他们在城里的"破败区"租了一间仓库，在那里用双手把摩托车包装箱一件一件堆放起来，亲自打扫地板、安放零件箱。

即使这样，川岛和他的同事也只知道进入美国市场的时间应该定在 4 月到 8 月销售季的末期，他们逐渐招募了 40 个经销商，并在 1960 年春季开始售出少量 250cc 摩托车和 305cc 摩托车。但如川岛所述，就在那时"灾难发生了"。相比日本，美国消费者倾向于在更高速挡位下骑行这些大型摩托车，并且行驶更长的距离，结果这些大型摩托开始故障频出，如离合器失灵、发动机漏油等。本田团队不得不用现金储备将这些故障摩托车空运回日本进行测试。日本的本田实验室则加班加点，用了不到一个月的时间设计出了新的汽缸垫和离合器弹簧来解决这些问题。

不过，就在那个时候"事情却出现了不可想象的转机"。因为本田团队那时经常在洛杉矶骑着超级幼兽跑腿，这一不经意的细节却引起了很多人的注意，其中就有西尔斯百货的买手。据川岛介绍，因担心无法吸引"男性专属市场"的潜在客户和经销商，这个日本团队一直对在美国市场推出轻型摩托车疑虑重重。然而，由于大型摩托车故障频发，他们也没什么别的选择了，而事实上超级幼兽的销售态势异常迅猛，客户也远不限于摩托车爱好者。惊喜接踵而至，运动品商店（而非传统摩托车经销商）也排队竞相销售超级幼兽。

帕斯卡尔接着总结，用他自己的话说，这是一个关于"战略失算、机缘巧合和组织学习"的经典故事。1963 年，UCLA 一名学习广告的本科生在其课程作业中提交了为本田设计的主题为"本田带你遇见最美的人"的广告创意。精信广告公司（Grey Global Group）购买了这一创意，并带着这一概念找到本田美国团队。虽然有一些反对意见，但支持者最终胜出，而这一广告后来名声大噪，也进一步加速了本田摩托车在美国销量的增长。"到 1964 年，"帕斯卡尔提道，挥着手结束他的故事，"几乎每两辆售出的摩托车中就有一辆是本田的"。

帕斯卡尔的论点还不止于此。"本田效应"仅仅是他文章中关于战略三个论点中的第一个，并且只占那篇 25 页文章不到一半的篇幅。在最后一个论点中他强调，由于战略以及形成战略的"分析和微观经济工具"已不足以应对当前的市场竞争任务，人们应该采用更为广泛的至少包含六方面的分析框架，战略只是其中一方面，其他几个包含在我们已经提到的"7S"框架中，包括结构（organizational structure）、系统（systems）、风格（style）、员工

（staff）和共享价值观（shared values）。技能（skills）只被简单提到，显然不足以作为其中一方面用更多篇幅阐释。

1996 年，在该文发布 12 年后，《加利福尼亚管理评论》在其论坛中再一次拿出这篇文章，该论坛由亨利·明茨伯格组织并做开场致辞。在他的开场致辞中，名茨伯格对这篇文章赞赏有加："在管理学文献中可能没有任何一篇文章能与理查德·帕斯卡尔关于'本田效应'的文章所产生的影响相提并论。"在后续讨论中，帕斯卡尔谦虚地承认："我一点也没想到这件轶事竟然能成为关于战略的'设计'（选择自己的定位并设计战略）和战略的'衍生'（具体的实践和学习形成战略）两大思想流派辩论的风暴中心。"然而，引人关注的是，这一论坛所引用的并非帕斯卡尔发表的原文，而将原文重新编辑后只保留了本田故事部分，完全删掉了帕斯卡尔的其他两大观点。

本田高管讲述的故事相当引人入胜，而且他们兴奋甚至有些尖锐地提到，咨询顾问并不知道自己在说什么，他们几乎忘了进口量的这个问题。其他问题包括，本田例子中"让我们放手一搏看看结果如何"的模型是否同样适用于历史悠久的公司，如同始终在创始人的指引下依赖创业精神驱动公司发展那样？或者就像经典战略学派猜测的那样，由于本田公司在日本轻型摩托车市场已经占据了主导地位，因此公司批准了进入美国市场的试验并为此提供了经费？难道真有足够证据表明本田其实更重视"7S"中帕斯卡尔所强调的"6S"而不是经验曲线或组合分析？（战略行业的学生可能会补充道，"如果本田凭借的是纯粹直觉，那么为何后来它又成为 BCG 的客户呢"）

在论坛后续讨论中，理查德·罗曼尔特帮助澄清了定位学派的目的："一个对特定事件的'战略'解释并不总是在展现某种意图，有时它或许也是对某种现实力量的展示，而正是这种力量才能让不对称的定位得以继续保持。"

像"本田效应"这类故事，尽管多数时候都不会这么让人记忆深刻，却成为战略因对人文因素的忽视而受到批评的重要论据。当被问到如何解释《追求卓越》一书的成功时，彼得斯提到了许多因素，其中一点是书中给出了非常多的例证故事。他接着补充道，在商业类书籍中，这本书首次且最确切地提出"彼得·德鲁克的问题就是不爱讲故事"。

而讲好一个故事（尤其是一个根植于公司挫折和偶然顿悟的故事）的能力，帮助彼得斯成为名人、管理学知名作家和演讲人，并让他从此平步青云。彼得斯的读者也被吸引去聆听他的演讲，一般公司激励员工的内部活动或需要专人组织的付费会议，都会请彼得斯来进行演讲，而演讲的崇拜者所期盼的则是作者的下一部大作和进一步研究，当然，如果真的有的话，其价值应该能够和演讲人高昂的出场费相当。

很多读者可能对以下名字或至少其中一部分非常熟悉：吉姆·柯林斯[19]（Jim Collins），《基业长青》[20]（*Built to Last*）、《从优秀到卓越》[21]（*From Good to Great*）；查尔斯·汉迪[22]（Charles Handy），《非理性的时代》[23]（*The Age of Unreason*）；加里·哈默尔[24]（Gary Hamel），《为未来而竞争》[25]（*Competing for the Future*）；罗莎贝斯·莫斯·坎特[26]（Rosabeth Moss Kanter），《变革大师》[27]（*The Change Masters*）、《当巨人学习跳舞》[28]（*When Giants Learn to Dance*）；约翰·科特[29]（John Kotter），《领导变革》[30]（*Learning Change*）。这些都是汤姆·彼得斯所构建的商业畅销书王国的一分子，或者说他至少开启了这个王国的大门。

他们的著述和演讲激励了成千上万的人。毋庸置疑，他们的观点的确帮助不计其数的组织改进了自身的实践。然而，他们无法构建承载自身战略的范式，只能成为泛泰勒主义式战略的延续。

本章注释

以下注释内容皆摘选自公开来源并经慎思行整理，其中员工和营业额数据皆为近两到三年数据，仅供读者参考和理解规模之用。正文中带下划线的重点关键词，亦可以在慎思行微信平台通过回复相关关键词来获得具体解释。

1 《公司的概念》（*Concept of the Corporation*）是彼得·德鲁克于 1946 年出版的一本著名的管理类图书，本书基于对通用汽车的调研，首次尝试揭示一个组织实际上是如何运行的，及其所面临的挑战、问题和遵循的基本原理。该书不仅开创了"管理学"新学科，也贯通了德鲁克的思想体系，奠定了德鲁克在"组织理论"领域的历史地位，构建了"企业（组织）""管理""工业社会"之间的内在联系。

2 赫伯特·西蒙（Herbert Simon，1916-2001），美国经济学家、社会学家和管理学家。西蒙长期在卡内基-梅隆大学任教，他的研究以涵盖认知科学、计算机科学、公共行政管理学、管理学和政治科学等领域的跨学科性质而著称。西蒙以其倡导的决策理论而闻名，并于 1975 年获得图灵奖，1978 年获得诺贝尔经济学奖。

3 理查德·西尔特（Richard Cyert，1921-1998），美国经济学家、统计学家和组织理论学家。西尔特是卡内基-梅隆大学的第六任主席，并以其在 1959 年和詹姆士·马奇（James March，1928- ）合著的《公司行为理论》（*A Behavioral Theory of the Firm*）而闻名。

4 卡尔·韦克（Karl Weick，1936- ），美国组织理论学家。韦克是密歇根大学罗斯商学院（Ross School of Business at the University of Michigan）的名誉教授，他为组织理论研究引入了多项与感受相关的概念。

5 詹姆士·马奇（James March，1928- ），美国组织理论学家。马奇是斯坦福大学和斯坦福教育学院（Stanford Graduate School of Education）的名誉教授，也是前加州大学尔湾分校社会科学院（School of Social Sciences of UC Irvine）的首任院长。马奇以《公司行为理论》而闻名，并被认为是在组织决策研究领域最有贡献的学者之一。

6 《组织》（*Organizations*）是詹姆士·马奇和赫伯特·西蒙合著的于 1958 年出版的一本管理学著作。在对美国管理学研究会（Academy of Management）研究员进行的民意调查中，《组织》被选为 20 世纪最有影响力的管理类图书第七位。

7 康奈尔大学（Cornell University）是一所位于美国纽约州的世界著名私立研究型大学，于 1865 年创立，属于常春藤联盟。康奈尔大学被誉为美国历史上第一所真正意义上的全民大学。截至 2017 年，康奈尔大学拥有 56 位诺贝尔奖获得者、4 位图灵奖获得者、1 位菲尔兹奖获得者和 30 位罗德学者。

8   多任务项目评审技术（Program Evaluation and Review Technique，PERT），又称
     计划评审技术，是一种现代项目管理的重要手段和方法，最初由美国海军在 20 世
     纪 50 年代开发。PERT 利用网络分析技术制订计划、对计划予以评价并协调计划
     的各道工序。PERT 通常与关键路径法（Critical Path Method，CPM）结合使用。

9   匹特马威克公司（Peat Marwick）是一家经合并成立于 1925 年的美国审计机构。
     1987 年，匹特马威克公司与 KMG（Klynveld Main Goerdeler）合并成为四大会计
     师事务所之一——毕马威（KPMG）。

10   《赢》（Winning）是杰克·韦尔奇与其妻苏西·韦尔奇（Suzy Welch）合著一本商
     业管理类的畅销书，于 2005 年出版。在书中韦尔奇结合自身管理实践及大量鲜活
     的案例，将其在工作与生活中"赢"的智慧倾囊相授，内容涉及商务活动的诸多层
     面，包括商业生活的要旨、企业领导的管理智慧、普通员工的求职与晋升之道，乃
     至如何实现工作与生活的平衡。本书凝聚了韦尔奇一生的管理智慧，是其执掌通用
     21 年间领导艺术的总结与升华。

11   威廉·詹宁斯·布莱恩（William Jennings Bryan，1860-1925），美国政治家、演
     说家，民主党（Democratic Party）领袖。布莱恩曾于 1896 年、1900 年、1908 年
     三次当选民主党提名的美国总统候选人，但均未成功当选。

12   本田（Honda）是一家由本田宗一郎（Sochiro Honda，1906-1991）创立于 1948
     年的日本上市跨国企业，以其汽车、飞行器、摩托车和动力设备生产商身份而闻
     名。本田自 1959 年以来一直是世界上最大的摩托车制造商，此外，本田也是全球
     最大的内燃机制造商，每年生产超过 1400 万台内燃机，并在 2001 年成为日本第
     二大汽车制造商，本田还一直是世界上最大的汽车生产商和"世界 500 强"之一。
     目前，本田拥有雇员超过 20 万人，年收入逾 1300 亿美元。

13   理查德·帕斯卡尔（Richard T. Pascale，1938- ），美国管理学家，"7S"框架的提
     出者之一，其文《禅与管理艺术》（"Zen and the Art of Management"）曾获麦肯
     锡奖。帕斯卡尔被评为全球 50 位管理大师、影响世界进程的 100 位思想领袖。

14   《日式管理艺术》（The Art of Japanese Management）是由理查德·帕斯卡尔和托
     尼·阿索斯（Tony Athos）合著的一本管理类研究书籍。该书使用了"7S"框架来
     比较日本 Matsushita 公司和美国 ITT 公司，并强调了公司文化对于管理层的重要性。

15   加州大学洛杉矶分校（University of California, Los Angeles，UCLA）是一所美国
     著名的公立研究型大学，成立于 1919 年。截至 2017 年，UCLA 拥有 24 位诺贝尔
     奖获得者、5 位图灵奖获得者、3 位菲尔兹奖获得者，其现任教师拥有近 300 位美
     国院士。此外，UCLA 以其在体育方面的建树闻名，其运动员共赢得了 251 枚奥运
     奖牌。

16 本田宗一郎（Soichiro Honda，1906-1991），日本工程师、实业家，世界著名的企业家，于 1948 年创立了本田（汽车公司）。本田宗一郎在退休前一直担任本田的总裁，负责工程和产品开发。他是继亨利·福特后，世界上第二个荣获美国机械工程师学会颁发的荷利奖章的汽车工程师。

17 藤泽纠夫（Takeo Fujisawa，1910-1988），日本企业家。藤泽于 1949 年进入新成立的本田，负责公司的财务工作，并于 1964 年晋升为副总裁。1973 年，他与本田宗一郎一起退休，并成为本田的企业顾问。

18 超级幼兽（Super cub）是一款配备四冲程单缸发动机的本田摩托车，是本田的开山之作。它造型温顺，所以在中国被昵称为小绵羊。超级幼兽拥有多个型号，排量范围从 49cc 到 124cc。超级幼兽从 1958 年投入生产后一直没有停产，其累计产量在 2017 年达到 1 亿辆，是历史上生产最多的摩托车。超级幼兽的美国广告"本田带你遇见最美的人"（You meet the nicest people on a Honda），对本田的形象和美国人对摩托车的态度产生了持久的影响，并且经常被用作营销案例进行研究。

19 吉姆·柯林斯（Jim Collins，1958-），美国咨询顾问、作家、演讲家。柯林斯先后任职于麦肯锡和惠普公司，并曾获斯坦福大学商学院杰出教学奖。

20 《基业长青》（Built to Last）是由吉姆·柯林斯和杰里·波拉斯（Jerry I. Porras，1938- ）合著并于 1994 年出版的一本商业管理类图书。全书概述了一项为期六年的研究公司成功要素的项目所取得的成果，并提供了数百个具体案例和适用于经理人和创业者的概念框架。该书被认为是"本时代最有影响力的商业书籍之一"。

21 《从优秀到卓越》（Good to Great）是由吉姆·柯林斯于 2001 年出版的一本商业管理类图书。该书描述了优秀企业如何通过转型成为卓越企业。基于严格的标准，柯林斯确定了一组包括可口可乐、英特尔、通用电气在内的精英公司，并认为其卓越的原因是将公司的资源集中在其关键竞争领域。

22 查尔斯·汉迪（Charles Handy，1932-），爱尔兰组织管理学家、作家、哲学家。汉迪先后在东南亚和伦敦的壳牌公司工作，并升任高级管理职务。汉迪被《金融时报》评为仅次于彼得·德鲁克的管理大师，欧洲最有影响力的管理学家之一，被认为是"管理哲学之父"。

23 《非理性的时代》（The Age of Unreason）是由查尔斯·汉迪于 1989 年出版的一本商业管理类图书。汉迪在本书中对未来社会人们的工作与生活、企业的组织形式等进行了描述。他在书中指出，在一个变化中的世界中必须用一种全新的甚至非理性的方式对变化做出反应。

24 加里·哈默尔（Gary Hamel，1954-），美国战略管理学家、咨询顾问，以其关于核心竞争力的理念而知名。哈默尔与普拉哈拉德（C.K. Prahalad，1941-2010）一起在《哈佛商业评论》上发表过多篇合著文章，并获得了多次麦肯锡奖。

25 《为未来而竞争》（*Competing for the Future*）是加里·哈默尔和普拉哈拉德合著的于 1996 年出版的一本商业管理类图书。该书认为，创新不仅指开发新产品和采用新技术，而且更重要的是指产生"新观念"，观念创新在经营管理中更重要、更有效，它要优先于开发新产品和采用新技术。

26 罗莎贝斯·莫斯·坎特（Rosabeth Moss Kanter，1943- ），美国女性管理学家、作家。她是哈佛商学院的首席管理教授和名誉教授，专长战略、创新和变革，并著有多部商业管理类畅销书。坎特被称为"管理学的理论女王"。

27 《变革大师》（*The Change Masters*）是由罗莎贝斯·莫斯·坎特所著的于 1984 年出版的一本商业管理类图书。该书从学术角度对"工作中的企业家"进行了分析，认为对于机构精简和持续裁员的热衷正好说明了人们强烈需求革新，并论述创新是未来发展的关键。

28 《当巨人学习跳舞》（*When Giants Learn to Dance*）是由罗莎贝斯·莫斯·坎特于 1989 年出版的一本商业管理类图书。该书是坎特最为成功的著作之一，她也因此被称为"大公司的舞蹈老师"。本书赞美一种可以在组织完善的大机构中自由自在、富有创意地行事的经理。该书帮助很多公司推进改革。

29 约翰·科特（John Kotter，1947- ），美国管理学家、作家、咨询顾问，哈佛商学院名誉教授。科特以其在商业、领导力和变革领域的思想而知名。此外，在 1980 年，33 岁的科特与迈克尔·波特并列成为哈佛大学历史上最年轻的终身教授。

30 《领导变革》（*Learning Change*）是由约翰·科特于 1996 年出版的一本商业管理类畅销书。该书描述了管理变革的八步骤实用流程，被认为是变革管理领域的开创性作品和最具影响力的商业管理类图书之一。

第 九 章 | **范式的失败**

从观察者的角度来看，其实商业组织中发生的大部分事情都可以归结为两类人之间的争斗。其中一类可以叫作"数字派"，他们主要通过企业的销售、成本、预算等数据的好坏来判断企业成功与否；与之相对的另一类则是"人本派"，他们对于企业的认知主要来源于企业的员工，这些员工动力是否强劲，技能是否完善，等等。当然，这是个极其简化的说法，但也基本上能够概括目前人们关于战略来源的争论了。

　　如果要弄明白为什么"数字派"在这种争论中取胜了（至少现在看是这样），我们需要从战略的根源上进行考虑。而战略的根源就是竞争范式[1]（Paradigm）。范式的最初定义来源于托马斯·库恩（Thomas Kuhn）1962年出版的《科学革命的结构》[2]（*The Structure of Scientific Revolutions*）。在这本书中，托马斯指出，在物理或化学这类科学学科中，科学家总会对他们所看到的事物给出一个统一而整体的解释，这就是一个范式，就像16世纪人们认为太阳、月亮和星星都在围绕地球旋转一样。

　　然而，随着时间的推移以及测量工具、测量方法的改变，人们可能会发现越来越多与现有范式不符的案例。这时候，心生疑窦的人们就会开始努力钻研，看看有没有办法提出更加具有一般性的解释，当然，如果有哥白尼或者爱因斯坦这样的人的话，这个进程将会大大提速。由此，人类就会获得一个新的范式。

　　在这本书中，我尝试把战略归纳为一个范式，商业精英用这个范式来组织他们的脑海中关于"企业应当如何制定并实施战略"的想法。我们已经了解先前的战略家是如何将战略理论从最初的"三件套"即成本、竞争和消费者推进到如今的样子的。迈克尔·波特的理论忽略了一些咨询顾问最初的贡献，但这并不意味着顾问们的理论是完全错误的，而只是波特自认为其理论更加全面，在诠释了既有理论的同时也有所开拓。

如果你理解上面的内容，就能明白为什么"数字派"而非"人本派"占上风了。因为如果我们一定要找出一个根据人本理念设计的"管理大统一论"的话，那这个理论就应该包括人的方方面面：他们是如何被拣选、培训、约束、酬劳、激励、管理和领导的（如果你承认后两者略有不同的话）。这个理论还需要解释以上所有因素是怎样相互作用的，而且这种相互作用不仅是可预测的，还要是可控的。不仅如此，该理论还需要指出怎样测量这些因素，以及它们的相互作用是如何决定企业命运的，最好能够在财务分析表中也有所体现，以让最严苛的首席财务官都能感到满意。如果存在这样一个理论的话，那么所有 CEO 就会在演讲中细致地阐述其企业是如何调控各种参数并根据这个理论来获取竞争优势的了。显而易见，这种理论是不太可能存在的。

为了证明我的观点（"管理大统一论"是不存在的），我可以举出几个相互独立的证据。首先，随便问一个企业的人力资源主管，他都会否认这种理论的存在，虽然他心中非常希望出现这样的理论。在过去 5 年中，我与几十个人力资源主管进行过交流，并在交流中询问他们所面临的最具挑战的问题。几乎所有人的答案都是"让管理层注意、理解并且尊重我们公司的员工，支持我和我的下属正在做的事情，并为我们提供资源"。我还从来没有遇到过一个对自己现有的资源和受关注度感到满意的人力资源主管。

其次，我们来看看咨询行业。我们已经看到了麦肯锡是如何对待鲍勃·沃特曼及其关于"卓越"这一主题的研究成果的了。20 世纪 80 ~ 90 年代，BCG 和贝恩公司在努力落实战略的同时也会偶尔进军人力资源领域，BCG 帮助国际公司整合时就在这么做，这也在珍妮·达克（Jeanie Duck）变革管理的研究工作中有所体现；而贝恩公司的尝试则可从弗雷德·赖克哈尔德（Fred Reichheld）对于员工忠诚度的研究中管窥一二，然而，上述三个公司无一例外地宣称自己是"战略咨询公司"，并以此将自己与其他咨询公司区分开来。事实上，这三家咨询公司也的确有更高的单位合伙人收益。

其他咨询公司则根据一定的范式提供服务。有些咨询公司是由在某一领域声名卓著的学者创立的，比如，沃特曼有自己的咨询公司，罗莎贝斯·莫斯·坎特（Rosabeth Roth Kanter）创立了 Goodmeasure Inc.，加里·哈默尔也创立了 Strategos，等等。但这些公司不可能获得三大战略咨询公司的规模、声誉和影响力。而一些专注于人力资源的咨询公司，比如，合益集团[3]（Hay Group）、美世[4]（Mercer）、韬睿[5]（Towers Perrin）、惠悦[6]（Watson Wyatt），它们可能拥有很大的规模，但服务领域扎根于其传统特长即薪酬管理、员工福利或奖惩系统领域。这些公司可能颇受人力资源主管的欢迎，却未必能引起 CEO 的重视。

学术机构可能是讨论"范式"最频繁的组织了，正因如此，它们也最有力地证明了以人为本的范式是不存在的。关于这个问题，斯坦福教授杰弗里·普费弗[7]（Jeffery Pfeffer）可能说得最清楚也最权威，我们可以认为他是组织行为学领域的迈克尔·波特。他于 1993 年在《管理学院评论》（*Academy of Management Reviews*）上发表了一篇文章，名为"组织科学前进道路上的障碍：作为因变量的范式发展"。在这篇文章中，普费弗强调了学术领域中拥有"范式"的好处，以及为什么社会科学尤其是组织行为学领域还远远没有达到建立"范式"的水平。

根据普费弗的说法，组织行为学的研究显示出"极弱的范式发展水平，尤其是相比于相关的社会科学，如心理学、经济学乃至政治学"。与之相对，该领域的学者也无法就值得进一步研究的议题达成统一意见。在一项针对 105 个组织行为学领域的专家的调研中，他们提出了 146 个值得研究的"重点议题"，其中 106 个是互不重叠的，更有甚者，这些议题之间"也正在逐步变得不相关"。这种现象完全符合一些评论者形容的"前范式状态"。换言之，组织行为学已经逐渐变得"更加分散和更加多元化"。

为什么会这样呢？根据普费弗的说法，这从某种程度上也是该领域的专家所希望的样子，"少一些精英主义，多一些民粹主义"。普费弗引用一篇同样发表在《管理学院评论》上的文章，"借用近期的政治学术语，组织行为学领域不仅有一顶大'帐篷'，而且在这个'帐篷'中，所有理论和实践方法都具有相同的可信度"。事实上，普费弗在十年前就说过类似的话，那个时候正值《追求卓越》发表之际。

拉凯什·库拉纳梳理了 20 世纪管理教育的发展，并一语中的地指出了组织行为学在商学院教育体系中的明显缺位。这一点在以下大背景下显得格外引人注目，那就是：一个有"范式"的学科往往得势，而缺乏"范式"的学科则难受瞩目。尤其是在福特基金会 1959 年的报告指出当时的商学院缺乏严谨性之后，越来越多教育机构倾向于招募更多的"有特定学科基础"的学者，即在一些专业科目如经济学、社会学或心理学方面拥有博士学位的人担任教职。库拉纳指出，有两个学科对于"管理实践"的影响正在变得越来越大。其一是战略，代表人物是迈克尔·波特；其二是金融，毫无疑问，这个体系已经拥有"范式"了，是围绕着大家耳熟能详的有效市场理论展开的。在所有这些原理指向型学科中，尽管经济学家一度并不占主流，但是他们现在赢得了越来越多的商学院教席。

尽管库拉纳自己就是哈佛商学院组织行为学系的教授，但如他所言，组织行为学的混乱状态恰恰使得战略和金融领域的人更容易得到重视。库拉纳顽皮地指出，或许就学术标准而言，唯一"发育不良"的学科就是领导力了，即便是组织行为学的专业学者也会对其同行在相关领域的勤奋工作成果嗤之以鼻，在领导力方面根本就没有什么大家都认可的前提条件。20 世纪 90 年代之后，这一点就变得越来越有讽刺意味了。因为正是从那时起，越来越多的商学院，包括哈佛商学院，都将"培育领袖"作为自己的使命之一。

库拉纳的书中还有一处引用了普费弗及其同事 1997 年发表的一篇文章中的话，我认为这句话可以作为学术界对组织行为学"范式"缺位的看法的总结，"经济学不仅赢得了学术领域的统治地位，也对现实生活产生了极大影响。这一点毋庸置疑。而且，这种统治正在一年强过一年"，而在学术引用和组织研究的问题上，"大家也都不得不被迫想出更多具体的模型……或者提出一个不同的假设"。

最后一个能够证明"人本派"并不拥有统一的范式的证据，正是"人本派"的学者自身。一个"范式"的最大特征就在于，一旦它得以确立并得到认可，后续的研究就会引用它，对它进行新的阐释并在它的基础上进行开拓。从这个角度说，我们只需看看组织行为学中最接近范式的"7S"框架的下场就可以完全明了。"7S"框架在《追求卓越》中首次被提出，在之后的研究甚至"7S"框架提出者的后续作品中，它却几乎完全消失了。

在彼得斯接下来的两本书《渴望卓越》[8][A Passion For Excellence，1985，与南希·奥斯汀（Nancy Austin）合著]和《乱中取胜》[9]（Thriving on Chaos，1987）中，"7S"框架就没有出现过。不过它倒是在《管理的解放》[10]（Liberation Management，1992）中出现过，不过在这部长达 834 页的作品中仅占据了三页。在鲍勃·沃特曼的后续著作《复兴因素》[11]（The Renewal Factor，1987）中，他提到了"7S"框架。但是，他说这个模型必须与另一个模型——"7C"模型（机会和信息、沟通、缘由、承诺、危机点、管理以及文化）——联系在一起，才能构成一个功能完备的有机体。

理查德·帕斯卡尔（Richard Pascale）在其《日式管理艺术》（The Art of Japanese Management）中提到了"7S"框架，并在日后的著作中对其也有所提及。在《在混沌的边缘冲浪》[12]（Surfing the Edge of Chaos，2000）中，他简略地提起过两次。然而，1996 年，当他在《加利福尼亚管理评论》（California Management Review）中再次提到"本田效应"的时候，其对于"7S"框架的运用完全消失了，取而代之的是"组织敏捷性"的说法，而后者显然已经足以解释本田公司的成功。

那么，读者们到底应当怎么做呢？尤其是那些期待着能够继续将人看作组织中最为核心元素的读者，他们看到战略的马车呼啸而过，而组织行为学内部却四分五裂时，又当如何？在组织行为学领域，不断有新的理论大旗被举起，包括文化、混沌、革新、敏捷、进化等，不一而足。有些理论看上去并不怎么有道理，第二天却变成大家为之叫好的真理。

● 让人信以为真的传说

在我们结束关于人力和组织的讨论，返回经济和咨询的世界之前，需要弄明白战略赖以得胜的最难以形容的因素。这个因素将会把我们指引到一个最常见，或许是商业文章的读者最常犯的错误上，这就是他们真的相信了"企业持续成功的传说"。

在《追求卓越》一书中，除几个管理学的经典案例之外，大部分读者能记住什么呢？或许正如《商业周刊》所说的，该书提到的企业中有 1/3 几乎随着该书的出版而销声匿迹，遑论达到"卓越"的标准。15 年后，在《在混沌的边缘冲浪》中，帕斯卡尔提到，彼得斯和沃特曼所写的实际上更多的是均衡管理，然而，这种均衡管理无法帮助公司在时代的浪潮中基业长青。帕斯卡尔略带得意地说到，该书发行 5 周年之内，"43 个曾经卓越的公司中的一半都已经遇到了问题，而这一半中只有 5 个还没有彻底完蛋"。

之后，帕斯卡尔用很大篇幅来讲述六个组织，认为其管理方面的"生存系统"更能够适应日益变化的世界，它们分别是：英国石油[13]（British Petroleum）、惠普[14]（Hewlett-Packard）、孟山都、荷兰皇家壳牌公司、西尔斯以及美国陆军[15]（U.S.Army）。然而，这些组织在《在混沌的边缘冲浪》于 2000 年出版之后也各自走向了衰落。

现代管理文献的基石在不断发生变化，其上更堆满了曾经风华绝代的优秀企业的骸骨。所以，是那些作者错了吗？至少一定程度上是的。他们选择的标准决定了现实的必然。只要彼得斯、沃特曼和后继作家们持续地将所谓优秀企业案例放到书中，那么这种事情就一定会一而再、再而三地发生。有些学者，如查尔斯·蒂莉（Charles Tilly）已经指出，作为一种解释的机制，在讲述一个刻骨铭心事件的过程中，难免会对不同的作用因素扬抑各异。因而，某些个人或者某些特定组织的功能难免会被成倍放大。

可以回想你自己在组织中的经历。一个人或一个小团队，能否完全推动所有事情？是否能应对环境的剧烈变化？所有能量、抱负、压力和适应性都能被他们所做的事情完整解释吗？亨利·明茨伯格在听到这个或那个CEO"成功地让企业起死回生"的时候，曾经问过一句很有道理的话："这都是他自己做的？"

当然，问题也不仅出在讲故事的方式上。无论是在《追求卓越》还是其他书中，成功的商业案例所具有的力量，很大一部分来源于读者的期待，或者说他们自己想要相信的东西。商业书籍的读者往往是非常实用主义的人，他们希望能够学以致用，希望看到的优秀案例正是由与自己一样的实践者一手打造的。

但在表层意识之下，读者似乎也把其他愿望和想法带进了所看的案例之中。换言之，他们在搜寻一种激动人心的想法，卓越或一种管理的艺术，抑或史诗般的组织表现，而这种想法往往超越了日常在一般组织中所能见到的绝大多数现象。渐渐地，并且非常危险地，我们开始相信一种潜意识里的声音，它让我们愿意相信曾经认为是对的事情，如今依旧如此。这种声音会说"埃克森[16]（Exxon）是家很棒的公司，一直如此"。我们也是这样认为沃尔玛[17]（Walmart）的（直到 20 世纪 90 年代），以及 IBM（直到 20 世纪 80 年代）、通用汽车（20 世纪 20 ~ 70 年代）。

问题在于，传说中的"持久稳定"已经不再与事实相符了，而且随着时代的推进越发如此。卓越的财务表现当然也概莫能外。一个又一个管理学者，比如，《创造性破坏》[18]（Creative Destruction）的作者麦肯锡的迪克·福斯特[19]（Dick Foster），《从核心扩张》[20]（Profit from the Core）的作者贝恩公司的克里斯·祖克，等等，都在其著作中提到，长期来看，只有很小一部分企业的财务表现能够超出市场平均表现，更何况还有很多企业压根就没有"长期发展"的机会。正如福斯特提到的那样，自 1957 年标准普尔指数创立以来，最初在榜单上的 500 家公司，到 1998 年依旧留在榜单上的只剩下 74 家，大部分被除名的公司是被收购了，而不是倒闭了，然而即便如此，依旧只有 12 家公司的财务表现超过了标准普尔指数。

福斯特甚至明言："麦肯锡长期以来对企业的诞生、演化以及消亡的研究表明，人们心中所想的常胜将军，或者说那些能够长期超越市场平均表现的企业，压根从来就没存在过，这只不过是个传说。在企业发展的过程中，即便是最出名、最受尊重的公司，也无法长期为股东带来高回报。事实是，长期看来市场必胜。"

即便如此，我们还是更愿意相信持久繁荣的传说，也相信某些公司能够基业长青，即便事实并非如此。我们看到的是经久不衰的功绩碑和可以毕生信赖的杰作，而非一时盛开、一朝凋谢的明日黄花。

即便是福斯特及其合著者莎拉·卡普兰（Sarah Kaplan）2001 年将《创造性破坏》（*Creative Destruction*）付梓出版之前，其他管理学作者如彼得斯及帕斯卡尔等，就已经提到过企业繁荣昙花一现的本质，他们将这种幻灭归因于我们所处时代的不断波动：日益激烈的竞争、新的竞争者以及日新月异的技术。彼得斯在《乱中求胜》（*Thriving on Chaos*，1987）一书中，以"世上没有卓越的公司"开头，并加上了一句"明日成功的公司也终将衰败"。

即便如此，有些深究公司表现的后来者仍然难以满足。2005 年，欧洲工商管理学院（INSEAD）教授金伟灿（W. Chan Kim）[21] 及勒妮·莫博涅[22]（Renée Mauborgne）的畅销书《蓝海战略》[23]（*Blue Ocean Strategy*）提到，公司应当竭力发掘新的市场（"蓝海"），而不是在业已成熟且竞争者众多的市场（"红海"）中奋力挣扎。他们对于在"蓝海"中成功争得一席之地的公司进行了全面研究，这也让他们充分了解了福斯特及其他学者的观点，并得出相当大胆的结论，即"没有一家公司能够维持持久的繁荣，如果某一家公司在某一时刻做了正确的事情，而在另一个时刻走错了方向，那么这家公司就不适于用来分析卓越表现的根源以及展开'蓝海'战略的研究"。

作为替代，《蓝海战略》的作者建议大家去研究"战略举措"，也就是"企业推进业务以开拓全新市场的过程中所采取的一整套管理行动和决策"，说的好像我们能够分辨出什么是"战略举措"一样。

持久繁荣传说的表面下还有一个讽刺之处，而这会将我们带回最初的问题，即为什么战略这门学科能够发展起来，这是一个真理，有道是"诸行无常，胜者必衰"。企业中的一些成功因素可能的确能够在很长时间内保持不变，但是这些因素也往往是企业无法快速适应新的宏观经济形势的原因。它们是人文的因素，是企业内部根深蒂固的行事方式和行为准则，它们在 20 世纪 70 年代被概括为企业文化。改变公司战略的难度几乎总是超出你最初的预期，但几乎肯定要比改变公司的企业文化容易得多。

对于我个人来说，最开始理解这一点是受到彼得斯和沃特曼的启发。这听上去很奇怪，但是在他们二人的著作出版之前（那时他们还正在研究 62 个"基业长青"的公司），我曾与他们进行过一次访谈。在访谈中，我问他们这些公司到底是怎么变得卓越的。而这个问题，在其问世的畅销书中基本没被提及。他们起初并不太想回答，但后来他们承认，除了 6 家公司之外，这些公司之所以优秀的主要原因是：它们生而如此。后续的管理层只要别把创始人那一代如宝洁[24]（Procter & Gamble）的普罗克特（William Procter）和甘布尔[25]（James Gamble）打下的基础搞砸就行了。

25 年后，彼得斯（作为组织行为学博士，詹姆斯·马奇和赫伯特·西蒙的高徒）变得更加确信这一点，他说，"我完全相信，一家公司的几乎所有行为都源自对其'基因库'的继承。无论它是什么，它都会一直是那样。微软（Microsoft）是一家中心化的领导人驱动的公司，这是它改不了的。我们研究的很多公司如惠普、3M[26]，从一开始就是去中心化的"，这决定了它们的"轻资产"和"自治及企业家精神"。

稍晚些的时候，20 世纪 80 年代，我看到了一篇帕斯卡尔发表在《财富》杂志上的文章，意在说明组织文化的重要性（在该文中，作者用"烈酒"指代战略，声称其灌醉了太多的企业领袖）。在该文发表后，我斗胆问作者，到底有多少企业成功地扭转了自己原有的企业文化。他只能想到两个，福特汽车和壳牌公司，当然这种转变文化的过程会长达数年。

福斯特的第一本书《创新：进攻者的优势》（Innovation: The Attacker's Advantage）发表于 1986 年。在参与合著《创造性破坏》（Creative Destruction）之时，他就已确信阻碍企业创新的元凶乃是一种他称作"文化封锁"的东西。这种封锁根植于"企业的决策机制、管控流程和获取决策信息的方式"之中，它阻碍企业感受周遭环境发生的变化，使"运营层不能发现自己已身处险境"，并最终"让企业难逃业绩下滑的厄运"。

即便你想摆脱这种封锁，表面上看，你大可以仔细研究分析中涉及的所有变量，然而能做的依旧不多，遑论改变文化。战略至少为高层管理者提供了清晰可见的分析方法、明确的决策制定流程以及多样的选择。起码，看上去是这样。

本章注释

以下注释内容皆摘选自公开来源并经慎思行整理，其中员工和营业额数据皆为近两到三年数据，仅供读者参考和理解规模之用。正文中带下划线的重点关键词，亦可以在慎思行微信平台通过回复相关关键词来获得具体解释。

1　范式（Paradigm）指的是一个共同体成员共享的信仰、价值、技术等的集合，指常规科学赖以运作的理论基础和实践规范，是从事某一科学的研究者群体所共同遵从的世界观和行为方式，包括开展科学研究、建立科学体系、运用科学思想的坐标、参照系与基本方式，科学体系的基本模式、基本结构与基本功能。

2　《科学革命的结构》（*The Structure of Scientific Revolutions*）是托马斯·库恩（Thomas S. Kuhn，1922-1996）在 1962 年出版的一本关于科学史的图书。库恩探讨了科学和科学革命的本质，第一次提出了范式理论等概念，并认为革命是世界观的转变。《科学革命的结构》开创了科学哲学的新时期，其出版是相关学界的里程碑。

3　合益集团（Hay Group）是一家创立于 1943 年的美国知名管理咨询公司，以人力资源领域的相关服务而闻名。2015 年被光辉国际（Korn Ferry）收购，成为光辉合益（Korn Ferry Hay Group）。目前，合益集团在世界范围内拥有超过 80 家办公室，雇员超过 4000 人。

4　美世（Mercer）是一家创立于 1945 年的知名美国人力资源咨询公司，是威达信集团（Marsh & McLennan）旗下的一家子公司。目前，美世在世界范围内拥有 180 家办公室，雇员超过 2 万人。

5　韬睿（Towers Perrin）是一家创立于 1934 年的知名美国人力资源与金融服务咨询公司。2010 年韬睿与惠悦（Watson Wyatt）合并成为韬睿惠悦（Towers Watson），并在 2016 年与韦莱集团（Wills Group）合并成为韦莱韬悦（Wills Towers Watson）。在合并前，韬睿拥有雇员超过 5000 人。

6　惠悦（Watson Wyatt）是一家于 1995 年合并成立的美国人力资源和保险精算咨询公司，其前身可追溯到 1878 年。2010 年，惠悦与韬睿合并成为韬睿惠悦，并在 2016 年与韦莱集团合并成为韦莱韬悦。在合并前，惠悦在全球范围内拥有 106 家办公室，雇员超过 7000 人。

7　杰弗里·普费弗（Jeffery Pfeffer，1946- ），美国商业理论学家、管理思想学者。普费弗以发展资源依赖理论而闻名，此外在人力资源管理、认知与行动偏差、领导力等领域都有一定建树。普费弗是斯坦福大学商学院的名誉教授，并曾担任多家人力资源管理公司的董事。

8 《渴望卓越》（*A Passion For Excellence*）于 1985 年出版，此书的关注重点在于专业性的个人领导的魅力。

9 《乱中取胜》（*Thriving on Chaos*）于 1987 年出版，书中包含不少于 45 条让经理人遵循的主要规则，它为彼得斯未来的职业生涯规划了蓝图，也为彼得斯日后推动美国公司变革的事业奠定了基础。

10 《管理的解放》（*Liberation Management*）于 1992 年出版，在书中，彼得斯鼓励、要求公司放弃等级阶层，接受灵活的自由流动的组织结构，以此形成庞大而高效率的公司网络结构。

11 《复兴因素》（*The Renewal Factor*）于 1987 年出版，探讨了管理层如何避免在"企业中年危机"中陷入困境，并且能够更具活力、热情和创造力，从而为当今不断变化的经济挑战寻找新的解决方案。

12 《在混沌的边缘冲浪》（*Surfing the Edge of Chaos*）是一本关于商业与自然相似之处的精彩且实用的书，这两个领域都存在传统力量与转型力量之间的争斗，而本书提供了一种大胆的新思维方式，以帮助企业中每个人应对所面临的个人和战略挑战。

13 英国石油（British Petroleum，BP）是一家英国跨国石油天然气公司，于 1908 年成立。BP 在石油和天然气行业的垂直领域中均有业务，包括勘探、生产、炼制、销售等，此外，BP 还从事生物燃料和风力发电等可再生能源业务，它是世界上最大的石油天然气公司之一，也是富时 100 指数的成分股，除伦敦证券交易所外，BP 还是法兰克福和纽约市场的上市公司。目前，BP 拥有雇员超过 7 万人，年收入逾 2400 亿美元。

14 惠普（Hewlett-Packard，HP）是一家美国跨国信息技术公司，于 1939 年由威廉·休利特（William Redington Hewlett，1913-2001）和戴维·帕卡德（David Packard，1912-1996）联合创立，惠普长期以来一直被认为是硅谷发展的起点，两位创始人最初创业的车库也被认为是硅谷精神的象征。惠普为各类消费者提供软件和硬件服务及解决方案，包括个人电脑、服务器、网络硬件、存储设备等。2015 年，惠普将个人电脑及打印业务与企业产品和服务分开，并将公司拆分为惠普公司（HP Inc.）和惠普企业公司（Hewlett Packard Enterprise）两个独立的主体。

15 美国陆军（U.S. Army）是美国武装力量的陆地战争分支，起源于 1775 年成立的大陆军（Continental Army）。目前，美国陆军拥有超过 47 万名常备官兵、34 万名国民警卫队官兵、近 20 万名军队预备队官兵，共计超过 100 万名官兵。

16 埃克森（Exxon）是一家美国石油和天然气公司，该公司和品牌创立于 1972 年，其前身是新泽西标准石油公司（Standard Oil Company of New Jersey）。1999 年，埃克森和美孚公司（Mobil）合并成为埃克森美孚（Exxon Mobil）。目前，埃克森美孚是世界上最大的石油天然气公司之一，拥有雇员近 7 万人，年收入逾 2371 亿美元。

17 沃尔玛（Walmart）是一家美国跨国零售商，经营连锁卖场、百货商场等，于 1962 年由山姆·沃尔顿（Sam Walton，1918-1992）创立，是世界上营业额最大的公司之一。沃尔玛旗下拥有多个业务分支，如山姆俱乐部（Sam's Club）、国际电商等。沃尔玛虽然是上市公司，但仍保持家族企业的特征，沃尔顿家族拥有其 51% 的股权。目前，沃尔玛在全球范围内拥有超过 1.1 万家门店和 230 万名雇员，年收入逾 5000 亿美元

18 《创造性破坏》（*Creative Destruction*）是一本由理查德·福斯特（Richard N. Foster）和萨拉·卡普兰（Sarah Kaplan）合著的商业类图书，于 2001 年出版。该书通过麦肯锡对不同行业的多家企业的研究，指出企业运营发生重大改变的必然性。

19 迪克·福斯特（Dick Foster），即理查德·福斯特（Richard N. Foster）在麦肯锡任职 32 年，开创了麦肯锡包括私募股权、医疗卫生、科技和创新咨询在内的多个咨询服务部门。他是知名经济学家熊彼特"创造性破坏"理论的集大成者，颠覆"创新理论之父"克莱顿·克里斯坦森（Clayton Christensen）也曾经在他的指导下做研究。

20 《从核心扩张》（*Profit from the Core*），这是管理界第一部对战略性扩张运动进行深入研究的著作，它清楚地阐述了多元化战略和从核心扩张战略的区别及优劣，深入分析了企业如何以核心业务为基础向相邻领域扩张，如何评估扩张战略，如何确保扩张战略能够赢利，如何打造可重复运用的扩张模式，执行扩张计划时必须考虑哪些因素，如何通过扩张实现业务和企业的转型等企业成长战略中最为重要的问题。

21 金伟灿（W. Chan Kim，1951- ），韩裔商业理论家、作家，他亦是 INSEAD 的战略管理教授、世界经济论坛的会员和欧盟的顾问团成员。

22 勒妮·莫博涅（Renée Mauborgne），美籍商业理论家、作家，她亦是 INSEAD 的研究员、战略管理教授、世界经济论坛研究员，其文章曾获得艾德瑞吉·海恩斯奖（Eldridge Haynes Prize）。

23 《蓝海战略》（*Blue Ocean Strategy*）是一本由金伟灿和勒妮·莫博涅合著并于 2005 年出版的战略理论图书。作者根据对跨越百年来自 30 多个行业的 150 多个战略举措的研究，指出企业可以通过创造远离竞争、没有"血腥"的蓝海市场来绕开充满竞争的红海市场而获得成功。《蓝海战略》自出版以来已被翻译成 43 种语言，销售量超过 350 万册，并获得了许多美誉和奖项。

24 宝洁（Procter & Gamble）是一家创立于1837年的美国跨国消费品公司。宝洁是世界上最大的快速消费品公司之一，其业务范围广泛，产品线包括洗护用品、化妆品、婴儿护理产品等。宝洁是实行多品牌战略的代表，旗下拥有众多的包括玉兰油、吉列、帮宝适、海飞丝等在内的世界知名品牌，其中65个品牌占据了公司95%的销售额，而年销售额在10亿美元以上的品牌数量超过20个。目前，宝洁拥有专利数约2.9万项，雇员近10万人，年收入逾652亿美元，并且是标准普尔指数的成分股。

25 蜡烛制造商威廉·普罗克特（William Procter）和肥皂制造商詹姆斯·甘布尔（James Gamble）是宝洁公司的两位创始人，他们分别来自英格兰和爱尔兰。他们最初定居在辛辛那提，由于与一对姐妹奥莉薇·诺里斯和伊丽莎白·诺里斯的婚姻而相识。他们的岳父亚历山大·诺里斯建议两位女婿成为业务合作伙伴。于是，1837年10月31日，宝洁诞生了。

26 3M（Minnesota Mining and Manufacturing Company）是一家美国跨国多元化产品集团，成立于1902年。3M最初只生产开采矿石用的砂轮，但随着市场竞争，3M的管理层支持其员工创新和开发新产品，并使之成为核心文化，其发明的便利贴（Post-it® Notes）更永久地改变了人们的沟通和组织行为。3M以勇于创新、产品繁多著称于世，目前其生产超过5.5万种产品，拥有雇员超过9万人，年收入逾316亿美元，并是标准普尔指数和道琼斯工业指数的成分股。

第 十 章 | **从战略到现实的挣扎**

时至 20 世纪 80 年代初,战略革命的光芒已然逐渐淡去。"战略之王"们业已完成了他们奠基性的工作,关键的范式已经被创造出来,并得到了广泛应用,而那些后来将主导这个领域的咨询公司和学术机构也陆续走上了舞台。此时此刻,每个真正关注长期发展的公司都意识到了战略的必要性。

　　接下来,自然就过渡到战略革命的第二阶段——巩固阶段。这一阶段与两个偶然交叠的事件密切相关。第一个事件推动战略理念传遍世界,达至其可以改变行为的所有地方;第二个事件则推动了战略的完善,我们将在下一章继续讲述。

　　随着新准则的出现和反对者的式微,改革者和商业界越来越感到自身陷入一个难题,如何将概念用在公司具体实践中,更通俗地说就是"实施战略",也可以叫作"执行战略"[实施(implement)来自拉丁语"去实现"(to fulfill),执行(execute)原意是"跟从到最后"(follow to the end)]。但长期以来这并不是咨询顾问愿意考虑的事情,因为实施已经明确的战略,不仅缺乏挑战性,也难以激发新的想法和分析上的突破。不过为了顺应需求,帮助客户解决问题,咨询公司尤其是 BCG,却不能仅仅跟公司高层合作,而必须想出能彻底解决问题和有所成效的办法。

● **飞出"海鸥怪圈",排挤亨德森**

　　和很多新闻工作者一样,我很怀疑媒体的影响力。我们写的文章很多时候就像被发射到了虚无缥缈的太空，而且太空吃掉它们连个饱嗝都不打。所以，当 BCG 的艾伦·扎肯回忆起我发表在 1982 年《财富》杂志上的一篇文章，并表示"那篇文章确实伤害了我们"时，我觉得非常吃惊。

那篇文章是《备受攻击的企业战略家们》（"Corporate Strategists Under Fire"），主要讲的是公司虽然接受了战略和相关的概念工具，却挣扎于战略的执行，而剧烈的挣扎甚至引起了一些公司内部的混乱。很多公司，如通用电气，裁掉了相当一部分做战略规划的雇员。在文章中，我还写下了同各个咨询公司进行访谈后得出的结论。

> "你们有多少客户拥有战略？"
> "如果他们是我们的客户，那么他们现在肯定已经有战略了。"
> "那有多少公司可以有效地执行这些战略呢？"
> "呃。"在停顿很久后用勉强的语气问："你不会报道信息的来源吧？"
> "不会的。有 50% 吗？"
> "没有，没有 50%。"
> "30%？"
> "呃，也达不到。"

经过一些回合，最后的结论终于浮出水面：咨询顾问估计仅有不到 10% 的客户能够完全成功地实施公司的战略。

不过 BCG 认为，这还不是对它们打击最大的部分。让它们更头疼的是接下来的内容，关于那时主流的咨询服务方式，"行业内戏称为'海鸥式咨询'。咨询顾问飞出波士顿，在客户头顶转几个圈，扔给它们一个战略，然后就飞回来了"。

对 BCG 来说，20 世纪 80 年代早期确实是一段痛苦的历程，扎肯的继任者约翰·克拉克森后来将其描述为公司最艰难的时刻。痛苦的原因远远不止扎肯所说的"糟糕的公关"。从一开始就不止公关一个原因，就像 BCG 一位合伙人所承认的，"我们的的确确就是一帮海鸥型顾问"。

这确实让人相当矛盾，因为战略的成功本身就意味着一个挑战。任何没有"脑死亡"的公司都知道自己必须有一个战略，而那些关键分析所用的概念也人尽皆知，并且有很多顾问会争相帮你学会使用。用扎肯的话来说，战略受到了商业化的困扰（但也是在那时候，一位麦肯锡的合伙人跟我说，"我们的战略就是将 BCG 正在做的事情商业化"）。除此以外，正如文章所述，按照当时的说法，一旦你已被"BCG 服务过了"，那还有什么理由这么快就再做一次战略规划呢？乔治·班奈特——BCG 前成员、贝恩公司联合创始人 [他当时仍是自己创立的咨询公司博敦咨询（Braxton Associates）的老板] 将这个情况总结得更形象生动："当你刨除那些已经在长期合作的公司，还有那些坚决拒绝咨询的公司，其余没有用过咨询的公司实在是不多了。所以每次我去谈项目，总能遇到五六家咨询公司参与竞争，而以前这种情况根本很少见到。"

　　实际上，这些情况都是在经济不断恶化的大背景下发生的。20 世纪 70 年代中后期的经济恶化重创了 BCG 当时主导的产业类客户，1973 年和 1979 年的石油危机更引发了滞胀[1]（Stagflation）的困境——缓慢增长痛苦地伴随高通货膨胀。这最终导致成本，尤其是原材料成本的变化不再遵循经验曲线的轨迹。

　　为了遏制通货膨胀的加重，联邦政府做了很多努力，例如，杰拉尔德·福特（Gerald Ford）总统倒霉的"赶走通胀"运动，吉米·卡特（Jimmy Carter）总统的"自愿的工资物价管制"，然而，这些努力最终都徒劳无功。政府面对通货膨胀又采取了一个措施，在 80 年代取消对银行业和长距离通信业的管制之后，进一步取消航空业、货车运输和铁路运输业的管制。本来这些放松管制的政策可以有更明显和更长期的正面影响，却在日本、欧洲企业涌入美国市场的情况下，让美国越来越多的经济领域暴露在激烈的市场竞争之中。

　　潘卡基·格玛沃特引用经济学家威廉·谢泼德（William Shepherd）的估算指出，受上述因素和政府反垄断措施的共同驱动，最终美国经济的有效竞争率从 1958 年的 56% 上升到了 1980 年的 77%。而这些数字的变化也在很大程度上解释了战略需求的增加。不过，市场对 BCG 服务的需求并没有相应增长，这不仅因为麦肯锡已经觉醒并且挤入这个市场，而且据 BCG 圈子内的传说，贝恩公司已经发现了正确的业务模式，也就是长期、全封闭地参与到一个行业的一家公司中。而 BCG 出于一种类似海鸥的天性，却坚持着传统的业务模式，不断地寻找着更小、更精致的项目。

最终，所有这些问题汇集在一起，夹杂着个人烦恼的不断升级，让布鲁斯·亨德森在 1980 年再一次被解雇，而这也是他最后一次被解雇，或者更准确地说，是被明升暗降。早在 1975 年，BCG 就通过了第一个职工持股计划[2]，即 ESOPs，本质上是将公司卖给员工。当然那时公司的一些人仍然很钦佩亨德森，并且把职工持股计划看作亨德森对他们的慷慨之举。而亨德森自己也收到了一份为期十年的公司总裁或董事会主席的就职合同。1977 年，就在1979 年的收购完成之前，所有副主席（那时将近 30 人）都被任命为公司的董事和职工持股计划的托管人。

1979 年，美联储在保罗·沃尔克（Paul Volcker）的治理下终于采取了控制通胀的手段，戏剧性地提高了利率，并直接导致次年的经济衰退。

1980 年 5 月 1 日，在一场 BCG 的董事会议上，出于对被性格多变的创始人领导的厌倦，BCG 的新晋董事们投票成立了一个四人管理委员会来负责整个公司的运营，并且任命其中的艾伦·扎肯为 CEO，任期三年。而亨德森却被排除在外，成了公司的董事会主席，并担任这一职位直到 1985 年退休。

一方面，亨德森的下台可以被理解为他所倡导的管理风气的高潮；另一方面，这也可以被看作这种风气没能紧跟公司面临的新挑战。除了其他表现形式之外，这位公司创始人对于竞争的信仰已经被转化为一种被 BCG 顾问称为"残忍的自由市场"的任务分配和记录模式。公司建立的早期，就采取了一种对每个顾问"赚钱能力"的衡量方式，即顾问被客户计时付薪时间的占比。为了让顾问之间能更好地进行比较，每个月顾问的"赚钱能力"都会在大家经常光顾的衣帽间门后进行公示。而负责管理客户项目的顾问，则可以自由地选择他们想要的组员。如果你发现自己总是不被选中，常常没事可干，那公司里很快就不会再有你的位子了。不过这种针对顾问的"残忍的自由市场"倒并没有影响公司的付薪方式：亨德森将大部分薪酬策略的决定权捏在自己手里，包括最资深同事的薪酬。直至今日，有些人还咕哝着那些曾经被许诺但从未实现的福利。

1980 年，亨德森作为企业家不断膨胀的野心已经让 BCG 越来越难以承受。在 1979 年的董事长致辞中，他承认上一年是极度繁荣的一年。事实证明，BCG 在后来的十多年里再也没有那样繁荣过，并且公司曾经享受的高速增长也没能持续。即便如此，1979 年 BCG 还是在芝加哥建立了新办公室，而这是全球第七个也是成本最高的办公室，很多亨德森的同事都不明白为什么要建立芝加哥办公室。

而亨德森的老同事也将事情想得过于简单化了，他们认定亨德森在 17 年前创办的公司已经到了必须改变的时候，并且亨德森既没有能力，也没有意愿为公司制定一条新的发展道路。所以，在接任 CEO 后不久，扎肯就为公司选择了一个新的口号：让战略变成现实。这个口号充满战斗意味，也隐约地暗示 BCG 要连同布鲁斯·亨德森一起，摆脱纸上谈兵的思维。

• 从母亲那里学到了什么

谈到让战略变成现实，即实施战略（Strategy Implementation），BCG 遇到的障碍从公司管理层的态度就已经看得出来了，他们对此不感兴趣，甚至几乎非常鄙视。扎肯不经意讲述的一个故事就显露了这种屈尊俯就的心态。

BCG 的客户克拉克设备公司 [3]（Clark Equipment），是一个叉车和物料搬运设备的制造商。1970 年，这家公司发现它面临的竞争越来越激烈，主要对手是那些主打更简单、更便宜叉车产品的日本企业。在详尽地研究了克拉克设备公司自身的成本和竞争对手的情况后，BCG 提出了一个优秀而全面的战略，它建议克拉克设备公司打造一个全新的生产流水线，制造更具竞争力的产品，也就是较公司标准产品功能更简单而成本更低的产品。然而，克拉克设备公司的文化仍然被攥在一群热衷于开发新功能的工程师手中，他们毫不迟疑地拒绝了 BCG 的建议，并且做出恰恰相反的决定，打造了一个新工厂生产一款更加昂贵、功能更为复杂的产品。扎肯跟他的同事讲，这个经历就像是"把射线枪交给了一个原始人"。

大卫·霍尔（David Hall）大概是 BCG 中将射线枪交给原始人甚至帮忙设计射线枪的那个顾问。不同于扎肯、乔治·班奈特和迪克·洛赫里奇这些早期被公司视为无价之宝的人，大卫·霍尔在 BCG 的历史上更多扮演的是补充者的角色，有时甚至是对立者。在他 27 年的 BCG 生涯里，霍尔从未给《管理新视野》写过一篇文章，也没有作为负责人领导过一间办公室的业务 [即使他担任过两届公司执行委员会 4（Executive Committee）的成员]。然而，他开拓了一种与客户合作的全新方式，一种能够产生良好效果的互动方式，并且这种方式顺其自然地延伸开来，推动了公司在金融服务领域的发展。在 20 世纪 80 年代中期，BCG 只有 2% ~ 3% 的业务收入来自金融服务领域，而如今这一比例已经上升到 25%。

大卫·霍尔是英国人，在剑桥大学 5（University of Cambridge）学习了三年的经济学，并在伦敦商学院 6（London Business School）获得了硕士学位，他在 1973 年加入 BCG。1975 ~ 1981 年他在波士顿办公室工作，并在集体努力下，按他的说法，"推动微观经济学分析的前沿发展"。有鉴于此，他回忆起为通用食品公司 7（General Foods）的 Kool-Aid 品牌业务绘制经验曲线时的经历，为了能够更好地测算出染料成本，如 2 号红色的成本变化对总成本的影响，需要分析长达 20 年的经济数据并追溯产品所有配方变化。他注意到同事中存在一种明显的倾向："如果让大家在一个新行业新客户的项目和一个需要努力让老客户达成目标的项目中选择的话，大家都会跑到新客户那里，因为那样更有趣，也更刺激。"

在 1981 年回到公司的伦敦办公室以后，他开始变得越来越灰心。"我发现贝恩公司的成功已经是显而易见的了。"他说。贝恩公司承诺无论需要多少时间，其团队都会帮助客户将战略转化为结果。并且他说，"我开始对我得到的那些了不起的结论感到沮丧……它们无疑能塑造人们的想法，但是这些结论只有很少能被完全执行，这不仅让我感到很困扰，也令我感到恼火，非常恼火"。霍尔英国式的轻描淡写难以遮掩当年的焦虑，就像很多人在痛苦时做的那样，他想起了他的母亲。

"我的母亲是一名心理咨询师兼治疗师。有一次，我同她聊起恰当的疗法，学到了很重要的一点：一个心理咨询师真正做的是帮助他的客户了解自己的问题，并且自行找到解决办法。心理咨询师是帮助者，是问题的设计者，也是疑难的探测器，但从来不是直接提供答案的人。答案是由客户做出来的。"啊哈！霍尔心中一动。

当时，他已经与一家做"环境控制技术产品"的瑞典公司富瑞得集团（Fläkt Group）建立了咨询合作关系，通俗地讲，这家公司做的是供暖和通风系统。1983 年，富瑞得集团新上任的年仅 30 多岁的 CEO 比约恩·斯蒂森（Björn Stigson）对分析公司旗下所有产品组合很感兴趣。霍尔向他提出了一个崭新的建议。

"我跟他说'我们都经历过没产生应有影响的咨询项目'。"霍尔说道，"BCG 的关键能力在于模式识别，在于理解你可能的行为带来的第二次和第三次冲击，在于与其他行业进行类比，也在于缜密地理解微观经济学，并且与各种不同的机构进行合作。在某些方面，具体分析和采集数据的工作应该是客户能做的事情。"

"为什么我们不采取一个不同的模式呢？"霍尔提议道。"何不由你们来负全责？而我们将作为顾问进行框架分析和具体分析，在得出结论和实施计划的过程中支持你、帮助你呢。"但具体如何实现呢？"何不选择一个你认为在 5 ~ 10 年后有潜力成为 CEO 或 CEO 候选人的员工，让这个人来负责？"霍尔向斯蒂森承诺道："你可以让来自不同业务部门的员工组成一个包括分析师和项目组长的团队，BCG 会支持他们做好那些在传统的咨询关系中本应由 BCG 承担的事情。"

最后，霍尔提出了他认为富瑞得能在新模式中得到的最大的好处。"我认为这么做，你们能够真正学到很多知识，你们的管理和分析能力也会提高，并掌握很多可取的思维方式。而且你也能获得有足够管理能力的人才，来领导具体的实施过程。"

霍尔说服了斯蒂森。"也许因为他是瑞典人，"霍尔猜测道，"或者因为他比较年轻，年纪跟我们差不多"。但 BCG 对此反应没有那么乐观，"对我来说这不是什么大风大浪"，霍尔讲道，"但其他人都相当震惊，甚至觉得我做得有些极端。但是我实在是对旧模式感到厌倦"。伴随理智和情感上的不满，驱动战略革命的引擎再度发力，下一刻霍尔实现了"作为合伙人可以追求自己理想"的自由。霍尔的同事也意识到这可能是追上"贝恩公司的实施挑战"的好方法，但霍尔觉得他的方法和贝恩公司的完全不同："贝恩公司的模式更像是'保证让你增加多少收益'，但我们不会保证任何事情，客户才是要保证这些收益的人。"

富瑞得公司亲自参与项目的模式非常成功。斯蒂森完全掌控了这个拥有丰富业务的公司，并且对这些业务乃至公司的中间管理层，都有了清晰的想法。业务组合得到相应的调整。"某些业务得以改善和巩固，"霍尔讲道，"有些则没有。但是如果问我对真实推动公司改变的行为感觉如何？毫无疑问，我相当开心"。1991 年，富瑞得以极佳的状态被跨国电力设备公司 ABB[8]（Asea Brown Boveri）收购，斯蒂森也成为该公司的执行副总裁。

扎肯对霍尔的创新咨询模式印象深刻，因此要求他在全球合伙人会议上展示这个模式。这次展示最吸引人的是最后一页幻灯片上，霍尔绘制的从客户那里得到的收益曲线图，刚开始按照旧模式为富瑞得做项目时，客户的收益曲线一直在上下浮动，而在采用了新模式后，客户的收益却持续上升。霍尔讲道："新模式并没有降低我们的潜在收益，反而创造了同客户更为紧密的关系，增加了客户对我们服务的需求。"

在一篇《管理新视野》的文章中，霍尔在伦敦的合伙人之一安东尼·哈布古德（Anthony Habgood）将新模式的精髓总结为"发现的逻辑"（discovered logic），客户和顾问共同努力找到那条必然的前进道路。1985 年，霍尔决定尝试将这个新模式应用到 BCG 当时没什么实力的金融服务领域。

他再一次在公司遭遇了来自传统观点的反对。"在美国，人们都觉得战略和金融服务的关系并不大，"他回忆道，"而且认为银行家都很无聊"。人们这样的想法源自一种观念，认为典型的大银行或保险公司都是非常复杂的官僚机构，这里的成本被产品线和大量复杂的分配问题分摊了。这样的机构往往缺少像 BCG 原有客户（如化工厂和叉车厂）那样敏锐而层次清晰的决策路线。除此以外，一些 BCG 的合伙人还提出，麦肯锡似乎牢牢掌握着金融服务领域的业务，早在 20 世纪 80 年代早期一场银行家会议上，麦肯锡的洛厄尔·布莱恩（Lowell Bryan）就第一次提出了战略对这个行业的重要性。

然而，对于霍尔来说，这个行业复杂的以过程和委员会为导向的决策方式，非常适合他强调合作关系的咨询新型服务模式。同时，他注意到，随着管制的逐步解除，金融服务公司渐渐开始以新的形式在新的市场中自由竞争。很多公司的传统业务仍然占比极大，从而带来了探索新的市场机会的庞大咨询需求。拥有这样的大好机会以及清晰的目标客户，霍尔非常乐意同麦肯锡在金融领域一决高下。

1985 年，同爱尔兰银行[9]（Bank of Ireland）的合作为霍尔赢得了第一场胜利（"爱尔兰人和澳大利亚人很像，"他说，"都是小国家，却总是能用好的想法震惊整个世界。"）。BCG 同来自银行的团队一起为英国银行业市场做了一个非常经典的分类，对每一类市场都进行了微观经济学分析以确定其吸引力，并最终确定了九个类别。这预示着 BCG 在深入该行业后会选择的路线——关注零售银行领域，因为其最能有效地利用咨询公司搜集和分析大量数据的能力。"我尽可能远离银行的公司银行[10]（corporate banking）业务，以及商人银行[11]（Merchant Banking）和投资银行[12]（Investment Banking）业务，这些都是需要你真正掌握银行业务运作方式的领域。"霍尔讲道。

基于上述的工作成果，爱尔兰银行成功地进入新业务领域——人寿保险、抵押贷款、私人银行（面向那些所谓的"重要个人"或"高净值个人"）。霍尔还观察到金融服务业的高管越来越倾向于进行公司间的交流，而其他行业的竞争对手之间往往没有那么频繁的交流。风向最终变得对 BCG 有利。不久，公司争取到了皇家保险公司[13]（Royal Insurance），这是公司在保险领域的第一位客户。在 20 世纪 80 年代后期，BCG 也开始为美国银行[14]（Bank of America）、花旗集团（Citi-group）两个传统的麦肯锡客户做私人银行咨询项目。1987 年，当时 BCG 的总裁约翰·克拉克森委任霍尔开发金融服务领域的业务，将其作为六大专项业务（industry-specialized practices）之一，所以该领域业务的发展主要归功于霍尔的努力。

在理想的形式下，霍尔的新咨询模式在整个实施过程中具有一种反复的半苏格拉底式的状态，直至找到结论。但他做出了一个颠覆性的符合他一贯哲学的创新：由 BCG 和客户组成的联合团队共同得出研究结果，而在将结果呈现给高管或董事会时，霍尔坚持必须由客户的员工进行展示（即使大部分结果是咨询顾问做的）。

在接下来的 20 年里，越来越多的咨询公司在贯彻执行的较量中，都以不同形式与客户团队进行合作。但"谁来做最后的成果展示"总是一个判断他们对新模式是否认真对待的完美方式。霍尔坚信对这个问题的答案是 BCG 和其主要竞争对手最大的不同。"麦肯锡会讲起客户团队，但在紧急关头，麦肯锡的资深合伙人还是会跑到董事会做解释。在紧急关头，贝恩还是会说，我们将提高你多少亿美元的收益，而你只需花费七八百万美元就可以实现它了。"霍尔讲道。他认为三家公司不同的文化延续到了今天，这是人们在不同时代听到的同一主题的各种变体。麦肯锡的校友汤姆·彼得斯相信，有 95% 的公司行为源自初始基因，并坚持认为麦肯锡初始基因的精髓在于公司的形象永远是"CEO 的幕僚"。

大卫·霍尔的新模式横扫 BCG 上下，并被立即确定为与客户合作的正确方式，这对于那些特别讲求民主的人或许是一件非常鼓舞人心的事，但这并不是事实。因为这个概念违背了公司长久以来形成的观念与创业的民主精神，当然这也恰恰是允许霍尔追求另类愿景的那个民主（他告诉我，他"从来不喜欢别人告诉他做什么"。这在咨询公司合伙人间很常见甚至相当普遍，他们经常不约而同地说"我不想被管理"以及"我从来不想有老板"）。

不过，霍尔的新模式还是开始为他的同事所用，并且随着时间的推进，他有了更高、更广的平台来推广这个模式，刚开始作为金融服务业务领域的负责人，后来作为监督公司所有业务领域的合伙人，到 20 世纪 90 年代作为连续两任三年期的 BCG 执行委员会成员。虽然这个新模式的推广范围很难准确衡量，但霍尔的做法确实帮助 BCG 迈向了更好的未来，客户关系不再只依靠一个又一个项目，还依赖能够延续数年的坚固情谊。

本章注释

以下注释内容皆摘选自公开来源并经慎思行整理，其中员工和营业额数据皆为近两到三年数据，仅供读者参考和理解规模之用。正文中带下划线的重点关键词，亦可以在慎思行微信平台通过回复相关关键词来获得具体解释。

1   滞胀（Stagflation，全称停滞性通货膨胀）是指高通货膨胀率、高失业率、低经济增长率同时存在的经济现象。在凯恩斯主义经济学中，通货膨胀和经济衰退不会同时出现。因此，当滞胀发生时，传统的经济政策时常失效。目前，解决经济滞胀的方法是扩大公共财政支出，同时减税，加上适度提高利率来控制通胀，经过较长时间逐步消除滞胀。20 世纪 70 年代世界范围内的 7 个国家曾因油价上涨发生过滞胀。

2   职工持股计划（Employee Stock Ownership Plan，ESOPs）是一种为企业职工提供本企业所有权的薪酬激励方式。大多数公司使用职工持股计划作为员工薪酬的一种形式，将员工激励和企业绩效更好地绑定。此外，ESOPs 也是防止敌意收购或维持特定企业文化的一种方式，但这些计划通常不会使普通员工持有太多公司的股票，且大多数也不具有投票权。一般来说，在员工离职或退休时，其持有的股份会被公司回购。

3   克拉克设备公司（Clark Equipment）是美国一家工业和建筑设备设计、生产商，其前身成立于 1903 年。目前，克拉克设备公司是韩国斗山国际（Doosan International of South Korea）旗下的子公司。

4   执行委员会（Executive Committee）是负责公司日常经营和决策并处于公司核心位置的董事会委员会。由于大型公司的董事会一般规模庞大，因此设置较小规模的执行委员会以进行日常管理。执行委员会的选举由公司章程决定。在特定情况下，执行委员会有权代表董事会行使权力。

5   剑桥大学（University of Cambridge）是一所位于英国剑桥郡的世界著名研究型公立大学，成立于 1209 年，是世界上最古老的大学之一，属于英国 G5 高校联盟。剑桥大学拥有牛顿、达尔文、罗素、霍金等众多知名校友，此外还培养了 116 名诺贝尔奖获得者、10 位菲尔兹奖获得者、6 位图灵奖获得者和 15 名英国首相。

6   伦敦商学院（London Business School）是伦敦大学（University of London）下属的一所研究生商学院，于 1964 年在伦敦成立。伦敦商学院被认为是欧洲和世界顶尖的商学院之一，提供管理硕士、金融硕士、MBA、博士、EMBA 等学位项目。

7   通用食品公司（General Foods）是一家美国食品公司，其前身成立于 1895 年。通用食品公司在 1985 年被巨额收购，之后在 1990 年与卡夫公司（Kraft, Inc.）合并成为卡夫通用食品公司（Kraft General Foods），1995 年"通用食品"被从公司名称中删除，现仅作为通用食品国际（General Foods International）品牌名称的一部分存在。

8　ABB（Asea Brown Boveri，阿西亚·布朗·勃法瑞）是于 1988 年合并成立的一家瑞士跨国电力、电气与工程公司，其前身成立于 1883 年。ABB 拥有广泛的产品线，主要经营范围包括电力电气、自动化技术等技术领域，它是世界上最大的工程公司之一，"世界 500 强"榜单的常客，并在超过 100 个国家和地区开展业务。目前，ABB 拥有超过 13 万名雇员，年营业额超过 343 亿美元。

9　爱尔兰银行（Bank of Ireland）是一家爱尔兰的商业银行，成立于 1783 年。爱尔兰银行是爱尔兰的四大商业银行之一，在爱尔兰银行业的历史上占有独特的地位。目前，爱尔兰银行拥有超过 1.1 万名雇员，年收入逾 29 亿英镑。

10　公司银行（Corporate Banking）是商业银行为公司客户提供的金融服务，包括对非金融机构、财务公司（如人寿保险）、政府机构的贷款，以及商业不动产融资业务、租赁业务和贷款保收业务。公司银行的业务收入主要是贷款和租赁产生的利息收入，以及银行为客户提供的其他服务产生的手续费收入。

11　商人银行（Merchant Banking）在历史上是指商业贷款和投资等非零售银行业务，包括但不限于国际贸易、长期企业贷款、包销、承兑。商人银行的概念一般存在于英联邦国家，现在其意义已与投资银行（Investment Banking）相同。在美国，商人银行指以股权形式而非贷款形式向公司提供的融资服务。

12　投资银行（Investment Banking）指帮助企业客户进行的证券发行、承销、交易、企业重组、兼并与收购、投资分析、风险投资、项目融资等一级市场业务。投资银行业务通过交易佣金等方式获得收入，这也是投资银行的主要利润来源。目前，商业银行亦可开展投资银行业务。

13　皇家保险公司（Royal Insurance）是一家英国跨国保险公司，成立于 1845 年。1996 年，皇家保险公司与太阳联合（Sun Alliance）合并成为皇家太阳联合保险集团（RSA Insurance Group PLC），是目前世界上最大的保险公司之一，在 140 多个国家和地区开展业务并拥有超过 1700 万个客户和 1.3 万名雇员，年收入逾 71 亿英镑。

14　美国银行（Bank of America）是一家美国的跨国金融服务公司，主营业务为商业银行业务，其前身创立于 1904 年。美国银行是美国四大银行（花旗银行、富国银行、美国银行和摩根大通）之一，在美国所有银行存款中的份额超过 10%。美国银行在 2008 年金融危机后收购了美林证券（Merrill Lynch），成为全球最大财富管理公司之一，是投资银行市场的主要参与者。目前，美国银行拥有超过 20 万名雇员，年收入逾 873 亿美元，其亦是标准普尔指数的成分股。

第 十一 章 | **打碎整个世界**

在战略革命巩固成果的过程中，战略的实施并不是唯一的障碍。那些在20世纪70年代就已经出现，并在20世纪80年代变得热门的战略工具，要是没有因为某些原因而被抛弃的话，就应该被不断地完善和改进。在这些工具中，经验曲线尤其需要重新审视。不过让人惊讶的是，咨询顾问也发现在有些行业里，拥有低成本无法给企业带来竞争优势，而这也为差异化时代的降临创造了可能。

尽管如此，大部分咨询顾问在战略大旗下的工作依旧聚焦于成本，并且有很多工作是与削减成本有关的。20世纪80年代中期，迈克尔·波特引入"价值链"的概念，这个至关重要的工具最终将把公司从原材料采购到最终产品交付的所有过程分解成越来越小的模块，从而可以单独计算成本和评估其竞争力。

● **发现经验曲线的局限**

1979年，一位在BCG开始自己职业生涯的顾问提到，"我加入公司的那个时候，大部分时间都是花在处理成本问题上"。当然，在成本之外还有很多问题需要解决。在早期从客户那里搜集更多、更细数据的过程中，咨询顾问发现了一个相当让人震惊的事实，客户无一例外地都不知道他们自身的真实成本，更准确地说是无从得知成本产生的具体细节，所以没法精确分配，或将公司整体成本摊销到特定产品上，因而无法确定到底哪些产品有利可图，这最终也影响了战略的效果。20 世纪 70 年代末，几乎每个我问过的咨询顾问都这么跟我说，他们做的第一件事就是重新估算客户的成本（不可思议的是，35 年之后的今天，据说大家仍在相当频繁地为客户提供这样的服务）。

不过，对于这种现象的谴责之声并不是针对咨询顾问或公司管理层，而更多是针对会计这个专业领域。两个会计领域的重量级人物，托马斯·约翰逊[1]（H. Thomas Johnson）和 罗伯特·卡普兰[2]（Robert S. Kaplan）教授在 1987 年出版的《失落的相关性：管理会计的兴衰》[3]（Relevance lost: The Rise and Fall of Management Accounting）一书中展示了会计领域玩忽职守的历史，并以其直击要害的方式赢得了美国会计师协会的嘉奖。他们论述的中心思想是，虽然在 20 世纪 20 ～ 30 年代，会计师和他们所使用的会计系统的确为寻求增长的大企业提供了大量有用信息。但在"二战"后，他们的思想严重滞后于不断变化的市场。因为这个领域几乎把所有关注点都转移到了财务报告分析（Financial Statement Analysis）上，以确保客户的损益表及资产负债表符合审计的标准。这意味着成本会计的重要性被忽略了，这种趋势虽然推动了一些学术领域的进展和成就，却无法为管理层提供包括战略在内的各种决策所需的有效信息。

直到 20 世纪 60 ～ 70 年代，针对处于竞争压力下的公司，战略咨询顾问还是无法提供有价值的成本分析。如今已是哈佛商学院著名教员的卡普兰说："20 世纪 70 年代，咨询公司几乎都是成本会计公司，其成功在于绕过了标准的成本系统，或者说是客户本身缺乏成本系统。毫无疑问，这是行为成本分析（behavior-based costing）的起源。"这是一种累加所有经营活动产生的成本来决定产品成本的方法。

所以，拨开传统会计方法的迷雾，BCG 就可以更深入地探索它们创造的那些概念，尤其是经验曲线，从而能够找到咨询顾问无法充分解释客户遭遇问题的原因。哈佛商学院的克莱顿·克里斯坦森（Clayton Christensen）在 20 世纪 80 年代曾为 BCG 工作过，他研究了这个思想的演化过程。

他提到，经验曲线在 20 世纪 60 年代第一次遇到了问题。当时，在一家大型石化公司的项目中，顾问发现成本降低最直接的影响因素并不是经验的积累，而是随着整个市场的扩大，最低效工厂生产规模的扩大。如果一个竞争对手能够负担得起新建一座更大规模的工厂，那么它也一定能从市场更高效地"购买"经验，并匹配其成本。

20 世纪 70 年代早期，在与造纸及纺织行业客户的合作过程中，咨询顾问偶然发现了一种异常现象，这让经验曲线理论的坚持者深感不安。他们发现在某些领域，市场占有率与低成本、高利润之间并无任何关联。这也解释了规模经济的一种变化，即在某些行业中，超过最小适度规模都是不经济的，即使在只有一台机器生产的情况下也是如此。请注意，这就好比一台超级机器，它的生产能力可以满足1% ~ 2%的市场需求，但如果你已经拥有了一台，那么你在这个行业中就已经具有完全的成本竞争力，而增加一台这样的机器只会延续当前的成本状况，并不会让成本进一步降低。

克里斯坦森描述了 BCG 的顾问如何根据这些观察找到所谓"行业供给曲线"的过程。这个曲线反映了新进者与既有企业之间的差异，新进者在某些商业项目中的供给曲线远比既有企业陡峭。这也帮助咨询顾问解释了为什么在某些行业如造纸业和制铝业，规模经济效应难以发挥作用，即便有些企业投入资源建成设施一流的工厂，期待投资能有 20% ~ 30% 或以上的回报率，但实际回报率只有 6% ~ 8%。

这个小差错说明，在这类产业中，价格实际上反映的是设备最老旧和成本最高的工厂的运营结果，即产品价格高到让这些工厂的所有者可以继续维持机器设备的运转，而行业的整体盈利水平则取决于这些高成本工厂和低成本工厂之间的成本差异，前提条件是这些低成本工厂拥有最先进的技术和最大的规模。如果一个竞争对手增加了足够多的低成本产能，并最终迫使高成本企业退出市场，那么令人惊异的事情就会发生——价格崩溃，最终那些对新机器设备的投资也血本无归。

对于 BCG 的咨询顾问而言，在所有与经验曲线相关的异常现象中，最震撼他们世界观的还是在评估客户的竞争情况时，他们意识到并不是所有行业都能够被一视同仁。因为战略最初的统一范式，是建立在"成本受市场占有率和经验决定"的基础上，但这个理念并不适用于所有行业。而对于那些不适用的行业，参与者就需要去寻找竞争优势的新来源。

为了抓住这个现象并将其概念化，迪克·洛赫里奇在某天吃早餐的时候思考并设计了一个矩阵。这个矩阵列示了 BCG 所谓的"竞争环境"（见图 11-1），并在某些方面呼应了波特在《竞争策略》中提出的差异化思想。

图 11-1

BCG 竞争环境矩阵

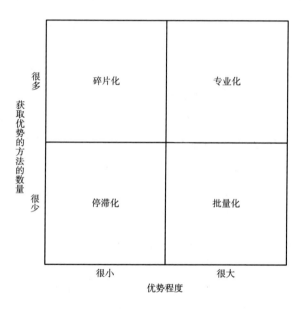

图 11-1 的垂直维度衡量了一个市场参与者能够在这个行业内获取优势的方法的数量，从很少至很多，水平维度衡量了所获得的优势程度，从很小到很大。右下角是"批量化"区域，通过竞争优势取得的业务规模可能相当巨大，但实现的方法很少，代表了需要规模的行业，经验曲线在这类行业中仍然奏效，汽车制造业便是一个例子。右上角称为"专业化"区域，企业可以

通过实现产品专业化以满足不同客户的需求从而取得成功，哪怕公司规模并不是特别大，化妆品行业正是如此。

在矩阵中，右边的象限整体优于左边的象限。而用摇摆不定来形容左下角悲惨的"停滞化"再合适不过了，从 BCG 的理念来看，处于这个象限的公司基本上已经行将就木并且无计可施了，如同很多报社面临的情况一样，每个公司都已经达到自己的规模经济却获利微薄。左上角的"碎片化"处境相对好一些，你能够找到不少成功的方法，却鲜有公司能最终一统天下，至少在麦当劳将低端生意转化成规模型行业之前，餐饮业就是这个样子。

1981 年的《管理新视野》上发表了《80 年代的战略》，在波特的书出版一年之后，作为战略游戏已经发生改变的证据之一，洛赫里奇提出了这个矩阵。"60 年代，因为竞争的加剧和国际化的开始，成本效率和市场份额成为制胜的关键要素。"而在 20 世纪 70 年代，随着高通胀、低成长和国际化的深入，市场份额和低成本战略"随着专业化分工的深入和越来越多的竞争者达到规模经济效应，却遇到了始料未及的困难。"未来，"已经没有简单且单一的准则或战略能够理所当然地指引正确的方向了"。由洛赫里奇完善过的"增长份额矩阵"，已经对战略思想做出了"关键性的贡献"，不过这个贡献却因为"使用不当和曝光过度"而被"过分商品化"，从而让一个有用的工具变得"容易被误用，或者干脆成为一种束缚"。

从战略主干上衍生的其他分支有很多指向特殊类型的行业。与此对应，战略咨询公司在 20 世纪 80 年代也开始构建并推广其行业专项业务，并宣称已经看了太多身边发生的竞争案例。但这让我们与当年布鲁斯·亨德森主张的路线已经渐行渐远：正是他和他的同僚——那些精通微观经济学真谛的大师们——将一种全新的视角和激进的经验主义带入你所处的情境之中，让你获益无穷。

一些有价值的东西或许已经在这一过程中被遗失了，至少 BCG 早期的员工是这样认为的。虽然他们从来没这么说过，但咨询顾问的角色就应该像一把"真理之剑"，并应该时刻准备着、迫切渴望着斩断那些束缚公司发展的锁链，告诉你当前面临的事态。无论真相多么令人难以接受，咨询顾问都应该站在真理的一边。

艾伦·扎肯自豪地讲起了 BCG 最短的一个项目。当时舒立滋[4]（Schlitz）聘请了 BCG，想厘清酿酒业务到底存在什么问题。因为坚信成为低成本制造商是公司成功的关键，舒立滋的 CEO 对工厂投资了数百万美元，在这个环节把碳酸去掉，那个环节又补充回来，费尽心机实现啤酒制造的进一步产业化和规模化。尽管如此，公司的低价策略却并未在市场上取得很好的反响。

咨询顾问使用竞争环境矩阵进行分析，并得出了一个非常不利的结论，确如他们所言，啤酒产业曾经是一个相当分散的市场，被大量瞄准本地需求的当地啤酒企业占据。但到 20 世纪 50～60 年代，百威[5]（Budweiser）和舒立滋这样的大型啤酒公司已经收购了很多小啤酒商，将这个行业转变成规模化的生意。而现在规模化市场的增长已陷入僵局，市场未来的增长将有赖进口啤酒和手工啤酒等专业市场的驱动。所以咨询顾问告诉舒立滋的 CEO，公司投入上百万美元以实现啤酒产业化是完全错误的，而且将永远得不到回报。得出这些结论总共只用了 28 天。

● 拆解麦肯锡商业系统

迪克·卡瓦纳（Dick Cavanagh）在成为世界大型企业联合会[6]（The Conference Board）主席之前，曾在麦肯锡做了很多年的合伙人，他比过往的同事表达得更为直接："麦肯锡一直有兴趣帮助客户找到提高价格的方法，但我不确定以成本导向的 BCG 是否会强调这一点。"卡瓦纳的观察指出了两家公司在战略上的分野，也正是这种分野开始推动战略革命朝不同的方向发展，我们在 20 世纪 80 年代的战略演进中能更明显地感受到这点。一方面是降低成本的必要性，这是经验曲线的价值之所在；另一方面则是通过开发更新颖、更独特的产品来为客户创造价值，从而收取比一般产品更高的溢价，创造更加诱人的前景。创造价值在某种程度上，正是差异化和专业化战略的核心。

但是，一家公司能不能找到既提升价值又削减成本的两全其美之策呢？或许有些公司能做到，比如丰田。但很多情况下，鱼与熊掌不可兼得，只能两者取其一。吸引公众眼球的公司一般都处于某一个极端，一种是像戴尔[7]

（Dell）或沃尔玛那样的"成本削减者"，另一种则是像苹果公司[8]（Apple Inc.）和全食超市[9]（Whole Foods Market）那样的价值创造者。对于价值创造者来说，挑战之处在于，无论是以创新还是以增长的形式来创造价值，都无法证明这些方式和成本削减一样可以系统性地推进。如果问那些成功者是否已经将创新转化为可预期、可重复的公司技能，他们通常会回答："目前还做不到。"与此同时，泛泰勒主义历经 40 年不断发展和完善，其车轮却仍然滚滚向前。

由于麦肯锡覆盖了更多金融服务和消费产品领域的企业，所以更广泛的客户群基础也让麦肯锡比 BCG 有更宽广的视野。而在消费产品领域，麦肯锡的一个众所周知的客户就是美国连锁食品企业协会（National Association of Food Chains），这个协会始终秉持一种理念，即生产者和分配者需要联合而非相互竞争，正如一个合伙人所挖苦的那样，沃尔玛随后的成功证明了这一点。不过这也带来一系列项目，并推动麦肯锡开始探索日后被咨询顾问称为行业"商业系统"的概念。

1980 年一份名为《竞争成本分析》的麦肯锡员工论文（staff paper）首次公开提出了"商业系统"的概念。在这份报告里，作者讲到找出竞争对手成本的重要性，当然这对那些一直受 BCG 或贝恩公司思想耳濡目染的人来说并不是什么新闻，其真正创新之处在于分析成本的框架。

麦肯锡的咨询顾问认为，企业需要确认所有组成自身"产品交付系统"的元素，即从生产端到消费端每一个环节的组成部分和步骤，麦肯锡"商业系统"图按照时间先后把它们排列起来（见图 11-2）。

就像咨询顾问描绘的那样，"商业系统"框架描绘了一个循序渐进的过程，基于这个过程可以进行战略制订所必需的各种分析。首先，要把每个环节的成本从整个系统中分离出来，这个步骤可以确定哪个环节对于产品总成本的影响最大。其次，可以考虑实现各个环节的替代方法，以及这些替代方法将如何影响整个成本的构成。

即便在麦肯锡，这也会成为咨询顾问热烈讨论的议题。正如一个合伙人描述的那样，"我们在 80 年代所做的不是战略工作，而是微观经济学研究"。

图 11-2

麦肯锡商业系统

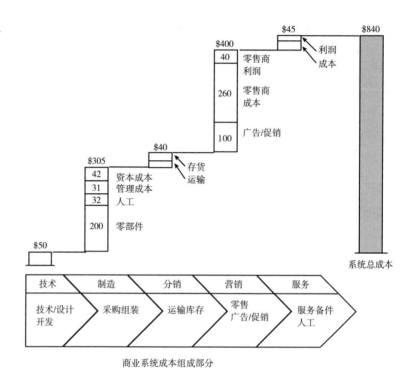

他总结了当时麦肯锡所做的事情，并觉得他们在战略的名义下做的"大部分是效率导向的事情，广义上讲是提高单位成本的产出"。换句话说，这就是泛泰勒主义。

迈克尔·波特造就价值链

随着迈克尔·波特成为冉冉上升的新星，麦肯锡开始考虑一种新的方法让波特人尽其才，当然并不是让他离开教职，而是与他持续保持一种想法和理念的分享关系，不过波特对此并不买账。他和很多咨询顾问一起讨论过战略的概念，当然并不只与麦肯锡、BCG以及战略规划伙伴公司[10]（Strategic Planning Associates）展开讨论，这使得波特形成了一种更为宏大的视野和更具全局性的画面感。1983年，他荣升为哈佛商学院的终身教授，并在同年与另外五个具有创业精神的人一同创办了自己的咨询公司——摩立特公司，联合创始人还包括马克·富勒[11]（Mark Fuller）和约瑟夫·富勒[12]（Joseph Fuller）兄弟。马克曾经是哈佛商学院的助理教授，主要讲授与波特战略理念外延相关的一些话题。波特《竞争战略》的最后也是最重要的一章，就是在富勒父母位于新罕布什尔的家中撰写的。摩立特公司公开声明的目标就是将波特的理念商业化。

作为一个有着20年经验的麦肯锡战略业务领导者，在麦肯锡的权威研究报告《战略视野》中，约翰·斯塔基指出了公司在战略实施过程中最本质的问题。他写道，一旦你制订战略并应用于所属的组织，"剩下来的就是执行战略的任务"。他继续写道，这句话是如此重要以至他觉得必须将其装裱起来并悬挂在公司所有会议室里，"这不只意味着经营业务，还通常意味着改变业务"。

确切地说，这也是摩立特公司在创始初期所解决的问题。公司的合伙人将这一努力视为对波特理论在战略定位领域的延伸。"你必须明确定位所进行的那些决策，并且将其直接融入操作层面的每一个具体行动之中。"乔·富勒（Joe Fuller）说道，"而价值链（波特为战略做出的第二大贡献）和价值系统（Value System）（对价值链概念的扩展），则是理解这些行动在成本导向型战略或差异化战略之下应如何改变的关键框架，也只有通过这一框架，你才能让经过深入讨论后得出的战略真正落地"。

1985年，部分基于摩立特公司同事所做的工作，波特出版了《竞争优势》，该书的副标题是"创造可持续的卓越绩效"。这是战略历史上第二个重要的里程碑。正如他给1998年版的书写的简介一样，本书的核心是他对于公司概念的界定，其中包含一系列相互独立的活动——"流程订单、客户开发、组装产品以及员工训练"等，而这些都与市场营销或研发这些相对传统的职能定义有明显的区别，因为这些活动更加明确地定义了"何为成本，以及如何为买方创造价值，它们是竞争优势的基本单位"。

在一个脚注中，波特提到了业务流程再造的热潮（不过到《竞争战略》第一版发布，这一热潮已经消退），他说"流程"和"活动"有时是同义词。因此，如果基于活动的分析是实现变革的第一步，而变革又是实施战略的关键，那么《竞争优势》的出版就清晰地标志着战略将从聚焦于定位的第一阶段转向聚焦于流程的第二阶段。

把生意想象为各种不相干的活动的总和，这简直就像是给疯子开的处方。波特的书对市场产生了巨大的冲击，也得到了广泛的应用，比如，成为不计其数的演示文稿的素材，很可能此刻你身边就有一个正在演示。说来奇怪，波特的"价值链"框架大致按照事情应有的顺序列出了所有创造价值的活动（见图 11-3）。

图 11-3

波特价值链

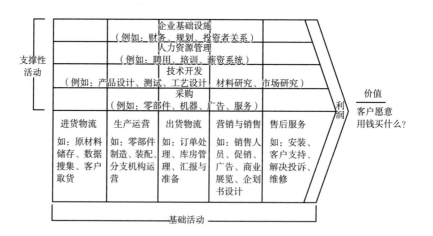

资料来源：Michael E. Porter, *On Competition, Updated and Expanded Edition* (Boston: Harvard Business School Press, 2008)。

即使不特别细心的读者也会在这里想起麦肯锡的商业系统（也许还有亚当·斯密）。如果有管理学著作最佳脚注这样的奖项，那么波特书中第二章的第一个注解就是最佳候选。在麦肯锡的老员工之中，哪怕仅仅提起这个概念，也会引发一场唇枪舌剑。关于这个脚注，教授承认有关商业系统的概念"的确抓住了企业是一系列职能（如研发、生产和渠道）的集合的特点，而且分析竞争者在每个职能上的表现也的确能够提供有价值的见解"。他还总结道，麦肯锡"强调了重新定义商业系统以获得竞争优势的巨大力量，这是一个非常重要的想法"。

但之后，波特用两个短句比较了这个系统和他自己的理念，否定了其与自己最终观点的关联性，这种争论恐怕会成为一场百日之辩，"商业系统概念阐述的更多的是职能而非活动"，波特认为麦肯锡显然并没有深入解剖这个概念，"而且并没有区分活动的类别，或展示它们之间的关联性"。然而事实真是这样吗？

今天，任何有学识的商业人士都知道价值链的概念，却已经没有谁还能想起商业系统这回事了，麦肯锡对这一状况感到非常沮丧。当然，当初麦肯锡确实也没有像波特那样，对价值链进行详细而全面的论述。而价值链及辅助分析工具是战略思想史上最后一个具有中心化的普遍性意义的概念。至少撰写此书时确实如此，任何公司在研究自己应该做什么的时候，都应该把价值链考虑进去。有赖于此，《竞争优势》的影响力远远超过波特之前的《竞争战略》，它对有史以来所有最重要的战略思想进行了综述和总结，同时也对商业实践者在几十年后可能面对的问题和即将迎接的挑战给出了精彩的预测。从某种意义上讲，《竞争优势》提供了以碎片化方式思考这个世界的杰出范本。

把价值创造的概念作为中心论点，说明波特关于战略的理解已经从经验曲线对成本的关注提升到了更高的层次。除了将成本优势纳入战略的考量并罗列了很多具体的实现方法外，《竞争战略》还给出了一种全新的通用战略——差异化战略。沿着这一思路，差异化战略的重点在于通过不同方式的差异化，来满足特定买方群体的不同需求。就像波特所定义的那样，差异化战略不仅包罗万象，而且参差不齐。"一家公司之所以能够和竞争对手区别开来，是因为它为买家提供了一些独特的东西，这些东西对于买家来说很有价值，而不只具有更低的价格。"就像麦肯锡那样，这样的战略可以让产品拥有更高的议价能力，或者比其他产品卖得更多，抑或获得更高的用户忠诚度（Customer Loyalty）。

价值链之所以拥有超越后续相关理论的巨大力量，是因为它引导人们用独立或广泛联系的视角，对组成价值链的每个不同活动、活动组合及其之间联系进行思考。比如，以成本或价值实现为前提衡量公司某项活动的绩效与竞争对手的差距？

前面提到贝恩公司对最佳实践一直有着孜孜不倦的追求，从最佳展示实践、最佳竞争实践到最佳可行实践，其业内排名在 20 世纪 80 年代稳步提升。对于最佳实践的爱好者而言，价值链简直就是天堂。终于，一个框架化的机制出现了，通过这样的机制他们可以将所有生产活动细化到每一个独立的环节，从而将整个生产过程打碎为可以"以最佳实践方式呈现"的单元。如果你愿意的话，这些单元还可以与其他部门、其他公司甚至其他行业中正在进行的同类活动进行对标分析。

在这方面，价值链与质量运动完美地融合在了一起。质量运动兴起于 20 世纪 80 年代，当时美国的公司因为被日本竞争者打败而开始寻求诸如爱德华·戴明 [13]（W. Edwards Deming）和约瑟夫·朱兰 [14]（Joseph Juran）等人的帮助。这一时期，美国生产力及品质中心（American productivity and quality Center）等组织提供了大量会员公司的最佳实践案例。

而《竞争优势》用一章的篇幅阐述技术本身以及技术将如何改变公司价值链上的活动，还是相当有预见性的，因为实际上技术将决定公司的竞争地位。20 世纪 80 年代早期，这个主题在公司之间成为热门。在 20 世纪 60 ~ 70 年代，数字设备公司 [15]（DEC）生产的小型机取代大型机成为当时市场的主流，而如今，已经被个人计算机网络——一个被 1982 年《时代周刊》评为"年度风云人物"的设备取而代之。波特提出，信息技术在价值链构建中发挥了重要作用，因为在价值链构建的每一个步骤和环节中都会产生信息。但是，他同时指出，新技术可能会对制造业、交通和运筹部门产生颠覆性影响，这也预示着供应链管理将进入战略讨论的范畴。

波特还很及时地提出，如果一个竞争优势能够帮助公司获得更好的业绩，那么它首先必须是可持续的。虽然他并没有在此处着墨过多，但其他人，尤其是潘卡基·格玛沃特仍然努力地探索着有关可持续发展的重要细节。起初，格玛沃特在 1986 年《哈佛商业评论》的文章中以及 1991 年的《承诺》[16]（Commitment）一书中指出，竞争优势存在的短暂性远超其所有者的想象。他基于对 900 个业务单元的研究发现，"初始盈利高于平均水平的企业与盈利低于平均水平的企业之间的差距的 90% 在十年内消失了"。在很多研究过这个问题的专家看来，这种现象产生的原因是既有优势会在竞争中越来越快地消失，这意味着，随着经济的发展，战略的效用也将逐步降低，这充分体现了资本主义的残酷性。

或许，在这样的路径下，至少对于公司高管而言，最大的威胁是不得不面对提升公司股价的压力。这股压力在 20 世纪 80 ~ 90 年代变得越发明显，如果 CEO 不能提升股价，那么就会被其他人取代。残酷的是，资本已经翘首以盼有人来承担战略的艰巨任务——出售绩效不佳的业务、承担债务和削减成本。

本章注释

以下注释内容皆摘选自公开来源并经慎思行整理，其中员工和营业额数据皆为近两到三年数据，仅供读者参考和理解规模之用。正文中带下划线的重点关键词，亦可以在慎思行微信平台通过回复相关关键词来获得具体解释。

1   托马斯·约翰逊（H. Thomas Johnson, 1938-），美国会计史学家，以其会计思想而闻名。约翰逊曾被美国质量协会（The American Society for Quality）授予戴明勋章（Deming Medal），并于 2007 年获得美国会计协会（American Accounting Association）颁发的杰出终身成就奖。

2   罗伯特·卡普兰（Robert S. Kaplan, 1940-），美国会计学家，哈佛商学院领导力发展的荣誉教授，卡内基梅隆大学商学院的前院长（1977-1983），平衡记分卡（Balanced Scorecard）的联合创始人。卡普兰于 2006 年入选会计名人堂（Accounting Hall of Fame），并获得美国会计协会颁发的杰出终身成就奖。

3   《失落的相关性：管理会计的兴衰》（*Relevance Lost: The Rise and Fall of Management Accounting*）是 1987 年出版的由托马斯·约翰逊与罗伯特·卡普兰合著的管理类书籍。该书描述了美国经济中管理会计的变革，从早期的纺织厂跨越至如今电脑控制的自动化制造商。

4   舒立滋（Schlitz）是美国一家啤酒生产商，成立于 1849 年。舒立滋曾是美国最大的啤酒生产商，并因其营销语而闻名。经过数次收购和出售，舒立滋目前属于蓝丝带控股（Blue Ribbon Intermediate Holdings, LLC）。

5   百威（Budweiser）是美国一家啤酒生产商，成立于 1876 年。百威是美国和世界上最大的啤酒生产商之一，其产品在世界上超过 80 个国家和地区进行销售，目前属于百威英博（Anheuser-Busch InBev.）。

6   世界大型企业联合会（The Conference Board）是一家非营利性的会员制研究机构，成立于 1916 年，总部位于美国纽约。它目前拥有来自 60 个国家的大约 1200 个公司和组织会员。世界大型企业联合会通过召开会议和学习小组开展经济和企业研究，并发布经济指标，是目前最具权威性的非官方机构之一。

7   戴尔（Dell）是一家美国跨国电脑科技公司，于 1984 年由迈克尔·戴尔（Michael Dell, 1965-）创立。戴尔公司是世界上最大的硬件提供商之一，以其在供应链管理（Supply Chain Management）和电子商务（Electronic Commerce）方面的个性化创新而闻名。目前，戴尔公司拥有超过 10 万名雇员，年收入逾 500 亿美元。

8   苹果公司（Apple Inc.）是一家美国跨国科技公司，于 1976 年由史蒂夫·乔布斯（Steve

Jobs，1955-2011）、史蒂夫·沃兹尼亚克（Steve Wozniak，1950- ）和罗纳德·韦恩（Ronald Wayne，1934- ）共同创立。苹果公司设计、生产、销售各类硬件、软件及服务，并以其产品的设计与概念的创新而闻名。苹果公司曾创下上市公司的市值纪录，苹果品牌被多次评为全球最有价值品牌。苹果公司是目前世界上收入最高的信息技术公司，年收入逾2292亿美元，并拥有超过12万名员工和近500家线下门店。

9　全食超市（Whole Foods Market）是一家美国连锁超市，成立于1980年。全食超市专门销售天然有机食品产品，是全美最大的天然食品和有机食品零售商。2017年，全食超市被亚马逊（Amazon.com）收购，目前在北美地区和英国拥有近500家门店和超过9万名员工。

10　战略规划伙伴公司（Strategic Planning Associates），一家创立于1972年的美国管理咨询公司，后于1989年被威达信集团（Marsh & McLennan）收购。

11　马克·富勒（Mark B. Fuller），美国商人、学者，摩立特公司的联合创始人。马克·富勒曾担任摩立特公司的主席和CEO（1983-2011），并曾是哈佛商学院的助理教授。此外，他亦是多家公司的董事和世界经济论坛基金会成员。

12　约瑟夫·富勒（Joseph Fuller）即乔·富勒（Joe B. Fuller），美国学术与管理顾问，摩立特公司的联合创始人。约瑟夫·富勒是哈佛商学院的管理实践教授，并曾在1994~2006年担任摩立特公司商业咨询板块的CEO。此外，他亦是多家公司的董事。

13　爱德华·戴明（W. Edwards Deming，1900-1993），美国工程师、统计学家和管理顾问，是世界著名的质量管理专家。戴明因其"二战"后与日本工业领袖的合作而著名，他对日本在创新、高质量产品等方面做出了重大贡献。戴明曾获得美国国家技术奖章（National Medal of Technology），并在日本设立了戴明品质奖（the Deming Prize）。

14　约瑟夫·朱兰（Joseph Juran，1904-2008），罗马尼亚裔美国工程师和管理顾问。朱兰是质量管理理论的传播者，曾撰写过多部相关图书，并创立了一家质量管理咨询公司。朱兰亦因其对于日本经济复兴和质量革命的影响而受到高度的评价。

15　数字设备公司（Digital Equipment Corporation，DEC）是一家美国计算机产业公司，成立于1957年。DEC提供硬件和软件服务，其小型计算机产品在销售上取得了引人注目的成功。DEC于1998年被康柏（Compaq）收购，目前属于惠普公司。

16　《承诺》（Commitment）将当代经济学和其他学科的研究整合为一个全面而实用的框架，将承诺与具有战略意义的选项进行比较。该框架帮助管理人员解决具体的战略选择问题，比如进入、退出，纵向、横向一体化，能力扩张和创新，以及通用战略的选择。

第 十 二 章　　|　　**金融奇才与战略初心**

到底什么是公司？我们为什么创造了这个实体并为其辛勤劳动？如今，对于绝大多数思考过这个问题的人来说，答案显而易见得甚至让人觉得有些无聊：企业的目的无非是为其所有者，通常是股东，创造价值。但事实上，这一共识直到最近（20 世纪 80 年代以后）才达成，作为寻找赚钱机会的产物。战略革命本身并没有带来股东资本主义的胜利，但它的领导者精准地抓住了战略的基本原则，并把这些原则看作制订作战计划的必要知识基础。当然，它们也很喜欢泛泰勒主义。所以最终结果是，这一组合成为搅动并激化资本主义的最大力量。

　　当然，在思考这些问题前，我们首先应该摒弃幻想，并将一些畅销书的观点抛诸脑后。正像大家所知道的那样，麦肯锡的迪克·福斯特（Dick Foster），也就是《创造性破坏》（*Creative Destruction*）的作者之一，对于卓越企业的观点并不太认同。福斯特对这一主题的思考已经超过 20 年，其间他担任过安然公司[1]（Enron）的董事会顾问，还帮助麦肯锡开启了面向私募基金机构的咨询服务。他担心卓越企业这一假设会误导人们对战略最终目标的理解并引起困惑：虽然企业的战略思想含有对战略是用来做什么的这一问题的预设，但事实上这仍然是一个远超人们预期的难题。常规来看，我们有两种思考战略目标的方式。一种方式来自那些仍在追寻卓越的人，他们认为"公司将成为一个伟大的地方，它将生产伟大的产品，供应商也都愿意跟它合作，而且它将与经济价值分道扬镳，简而言之，它将成为一个伟大而持久的机构"。不过福斯特很快就否定了这一所谓的"可望而不可即的美梦"，因为这个美梦过于甜蜜、多愁善感，甚至错得一塌糊涂。

"另一种方式，"他说道，"是'让以上那一切都见鬼去吧。我就只想让它为股东赚钱。这就是资本主义，而且在资本主义中，股东位于进化链顶端。我们应该用利润回报股东'的观点"，福斯特进一步说道，"这等同于经营一家门前矗立着白色多立克柱，并拥有卓越成就和悠久历史的机构吗？我不这么认为"。20 世纪 80 年代，世界上大多数，至少那些控制着投资资金的人，开始认同福斯特的后一种解读。

回过头来看，战略在其前 20 年的发展过程中对股东的忽视也确实惊人。比如，梳理早期的 BCG《管理新视野》，我们几乎找不到任何对股东的敬意。如果让大多数咨询顾问和从业者回答福斯特的那个问题，"战略用来做什么"，他们可能会气急败坏地回答，"嗯，当然是为了实现竞争优势"。

时至今日，仍然有人在争论，一根筋地关注股东并不必然成为主流，确实也不应成为主流。而且，全球金融危机的出现，也让持有类似观点的人越来越多，然而这个趋势会保持多久并不确定。这一流派的思想认为，股东资本主义短视、贪婪，而且最终也不现实，因为它忽视了其他相关人士——换个大家偏好的词，企业行为触及的其他利益相关者——包括公司员工、客户、供应商和公司所在地社区的利益。尽管这一相对宽泛的观点仍有很多追随者，这些追随者主要集中在美国之外，如在德国这一观点已经被写入公司法，但长期来看，随着战略触及范围的扩大，这些追随者的数量已经逐渐减少（即使他们曾为 2008 年的市场崩溃而欢呼雀跃）。所以，本章的前半部分将试图解释股东利益为什么以及如何主导企业的战略规划。

而本章的剩余部分，则将追溯那些咨询顾问获得各种令人惊讶财富的故事，而正是这些人声称将把为股东创造财富铭记于心。也是在此时，新晋的咨询公司刚刚成长起来，正准备传授他们令人警醒的经验教训，最终却发现那些冠冕堂皇的观点甚至还不足以支持自身的发展。在这一趋势下，贝恩公司狂热追求为客户提振股价进而改善"结果"的方式获得了认可，并得以疯狂扩张，赶超了 BCG。然而，由于其客户和咨询顾问的不自量力，这家公司一度曾经濒临破产。

• 创造公司控制权市场

那为什么在 20 世纪 80 年代早期之前，战略并不关注股东财富呢？福斯特的一句话给出了最精辟的答案："因为在那之前，根本没有什么股东财富。"他说得有点夸张，但并不是非常夸张。就像我们已经提到的，20 世纪 60 年代牛市的辉煌过后，道琼斯工业平均指数在 1972 年达到 1000 点，但随后迅速崩塌，直到 1982 年才回到这一水平。然而，在走出 1981 ~ 1982 年的萧条之后，股票市场开启了惊人的稳健增长，并在近几年达到令人惊叹的高位。因此，眼光敏锐的人越来越觉得持有股票就能挣钱，而如果选择接管公司并对其进行战略性改造，再坐享回报的话或许能挣到更多。

至少在多重力量的共同作用下，这件事情成为可能，大量资金流入股票市场，形成公司控制股票市场的局面。其中，一个创新性举措解决了困扰战略多年的问题，即公司如何为其战略举措融资。想想 BCG 的增长矩阵及其前提，大多数公司需要平衡其业务组合，使用一些业务产生的现金为另一些业务融资。尽管这个假设一度相当合理，但到 20 世纪 70 年代后期，由于人们创造了低于投资级别的现代高收益公司证券，即垃圾债券[2]（Junk Bond），之后的情况已经大相径庭。

目前，市场中有太多这些所谓的垃圾证券，根据一项估计，对于年营业收入规模 3500 万美元以上的美国公司来说，其所发行的证券中有 95% 被评为低于投资级别，可能我们已经忘了在此之前极少有公司能够将其债务出售给公众这个事实。低于投资级别的债券的交易市场很小，仅限于交易"坠落天使"[3]（Fallen Angel）一类曾经得到较好评级的债券。即使那些能够达到AAA 级的公司也受到源自大萧条时期的借贷可疑思维的影响。比如，IBM 直到 1979 年才首次对其债务进行公开发行。

但这一切从 20 世纪 70 年代起开始改变，那时一些颇具冒险精神的小型投资银行开始承销早期垃圾债券。先是贝尔斯登[4]（Bear Stearns），接着是著名的德崇证券[5]（Drexel Burnham）及其传奇人物迈克尔·米尔肯[6]（Michael Milken）。米尔肯让投资者（即保险公司和储蓄贷款行业）相信，相比其提供的超高额回报，这些垃圾债券的违约风险相当有限。因此，美国的垃圾债券市场像雨后春笋一样快速发展起来，其总量从 1980 年的 300 亿美元一路跃升至 1986 年的 1360 亿美元，到 1989 年已进一步增至 2420 亿美元。

通过发行债券，发行商开始将筹集到的钱投入更广泛用途中，尽管在用途上各有不同，但最终还是塑造了一个充满竞争的世界。创业新贵如康柏电脑公司[7]（Compaq Computer Corporation）、麦考移动通讯[8]（McCaw Cellular）、MCI[9]和特纳广播公司[10]（Turner Broadcasting）利用它们募集到的钱来推动创新和自身成长，并时不时地会推出一项对 IBM、AT&T 以及广播电视网络公司构成竞争威胁的新技术。然而，尽管只占发行总量的 10%，垃圾债券为之著名乃至声名狼藉的角色，还是为收购、意向收购以及杠杆收购提供融资。

就我们的故事而言，20 世纪 80 年代的并购浪潮之所以引人注目，是因为很多并购都是基于战略的基本原则展开的。具体来说，那个时候的并购非常强调将公司视为能够自由买入和卖出的业务组合，并且将赌注放在通过债务融资提升公司的竞争优势上，因此，在追求战略聚焦的过程中，过去盛行的产业集团模式（Conglomerate）已经不再被当前的市场青睐了。

那个时期，公司间的买入卖出规模已经达到空前的水平，仅在 1982～1988 年就发生了超过一万起交易。但数量不足以说明笼罩在公司高管头上的收购威胁有多恐怖，当然更说明不了并购浪潮到底怎样唤醒了许多公司，让它们最终决定重拾战略的号角。不过关于这一点，可以看看安德鲁·施莱弗（Andrei Shleifer）和罗伯特·维什尼（Robert Vishny）教授计算的数字："在 1980 年美国最大的 500 家工业企业中，"相当于世界 500 强，"到 1989 年时至少 143 家或者说 28% 曾经被收购过"。

当时，一种全新玩家的出现加剧了市场中的威胁。它们同时为两边工作，并成为那些拖累公司整体发展的不良业务的买家，它们就是杠杆收购公司，也就是私募基金投资机构的前身。包括杰瑞·科尔伯格[11]（Jerry Kohlberg）在内的这些人，从 20 世纪 60 年代起就开始从事所谓引导式交易，即利用借到的钱从有意愿的企业卖家那里收购它们不需要的业务，然后再通过向管理层提供财务激励、股权激励，来改进业务的运营效益，并接着在几年后实现其公开上市，或将其出售给所谓的"战略买家"，也就是那些现有业务与这些收购业务能够形成互补的企业。20 世纪 70 年代后期，从事此类交易的人发现，市场中已经有充足的借贷者和投资者，因此他们开始组建专门从事杠杆收购的公司。KKR 成立于 1976 年，福斯特曼·利特尔公司[12]（Forstmann Little）和克杜瑞公司[13]（Clayton，Dubilier & Rice）也于 1978 年开始专注于杠杆收购业务。

此外，正如布鲁斯·亨德森早前曾提出的，一个公司如果想实现更好的发展，就应该比竞争对手借更多的债务，后来杠杆收购公司的成功也恰恰证明了这一点：对它们而言一切都在于借贷，这也是为什么这类公司名字多以杠杆（举债）开头。为收购一项业务，像 KKR 这样的公司会拿出自己和投资者的少部分钱，然后向银行大量借贷，如美国信孚银行[14]（Bankers Trust）就是最受欢迎的贷款人，然后通过发行垃圾债券为剩余的资金需求融资，这部分会得到德崇证券的帮助。考虑到能够获得巨额回报，机构投资者一般并不介意杠杆收购公司收取高额费用。许多机构投资者甚至争先恐后地想参加杠杆收购公司推出的基金（用于投资的资金池，其收益一般需要 5 ~ 7 年才能实现）。

它们的参与也反映了一个更广泛的趋势，有些人将其称为股票市场的机构化，也就是说，越来越多的股票持有者不再是个人而是机构，这些机构包括保险公司、银行、养老基金以及共同基金（共同基金是相对新出现的一类机构），到 2003 年，机构投资人几乎已经持有公开在外发行股票的 60%。

而早期的家庭型投资者，由于惨淡的表现已经在 1972 年后被挤出市场。与之相比，机构投资者的资金则由毕业于商学院的专业经理人负责打理，他们不仅掌握着最新的分析技术，而且报酬和职位也取决于所管理投资组合的回报。当然，与家庭投资者相比，这些大型投资机构也会受一些条件的约束，比如，当它们大量持有某一公司的股票时，如果该公司股票价格表现差劲，这些机构投资者也很难在不影响其投资组合价值的情况下，出售该公司的股票并悄然离开。

随着时间的推移，一些投资者演化成更为活跃的激进投资者（Activist Investor），尽管人们总觉得积极比被动好，但激进这个标签还是意味着有人觉得你做得有点过分了。的确，他们为改善公司治理而到处游说，但对提升股票价格有些关注不足。这其中最著名的例子就是加州公务员退休基金[15]（California Public Employees Retirement System，CalPERS）：1990 年前后，它对那些市场表现不合格的公司提出了批评，这也让那些公司的管理层倍感压力。

杠杆收购公司赚取的丰厚回报不仅吸引了机构投资者的注意，作为这个故事最奇怪的转折点，公司的现任管理层也觉得通过重组积累财富的方式值得一试。1985 年，梅西百货[16]（Macy's）的 CEO（也是哈佛大学的 MBA）芬克尔斯坦（Ed Finklestein）觉得公司继续作为上市公司的前景不太乐观，于是他通过一笔 45 亿美元的交易收购了公司，从而将其私有化。时任高盛杠杆收购业务负责人的弗雷德·埃克特（Fred Eckert）在谈到这笔交易的连锁效应时表示："突然间，每个 CEO 都开始关注芬克尔斯坦这笔交易的收获，以及在 300 名管理层中分摊股权对其组织造成的影响，然后所有 CEO 都说'我也要这么做'。紧接着我们就坐上了一辆失控的火车。"

CEO 给出的解释或提交的封面故事一般是这样的："股票市场根本看不懂我们，所以为了释放公司的潜在价值，我们需要从股市的监督、束缚和短期压力中解放出来，同时，这也能也为我们的管理层提供更大的激励，从而最终提升公司的资产价值。"当然，那些愤世嫉俗的人可能觉得这跟以下论断没什么两样："公司需要付我们更多钱，并给我们更多股份，这样我们就可以基于战略带给我们的洞察力，做好那些本来我们不太喜欢，或者因为太难而不愿加以考虑却对提升公司价值有益的事。"

有些讽刺的是，这两种观点在学术界都有支持者。受训于芝加哥大学并在一定程度上继承了芝加哥大学的著名校友米尔顿·弗里德曼（Milton

Fridman）的衣钵，尤金·法马（Eugene Fama）、威廉姆·麦克林（William Meckling）以及最为著名的迈克尔·詹森[17]（Michael Jensen）等经济学家复兴了所谓的代理理论。从公司目标为最大化股东价值的假设出发，他们认为管理人员，尤其是那些持有公司股份不多的人，通常有不同于公司股东的动机和利益 [如需更多信息，请参阅肯·安德鲁斯（Ken Andrew）的《公司战略的概念》（Concept of Corporate Strategy）]，这些管理人员需要来自公司控制权市场规则的约束，包括收购威胁，从而将其游移不定的关注点固定在主要机遇上，即股东的钱袋子。

詹森 1984 年发表在《哈佛商业评论》上的一篇文章掀起了一场风暴。随后，在 1989 年杠杆收购运动正值顶峰时，他又通过另一篇《哈佛商业评论》文章《上市公司的消亡》进一步搅动了这场风暴。出版商在撰写的小结中提到，该文指出"上市公司在很多经济领域已经失去其应有的效用"，不断增加的"收购、杠杆收购和其他私有化交易"充分体现了这一点。最终，詹森的文章获得了麦肯锡年度最佳文章奖。而杠杆收购公司也因这篇文章欣喜若狂，甚至到处分发这篇文章的复印本，搞得就像詹森在为杠杆公司的工作叫好一样。1985 年，詹森加入哈佛商学院，在那里，他和新同事开设了一门新的选修课——市场与组织的协调与控制。这门课融合了他关于公司目标的思想，在学生中的受欢迎程度与波特的战略课程不分伯仲，并成为现代哈佛大学 MBA课程的分支。

随后，大概就在詹森发表第二篇《哈佛商业评论》文章时，杠杆收购公司而非上市公司失去了效用，至少在 10 年后杠杆收购公司再次以私募基金名义崛起之前是如此。而 1988 年末的一场关于雷诺兹·纳贝斯克[18]（RJR Nabisco）的争夺战标志着杠杆收购公司的顶峰，当时的 CEO 罗斯·强生（Ross Johnson）带领公司管理层与 KKR 针锋相对，但后者最终仍以 247 亿美元的投标价格获胜。事实上，也正是交易规模不断增长、日趋庞大的事实，暴露了杠杆收购存在的一系列问题，这些问题也逐渐降低了杠杆收购的成功率：因为小规模、高质量的杠杆收购机会已经被发掘殆尽，并最终使得交易竞争加剧。正如一位专家观察的那样，垃圾债券市场终于开始"承受不了自身的重量而下陷"。随着利率的上升和再融资可能性的减小，杠杆收购公司的压力已经转为尽快出售已收购的公司，以期通过转售其资产来获得价值。

经历了 1988 年的风雨飘摇，到 1989 年杠杆收购公司和垃圾债券市场终于开始崩塌。受一些流氓，如丹尼斯·莱文（Dennis Levine）、马蒂·西格尔（Marty Siegel）、伊万·斯基（Ivan Boesky）丑闻的恶劣影响，德崇证券在 1988 年末不得不同意支付 6.5 亿美元罚金以平息针对公司的诉讼。而迈克尔·米尔肯（Michael Milken）则在 1989 年 3 月被控犯有六项重罪，并在次年的诉讼交易中认罪伏法，而德崇证券则在此前几个月宣布破产。对杠杆收购投资者而言更糟糕的是，一些交易严重恶化，无法重组债务导致一些公司不得不破产，包括 KKR 主导的对吉姆沃特公司[19]（Jim Walter Corp）的资产收购，以及不久后在 1992 年宣布破产的芬克尔斯坦的梅西百货。

20 世纪 80 年代末，虽然由垃圾债券推动的敌意收购浪潮已经逐步减弱，但在这一过程中，将股东财富打造成一切企业活动（当然包括战略在内）的终极目标的局面已经基本上完成。哈佛大学的拉凯什·库拉纳在其《从高目标到高技能》一书中颇为雄辩地解释了管理资本主义在 20 世纪 80 年代被投资者资本主义取代的过程。前者是一批管理着大型企业组织的经理人，在理想状态下，他们在被大众推崇的同时也关注众多相关者的广泛利益，有时甚至还怀揣美好愿望，认为管理或许也能成为像医生或律师一样的职业；而后者则认为增加股东财富是公司存在的唯一目标。

我还是无法同意库拉纳关于管理已经几乎成为一门职业或已经相当职业化的观点，虽然我也希望如此（这个领域一直对不懂行的暴发户开放过度，而且也应该一直如此），但他提供的股东资本主义盛行的证据似乎无懈可击。具体地讲，他引用了美国商业圆桌会议（The Business Roundtable）的两个截然不同的观点。美国商业圆桌会议是美国规模最大公司的 CEO 组成的一个组织，其成员的言论代表了公司政策和企业治理方面的权威观点。当然，1990 年，美国商业圆桌会议相较华尔街的滑头们还是显得有些落伍，当时该组织称："企业的服务对象应该是包含股东、其他利益相关者和社会在内的一个整体。"接着列出了应当被考虑在内的其他利益相关者的名单。然而，到

1997 年，该组织的论调转向了："商业圆桌会议认为管理层和董事会的首要责任是对公司股东负责。"同一份声明还详述了利益相关者模型的缺点，最主要的就是"缺少总体目标函数"，也就是不像公司股票价格那样具有说服力，因而无法被用来做利益相关者之间的权衡。

关于股东优先的一个精彩论点是财产权，即便现在它仍然能迅速结束人们关于这个问题的讨论。在媒体的报道如《华尔街日报》社论版的角落中，人们开始鼓吹新一轮广义版的股东资本主义，该观点认为公司的所有人不应该仅仅是那些戴着礼帽的富豪，更应该包括广大中产阶级。这在一定层面上是正确的，到了 2006 年，美国几乎有一半家庭持有共同基金，而且其中持有的绝大多数是股票型基金，而这一比例在 1980 年时还不到 6%。

请想象一下幸福的一家人穿着毛衣围坐在壁炉边，阅读基金报表的画面，事实上在这样温馨的画面之外却是相当复杂的现实。大多数家庭持有的部分或全部基金是通过 401（k）退休计划[20] 实现的，而无论是由共同基金、退休基金独立运作，还是由二者共同运作，这些资金都掌握在职业经理人手中，而这些经理人的购买意向却越来越弱，因为他们也舒适地坐在炉火边，持有并观望着。贝恩公司的弗雷德·赖克哈尔德[21]（Fred Reichheld）在他 1996 年的《忠诚效应》[22]（The Loyalty Effect）一书中感叹道，投资人的忠诚度（以所有者持有一只股票的时间长短衡量）正在急剧下降。他观察到 1960 年纽约证券交易所中的典型股票七年才被交易一次，而到 20 世纪 90 年代中期已变为两年交易一次，美国上市公司平均每年经历 50% 以上的"投资者流动率"。如今，美国纳斯达克股票平均持有期还不到 6 个月。

企业经理人的目标已然非常清晰而且迫在眉睫——提高反映在公司股票价格中的公司价值，这也给战略带来了空前的紧迫感。

● 毁灭的先兆

越来越清晰的战略目标，却并没有在大多数咨询公司的日常工作中引发变革。其中的阻力，一方面来自咨询公司客户群的那种根深蒂固的传统战略观念；另一方面则是因为咨询公司安于现状地乐于帮助熟悉的客户解决当下的大问题（是不是看起来这样有些缺乏战略性）。

但是，新的咨询公司在不断涌入市场，它们目标相当明确，就是帮助客户提升股票价值，这类公司包括在 1978 年成立的马拉康合伙公司（Marakon Associates）、1979 年成立的阿尔卡咨询集团（Alcar Consulting Group）和 1982 年成立的思腾思特公司[23]（Stern Stewart & Co.）。不同于 BCG 或者贝恩公司，它们的工作并不扎根于对客户竞争态势的探究，而基于对大量财务数据的分析，这与这些公司创始人在成为咨询顾问前所做的银行信用分析工作相当类似，但是更加深入，其大多数结论和战略咨询公司并无二致。不过，这些新人的确从几个方面丰富了相关讨论。

首先，当其他咨询公司还没想到这样做时，这些新公司已经警示管理层，必须把关注点放在构建股东的价值上，他们强调的这一点虽然已经被空前活跃的公司控制权市场证明，却被大多数公司忽略了。这些新兴咨询公司标榜的是基于价值的管理（value-based management，VBM）。其次，他们进一步树立了股票价值取决于投资人预期的现金流而非报告收益的论点。

再次，也是最吸引眼球的一点，是他们对于以下理念的解释，即尽管公司的某些业务会有助于提高股票价格，但其他业务可能拖累股票的价格，或者用咨询顾问惯用的说法叫"破坏价值"。这一惊人的可能性来源于金融理论，具体来自经济利润（Economic Profit）或剩余收益概念。总结起来，它们的论断就是，如果你想要估算某一业务的真实赢利能力，那么除了必须从营业收入中扣除一般成本外，与该业务相关的资本成本也必须扣除。

这个主张后来之所以广受欢迎，是因为咨询顾问对这个命题的粒度有着执着的追求，他们号称能够帮助客户计算，公司整体以及每一项业务带来的经济利润。比如，为了弄清翼形螺母业务的真实资本成本，就需要将该业务领域的其他公司作为基准进行对比，甚至包括只生产这一单一产品的纯粹市场参与者。

咨询顾问说他们经常会发现一些让人不寒而栗的事实，比如，尽管看起来你有四项业务产生经济利润，但经过深入的评估后（借助咨询顾问的帮助），会发现其实有三项业务并不产生任何经济利润。而且这些不赢利的业务不仅不能赚回资本成本，还侵蚀了公司的投资资金，而这些资金原本可以投入那些可以提升股票价格的赢利业务中去。事实上，其中的问题在于，你一直愚蠢地根据那些骄傲的经理人提供的传统方法计算盈利。

不过，咨询顾问会建议先卖掉一些业务，然后等待奇迹发生：即使你的公司营业收入规模变小，股票价格却会上升。价值类咨询顾问提出的第四个创新性论点是，在你保留的业务中，为了进一步拉升股票价格，你应该将经理人的报酬与公司运营业务产生的经济利润明确地联系起来，而这也有利于进一步提高那些经济利润。

一些传统战略咨询顾问会嘲笑 VBM，认为它不过是比精心设计的财务对标分析稍有提升的小技巧。这个方法虽然可以说明业务的经济利润与竞争对手相比的情况，但是除了可以帮助你削减成本之外，并不能给你提供提升经济利润的具体建议，加里·哈默尔——20 世纪 90 年代冉冉升起的明星，有时甚至会刻薄地宣称，在 VBM 旗帜下完成的绝大多数工作只不过是为"中层经理人补习数学"而已。

但是，很多大公司都曾采用这个战略，一些还在公众中颇有些影响。其中最有名的要数可口可乐公司了，它曾是马拉康的客户。可口可乐的 CEO 罗伯特·戈伊苏埃塔[24]（Roberto Goizueta）1990 年告诉《财富》杂志，提升股东价值是"我从早晨起床的那一刻起一直到晚上睡觉前，甚至在刮胡子的时候都在思考的问题"。在 1981 年成为 CEO 后，戈伊苏埃塔和他团队的战略重点转为重点提升饮料销售和市场份额，包括推出新产品和加速推进公司的海外销售。他卖掉了公司的大多数非饮料业务（其实这些业务很难说没有价值），从而使公司专注于高利润和高收益的软饮料业务，他还整顿了运营管理以提升生产效率。可口可乐公司的市场价值在他接任 CEO 这一职位时仅为43 亿美元，而到 1992 年底这一数字已飙升至 593 亿美元，这使得这位古巴出生的贵族成为名人，而印有其头像的商业杂志更是多卖了成千上万份。

基于价值的衡量标准引起最广泛的公众关注，始于 1993 年《财富》杂志发表的一篇宣扬经济附加值（economic value added，EVA）优点的封面故事。经济附加值是另一版本的经济利润，它是思腾思特公司股票价格构建方法的核心（因为觉得其重要性非常高，所以思腾思特公司还将其缩写进行了商标注册，而且还不留情面地提醒每一个使用这三个字母但没有进行合理注释的记者）。迈克尔·詹森随后提到，"这篇《财富》故事真正将 EVA 作为领先管理工具加进了战略版图"。然而，颇具讽刺意味的是，甚至早在这篇《财富》文章发布前，一些价值管理的早期倡导者和咨询顾问就已经指出了这一思想框架存在的局限性。

马拉康在对自身历史的简要介绍中提到 20 世纪 80 年代后期，其合伙人意识到尽管他们的衡量标准"开启了巨大的价值"，但是对"前瞻性投资"这类最好的投资并没有多大帮助，因此需要拓宽业务实践。20 世纪 90 年代早期，公司再次决定让所获取的信息，如"关于市场、竞争对手和盈利的可用数据"，创造更大的价值，从而进一步拓宽其业务范围，而这些恰恰是传统战略咨询成长的源泉。马拉康随后通过增加"组织业务"来解决高管薪酬和"领导力"的相关问题，以确保公司在高管层面运作良好，这家公司在 20 世纪 90 年代末就已经将自身打造成"世界上首屈一指的战略咨询公司之一"，只是其规模还不到麦肯锡的 1/20 而已。与此同时，它的竞争对手阿尔卡咨询公司则在 1992 年并入艾意凯咨询[25]（L.E.K. Consulting）。艾意凯咨询是 20世纪 80 年代早期，由贝恩公司出走的几位顾问组建的一家咨询公司。而思腾思特，这个经济附加值大师，则在《财富》杂志 1998 年的一篇文章中表示自己基本上是一家金融咨询公司，并决定不参与"战略咨询"的竞争。

● 贝恩公司的飞蛾扑火

加拿大学者丹尼·米勒[26]（Danny Miller）在他 1991 年的《伊卡洛斯悖论》（*The Icarus Paradox*）一书中很好地阐释过一个理论，当公司陷入最深的困境时，个中原因往往不是它们的弱点，而恰恰是它们的优点。或者更具体地说，那是因为几乎所有公司都倾向于过度利用那些过去曾经帮助它们取得成功的能力、意向和专业知识。想想安然把市场、交易决策和新金融工具一个接一个地引入能源行业的疯狂行为，这一逻辑就不难理解了，正所谓上帝欲使人灭亡必先使其疯狂。

自创建以来，贝恩公司就一直以取得结果，而非完成报告而自豪。自20世纪80年代初期开始，这家公司就已经将客户股价相比行业和市场整体水平的提升程度，作为衡量自身成功的首要标准，当然这也是它对潜在客户最响亮的发声，而在20世纪80年代的牛市里，这简直就是一个完美的呈现，换句话说，这也是BCG和麦肯锡不能或不愿跟进的标准。

作为贝恩工作方式的一个组成部分，即在一个行业中只与一家企业合作的原则，贝恩公司倾向于让自己的顾问团队进驻客户公司，因此，有时候客户的雇员和咨询顾问间的边界会变得相当模糊。一位早期的贝恩公司合伙人回忆起与一个大客户合作经历的时候相当骄傲地说，"他们把我像他们高管团队中的一员一样对待"。

这两种倾向在贝恩公司与吉尼斯啤酒公司[27]（Guinness Brewery）的合作中表现得淋漓尽致，从很多方面来讲，比尔·贝恩都认为，与吉尼斯啤酒公司的合作是公司成立15年以来与客户合作得最好的一次，但也正是这次合作使得贝恩公司几乎破产，并最终迫使其创始人下台。

1981年，吉尼斯啤酒公司从雀巢公司[28]招募了一位名为欧内斯特·桑德斯（Ernest Saunders）的资深高管来担任总经理，那时吉尼斯啤酒公司作为一家上市公司还主要由吉尼斯家族持有。当桑德斯真正开始工作的时候，看到的却是一家病恹恹的公司以及一片狼藉的经营局面：并购热潮留给吉尼斯啤酒公司的是差不多250项业务，但是这些业务没有一项在总部，也没有一个集中的管理会计系统，能够让这位新上任的总经理可以真正了解当前的局面，从而判断哪些业务经营良好，哪些比较差劲。彼时吉尼斯啤酒公司仍在酿造其最为著名的烈性黑啤，但即使黑啤的销量也一直在下降，随之而来，公司的股价已经猛跌至50便士/股的历史低位。因此，桑德斯开始留心寻找咨询顾问来帮他解围，在与几家咨询公司接触过后，他找到了贝恩公司，而并非贝恩公司找到了他，贝恩公司特意强调这一点。

从许多方面来看，桑德斯和他的公司都是贝恩公司心目中的理想客户。

他显然是贝恩公司所谓的"我们的菜",在咨询顾问眼里,桑德斯是聪明、经验丰富、充满自信的公司高管,并且拥有主导重大改变的雄心壮志,也能够不被他所领导的公司的任何历史束缚手脚。他管理着令人眼花缭乱的业务组合,而且由于都柏林圣詹姆斯门啤酒厂[29](St. James Gate)的盛名,吉尼斯啤酒公司的公司总部设在伦敦,巧合的是贝恩公司也刚刚在伦敦建立了一个新办公室,并且正准备努力探索公司全球化的可能性。

桑德斯雇用了贝恩公司,而咨询顾问很快就带领桑德斯登上山顶一览全局,并向他展示了他们为吉尼斯啤酒公司打造的宏伟蓝图。咨询顾问与桑德斯达成的首要共识,是吉尼斯啤酒公司急需一个管理会计系统以及能够运作它的人,但是这样的人才其实很难找,尤其是考虑到吉尼斯啤酒公司那时了无生气的名声。而按贝恩公司的通常做法,则允许桑德斯选用公司的一名咨询顾问来帮助自己,这位顾问是一个名叫奥利弗·鲁伊(Olivier Roux)的法国年轻人。虽然彼时鲁伊仍被列在贝恩公司的工资名单之中,但吉尼斯啤酒公司还是让他担任公司审计长一职,来监督公司的会计工作。在鲁伊接手这项工作后,贝恩公司和吉尼斯啤酒公司在接下来四年的合作里取得了巨大的成功,而鲁伊随后也开始在吉尼斯啤酒公司承担更加重要的管理角色,负责财务的整体管理,并最终成为公司董事会的一员。

如果比尔·贝恩的职业生涯可以重新来过的话,当被问到在哪方面会有所改变,他可能会说,没有什么,除了与吉尼斯啤酒公司相关的事情——他可能不会借调(他特地使用了这一单词的英式发音)鲁伊去担任客户公司的正式职务。他说当时之所以认为这是可行的,部分原因是一位麦肯锡的咨询顾问也曾被借调到与麦肯锡合作的纽约市政府机构里工作。另外,这也是忙碌不堪并且严重超时工作的桑德斯几乎绝望的迫切请求。

不止一位贝恩公司的合伙人跟我提到过,在这家公司中名声大噪的方法其实很简单,就是建立强大的客户关系,直到能为公司带来每年好几百万美元的收入为止(当然这也同样会在 BCG 和麦肯锡为你带来机会)。尽管鲁伊并不是贝恩公司最资深的顾问,但他主导吉尼斯啤酒公司合作项目丝毫没有限制这一合作的规模。1986 年,贝恩公司每月从吉尼斯啤酒公司收取的费用高达 200 万美元，当然与此相应，贝恩公司也派出了 70 ～ 80 名咨询顾问来全力服务客户。而那一年，鲁伊从贝恩公司获得的薪酬也达到 65 万美元，比当时的吉尼斯啤酒公司主席和 CEO 桑德斯还要高。在讨论为什么与吉尼斯啤酒公司的合作能够如此成功时，比尔·贝恩提到，在大多数情况下，客户都会把"预算"（也就是它们打算花在咨询上的钱）看成使用咨询公司的限制条件。但在吉尼斯啤酒公司，他说，这从来没有发生过。

而就股票价格的上涨幅度而言，吉尼斯啤酒公司可以说是大获全胜，甚至得到了远超投入的升值。在开始合作仅几个月后，贝恩公司就帮助桑德斯制定了一个让公司步入正轨的三阶段战略。首先，削减成本，并为目前亏损的业务止血，同时理顺业务组合；其次，重振酿酒业务；最后，开展收购以再次实现增长。正如 1987 年的一篇《财富》文章所报道的那样，这些努力最终产生了结果："在与贝恩合作的两年里，吉尼斯啤酒公司先后卖掉了 150 家公司，并引入了英国最为严格的财务控制系统，同时也振兴了吉尼斯黑啤。"

1984 年，公司已经准备好进入计划的第三阶段，即展开收购，当然也受当时疯狂并购气氛的影响，吉尼斯啤酒公司担心如果自己不展开收购扩大规模，有朝一日很可能也会成为其他公司的猎物。而桑德斯也让贝恩公司深度参与这一过程，他不仅通过鲁伊的帮助来准备候选目标名单，还让鲁伊帮他对这些公司进行审查，其他委托鲁伊的工作还包括实际的投标谈判、与投资银行和律师合作，以及向银行和媒体介绍它们的优点，等等。在研究方面，贝恩公司的工作则是一如既往地全面而令人目不暇接。在一场关于阿瑟贝尔父子有限公司 [30]（Arthur Bell & Sons）——一家苏格兰威士忌制造商的收购战中，吉尼斯啤酒公司最终胜出。而在桑德斯看来，"贝恩公司对苏格兰威士忌市场整体进行了极为细致的研究，尤其是对阿瑟贝尔父子有限公司的分析。我不得不说，在我们完成对阿瑟贝尔父子有限公司的收购并看过其实际信息后，发现贝恩公司通过各种努力所掌握的信息和对该公司的了解甚至远远超过了这家公司自身"。

1986 年，吉尼斯啤酒公司的利润相比桑德斯刚上任时已经翻了六番，每股股价等值美元从 1981 年的 0.81 美元上升到 5.75 美元。事实上，正是股价，或者更准确地说是维持股价的需求，最终导致桑德斯身败名裂，并且使得贝恩公司差点不能自拔。

1985 年，与阿瑟贝尔父子有限公司的交易结束后不久，桑德斯了解到英国超市连锁阿盖尔[31]（Argyll）正考虑投标英国酿酒公司[32]（The Distillers Company），英国酿酒公司比吉尼斯啤酒公司的规模大很多。作为一系列强势品牌的拥有者，它是阿瑟贝尔父子有限公司潜在的强劲对手。贝恩公司认为，英国酿酒公司的价值远超过阿盖尔出价的 20 亿英镑。因此手握贝恩公司的估算结果，吉尼斯啤酒公司决定展开一场收购大战，并承诺这将成为在英国历史上最昂贵的竞争。由于吉尼斯啤酒公司提出用现金和股票组合向英国酿酒公司付款，因此它必须要维持住股价。

也就是在这个地方，桑德斯做出了一个他将抱恨终身的错误决定。他以鲁伊作为中间人，找到了杰拉德·朗森（Gerald Ronson）。朗森是一位英国实业家同时也是吉尼斯啤酒公司的主要投资人，但他最近停止了购买公司的股份，所以桑德斯和鲁伊提出，如果他恢复购买公司股份，并且吉尼斯啤酒公司最终在收购战中胜出，他将得到 500 万英镑的"成功费"，而且吉尼斯啤酒公司还将为朗森支付因购买公司股票而遭受的任何损失以进行补偿。朗森随后同意了这笔交易，并通过证券经纪人安东尼·帕内斯（Anthony Parnes）购买股票。

1986 年 4 月，吉尼斯啤酒公司最终赢得了英国酿酒公司争夺战的胜利，并同意向这家规模更大的公司支付 25 亿英镑。比尔·贝恩从他的波士顿办公室向其伦敦同事发出了祝贺。然而彼时，桑德斯与鲁伊的关系已经开始出现裂痕，部分原因是在这场收购战中鲁伊认为桑德斯的出价过高。到 12 月，当二人得知英国贸易与工业部开始调查这宗交易，并在关注背后涉及的"成功费"时，二人间的矛盾已经变得不可挽回，并最终使桑德斯深陷其中。

鲁伊拒绝由吉尼斯啤酒公司的律师作为代理，相反，他开始与贝恩公司的律师接洽，很快贝恩公司便决定由自己的律师作为他和公司的代理。一个月后，鲁伊在律师办公室里写了一封给吉尼斯啤酒公司董事会的长信。信中，他提到那笔支出是用来支撑股票价格的，并说这一模式是桑德斯的主意，还声称他不知道其中有任何非法之处（虽然听起来有些夸张，但也许并不荒谬，因为这一地区的英国法律就好像美国反内幕交易规则一样，并没有给出清晰的定义）。在随后总结案件证据时，一位法官这样描述桑德斯对这封信的反应："他注意到他的名字每隔两行就被提到，感到非常愤怒。鲁伊显然是在扯皮。桑德斯认为这封信纯粹是毒药。"难道这就是你想从咨询顾问那里得到的东西？

毒药起效甚快。吉尼斯啤酒公司董事会几个月后就解雇了桑德斯，并且起诉了他，此后还对他提出了包括盗窃、伪造账目以及串谋在内的一系列指控。而朗森和帕内斯也被指控，此外被指控的还有杰克·里昂爵士（Sir Jack Lyons）。里昂是一位商人及慈善家，贝恩在开设伦敦办公室时就聘用里昂作为牵线人和敲门砖来打开市场，并为此向他预支了款项。里昂深受吉尼斯啤酒公司丑闻的羁绊，因为在并购期间他写了一封至关重要的信给朋友——当时的英国首相撒切尔夫人，来支持这笔交易。

针对这四人最不利的证人显然就是鲁伊，鲁伊同意出庭作证并被赋予有限豁免权。随着这一丑闻的披露，贝恩公司迅速切断了与杰克爵士的一切关系，在鲁伊致信吉尼斯啤酒公司两个月后，也切断了与鲁伊的关系，即便在此之前还向他支付过超过 92.5 万美元的薪酬。而鲁伊在整个事件之中从未受到过任何指控，贝恩公司也没有，如同比尔·贝恩强调的那样。事实上，他认为贸易与工业部免除了咨询公司在这件事上的任何罪责。

而吉尼斯啤酒公司一案最终被历史学家定性为 20 世纪 80 年代英国最大的公司丑闻案，由于在这一案件中扮演了不同角色，朗森和帕内斯分别在狱中服刑数月。杰克爵士由于年近八十且身体状况欠佳而免受牢狱之灾，但是被剥夺爵位并支付了 300 万英镑的罚款。桑德斯的五年刑期在上诉后被减为两年半，在牢狱中度过差不多十个月的时间后，他就被诊断出有精神障碍，可能是早老性痴呆，也可能是阿尔茨海默病，于是也被提前释放。1991 年 6 月出狱时，55 岁的桑德斯很快便作为管理咨询顾问开工了，此后他在这一行干了几年且小有成功。

● 钱在哪里

这件事过后，咨询行业的观察家惊讶地发现，贝恩公司在吉尼斯啤酒公司丑闻中居然没有什么负面报道，在大西洋彼岸的美国更是如此。其中一个原因是在桑德斯和其他串谋者逐渐浮出水面并进入司法程序后，鲁伊和贝恩公司才被报道出来；另一个原因则是美国本土发生的一个足够让人兴奋的事件占据了主要的商业版面，这就是迈克尔·米尔肯的辛劳之作——KKR 对雷诺兹·纳贝斯克的收购。虽然贝恩说他的公司并没有因为吉尼斯啤酒公司事件而丢掉客户，但他也承认这一事件确实削弱了贝恩公司吸引新客户的能力，并使得新客户的增速开始低于他和合伙人的预期。他确信这些麻烦都是竞争对手到处散播英国媒体的负面报道造成的，竞争对手还暗示客户，如果你让贝恩公司的咨询顾问进入并接管公司，那么同样的事情也可能发生在你身上。

1987 年初，道琼斯工业指数在八月达到顶峰，比 1986 年尾收市时高近44%。尽管这家结果导向的公司在牛市大行其道的情况下业绩仍然相当不错，但是媒体开始指出贝恩公司在某些情况下存在过度参与公司业务的迹象。作为回应，这家向来神秘的公司同意与《财富》杂志的南希·佩里（Nancy Perry）进行对话，并向她展示了（就像他们向潜在客户展示的那样）一个经普华永道（Price Waterhouse）审计的图表，这张图表显示贝恩公司的美国客户的股票市值在 1980 年飙升了 319%，比道琼斯工业指数多增 141 个百分点，也比贝恩公司客户所在竞争领域的行业平均水平多增了 67 个百分点。随后的文章指出"百特公司（Baxter Travenol）、克莱斯勒汽车 [33]（Chrysler Motors）、邓白氏（Dun & Bradstreet）、欧文斯 [34]（Owens-Illinors）以及先灵药业 [35]（Sterling Drug）的CEO 也盛赞贝恩公司的服务"。该文章也认可了贝恩公司在吉尼斯啤酒公司所取得的成就，并援引一位伦敦商人的话，"帮那家糟糕、差劲公司翻盘是我见过最美好的事情……贝恩公司为桑德斯所做的事相当非凡"。

但是那篇文章的标题"是咨询公司还是烫手山芋"却恰恰透露出几分怀疑。尽管文章没有详述吉尼斯啤酒公司丑闻的细节，因为很多细节那时还正在逐步发酵之中，但也列举了主要指控，描述了其中鲁伊受冲突困扰的处境，并且讲述了 1984 年一次电话会议中，所有贝恩公司合伙人通过头脑风暴集思广益来帮助桑德斯出主意赶走其副主席，也就是他权力上的劲敌的过程。这篇文章还更广泛地审视了贝恩公司客户的经历，并进一步得出结论，"然而，贝恩公司的真正问题可能是，这家公司倾向于疏远并削弱其合作公司基层管理者的作用"。

孟山都公司曾是贝恩公司 20 世纪 80 年代早期最大的客户，而当其 CEO 在 1984 年退休后，该公司就停止了与贝恩公司的合作。所以，该文章也暗示，类似问题也导致贝恩被百得公司（Black & Decker）和德州仪器（Texas Instruments）驱逐。这篇文章最让人记忆深刻的内容来自对一家咨询公司负责人发言的引用："他们的产品相当卓越，但产品包装一直是个问题。花费 500 万美元请来的贝恩公司顾问会说，'靠边站，混蛋，我们来了'。"

虽然说贝恩公司没有因为吉尼斯啤酒公司事件而丢失任何客户，但它的大客户如百特公司、普利司通[36]（Bridgestone/Firestone）、加拿大太平洋[37]（Canadian Pacific）、克莱斯勒和邓白氏开始逐步削减对贝恩公司咨询服务的需求。其中一些公司将其归因于经济情况的恶化，以及随之而来的紧缩政策。在美联储大幅削减通货膨胀，引发 1982 年的严重经济衰退之后，经济开始大幅增长。但是到 1986 年，这场一度觥筹交错的盛宴看起来还是有些让人疲惫了。

当时，只有比尔·贝恩身边的小圈子知道，公司前景的恶化出现得非常不是时候。在战略咨询公司的创始人中，贝恩和他的初创伙伴可能是最具创业精神的群体了。他将自己从范德堡的发展办公室学到的问题"钱在哪儿"延伸应用到个人财务上。在用自己的钱创立贝恩公司之后，他和他的合伙人一直在寻找投资赢利的机会，曾一度考虑投资在健身俱乐部碰见的一位教练，因为这位教练开发了一种新型的健身器械。不过，最后到 1983 年，贝恩还是选择委派米特·罗姆尼[38]（Mitt Romney）来建立贝恩资本。

一家大型咨询公司的高级合伙人通常能过上非常体面的生活，如今，高效率的合伙人一年能挣到 300 万～400 万美元，但是，也正像一些人抱怨的那样，他们永远不可能变得超级富有。其中的挑战来自股票期权，从企业层面来看，20 世纪八九十年代越来越多的公司高管获得了雇主赠予的股票期权，这有时会让服务他们的咨询顾问羡慕不已。因为大多数专业服务公司并非上市公司，毕竟，专业服务公司有什么可投资的呢？其仅有的资产是那些在结束一天工作后坐着电梯下楼（或离开公司去为竞争对手工作）的员工。

想来想去，1984 年，比尔·贝恩和另外几个为公司带来业务的创始合伙人，还是找到了一种可以让自己从贝恩公司的成功中大赚一笔的方法——员工持股计划（employee stock ownership plan，ESOPs）。不过与早在 20 世纪 70 年代后期 BCG 的亨德森已经施行的员工持股计划不同，贝恩决定秘密进行这一计划，甚至不让初级合伙人知道该计划及谁将被赋予所有权等细节。从一定层面讲，这反映了比尔·贝恩一向对公司的严密控制：自创建公司到 1985 年，贝恩公司的治理一直遵从一项合伙人协议，按一位前合伙人的话讲，不是"权利法案，而是比尔的权利"。即使在 1985 年贝恩公司正式成立之后，创始人集权及其神秘的特质仍被保留了下来。

在为本书所做的采访中，比尔·贝恩非常详细地描述了 1985 ~ 1986 年建立贝恩公司员工持股计划的过程，事实上员工持股计划有两个，而且计划的建立也咨询了公正的外部专家，并由银行家做了独立估值，此外，他也在考虑如何将这些计划融合到后续的管理继任流程中。不过，不论是他还是贝恩公司都不愿意透露具体的财务细节。计划被曝光后，报纸报道说比尔·贝恩和少数创始合伙人把贝恩公司 30% 的股权折价 2 亿美元现金加票据，卖给了员工持股计划，后者则以贝恩公司从当地银行获得的贷款来支付。按贝恩公司年收入在 1988 年时达到的 2 亿美元高位水平估计，隐含在持股计划中的估值和还款计划将运营良好，贝恩说，当然这基于公司会持续按过去的速度增长下去的假设。

但是事与愿违。1987 年开始，公司的现有客户开始削减预算，潜在的新客户也都被吉尼斯啤酒公司丑闻给吓跑了。同年 11 月，股市暴跌，当时很多人感觉这可能会触发经济衰退，随后在 1990 年，经济真的开始衰退。1988年，这家曾在 1985 ~ 1987 年收入翻番的公司，首次进行大规模裁员，共计裁掉了 90 名专业人士和行政人员，约占其员工总数的 10%。1990 年，公司再次裁员，共计裁掉超过 200 名员工。

直到 1991 年，贝恩公司创始人圈子以外的合伙人才惊恐地得知，公司因为当初以贷款支付员工持股计划而欠款 1700 万美元，而公司此时可能已经无力偿付这笔款项了。破产的阴云开始笼罩整个公司，而公司内专业人士的倒戈更让情况雪上加霜。为了拯救公司，一些关注此事的合伙人找到了罗姆尼——他们的前同事也是贝恩资本的负责人，想与公司领导层一起商讨解决方案。

虽然贝恩资本自立门户，独立于贝恩公司，但是这家私募基金公司发起的每一只基金都由比尔·贝恩和他的许多合伙人参与和投资，当然他们也收获了不俗的回报。按贝恩的话说，自己与罗姆尼保持着友善的非正式顾问关系，如果按罗姆尼的话说，这种关系几乎接近叔侄。"米特找到我说他会开展一场选举"从而在合伙人中选出新的领导层，贝恩接着补充，他认为这一过程其实是在"加速实现"已经在谋划中的管理继任计划。

不过贝恩的计划与其和罗姆尼最终谈判达成的解决方案并不太相同，想必罗姆尼也使用了这几年在贝恩资本里做并购交易时磨炼出来的技巧。当然这也因为比尔·贝恩有点过于精明，就连他的批评者也这么说，那就是他确保贷款只来自一家机构，而这家机构由于无法负担风险从而不会任由其主要借款人破产。所以，尽管罗姆尼说服了贝恩公司的贷款银行进行债务重组，也确保了比尔·贝恩及创始合伙人团体获得 1 亿美元回报。但是，作为协议的一部分，1991 年比尔·贝恩还是不得不从这家他一手创办的公司离开，那时他 54 岁。其他创始合伙人中除一人外也都离开了公司。

那时，罗姆尼在贝恩资本挣的钱已经远远超过了他留在贝恩公司所能拿到的薪水，不过他还是继续担任了贝恩公司的临时负责人，直至新领导人选举的开展。1992 年，相较从前已经大为民主的贝恩公司，从崛起的年青一代合伙人中选出了两位担任新设立的领导职位。其中，担任非执行董事会主席的奥里特·加迪什（Orit Gradiesh）是一位十分有魅力，并且在咨询顾问中相当引人注目的以色列裔美国女子，担任全球总裁的汤姆·蒂尔尼[39]（Tom Tierney）则更像一位亲切的加利福尼亚音乐会偶像。

如果有人想对比尔·贝恩的人生起落加以道德上的评判，这其实并没有什么意义。因为个体轨迹反映的是其所在的大环境，就我们的案例而言，这个大环境并不是战略，而是制定战略的某种特定方法。比尔·贝恩基于一个特定版本的战略建立了一家咨询公司，这个版本的战略包括概念构建和执行，它全面并注重整体，激进、精英化也稍有偏执，按他自己最喜欢的描述是极具结果导向。在向客户传授泛泰勒主义原则及用途方面，这家公司发挥的作用无人能及。由于贝恩公司的帮助，许多客户取得了令人瞩目的成绩，而最终反映在为股东创造更多的财富。然而，贝恩公司与客户的合作关系通常并不持久，贝恩公司虽然有一些合作多年的客户，但是在数量上并不像麦肯锡和 BCG 那么多，而且在合作结束之后，贝恩公司的咨询顾问通常会给客户公司留下难以平复的怨念，那是一种公司被外部势力掌控的不良感觉（战略可能正是如此）。

　　但是，从很多方面讲，比尔·贝恩个人称得上世界级的顶尖成功人士。因为除他之外，你还知道有谁创建了不止一家而是两家有数亿美元乃至数十亿美元收入的全球公司，并让它们的名字几十年都活跃在商业世界里？而且，我猜想他的个人财富肯定超过了其他任何一位"战略之王"。但在他自己创建的那家咨询公司里，同样也是这个人，因为颇具变革性、专业精湛且极为专制、完全结果导向，给公司留下了持续数年的苦果。直到他离开这家公司十几年后，才有公司的合伙人在驳回部分反对意见后，邀请他回到贝恩公司的会议上发表讲话。

本章注释

以下注释内容皆摘选自公开来源并经慎思行整理，其中员工和营业额数据皆为近两到三年数据，仅供读者参考和理解规模之用。正文中带下划线的重点关键词，亦可以在慎思行微信平台通过回复相关关键词来获得具体解释。

1   安然公司（Enron）是一家美国能源公司，曾是世界上最大的综合性天然气和电力公司之一，成立于 1985 年，并于 2001 年破产。在破产前，安然公司是美国主要的电力、天然气和通信公司，拥有超过 2 万名雇员，年收入超过 1000 亿美元，被认为是美国最具创造力的公司之一。2001 年底，安然公司曝出财务管理丑闻，并因此破产。与安然公司相关的一系列公司均受到影响，其聘用的五大会计师事务所之一的安达信也因丑闻而破产。丑闻之后，美国发布了萨班斯 - 奥克斯利法案，提高了对销毁、篡改、编造财会记录，试图妨碍联邦调查和欺骗股东的惩罚力度。这项法案也对审计公司的公正独立性提出了更高的要求，并进一步导致四大会计师事务所陆续剥离了自身的咨询业务。

2   垃圾债券（Junk Bond）垃圾债券亦称"高息债券"，美国公司发行的一种非投资级债券。美国的债券通常分为政府债券、投资级的公司债券和非投资级的垃圾债券三种。美国 95% 的公司发行的债券都是后者，通常由一些规模较小的新行业或信贷关系较短的公司发行，但也有一些大公司发行这种债券，它们的债券原本属于投资级，但由于公司出现财政困难或整个行业衰退等，其债券被降为垃圾债券。若经营情况好转，垃圾债券也可反弹为投资级债券。

3   坠落天使（Fallen Angel），在口语中意指（降到投资级以下的）价值暴跌的证券。

4   贝尔斯登（Bear Stearns）是一家美国的知名投资银行，成立于 1923 年。2008 年，贝尔斯登受次债危机和全球性金融危机的影响而被摩根大通收购。该公司的崩溃是美国和其他地区投资银行业风险管理体系崩溃的前奏。2010 年，摩根大通停止使用贝尔斯登商标。

5   德崇证券（Drexel Burnham）是一家美国的投资银行，成立于 1935 年。德崇证券在迈克尔·米尔肯（Michael Milken，1946-   ）的推动下涉足垃圾债券市场（Junk Bond Market）的非法活动，并于 1990 年破产，其曾是美国规模最大的投行之一。

6   迈克尔·米尔肯（Michael Milken，1946-   ），美国金融家、慈善家，被称为"垃圾债券大王"。米尔肯在供职于德崇证券时敏锐判断并挖掘了垃圾债券的价值，推动了垃圾债券市场的发展，米尔肯也因此赚取了丰厚的报酬。他是自 J.P. 摩根以来美国金融界最有影响力的风云人物，影响并改写了美国证券金融业发展的历史。米尔肯在金融市场中的不合法行为在 20 世纪 80 年代不断被人举报，最终被定罪入狱。出狱后，米尔肯开始从事慈善活动并投资和创立了多家公司。

7 康柏电脑公司（Compaq Computer Corporation）是一家美国计算机科技公司，成立于1982年。康柏在20世纪90年代是全世界最大的计算机供应商之一，于2002年被惠普以250亿美元的价格收购，之后康柏品牌仍在惠普低端系统领域应用，直到2013年停产。

8 麦考移动通讯（McCaw Cellular）是一家美国蜂窝电话（Cellular Telephone）公司，成立于1987年，是AT&T无线服务公司（AT&T Wireless Services）的前身。该公司通过20世纪80年代的一系列收购占领了美国大部分地区的市场，自1990年开始与AT&T合作，并在之后与之合并，2002年独立成为AT&T无线服务公司，2004年停业。

9 MCI是一家美国电信公司，成立于1963年，后成长为美国第二大长途电话提供商，1998年被世界通讯公司收购成为MCI WorldCom，在2000年成为WorldCom即世通公司。因财务丑闻破产后，世通公司于2003年更名为MCI Inc.，并于2006年1月被Verizon收购。

10 特纳广播公司（Turner Broadcasting，TBS）是一家美国媒体集团，成立于1965年。TBS旗下拥有包括CNN、HLN在内的多个知名品牌，TBS在1996年被时代华纳公司（Time Warner）收购后成为其半独立运营的分支之一。

11 杰瑞·科尔伯格（Jerry Kohlberg），美国商人，是私募股权和杠杆收购行业的早期开拓者之一，亦是KKR的创始人。科尔伯格是哥伦比亚大学法学院的法学学士并拥有哈佛商学院的工商管理硕士学位，是世界上最富有的人之一。

12 福斯特曼·利特尔公司（Forstmann Little）是一家美国私募股权机构，专门从事杠杆收购业务，成立于1978年。20世纪90年代末，福斯特曼·利特尔公司曾是全球最大的私募股权投资机构之一，但在之后受到互联网泡沫破裂的影响，最终于2014年停止营业。

13 克杜瑞公司（Clayton, Dubilier & Rice）是一家美国私募股权机构，成立于1978年。克杜瑞公司目前管理着超过170亿美元的资金，并通过杠杆收购投资了超过50家公司和组织，其60%的投资标的已经成功退出。

14 信孚银行（Bankers Trust）是一家美国银行业组织，成立于1903年。信孚银行自1978年开始从事商业票据的承销业务。经过一系列的合并与收购后，信孚银行目前属于德意志银行（Deutsche Bank）。

15 加州公务员退休基金（California Public Employees Retirement System，CalPERS）是一个美国加州行政机构，管理超过160万名加州公共事业雇员、退休人员及其家属的养老、健康福利金，成立于 1932 年。CalPERS 是美国规模最大的公共养老基金，资产超过 3600 亿美元，被认为是投资领域的领先者和美国最强大的股东。

16 梅西百货（原名 R.H.Macy & Co.）是一家美国百货连锁店，它由 Rowland Hussey Macy 于 1858 年创立。然后于 1994 年被联邦百货公司收购成为其旗下子公司。截至 2017 年，梅西百货在美国、波多黎各和关岛拥有 669 家商店，其旗舰店位于纽约曼哈顿的先驱广场。

17 迈克尔·詹森（Michael Jensen，1939- ），美国经济学家，哈佛大学工商管理学荣誉教授。詹森是金融经济学领域的专家，他在公司控制理论和资本结构理论方面做出了开创性工作，是代理经济学的创始人之一。在学术领域之外，詹森亦曾在摩立特公司供职（2000-2009）。

18 雷诺兹·纳贝斯克（RJR Nabisco）是美国一家企业集团，成立于 1986 年。雷诺兹·纳贝斯克主营烟草和食品销售，在 1999 年进行了公司拆分，不再作为单一实体运营。拆分后的雷诺兹（R.J. Reynolds Tobacco Company）和纳斯贝克（Nabisco of Mondelēz International）目前依然存在，纳斯贝克旗下拥有奥利奥（Oreo）等多个著名品牌。

19 吉姆沃特公司（Jim Walter Corp）是美国一家冶金煤生产商，成立于 1946 年。吉姆沃特公司曾是全球钢铁行业的主要冶金煤生产商之一，之后在 1986 年以 20 亿美元的价格被出售给 KKR。

20 401（k）退休计划是美国税法下的一种养老金账户计划。该计划的退休储蓄存款由雇主提供，从雇员的税前薪资中扣除，是一种由雇员、雇主共同缴费建立的完全基金式的养老保险制度。由于 401（k）提供税收优惠，其在 20 世纪 90 年代迅速发展，并逐渐取代传统的社会保障体系，成为美国雇主主要的社会保障计划。

21 弗雷德·赖克哈尔德（Fred Reichheld，1952- ），美国管理咨询顾问、作家、演讲家。赖克哈尔德因其在忠诚度商业模式和忠诚度营销方面的研究和作品而闻名。

22 《忠诚效应》（The Loyalty Effect）是弗雷德·赖克哈尔德撰写的 1996 年出版的一本商业类著作。该书在市场营销和客户关系管理等专业人士中非常受欢迎，因此"忠诚效应"一词有时也被用来指广义的忠诚度商业模式。

23 思腾思特公司（Stern Stewart & Co.）是美国一家咨询公司，于 1982 年创立。思腾思特公司专注于基于价值的管理，是经济附加值（Economic Value Added，EVA）概念的创造者、推动者和商标持有人，并提供投资组合策略、评估和企业管理等领域的服务。目前，该公司在全球拥有 15 家办公室，雇员约百人。

24 罗伯特·戈伊苏埃塔（Roberto Goizueta，1931-1997），古巴商人、化学工程师。

戈伊苏埃塔于 1980 年开始担任可口可乐公司的董事长、董事和 CEO，直至去世。戈伊苏埃塔通过其优秀的战略规划能力，重新塑造了可口可乐公司，并为其股东带来了丰厚的回报。

25 艾意凯咨询（L.E.K. Consulting）是一家英国知名管理咨询公司，由三位贝恩咨询公司的前合伙人联合成立于 1983 年。目前，艾意凯咨询在全球拥有超过 1200 名雇员，并拥有 21 家办公室，其中在中国拥有北京、上海 2 家办公室。

26 丹尼·米勒（Danny Miller，1947-   ），加拿大经济学家、组织理论学家。米勒是世界上被引用次数最多的管理研究者之一。除学术生涯之外，米勒还担任企业的战略顾问。

27 吉尼斯啤酒公司（Guinness Brewery）是一家位于爱尔兰都柏林的啤酒公司，创立于 1759 年。吉尼斯啤酒公司以其起源于圣詹姆斯门酿酒厂（St. James Gate）的黑啤酒而闻名，是全球最成功的啤酒品牌之一。吉尼斯啤酒公司在 5 个国家进行酿造，并提供超过 100 种啤酒产品，该公司也是世界上广为人知的《吉尼斯世界纪录大全》的创立者和出版者。吉尼斯啤酒公司在 1932 年因英爱贸易战而将总部迁往伦敦，1997 年与大都会公司（Grand Metropolitan）合并组建帝亚吉欧公司（Diageo），吉尼斯成为其旗下品牌。目前，吉尼斯啤酒公司每年酿造超过 5000 万桶酒精饮品，价值超过 20 亿欧元。

28 雀巢公司（Nestlé S.A. 或 Nestlé）是一家瑞士跨国食品和饮料公司，总部设在瑞士韦威，在全球拥有 500 多家工厂。它是世界上最大的食品制造商。最初以生产婴儿食品起家，后以生产巧克力棒和速溶咖啡闻名遐迩。雀巢公司全球员工超过 33.5 万人，总销售额约 900 亿瑞士法郎，在美国《福布斯》杂志评选的 2017 年全球规模最大上市公司中列第 34 名。

29 圣詹姆斯门酿酒厂（St. James Gate）是一家位于爱尔兰都柏林的啤酒厂，由亚瑟·吉尼斯（Arthur Guinness，1725-1803）于 1759 年创立。圣詹姆斯门酿酒厂在 19 世纪成为爱尔兰境内及世界上最大的啤酒厂，其亦是吉尼斯啤酒公司最著名的啤酒厂。目前，圣詹姆斯门酿酒厂仍作为帝亚吉欧公司旗下吉尼斯啤酒公司的啤酒厂进行生产。

30 阿瑟贝尔父子有限公司（Arthur Bell & Sons）是一家位于苏格兰的威士忌生产商，成立于 1851 年。随着 20 世纪威士忌市场的发展，公司收购了多家酿酒厂，并在 1949 年成为上市公司，其产品销售至 130 多个国家和地区，其品牌亦是世界上最为畅销的威士忌品牌之一。1985 年，该公司被吉尼斯啤酒公司收购，目前属于帝亚吉欧公司。

31 阿盖尔（Argyll）是一家英国的连锁超市，成立于 1977 年。阿盖尔通过对小型超市的一系列收购曾成为英国第四大连锁超市运营商。1987 年，阿盖尔收购了西夫韦（Safeway Inc.）的英国子公司，并于 1996 年放弃阿盖尔的品牌商标。

32　英国酿酒公司（The Distillers Company）是一家位于苏格兰的威士忌生产商，成立于1877年。除威士忌外，该公司还生产其他饮品和药品。自1986年被吉尼斯啤酒公司收购后，英国酿酒公司终止了独立运营。该笔收购案在之后被发现涉及欺诈活动。目前，英国酿酒公司的大部分资产属于帝亚吉欧。

33　克莱斯勒汽车（Chrysler Motors）是一家美国汽车制造商，由沃尔特·克莱斯勒（Walter Chrysler，1875-1940）创立于1925年。克莱斯勒是美国三大汽车制造商之一，在2008年金融危机中接受了美国政府的援助。2014年，克莱斯勒被菲亚特（Fiat）收购，并成为其旗下品牌。目前，该公司拥有逾7万名雇员，年收入逾800亿美元。

34　欧文斯（Owens-Illinois）是美国一家从事集装箱玻璃产品生产的公司，成立于1929年。欧文斯是世界领先的包装产品制造商之一，也是最大的玻璃容器制造商之一。目前，欧文斯拥有超过2万名雇员，年收入逾74亿美元。

35　先灵药业（Sterling Drug）是美国一家全球制药公司，成立于1901年。先灵药业主要生产诊断显像剂、荷尔蒙产品、心血管产品、止痛剂等。先灵药业已于1994年停止营业，其资产和业务被拜尔制药等其他药厂继承。

36　普利司通（Bridgestone/Firestone）是日本一家跨国汽车和卡车零部件制造商，于1931年成立。普利司通是世界上最大的轮胎及橡胶制品制造商之一，也是世界轮胎业三巨头之一。目前，普利司通拥有超过14万名雇员，年收入逾300亿美元。

37　加拿大太平洋（Canadian Pacific）是加拿大一级铁路太平洋铁路（Canadian Pacific Railway）的运营商。其运营网络从西部温哥华至东部蒙特利尔，并设有跨境路线通往美国的明尼阿波利斯、芝加哥、纽约市等大型城市。公司总部设于艾伯塔省卡尔加里，年收入逾62亿加拿大元。

38　米特·罗姆尼（Mitt Romney，1947-　　），美国商人、政治家、咨询顾问。罗姆尼曾担任贝恩公司的CEO，并共同创立与领导了贝恩资本。作为贝恩资本的CEO，罗姆尼积累了大量的个人财富，并在政治领域进行尝试。罗姆尼曾任马萨诸塞州第70任州长（2003-2007），并成为共和党在2012年美国总统选举中的候选人，但最终在与贝拉克·奥巴马（Barack Hussein Obama，1961-　　）的竞争中落败。

39　汤姆·蒂尔尼（Tom Tierney，1954-　　），美国管理咨询顾问、商人、作家。蒂尔尼曾任贝恩公司的CEO（1992-2000），并帮助贝恩公司在全球范围内迅速增长。此外，蒂尔尼创立并领导一家为非营利性组织提供咨询服务的组织。从2015年7月起，蒂尔尼担任eBay公司的董事长至今。

第 十 三 章 | **能力何以成为核心**

20 世纪 80 年代伊始，股东资本主义的阴霾就已经笼罩在战略革命的征途之上。但是，战略理论的革命者一开始并没有过多关注这一领域。从那时开始，一群咨询顾问和学者便开始追求战略的荣耀，甚至远胜华尔街的喧嚣。这也带来了一个强烈的讽刺：虽然它们以战略之名所做甚多，却并未对公司的股价造成实质性影响。在麦肯锡和 BCG 这样的公司，那些将提高股价作为主要关注点的顾问虽然看起来像是专家，但略显偏离主流。随着战略革命的不断深化，有很多因素造成咨询公司建议的战略与彭博终端[1]（Bloomberg Terminal）上显示的股价大相径庭，其影响因素从公司人员的执行能力到市场环境的波动不一而足。而无可厚非的是，战略必须能让公司的资产实现增值，而这一点最终在私募基金公司的崛起中得到了验证。

　　如果当时的理论并没有瞄准提升客户公司的股价，那 20 世纪 80 ~ 90 年代，领先的战略思想者都在研究些什么呢？对于很多学者而言，实际上他们正在试图从一种新的行为学角度将人的因素与战略结合起来。鉴于战略理论长期以来对客观事实和量化结果的不懈追求，"行为"这一变量很难满足卓越学派对"准确性"的要求。但是，"行为"现在必须与战略更紧密地结合起来，同时也需要更加缜密，用 20 世纪 60 年代马克思主义学者最喜欢用的形容词来说，那就是行为要"更加具象"，变成一个更为具体的东西，最终这个具体的东西被打上了"能力"、"过程"和"技能"等各种标签。

　　15 年前，BCG 公认的战略思想者，同时也是这家公司最高产的作者，小乔治·斯托克[2]（George Stalk Jr.），在 20 世纪 90 年代后期的一次演讲中概括了这个时代的思想主题，也介绍了 BCG 的战略思想从亨德森时代演化至今的过程："在新的时代背景下，战略的核心不再是企业对于产品和市场的定位了，而是企业的行为逻辑，其目标是识别和培养组织难以被模仿的能力，从而使其能够在竞争中脱颖而出。所以，用战略的话来说，能力是一整套商业流程。"

在一定程度上，为了帮助股东创造财富，公司必须提高自身的能力，但是随着时间的推移，全部工作可能指向泛泰勒主义而非出于战略的考虑。20世纪 90 年代这一点就更为明确了，基于生产力的优势和基于定位的优势一起被淘汰了。20 世纪 90 年代中期，迈克尔·波特加入论战，他发表言论称，达到最优的流程（被他称为"运营效益"）不过是桌面上的筹码，或者说能保持你不出局的最少筹码。而战略仍然是最重要的，因为它意味着你必须做出选择。

● 时间成为衡量的标准

菲利浦·埃文斯是 BCG 的资深合伙人，操着一口英式英语，对未来有着敏锐的洞察力，很多时候也比其他合伙人更有耐心。他提供了一篇完美的概要，以亲历者的身份介绍了 20 世纪 80 年代的战略革命，从《追求卓越》、BCG 标志性概念的演化和时基竞争（time-based competition），到 20 世纪 90 年代初大获成功的企业流程再造理论（reengineering）。

埃文斯认为，《追求卓越》对战略史的意义在于，"将 1980 年前后形成的基于分析和自上而下推进的战略，转到了一个无视产品、市场和细分领域的方向……在这本书看来，真正重要的是公司是否足够优秀，而判断优秀与否要看你是否遵循了那些原则"。他不赞同作者的主要观点，但是他承认，"彼得斯和沃特曼所做的事确实提出了一个全新的挑战，'战略家一直预设竞争优势主要来源于产品、市场、定位和规模这样的结构性要素，并且含蓄地假设每个人管理自己的方式都是一样的。但从逻辑上来说，这很可能是相反的，比如，定位并不是那么重要'"，如何管好自己更重要。

在这段时间里，埃文斯正在负责 BCG 关于一家主要货币中心银行的咨询项目。他总结了这个项目中行业领导者的情况，"彼得斯和沃特曼是对的，重要的并不是这家银行的全球网络究竟覆盖了多少地方，也不是它每个分行究竟有多少人。所有我们日常分析的要素，其实都与竞争优势毫不相关。重要的是，'你是否做了正确的信贷决策？你是否已经恰当地控制了国家风险？你是否恰当地控制了资产负债风险？'"（"顺便一说，"埃文斯补充道，"这家银行正是因为没有处理好这三个问题，才损失了近五亿美元"）。"那些日常分析的要素主要是技能问题、系统问题、控制问题，但是事实上，需要重视的是那些无法用常规定义概括的结构性问题。"在观察到这个现象之后，埃文斯承认，自己以前确实很少关注这个方向。

其间，他的同事乔治·斯托克，在另一个完全不同的客户项目上也获得了相同的观念。作为一个工程师和哈佛大学的 MBA，斯托克从 1979 年便开始研究日本的制造技术。为了帮助客户约翰·迪尔[3]（John Deere）制订亚洲市场的开拓战略，他一开始着眼于研究客户的日本分支洋马（Yanmar），随后研究日立[4]（Hitachi）。研究结果让他颇感震惊，正如他在 1990 年出版的《与时间赛跑》[5]（Competing Against Time）里概括的，约翰迪尔的日本工厂"持续拥有更高的生产力、更好的质量、更少的存货、更小的空间占用以及更快的生产速度"。斯托克也记录了亨德森对这件事情的评价："我们必须找到产生这些区别的原因，否则公司战略的大多数概念就没法让人信服。"

20 世纪 80 年代早期，当斯托克和埃文斯仍在努力研究他们所看到的现象时，他们在科德角会议上结识了。他们沿着悬崖一边走一边探讨，根据埃文斯的描述，"这是我职业生涯中最完美、记忆最深刻的讨论之一"。斯托克"无所不知"，埃文斯说，"斯托克是一个连铸锻件都了如指掌的令人难以置信的书呆子，他总能比常人更快地解决很多复杂的问题。我对他说，'忘记其他所有事情，只考虑问题就好'。这也让我马上想起来，一切就像那个银行需要控制风险的例子一样，战略需要将行为考虑在内"。

斯托克在这一观念的基础上进行研究，并让时基竞争概念成为 BCG 在 20 世纪 80 年代最成功的产品。"斯托克的成就在于，"埃文斯说，"我、彼得斯、沃特曼都没法对'行为'进行衡量，而他的方法不仅便于建立，也符合BCG文化的原则，因为他为你设计了一项可以用来直接衡量速度的指标，也定义了一种能直接用在客户项目上的分析方法。你可以计划、衡量、理解以及控制它"。埃文斯认为，这是企业流程再造的起始，或者起码能与该运动之父迈克尔·哈默（Michael Hammer）所做的事情相提并论。斯托克和哈默"实际上是从更为量化和分析性的视角延伸了彼得斯和沃特曼的研究成果，并以此为基础最终打造出一款真正的咨询产品"

"时基竞争"这个概念是基于斯托克关于日本柔性制造案例的实证分析提出的。按照经典的方式，依据经验曲线理论，制造者面临规模、成本、多样化之间的权衡取舍。他们可以倾向于长期生产同样的产品，从而降低成本，也可以选择在较短的时间内提供更多种类的产品，从而减小规模，但后者成本较高。斯托克在日本看到，很多公司（如丰田）设计的生产系统与传统意义上的权衡取舍背道而驰。通过基于生产系统的设计、技术以及持续学习与改善，一个柔性制造商可以比传统竞争者拥有更多样化的产品和更低的成本，这也让亨德森倍感震惊。

斯托克的学术成就远超其他研究者，"你应当采用这一完美的日本生产系统，"但首先要搞清楚柔性制造对于公司其他方面的影响。在埃文斯的推动下，斯托克聚焦于时间维度，将其作为衡量整体实际效率的标准。斯托克认为战略的核心在于，将整个复杂的流程很好地结合起来，这样一家公司就可以通过提供清晰与持久的竞争优势来获得客户。

斯托克的著作发表在1988年的《哈佛商业评论》中，题目是"时间：竞争优势的新来源"（Time: "The Next Source of Competitive Advantage"）。两年之后，他与BCG的一位知名学者托马斯·胡特（Thomas Hout，约翰·迪尔的长期咨询顾问）合著了《与时间赛跑》（Competing Against Time），在这本书中他们认为，波特式价值链效率的提高，不仅与制造相关，而且要考虑整体情况。他们极尽所能地描述了柔性制造所能带来的最大价值。事实上，这是时基竞争的神秘魔力，当然也包含实施的挑战（"这是一个伟大的理论，"另一家咨询公司的顾问断言，"但对客户的实施来说也是一个灾难"）：相比于从三种模型中选出一个在六周之后实施，从 20 个方案中选择一个明天就实施，不仅需要提升工厂的效率，而且必须提升每一个流程的效率。

其中，包括生产计划、订单获取、分销和交货。你不能仅满足于运营层面的改革，随着创新尤其是产品创新日益加快，运营改革仍需要逐步加强。在他的《哈佛商业评论》文章中，斯托克写到，丰田已经设计出一种新的汽车生产模式，比美国或德国的竞争对手节约一半的时间和人力成本。

因此，选择时间（也可以说行动或速度）作为指标受到推崇。因为它针对价值链中不同活动设置了具体的时间计量标准，比如，回应客户的问询需要多长时间，公司高层做出决策需要多长时间，工厂多久后才会开始生产，并将想法从图纸变成可销售的产品。每一个流程花费的时间都要进行测算，尽管如此，还是有一些过程无法测算，如客户等待时间的成本。之后，他们将时间加在一起，来判断公司是否足够高效。以时间为衡量标准很容易被大众（如工程师、金融工作者、工人甚至人力资源总监）理解，而不像标准差那么晦涩难懂。

随着变革之风吹得愈加猛烈，预测也变得更加困难，还有什么可以更好地契合现在越发激进的时代精神呢？1993 年，斯托克和艾伦·韦伯（Alan Webber，《哈佛商业评论》前编辑主任）在《哈佛商业评论》上发表了一篇以时基竞争为主题的文章。在文章发表之前，韦伯正致力于创立一本新杂志《快公司》[6]（Fast Company），这本杂志后来成为关于"新经济"如何运行的指导教材（斯托克和彼得斯都是杂志的投资者）。

• 用智慧紧握创新

至于"流程"这个概念到底发生了什么，以及它又在战略的历史中扮演了怎样的角色，好多细节似乎都被简化掉了，而参与这个概念讨论的专家也众说纷纭。第一类学者认为这一理论具有极高的价值，甚至将其奉为圭臬推崇备至。比如，普拉哈拉德[7]（C.K.Prahalad）和加里·哈默尔，他们主张首先是战略意图（Strategy Intent），其次是核心竞争力。

第二类学者则另辟蹊径，深入战略理论的丛林之中，虽然也找到了不少宝藏（咨询业务），但最后还是失去了方向。以迈克尔·哈默[8]（Micheal Hammer）和詹姆斯·钱皮[9]（Jim Champy）为首的学者则开始研究企业流程再造理论，却在一定程度上忽视了战略。

第三类学者的研究则更切实际，即便他们的引领者乔治·斯托克和菲利浦·埃文斯认为他们对于"能力"的定义比"核心竞争力"更加严密而包罗万象。事实上，正像他们的领头人后来承认的那样，这一方向的学者并没有更多的创新，起码从市场接受度上看是这样。所以，本文为了解释上述三种观点的出发点，将分两个方面进行阐述：一是创新领域，二是学术领域。

20世纪80年代中期，新技术浪潮更快速、更高频且更强烈地冲击着市场，当然也给我们带来了更多的曙光，这使得一些关注战略的学者开始着眼于创新。不同观点的声音交织在一起，包括时基竞争和商业流程再造，均强调改变现有流程是战略的必要选项。创新与业务流程从未如此紧密结合，远超其之前与定位的关系。

其实，学者对于创新已经研究了很多年。20世纪60年代早期，一位中西部的教授，埃弗雷特·罗杰斯（Everett Rogers）就推导出了S曲线（S curve）来描述新技术是如何流行起来的。当一种新技术刚被引入的时候，只有少数人会去尝试，其发展推进缓慢；然而，在某一突发事件使得这项新技术开始广为流行后，人们开始趋之若鹜；不久之后，技术就会变得非常普及了，而技术的创造者唯有超过那些停滞不前的人才能获得利润。

20世纪80年代的中期，麦肯锡的迪克·福斯特也将研究重点转移到创新上。1986年，他出版了《创新：进攻者的优势》[10]（Innovation: The Attacker's Advantage），以自己绘制的S曲线展现了技术改进的轨迹（见图13-1）。

纵轴是公司业绩的衡量指标，如一个男式怀表的厚度，横轴是所投入的努力，如对新技术进行投资的基金数量。在开始的阶段，技术沿着水平轴延伸（怀表在18世纪只是变薄了一点），然后，在"爆发"阶段，业绩获得显著而迅速的提升（1850年的怀表模型的厚度只有1812年的1/6），之后进入

图 13-1

S 曲线

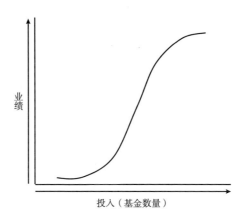

资料来源：Richard N. Foster, *Innovation: The Attacker's Advantage*（New York: Summit Books, 1986）。

"成熟"阶段（怀表无法变得更薄，只能在可靠性和价格上进行竞争）。

你可能认为这是一个精彩的理论，但是它怎么才能应用到战略和竞争中呢？福斯特进一步的研究给出了答案：S曲线很多时候会成对出现，也就是说，后续技术的发展在业绩轴上会有更高的起点。证据也显示，一家公司必须拥有一项技术，而S曲线也从没有直接从一个技术跳跃到另一个技术的先例。1955年，三大顶尖真空管制造商和当时的三大晶体管制造商之间并没有联系，和半导体元件制造商也毫无关联。相同的观点在十年后克莱顿·克里斯坦森的畅销书《创新者的窘境》[11]（*The Innovator's Dilemma*）中也有所提及。

福斯特认为技术的不连续性将会在未来越来越频繁地出现，而未来的竞争将会在这些创新的进攻者之间展开。创新的能力则是竞争和战略成功的关键。

如果福斯特和斯托克主要关注变化和速度，那么学术界战略思想的主导学派在这方面则显得固执而保守。1984 年，密歇根大学[12]（University of Michigan）的年轻教授沃纳·费尔（Birger Wernerfelt）发表了一篇名为"公司的资源基础观"（"A Resource-Based View of the Firm"）的文章。虽然五年间这篇文章并没有受到多少关注或引用，但沃纳·费尔提出了一种新的战略方法，即以资源为导向来考虑问题（有时候被缩写为 RBV），这也成为接下来 20 多年这一领域大部分学术研究的焦点。

还有一位远离查尔斯河畔，1994 年起就在俄亥俄州立大学[13]（Ohio State University）任教的教授杰恩·巴尼[14]（Jay Barney），在具象化"资源基础观"方面做出了杰出的贡献。在一篇标题为"竞争优势的内核"（"Looking Inside for Competitive Advantage"）的文章中，他总结了自己和其他咨询顾问的不同观点。沃纳·费尔和巴尼都将他们的研究追溯到肯·安德鲁斯（Ken Andrews）的思想结晶上，尤其是他提出的 SWOT 模型（优势、劣势、机会和威胁）。巴尼认为波特的大部分研究主要着眼于机会和威胁的部分，即对"外部环境"的研究，而这仅仅是战略的一部分，为了真正获得竞争优势，还需要分析公司的"内部优势和劣势"。

至少在他的一篇文章中，巴尼曾大篇幅引用彼得斯和沃特曼的观点。严格来说，资源的主要构成仍然是一个研究热点。从某些角度来说，它可能来源于"7S"框架中的某一个元素，也可能是员工或系统。而在这扇大门开启后，一大批学者前赴后继，进行"以资源为导向"的理论研究。进行这项研究，你不需要像波特一样受过经济学研究的训练，只要有所谓组织科学背景就可以。

"资源基础观"的创建者试图建立一套标准，以判断不同因素对战略性优势的可能影响。他们设立了四项标准（首字母缩写为 VRIN），包括：资源必须是有价值的（valuable），即能够为公司在获取更多机会或减少威胁上做出贡献；资源必须是稀缺的（rare），如果这个行业的每一方都能够轻而易举地获得这些资源，那么它也无法带来更多竞争优势；资源必须是独特的（inimitable），如果希望优势能够持续，那竞争对手应当无法简单复制资源；资源必须是不可替代的（nonsubstitutable），如果竞争对手已经开始将煤油销售给你的客户，那么一桶鲸油将无法给你带来任何优势。

资源是不是看起来好像没有明确的边界？的确，就连咨询顾问也没法对它进行量化。有些学者批判巴尼以及持近似观点的研究者，认为"资源基础观"欠缺对市场因素的考量（也可以称为对外部世界的理解），而主要着眼于公司应该如何管理资源。更犀利的批评者认为，"资源基础观"实在是"多余"，创造价值的资源肯定很有价值，这就像镜子的两面。所有这一切都引起了更多的学术争论，最终越来越多的质疑让这一理论丧失了魅力，研究的人也变得越来越少了。

• 核心竞争力从何而来

总之，我从来没有听商业界人士提到过"资源基础观"，但倒是时常听到很多学者在谈论"核心竞争力"。这要归功于哥印拜陀·克里希纳劳（Coimbatore Krishnarao，人们将其简称为"C.K."）·普拉哈拉德和加里·哈默尔的贡献。连沃纳费尔都在一篇1995年的文章中对他们大加赞扬："我认为这些学者独当一面，并且承担起了将'资源基础观'扩展到实践领域的责任。"

1977年，哈默尔和普拉哈拉德在密歇根大学会面。当时普拉哈拉德已经是教授了，而哈默尔还是一位国际商务博士在读生。这次前往安阿伯市的旅程对哈默尔未来的职业生涯产生了重大的影响，与专业不同的人合作为这项工作带来了新的挑战。普拉哈拉德出生于1941年，父母是马德拉斯的法官和学者，家里有九个孩子。在19~23岁的时候，他在家附近联合碳化物公司的电池工厂进行过辅助管理，1984年也就是博帕尔事件[15]（Bhopal Disaster）发生的20多年前，这段经历让这个年轻的物理天才对管理学产生了兴趣。

接下来，他到印度最好的商学院——印度管理学院艾哈迈德巴德分校[16]（Indian Institute of Management Ahmedabad）学习，并不顾家人的反对与附近大学的学生结婚，然后一同奔赴美国。1975年，普拉哈拉德在哈佛商学院获得了DBA学位，然后又回到印度管理学院教书，但是后来由于对他当时的专业（跨国企业的治理）毫无兴趣，很快就换了工作，成为密歇根商学院的教员。

比普拉哈拉德年轻 13 岁的哈默尔，在密歇根的安德鲁大学[17]（Andrews University）获得学士学位和 MBA 学位，并在多年之后又一次走进了这所大学。安德鲁大学始建于 1874 年，自称为复临教会[18]（Seventh-day Adventist，也就是为大多数人所知的基督复临安息日会）的"一流"教育机构。在这一教派理念的影响下，安德鲁大学在美国大学中显得特立独行。哈默尔一方面着眼国际，另一方面或多或少地受到一些教派信念的影响。

哈默尔在演讲台上颇有风范，至今仍被一家杂志评为"世界上最有影响力的商业演说家"，正如他的网站上写的。当你看到他或读他写的文章，可能也会偶尔发现他作为千禧年信徒[19]（millenarian）的一面——胜者完胜、颠覆必至以及是金子总会发光的，这些说法皆出自他 1996 年的文章《战略革命》（"Strategy as Revolution"）。

1989 年，普拉哈拉德和哈默尔共同在《哈佛商业评论》上发表了题为"战略意图"（"Strategic Intent"）的文章，并获得了当年的麦肯锡奖。这篇文章抨击了大部分在国际竞争中（指与日本企业的竞争）惨败的西方公司，比如，输给小松[20]（Komatsu）的卡特彼勒[21]（Caterpillar），输给佳能（Canon）的施乐（Xerox）。文中指出，大部分西方公司都在坚持错误的战略。事实上，作者认为，"正如'战略'理论有繁盛期一样（和本书讨论的大部分概念一样），西方公司的竞争优势也已经开始枯竭。在其他人看来这或许是一个意外，但我们认为不是"，因为这些人并没有刻苦钻研战略的内涵，只是目光短浅地嘲弄这些精妙的理论，"很难想象，西方战略的精髓居然被缩减为若干规则：'7S'模型、五力框架、四阶段产品生命周期、三种通用战略和一些二乘二矩阵"，而这些不过是战略理论的沧海一粟罢了。如果企业仅仅依靠这样的理论，不仅毫无想象力，还会有一定的"副作用"，如减少"管理层可以考虑的战略选项"等。

普拉哈拉德和哈默尔从中国军事大师孙子[22]（Sun Tzu）的战略思想中汲取了灵感，"战略意图"指在特定市场或行业中建立全球领导力的目标。如果像大部分美国 CEO 那样，仅仅将提升股东价值作为衡量成功的标准，那他们将很难胜任这一工作，更无法带领团队征战商场（不过这时候，可能有人会问，那些受日本贸易部支持的株式会社和所有的日本CEO，是不是也面临相同的股市压力呢）。而真正的战略意图是实现真正的统治，就要像小松提出"包围卡特彼勒"的目标或者佳能要"战胜施乐"的雄心那样，而与此相伴的则是迈向这一目标的缜密战略计划。

虽然《战略意图》这篇文章更像一篇劝告词，而非特定的建议，但作者仍然给出了一些有实践意义的指导，以与战略定位学派区分开来。战略的目的应该是"相较于竞争对手对自己当前优势的模仿，可以更快地创造未来的竞争优势"。做到这件事情的关键在于公司拥有的技能和获取新知识的能力，即"学习能力"，作者将此形容为"在所有竞争优势中最无可匹敌的一项"。

在这篇1989年的文章中，他们将这些关键技能称为"核心竞争力"。为了赶超这一理念的潜在竞争对手，也为了回归"资源基础观"，次年普拉哈拉德和哈默尔发表了一篇更为知名的《哈佛商业评论》文章——《公司的核心竞争力》（"The Core Competence of the Corporation"）。更进一步扩充了管理学的词库，然而这个词的出现并未让公司对于"战略"的讨论日渐清晰，反而使其变得空前混乱。

这篇文章主张，聪明的公司，如很多亚洲公司，将自己视为竞争优势的组合，而不只是业务的组合。就像将很多因素进行整合才能组成核心竞争力一样，普拉哈拉德和哈默尔认为："竞争优势的真正源泉在于，管理层将公司层面的技术、生产能力进行整合，从而构建公司的核心竞争力，使得公司可以更快地适应外界的机遇和变化。"这样的能力也可以理解为"组织的学习能力"和"组织协作及传递价值的能力"。因此，核心竞争力指的是"沟通能力、参与度和对跨组织协作的深度认同感"。

作者试图更具体地向读者介绍"资源基础观"的观点，尤其是揭示VRIN框架的具体要素。核心竞争力"提供了一种迈向更广阔的市场的途径"，普拉哈拉德和哈默尔认为，"它对于顾客感知最终产品而言有重要意义，"这好像听起来很有价值。核心竞争力必须很难"被竞争对手模仿"，也就是说，具有独特性。但令人惊讶的是，在这篇文章中，几乎没有现实世界中关于核心竞争力的任何例子。而实际上，在精密机械、光学机械及微电子等行业中，佳能是佼佼者；在电脑制造、通信及零部件行业中，NEC[23]也同样拥有核心竞争力。

随着《公司的核心竞争力》这篇文章的发表，在接下来的几年里，BCG和麦肯锡均发表了关于"战略的核心能力"的观点，但是都没能像普拉哈拉德和哈默尔一样让这些概念广为人知。斯托克、埃文斯和其他同僚如拉里·舒尔曼（Larry Shulman）也加入了"基于优势的战略定位"这一阵营，使得这一理论开始以前所未有的速度发展。现在，你需要的是能够在市场上进行创新及变革的"战略能力"，而拥有这样的能力，则需要进行跨部门合作，有时候甚至需要 CEO 领导各部门主管协同合作。

一些 BCG 的思考者认为，核心竞争力的概念太过狭隘，仅仅强调了"价值链中技术和生产技能这一环节"。相反的，他们的切入点是"能力"应该"有更广泛的基础，包括价值链的整体"，与"时基竞争"的整体理念一致。在一份针对电力公司管理层的调查中，他们认为"构建公司战略基石的并不是产品或市场，而是业务流程"，公司在竞争中获得成功的基础主要是公司将其核心流程转换为"战略能力"。

而麦肯锡的约翰·斯塔基则对此持有异议，他认为公司从一开始就已拥有能够获得战略性成功的独特能力，但是这个观点将麦肯锡置于"市场结构"理论、BCG 经验曲线及波特的 SCP 模型等众多理论支持者的炮火之下。2005 年，斯塔基和他的合作伙伴出版了《战略视角》（Perspectives on Strategy）这本书，阐述了"独特的能力和市场结构都很重要"的观点。当然，这一更有普遍意义理论的提出，并没有减缓麦肯锡继续研究"战略能力"问题的脚步。

20 世纪 90 年代，斯塔基引用了一串数据（没有注明出处），"世界 100 百强公司总市值的 75% 都来自它们独特的能力，如品牌或许可证"，这也证明了在战略的意义上，能力比基于市场结构获得的优势更重要。他认为，客户对于自身能力的认知有误，往往客户认为独特的能力其实并没有那么出众（正如它们没有认清自身的核心竞争优势一样）。所以，他主张可以通过两个方式判断一种能力是否足够独特，一是看它能否显著地节约成本，二是它能否明显地提升产品质量。麦肯锡的研究指出，有两种类型的能力同时满足这两个标准："可交易的专有资产（tradable privilege assets）"，包括品牌（如可口可乐）、专利、实物资产（如低成本的矿山）；"独特竞争力"，组织的一些比较软性的能力，如"吸引和留住人才"、"持续创新"以及"建立和保持公司声誉"等。

● 企业流程再造的兴衰

接下来，我们再来谈谈为什么能力这一理论一直没有达到咨询顾问的期望，而相对的，企业流程再造这一华而不实的概念却在短时间内迅速蹿红，又被迅速打回原点。这里涉及的不仅是概念本身，还充分说明自打第一本《管理新视野》推出以来，管理理念的市场已经变得前所未有地丰富、专业、狡黠和有利可图。

其实，管理理念市场的参与者一直都在试图搞清楚，自己到底能从这个市场能获得多少价值。20 世纪 90 年代后期，当我在哈佛商业出版社[24]（Harvard Business Publishing）就职的时候，《哈佛商业评论》的作者有时会向我吐露心声，质疑在《哈佛商业评论》上发表文章的价值。当时，一位咨询顾问一天可以收取客户 20000 美元以上的费用，"所以如果把写一篇文章的时间用来工作，那顾问就可以拿到一个一年期甚至两年期的项目"。同样，一位咨询公司的合伙人，如果把时间用来写文章或出版畅销书，那计算完机会成本之后，他就会知道，"其实写文章根本没有什么好处"（《哈佛商业评论》每篇文章的稿酬为 100 美元，而在付给作者后，《哈佛商业评论》不仅可以刊登文章，还拥有转发和转售文章的权利）。如果出版专著，那么"你能获得的预付款也很少"（一般的价格是 15000 美元）。"如果这本书畅销，你或许还可以获得一些额外的收入，如演讲费"（每年可以举行上百场演讲，每次演讲出场费约为 25000 美元）。"当然，如果文章可以带来咨询项目的客户，你就可以真正获得不菲的收益"。

在《追求卓越》这本书出版（1982 年）十年之后，管理专家及其背后的组织开始发现这个日益增长的管理思想市场。所以，作为一个类别，商业书籍也迎来了前所未有的蓬勃发展，根据一些报告提供的结论，20 世纪 90 年代，商业书籍的总销售额几乎翻了一番。而在 20 世纪末，互联网泡沫破裂和股票市场崩盘之前，商业已经成为亚马逊 [25]（Amazon.com）和巴诺书店 [26]（Barnes & Noble）上第二畅销的书籍类别。商业会议和公司演讲的合作亦紧随其后（在它们陷入自身的低谷之前），也开始快速发展起来。

所以不足为奇，20 世纪 90 年代早期，一家小的文学出版社抓住了这一趋势，其总部所在地为波士顿，是《哈佛商业评论》和《斯隆管理评论》[27]（Sloan Management Review）等期刊，艾迪生 - 韦斯利 [28]（Addison-Wesley）等出版商以及众多管理咨询公司的发源地。海伦·里斯（Helen Rees）等文稿代理人为这家出版社提供了潜在的作者资源 [一位客户曾经评价，她是一个极其坚韧的人，"如果说海伦·里斯和罗纳威犬 [29]（Rottweiler）存在区别的话，那就是罗纳威犬最终会放弃"]。要成为一个作家，实际上甚至不需要知道如何写作。只要你是一个有正规文凭和有趣观点的人，编辑就可以让你万事俱备。这个时期，《哈佛商业评论》的明星编辑艾伦·韦伯（Alan Webber）形容其工作流程："《哈佛商业评论》最麻烦的工作在于，我们推出的大部分文章都不是署名的人写的，这不意味着他们不是作者，但是他们确实没有直接写这些文章。如果向哈佛商学院的教授约稿，你就会发现他们写得并不好。因为获得高等学位的过程并不要求文笔好，而只是要求尽量规范。好在他们有丰富的谈资，所以我们编辑能做的就是坐下来，和这些教授好好谈一谈，并且用录音机录下他们的言论，然后整理。整理后，我们会把文章再发回给他们看，然后他们就会说，'对，这些正是我所说的，也都是我写的'。"

或者，你也可以付给一些机构编辑服务费，如唐娜·萨蒙斯·卡彭特（Donna Sammons Carpenter）的沃德沃克斯公司（Wordworks,Inc），让它来帮你写。这家公司自己"生产"了超过 70 本书，印刷了 500 万册，并且盘踞《纽约时报》和《商业周刊》的畅销书榜首"超过 500 周"。包括汤姆·彼得斯、理查德·帕斯卡尔以及各路哈佛大学教授、参议员，乃至约翰·克里等知名作家都对这种模式颇有微词，尤其是当他们自己在阁楼里奋笔疾书的时候。沃德沃克斯公司的服务甚至包括代笔，用一个不是特别好听的词来形容就是包装书籍。只要你愿意出钱（大约要成千上万美元），卡彭特和她的团队就可以拟定一份几页的协议，然后与代笔人进行商量，并进行全程把控。

这类服务的主要受益者就是来自指数集团（Index Group，后来成为CSC 指数公司）的作者。这家公司后来成为世界领先的企业流程再造公司。指数集团由一位毕业于 MIT 的博士研究生在 1969 年成立，汤姆·格里蒂[30]（Tom Gerrity，后来担任沃顿商学院[31] 院长长达 10 年）以及他的三个朋友都来自这个机构，詹姆斯·钱皮也是其中之一。公司创立后经过 15 年的持续发展，最后出售给计算机科学公司[32]（Computer Sciences Corporation），成为 CSC 指数公司。这家公司的主要目标就是采用信息技术来提高客户的管理水平。20 世纪 80 年代中期，一定程度上受 BCG 时竞争理论的影响，CSC指数公司开始关注商业流程，并且思考如何对其进行改进。公司的研究总监是一个名叫汤姆·达文波特[33]（Tom Davenport）的哈佛大学社会学博士。

CSC 指数公司联合迈克尔·哈默（一位前 MIT 的教授，后来自己创办了公司）共同发布了一个多用户研究项目的结果，正是这次研究使得 CSC 指数公司一举成名。多用户研究项目将招收公司作为付费参与者（调研费大概是五位数），并与咨询顾问和签约学者一起针对特定主题展开研究。最后的结果将会在年末进行汇报，地点一般选在加州圆石滩这类的地方。

根据多用户调研的部分结果，达文波特和他的合著者于 1990 年夏天在《斯隆管理评论》上发表了一篇文章——《新的企业流程再造：信息技术和商业流程再设计》（"The New Industrial Engineering: Information Technology and Business Process Redesign"）。几周之后，哈默在《哈佛商业评论》上发表了另一篇文章《企业流程重组：不是要自动化，而要消灭自动化》（"Reengineering Work: Don't Automate, Obliterate"）。你可以猜测，哪篇文章在当年最受欢迎。

哈默的主要论点是，公司已经深陷于下单、管理应付账款或制造产品等商业流程中，在计算机时代这些都意味着过时、绝望和低效。与其试图改变这些陈年重负，还不如直接放弃它们。哈默建议企业从一张白纸开始，用新的技术重新设计流程，只有这样才能推陈出新。而且企业需要时刻铭记，最终的受益者应该永远是客户。

回顾"流程再造"这个概念出现的经济环境。1987 年股票崩盘之后，美国经济滑坡，恢复缓慢。1990 年的夏天，美国再次陷入经济衰退之中，犹如四大天王从天而降（在这个国家陷入长期经济不景气之前），日本竞争者的出现带来了前所未有的威胁。20 世纪 80 年代兼并收购大潮的压力也让 CEO 丝毫不敢松懈，努力设法让公司在面对新兴市场的挑战时更有竞争力。

所以，企业流程再造看起来确实是一个绝妙的解决方案。它不仅指明了改革的需要，带有战略的特点，而且覆盖了流程、竞争力和能力等各个方面，从而使公司能够将新技术发展成魔法般的变革力量，不过如果从更高的层次上来看，这几个概念的区别也并没有那么大（乔治·斯托克和其他随后的学者反对说，企业流程再造事实上和战略毫不相关，如果不能找到对企业自身而言至关重要的业务流程，那么这一理论就没有任何用处）。不仅咨询顾问见风使舵，硬件软件领域的创业者也顺水推舟，因为它们终于寻找到了一个能够让企业动辄安装几百万美元计算机系统的由头。在这里，泛泰勒主义也找到了它的技术支持。

CSC 指数公司和哈默引领了这一潮流。众多企业花费上千美元来聆听哈默的演讲，而在讲台上哈默则猛烈抨击说，如果你的旧组织不能再发挥作用了，那就"轰掉它算了"。"为了在企业流程再造中取得胜利，"他很坚定地主张，"你最好成为一个梦想家、鼓励者和敢于放弃的人"。在此期间，CSC 指数公司将这类个会议转化成一种可以接触更多参与者的营销工具。一般而言，潜在客户公司的 CEO 会花 2500 美元或者更多的钱来参与这些互动，聆听大师的管理智慧，而演讲者也不只有咨询公司的顾问，还包括迈克尔·波特、沃伦·本尼斯或彼得·德鲁克（他声称"企业流程再造是全新的而且必须执行的事情"）等。下午的时候，一般会安排高尔夫球活动，与会嘉宾四人一组，由 CSC 指数公司的组织者陪同，有时候咨询公司还可以借此机会卖掉一些项目。

基于《哈佛商业评论》的原创文章和沃德沃克斯公司编辑的大力协助，哈默和 CSC 指数公司的詹姆斯·钱皮 1993 年出版了《企业流程再造：商业革命宣言》[34]（*Reengineering the Corporation：A Manifesto for Business Revolution*）。这本书在一年中卖出了 300 多万本，并长居《纽约时报》畅销书榜单之上。

当然，每个成功的商业理论背后总有其奠基者，或者宣称曾经为此做过贡献的人，而 CSC 指数公司和它的企业流程再造理论能够获得一定成功也不例外。哈默和钱皮，以及他们的编辑帮手达文波特正是这一概念的奠基人。达文波特此后成为一位知名的高校教授、咨询顾问和特定领域的专家，以及企业流程再造理论的先驱者之一。在此期间，CSC 指数公司负责创新和市场营销的高级副总裁汤姆·韦特（Tom Waite）的官网介绍页面上仍然写着，他"构想出写作和出版系列商务书籍的方式，并且让它们成为公司的畅销书"。

罗恩·克里斯特曼（Ron P.Christman），一个核科学的博士，负责 CSC 指数公司的调研项目和项目汇报会，他的介绍页面上也注明了自己独一无二的贡献："他对于 CSC 指数公司的调研和咨询业务（他是这个部门的负责人）做出无法估量的贡献，在他的带领下，公司十年中的咨询业务收入从 1000 万美元增长到了 2.25 亿美元。"他和他的团队"发明并且推广了'企业流程再造'的概念"。克里斯特曼随后带着多用户调研项目的模型以及颇受好评的汇报会，成立了一家新公司——康库集团（Concours Group），现在仍在举办各种活动，邀请如同吉姆·柯林斯、汤姆·达文波特和加里·哈默尔等专家作为主讲人。

除了达文波特，或许没有其他人更适合探讨企业流程再造理论的倾覆过程了，其降温的速度甚至比兴起还快。用商业世界里的语言来解释，就是人们认为企业流程再造等同于裁员，下属们从一开始就是反抗者。虽然钱皮、达文波特和哈默从不承认裁员是这个理论的实施法则，但是一定程度上讲，仅声明"在公司治理中，优化尚有潜力的领域，放弃无法优化的流程"，并不足以让大众注意到这些概念间的细微差别。

在《快公司》1995 年的一篇文章中，达文波特整理了这一理论失败的证据，引用 CSC 指数公司前一年的报告《企业流程再造现状报告》（"State of Reengineering Report"）里的话，"50% 的公司参与了这项研究，而企业流程再造最难的地方在于，处理组织内部的恐惧和焦虑。73% 的公司认为采用企业流程再造的方法平均裁员率达 21%；在已经全面完成企业流程再造的 99 家公司中，67% 变得日益平庸、在竞争中被边缘化甚至最后失败"。进一步的，达文波特详细披露了钱皮和哈默书中提到的那些公司的后续发展。直接反应集团（Direct Response Group）的创始人已经抛弃了这个理论，并且"改革了这一以流程为导向的公司"；互利生保险公司 [35]（Mutual Benefit Life）"完全衰弱"；贺曼公司 [36]（Hallmark）则花费了一年时间设计一款新的贺卡。

　　1996 年，CSC 指数公司的主席和 CEO 钱皮离开了这艘即将沉没的大船，重新担任佩罗系统公司 [37]（Perot System）咨询业务的主席。1999 年，CSC 指数公司的母公司 CSC 最后进行了资产清算（巅峰时期它曾经雇用过 600 余人，并拥有 14 间办公室），并在解雇了大多数员工之后，将少部分员工安排到其他运营部门。

● 能力黯然失色

　　如果将《哈佛商业评论》发布文章《战略应该是基于核心竞争力还是能力》，作为能力理论起始标志的话，则其倾覆也如出一辙。1993 年，斯托克和艾伦·韦伯发表了一篇负面文章《日本时代的阴暗面》（"Japan's Dark Side of Time"），它们将东京的秋叶原描述成一个如地狱般的世界，那里是汇集日本 10% 的电子产品交易的地方，也是所有市场竞争者都会进行时基竞争的地方。

　　结果有点像迪士尼的动画片《魔法师的学徒》[38]（The Sorcerer's Apprentice），但是现实中这些学徒的学习更为机械、快速，这造成了他们之间直接的冲突。日本制造企业挤进了相同类别的产品领域，如音乐播放器、咖啡机、冰箱，并设计了一套更加多元化的生产模型，能够快速地生产出任何产品。但是几乎没有一个公司能赚钱。斯托克和韦伯认为，问题不是出在"时基竞争"这个概念上，而是每家公司都发展得太快，太急于使用这套方法。而颇为极端的日本人通常有一种"追求极致"的风格，它们倾向于"借助战略工具的帮助，通过增加多样性来创造差异化"，而不是"将每样东西都简化成一件商品"。

三年之后，在所有人都认为战略主要基于能力的情况下，迈克尔·波特在《哈佛商业评论》发表了《什么是战略？》（"What Is Strategy？"），提出了一个更加发人深省的概念。这有点像航空工程系学生路德维格·维特根斯坦[39]（Lugwig Wittgenstein）在30岁之前解决了大部分哲学问题，并在下一个十年思考其他领域的故事。波特在1985年出版《竞争优势》之后，就不再参与战略方面的讨论了。倒不是他打算置身事外，而是他开始潜心写作，并在1990年出版了一本850页的巨著《国家竞争优势》[40]（The Competitiveness of Nations），正是这本书让他不仅在公司层面，也在政府层面上成为一位颇有价值的学者（他的摩立特咨询公司也开辟了这样一条业务线）。他曾服务于总统委员会，研究国家竞争力对环境保护和中心城市带来的影响，并且还不知疲倦地演讲和提供咨询服务。

不过，虽然很多新一代哈佛商学院战略学科教员是波特亲自招进来的，却与他相处得并不融洽。一些人批判他有"菩提树效应"（Banyan tree effect），即主干上缠绕了过多无关紧要的藤蔓（虽然这样对于和周遭环境相融合有一定的好处，但是过多的树荫还是在一定程度上影响下面树苗的生长）；另一些人则批评波特并没有像其他教员那样，在竞争与战略领域建立一个有凝聚力的团队。波特承认和跟随和拥护他的"后半代"教员的相处确实存在问题。他说，自己能和罗兰·克里斯坦森（Roland Christensen）及肯·安德鲁斯（Ken Andrews）相处融洽，也和学术成熟的那一代教授战略的教员有极好的合作，甚至好于他们的前辈，但是随后的新一代教员并不支持他。

直到1996年，无论学术争端是否存在，波特感到他心血所在的战略理论遇到了麻烦。因此，他开始捍卫自己的理论，并且告诉《快公司》："人们最近在被一些其他的理论误导。"事实上，众多不同的观点已经开始发酵，认为世界正处在快速变化之中，所以公司并不需要战略，甚至当需要重塑自我的时候，战略还会阻碍发展。针对这样的声音，波特用《什么是战略？》这篇文章进行了有力的回击。

在文章的开端，波特不同意"新教条"的结论，即在一个充满技术变革的市场中，"竞争者可以快速地模仿你的市场定位和竞争优势"。他既大刀阔斧，又不乏智慧，将试图"取代战略"的各种管理工具，包括"全面质量管理、标杆管理、基于时间的竞争、外包、合作、再造（和）变革管理"，统统归入了"运营效率"的范畴。

运营效率的重点在于，在所有具体的经营活动中超越竞争对手，这样就能够为客户提供更优质的产品，并且向其收取更多的费用，或者以更低的价格提供产品，从而为客户带来更大的价值。波特将运营效率归结为更低的价格和为客户提供与对手相近或更好的服务两个主要表现。与此相反，"战略定位意味着提供与对手不一样的服务"或者"采用不同的方式提供相近的服务"。

波特承认在过去十年中（1985～1995年），美国企业的经理一直"全神贯注地提高管理效率"以面对日本公司的竞争（因为日本公司的强项就在于此，作为补偿，他附带地提及了哈默尔关于"日本公司很少有战略"的观点，因为哈默尔、普拉哈拉德和斯托克提出的这一观点，还是让那些蜷缩在日本巨兽之下的美国公司找到了些许安慰）。波特认为，以运营效率进行竞争，存在两个致命的弱点：第一，竞争对手可以很快复制其他公司的技术，并推动生产力边界进一步向外扩张，"让每一个市场参与者的竞争压力都进一步加大"，这样很快就会陷入一个永不停止的竞争循环之中，就是始终向行业的最低价格看齐，即便最终没有任何人能赚到钱；第二，因为大家都在寻找对标，并且经常将业务外包给效率更高的下级供应商，所以市场竞争者的策略十分相近，并最终使得整个市场面临"竞争趋同，没有任何一家能够取胜"的悲惨局面。

而这一答案和战略的精髓完全不同。为了终结这样的讨论，波特提供了三种备选的"定位战略"——成本领先、产品差异化和市场聚焦，从而将通用性战略提升到了新的层次，正如他在《竞争优势》这本书里写的。你可以选择支持"基于品类的战略定位"，着眼于一个特定的客户群体，或着眼于一种特定的产品或服务，比如，先锋集团[41]（Vanguard Group）提

供指数共同基金 [42]（index mutual funds）；亦可选择"基于需求的战略定位"，对准有特定需求的群体，就像贝西默信托 [43]（Bessemer Trusts）的私人银行业务那样，主要面向最少拥有 500 万美元可投资资产的高净值家庭；或者还可以采用"基于接触途径的战略定位"，即便你的客户需求并非与众不同，但是其接触的渠道是独特的，这也是一种建立定位的方式，如卡麦克院线 [44]（Carmike Cinemas）仅在人口少于 200000 人的城镇设立电影院。

但仍然需要进行选择，这也是波特一直在强调的理念，仅仅选择一个定位战略并不够，必须认识到不同的选择之间存在权衡取舍。你的目标应该是通过这样的方式调节所有活动以完成波特的下一个期望，那就是战略必须要"匹配"。波特还举了一个能够描述匹配的例子，事实上这也是在这个时代人们最喜欢的案例——西南航空 [45]（Southwest Airlines）。为了追求低成本战略，这家公司必须在以下两者之间进行权衡取舍：只提供短途服务，不提供餐饮；与其他航空公司联航，只保留一种短途运输飞机，而且缩短转场时间以保持尽可能多的飞行时间。波特认为，虽然"匹配"的价值是战略中最古老的概念，但是现在很多人却已经忘却了它的意义，而被核心竞争优势和关键成功要素这些歪理蛊惑。

波特在结束语中，像一位战略布道者一样，既提供了眺望天堂的美好一瞥，也给出了危险将至的严峻警示，提醒那些试图完全复制他人成功路径的企业高管，这么做的风险巨大，一家能够达到"第三等级匹配"的公司，它的经营活动之间必须要互相强化，从而实现整体效率的最优，这样才有将战略定位保持十几年之久的可能。虽然波特并没有明说优势能够持续多久，但他暗示优势肯定是存在的。为了达到这一境界，一家公司的领导者在进行权衡取舍之时必须避免"独断专行，因为那是一种劣势的标志"，这样他们才能同时在所有方面进行竞争。同时，他们也必须抵抗"运营效率优势"的诱惑，因为这种优势通常"具有较强的吸引力，因为它很具体而且有很强的可行性"，虽然最终并不一定能够提高赢利能力，却可以"切实、量化地提高绩效"，所以大部分情况下，领导者必须与业务增长的诱惑进行斗争，因为这样通常会导致"产品线的扩张、新功能的增加、对竞争者受欢迎的服务及产品特性的模仿，甚至实施收购"。事实上，当必须要实现业务增长的时候，你更需要做的是强化自身的战略定位，"让你公司的业务更加与众不同，战略适应性更强，同时也必须与客户更好地沟通你的战略"。

我们对于战略的认识，正在走向柏拉图理想式的高度，即以一个不变的真理来超越所有现实，而与日常肮脏的物理世界没有交集。波特的很多读者可能感觉很失落，面对"你必须进行权衡取舍"的号召，他们仍然固守传统的战略，即战略学习论。"但是在特定的市场定位下，一个公司又究竟有多少种选择呢？"难道它们不是经常被迫选择一项战略，而不是像西南航空那样有机会重新开始吗？如果这个产业并没有可供尝试的新机会，情况又将如何呢？

在之前的十年，这些观点都饱受争议。令人惊异的是，波特从没有提过股东以及他们对于增加财富越来越迫切的需求，这也同样给运营中的公司带来了压力。波特承认，为了"实实在在地提高绩效""经理们承受着巨大的压力"。在泛泰勒主义和股票市场业绩要求的重压下，你几乎很难摆脱对裁员、合理精简、部门重组、拆分合并这些短期动作的恐慌。正如波特在他的第一篇和战略相关的文章里所提到的那样，战略可能看上去相似、令人厌烦，抑或有些久远，而当时的竞争还没有那么残忍，对于一个新创的企业来说也有相当多的机会。

在一定程度上，波特可能也觉察到了这个问题。他迅速地签订了一份出版协议，以进一步解释"战略是什么"这个问题。不过在其文章发表13年之后，相应书籍仍没有出版，或者可能已经成为一个谜，但这并未削弱波特本人的魅力。虽然没有获得诺贝尔经济学奖，但相较于这个时代任何健在的学者，在公司如何描绘自己的未来这个问题上，他的理论已经形成了极其深远的影响。

在波特发表文章和企业流程再造理论崩塌之前，公司仍然试图增进对核心竞争力及能力的理解，从而获得更多的实践价值。战略咨询顾问也发现，几乎所有客户都难以准确界定自身的核心竞争力，这些摇摆不定的概念比市场份额和构成价值链的活动更难以量化。由于困惑难解，一个新的趋势开始出现，即众多咨询顾问和文章作者都提出，公司的竞争优势并不仅限于几点，而应有一个更长的清单。随着减员增效的趋势愈演愈烈，高管也开始认真对待跨越传统业务边界的管理能力，并随之发现他们不得不面对业务单元的经理捍卫自己所在部门所带来的冲突。

而那个在我们身边始终挥之不去的严肃问题，将我们带回了战略的荣格阴影（即战略尚未包含的人性的一面）。我曾经问过斯托克，为什么能力作为一个理论商品，从没有像 BCG 的经验曲线或增长矩阵那样深入人心。作为一个有点倔强的人，他却出人意料地没有进行辩解，只是长长地叹了口气。他同意，让能力真正创造价值，需要改变人们和公司既有的行为方式，而这比仅仅"买一个现成的概念要困难得多"。

本章注释

以下注释内容皆摘选自公开来源并经慎思行整理，其中员工和营业额数据皆为近两到三年数据，仅供读者参考和理解规模之用。正文中带下划线的重点关键词，亦可以在慎思行微信平台通过回复相关关键词来获得具体解释。

1　彭博终端（Bloomberg Terminal）是由金融数据供应商彭博公司（Bloomberg L.P.）提供的一种计算机软硬件解决方案，用户可以通过该软件监控并分析实时金融市场数据并进行交易。在金融界中，彭博终端的知名度和普及率极高。截至 2016 年 10 月，全球共有超过 32 万名彭博终端用户。

2　小乔治·斯托克（George Stalk Jr.），管理咨询顾问、作家。他是 BCG 的高级顾问和前资深合伙人，并兼任多伦多大学罗特曼管理学院（Rotman School of Management）战略管理副教授。其文章曾获得麦肯锡奖，并著有《CEO 备忘录》（*Memos to the CEO: Strategies in Our Future*）、《与时间赛跑》（*Competing Against Time*）等畅销书。

3　约翰·迪尔（John Deere）是迪尔公司（Deere & Company）的商标名称，迪尔公司是一家美国农林产业设备的生产商和服务提供商，于 1837 年成立。除农林产业设备外，迪尔公司亦提供金融服务。迪尔公司常年位列世界 500 强榜单，目前拥有雇员超过 6 万人，年收入近 300 亿美元。

4　日立（Hitachi）是一家日本跨国集团公司，成立于 1910 年。日立是一家高度多元化的公司，涉足包括信息电信、社会基础设施、交通、金融、医疗在内的 11 个业务领域。日立旗下拥有数百家公司，并常年位列世界 500 强榜单，目前拥有雇员超过 30 万人，年收入逾 800 亿美元。

5　《与时间赛跑》（*Competing Against Time*）是一本由小乔治·斯托克和托马斯·霍特（Thomas M. Hout）两位 BCG 资深合伙人撰写的商业类图书，于 1990 年出版。该书跟踪研究了欧美和日本企业十多年的竞争优势变化，并认为企业最核心的竞争优势是时间，时间导致的优势将带动其他各种竞争优势。

6　《快公司》（*Fast Company*）是于 1995 年首次发行的美国商业月刊，该刊主要关注科技、商业和设计领域，每年出版 8 期。《快公司》的发行量与营业额长期跻身于美国期刊的前 5 位，也是世界成长最快的媒体品牌之一，目前总发行量近 100 万份。

7　普拉哈拉德（C.K. Prahalad, 1941-2010），印度裔美籍管理学者，核心竞争力理论的创始人之一。他是密歇根大学罗斯商学院（Stephen M. Ross School of Business）的企业战略荣誉教授，著有《为未来而竞争》、《公司核心竞争力》

（*Core Competence of the Corporation*）、《金字塔底层的财富》（*The Fortune at the Bottom of the Pyramid*）等。

8　迈克尔·哈默（Micheal Hammer，1948-2008），美国工程师、管理学家、作家，企业流程再造理念的创始人之一。哈默曾任 MIT 计算机科学教授等职。

9　詹姆斯·钱皮（Jim Champy，1942-　），美国商业顾问，组织理论家，以其在企业流程再造和组织变革领域的工作而闻名。钱皮亦曾任 CSC 指数公司（CSC Index）的董事长兼 CEO。

10　《创新：进攻者的优势》（*Innovation: The Attacker's Advantage*）是一本由理查德·福斯特（Richard N. Foster）撰写的商业类图书，于 1986 年出版。福斯特认为创新是进攻者和防守者间的竞争，成功的企业也需要对自己发起创新进攻。该书出版后获得众多荣誉，被《华尔街日报》评为管理人员必读的五本书之一。

11　《创新者的窘境》（*The Innovator's Dilemma*）是一本由克莱顿·克里斯坦森撰写的商业类图书，于 1997 年出版。该书作为克里斯坦森最著名的作品之一，通过分析计算机、汽车、钢铁等行业的创新模式，指出良好的管理可能导致企业衰败。该书出版后获得众多荣誉，克里斯坦森因此确立了其在创新领域的权威地位。

12　密歇根大学（University of Michigan）是创立于 1817 年的一所美国著名研究型公立大学，美国大学协会（Association of American Universities）的发起者之一。密歇根大学培养并拥有 1 位美国总统、24 位诺贝尔奖得主、6 位图灵奖得主、18 位普利策奖得主、25 名罗德学者、1 位菲尔兹奖得主，朱光亚、丁肇中亦是密歇根大学校友。

13　俄亥俄州立大学（Ohio State University）是始建于 1870 年的一所美国著名研究型公立大学。该校是美国大学协会（Association of American Universities）的早期成员之一。俄亥俄州立大学培养并拥有 4 位诺贝尔奖得主、8 位普利策奖得主，来自该校的运动员共在奥林匹克运动会上收获 100 枚奖牌。

14　杰恩·巴尼（Jay Barney），美国战略管理学者，以其对以资源为基础的竞争优势理论的贡献而闻名。巴尼是美国管理学会（Academy of Management）院士、俄亥俄州立大学管理与人力资源系首席教授，是国际战略管理权威专家之一，被称为"现代企业资源观"（Resource-Based View，RBV）之父。

15　博帕尔事件（Bhopal Disaster）是 1984 年 12 月 2~3 日在印度中央邦首府博帕尔市的美国联合碳化物印度有限公司（Union Carbide India Limited）农药厂发生的一起氰化物泄漏事件。事件造成 2.5 万人直接死亡、55 万人间接死亡，另外有 20 多万人永久残废，被认为是世界历史上最严重的工业灾难之一。

16 印度管理学院艾哈迈德巴德分校（Indian Institute of Management Ahmedabad）是一所印度公立商学院，是印度管理学院（Indian Institutes of Management）7 所分校之一，成立于 1961 年。艾哈迈德巴德分校在印度管理学院全球化的过程中处于领先地位。

17 安德鲁大学（Andrews University）是一所美国基督教会大学，成立于 1874 年。安德鲁斯大学是第一个由世界第二大基督教教育系统复临教会（Seventh-day Adventists）开办的高等教育机构，也是复临教会的旗舰大学。

18 复临教会（Seventh-day Adventist）是基督教新教教派的一支，起源于 1863 年。复临教会以星期六为安息日，并以即将第二次降临的耶稣为中心。复临教会拥有超过 2000 万名受洗成员、超过 2500 万名信徒和 7500 所学校，是世界上最大的宗教机构之一。

19 千禧年信徒（Millenarian）是信奉千禧年主义（Millenarianism）的基督教教徒或民间人士。这种信仰相信千禧年到来之际会发生重大的社会变革，许多事情都会发生变化，且将带来一个繁荣的时代，但同时认为千禧年是世界末日之前人类倒数第二个世代。

20 小松（Komatsu）是一家日本跨国工业制造商，成立于 1921 年。小松生产建筑、采矿和军事等行业的工业设备，是继卡特彼勒（Caterpillar）之后的世界第二大建筑设备和采矿设备制造商，并在世界范围内开展业务。目前，小松拥有数百家子公司和超过 4 万名雇员，年收入逾 178 亿美元。

21 卡特彼勒（Caterpillar）是一家美国跨国工业制造商，成立于 1925 年。卡特彼勒是世界上最大的建筑设备制造商之一，并在工程机械、矿山设备与发动机领域居领先地位。目前，卡特彼勒拥有近 10 万名员工，年收入逾 455 亿美元。

22 孙子（Sun Tzu），中国春秋时期著名军事家、政治家、哲学家，本名孙武，著有《孙子兵法》（*The Art of War*），被后世尊称为"兵圣"。孙子的具体生平具有一定的不确定性。其著作《孙子兵法》体现了其完整的军事思想体系，并在军事科学领域概括和总结了异常丰富、多方面的哲学道理，是一部广泛影响西方和东亚哲学以及军事思想的军事战略巨作，在经济、商业、体育等诸多方面均有应用。

23 NEC 是一家日本跨国信息技术公司，成立于 1899 年。NEC 为商业企业、通信服务提供商和政府机构提供 IT 和网络解决方案，并且自 20 世纪 80 年代以来一直是日本最大的个人电脑供应商，也是半导体业务的全球领导者。NEC 拥有超过 10 万名雇员，年收入逾 243 亿美元。

24 哈佛商业出版社（Harvard Business Publishing）成立于 1994 年，是哈佛大学的非营利性全资子公司（不同于哈佛大学出版社），其重点领域是改善商业管理实践。

出版社由三个板块组成：高等教育、企业学习和哈佛商业评论集团。其业务包括生产、印刷和推出自有版权的各种纸质和数字内容产品，包括《哈佛商业评论》、图书、案例简介、博客、活动和研讨会，以及各种在线课程等。

25　亚马逊（Amazon.com）是一家美国电子商务和云计算公司，创立于 1994 年。亚马逊成立之初是一家网上书店，目前已经发展成世界上最大的互联网零售商之一，也是世界上最有价值的上市公司之一。目前，亚马逊拥有超过 50 万名员工，年收入逾 1778 亿美元。

26　巴诺书店（Barnes & Noble）是一家美国零售书商，创立于 1886 年。巴诺书店通过 20 世纪 90 年代的一系列并购，目前在美国拥有超过 600 家线下书店，是美国零售店数量最多的书商。1997 年，巴诺书店设立网上书店，目前是世界上最大的线上书商之一。巴诺书店拥有超过 2.6 万名雇员，年收入逾 41 亿美元。

27　《斯隆管理评论》（Sloan Management Review，SMR）是麻省理工学院斯隆管理学院于 1959 年创办的管理类杂志，按季发布。创立之初为《工业管理评论》（Industrial Management Review）。该刊旨在为企业高管提供改进其组织和职业的新思路。

28　艾迪生 - 韦斯利（Addison-Wesley）是一家美国教科和计算机文献出版商，成立于 1942 年。艾迪生 - 韦斯利的大部分收入来自美国与欧洲，主要出版大中小学教科书、低幼读物、科技图书，下设教育出版集团、普通出版集团、国际出版集团，并在十多个国家和地区设有子公司。

29　罗纳威犬（Rottweiler）是犬科犬属动物，身体强壮，动作迅猛，气势强悍，是世界上最具有勇气和力量的犬种之一。

30　汤姆·格里蒂（Tom Gerrity），管理学学者。格里蒂曾任沃顿商学院（Wharton School of Business）院长，并是沃顿商学院的管理学荣誉教授。格里蒂早年在麻省理工学院进行学习，并被选为罗德学者。此外，格里蒂曾在房利美（Fannie Mae）担任董事会成员，并在审计委员会（Audit Committee）担任主席。

31　沃顿商学院（Wharton School of Business）是宾夕法尼亚大学（the University of Pennsylvania）的商学院，成立于 1881 年。沃顿商学院提供从学士至博士的多个学位项目，并拥有包括唐纳德·特朗普（Donald Trump，1946- ）、埃隆·马斯克（Elon Musk，1971- ）、沃伦·巴菲特（Warren Buffett，1930- ）在内的众多知名校友。

32　计算机科学公司（Computer Sciences Corporation，CSC）是一家美国信息技术服务跨国公司，成立于 1959 年。计算机科学公司是第一家上市的 IT 服务公司。2017 年，计算机科学公司和惠普企业合并，成为 DXC 科技公司（DXC Technology）。

33 汤姆·达文波特（Tom Davenport，1954- ），美国学者、商业顾问、作家。达文波特专门从事分析、业务流程创新和知识管理方面的工作，目前是巴布森学院（Babson College）的特聘教授、国际分析研究所（International Institute for Analytics）研究主任以及德勤分析（Deloitte Analytics）高级顾问。

34 《企业流程再造：商业革命宣言》（*Reengineering the Corporation: A Manifesto for Business Revolution*）是迈克尔·哈默与詹姆斯·钱皮合著的商业类图书，于 1993 年出版。该书帮助企业界重点关注企业流程再造，并引领了再造热潮。该书已售出超过 250 万册。

35 互利生保险公司（Mutual Benefit Life）是美国一家人寿保险公司，成立于 1845 年。该公司在上流社会中声誉极佳，1991 年房地产市场过热导致保单持有人退出，该公司失去现金价值（Cash Value）并进入破产管理，这是当时最大的破产事件之一。该公司已于 2001 年正式停止营业。

36 贺曼公司（Hallmark）是美国一家文具用品制造商，成立于 1910 年。贺曼公司的业务包括贺卡、文具、服装等，在包括中国在内的数百个国家和地区进行销售，并是美国最大的贺卡制造商。1985 年，贺曼公司被授予美国国家艺术勋章（National Medal of Arts）。目前，该公司拥有超过 1.6 万名雇员，年收入逾 40 亿美元。

37 佩罗系统公司（Perot System）是一家美国信息技术服务提供商，成立于 1988 年。佩罗系统为医疗保健、政府、制造业、金融业等行业提供信息技术服务，并在卫生保健领域中处于领先地位。佩罗系统公司于 2009 年被戴尔公司收购成为戴尔服务公司（Dell Services），并在 2016 年被 NTT 数据（NTT Data）收购。

38 《魔法师的学徒》（*The Sorcerer's Apprentice*）改编自歌德（Johann Wolfgang von Goethe，1749-1832）于 1797 年所著的一首诗。该诗讲述了魔法师的徒弟在魔法师离开后做家务时，厌倦了用桶取水，使用不熟练的魔法用一把扫帚替他完成工作却无法停止的故事，其寓意为强烈的意志只能由其主人应用。

39 路德维格·维特根斯坦（Lugwig Wittgenstein，1889-1951），奥地利裔英国哲学家。维特根斯坦主要研究数学哲学、精神哲学和语言哲学等领域，是 20 世纪最有影响力的哲学家之一。维特根斯坦著作包括《逻辑哲学论》（*Tractatus Logico-Philosophicus*），其多数手稿在去世后发表，其作品被认为是 20 世纪哲学最重要的著作。

40 《国家竞争优势》（*The Competitive Advantage of Nations*）是迈克尔·波特所著的一本经济类图书，于 1990 年出版。该书基于对十个国家的研究，认为国家财富和优势的关键是基于国家和地区环境的企业和工人的集体生产力，并提出了一个由四因素决定国家优势的系统。该书出版后获得了包括年度最佳商业图书在内的多项荣誉。

41 先锋集团（Vanguard Group），一家美国投资顾问公司，于 1975 年成立。先锋集团管理超过 5.1 万亿美元的资产，是全球最大的共同基金供应商之一和最大的交易所交易基金（ETF）供应商之一，此外该公司亦提供经纪等业务。目前，先锋集团拥有超过 1.6 万名雇员。

42 指数共同基金（Index Mutual Funds）是通过购买特定股票指数的一篮子成分股构建投资组合，以追踪该指数表现的一种共同基金产品。指数共同基金的管理人通常仅需对投资组合进行被动管理，投资者因此能以较低管理费用获得与市场大致相同的回报。目前，指数共同基金占美国股票共同基金资产的 20.2%。

43 贝西默信托（Bessemer Trust）是一家美国信托基金家族企业，成立于 1907 年。目前，贝西默信托为 2500 多个家庭、基金会和捐赠基金运营超过 1400 亿美元的资产，并在全球范围内拥有 19 个办公室。

44 卡麦克院线（Carmike Cinemas）是一家美国电影院线公司，成立于 1982 年。该公司的剧院主要定位在人口 20 万以下的农村或郊区。2016 年 3 月，AMC 院线对卡麦克院线进行了收购。在收购之前，卡麦克院线在美国 41 个州拥有 276 家影院和 2954 块荧幕，是美国第四大影院品牌。

45 西南航空（Southwest Airlines）是一家美国航空公司，成立于 1967 年。西南航空是美国主要的航空公司之一，也是北美最大的低成本廉价航空公司，是廉价航空公司模式的鼻祖，其独特战略的构建成为战略课程中经常被引用的案例。目前，西南航空拥有超过 700 架现役飞机和近 6 万名雇员，年收入逾 211 亿美元。

第 十 四 章 | **战略革命征服世界**

20 世纪末，人们对于战略有层出不穷的问题，比如，互联网会毁灭我的商业模式吗？我们这些年来一直在裁员，现在如何才能实现增长呢？那些海外野蛮人的竞争力太强大，我们只能放弃，但我们自己如何才能成为国际化的公司呢？正如我们预料的那样，咨询顾问和教授们也在努力地尝试回答这些问题。

尽管人们宣称自己已经琢磨出了新点子，例如，将战略"解构"（Deconstructing），把原有的传统价值链打散，聚焦于核心，将战略视为一系列举措的集合等，这种方式的确在一定程度上推动了战略的发展进程，但它们都没有开辟一个全新的领域。2005 年，麦肯锡的合伙人约翰·斯塔基总结道："在过去的四十年里，无论公司内外，战略思想都取得了长足的进步，在最近的十多年间却没有取得什么新的进展。"尽管另一位麦肯锡的合伙人发现，所有卸任后的行业领导人在其离开几年后都会说类似的话，但大多数顾问以及学术界人士的确都认同斯塔基的观点。如果遇到某个不同意该说法的人，你可以问问他：1995 年后，有没有一个战略大师能够与波特或哈默尔相提并论？或者，有没有一本战略领域的权威著作？有几个能与金伟灿（W.Chan Kim）和勒尼·莫博涅（Renee Manborgne）分量相同的名字？

对于支持战略革命论的人而言，更能让他们感到兴奋的是，战略作为一个范式已经在全球范围广为传播。事实上，战略所到之处都有足够庞大和复杂的公司雇用麦肯锡或 BCG。渐渐地，它就无所不在了：俄罗斯、印度以及所有那些开放了本国市场，并接纳自由市场力量和美式资本主义理念的国家都是如此。早在 20 世纪 70 年代，布鲁斯·亨德森于 1963 年创立的公司就有近一半利润来自美国之外的市场。平均来说，对于高端咨询业务而言，当今最好的市场在德国，麦肯锡和 BCG 各有 7 个办公室设立于此，过去二三十年来一直是这样。截至本书完稿，麦肯锡在全球 52 个国家有 94 个办公室。领导人是加拿大裔的鲍达民[1]（Domini Barton）；BCG 在全球 38 个国家有 66 个办公室，领导人是德国人汉斯 – 保罗·博克纳[2]（Hans-Paul Burkner）。

咨询公司在全球范围的扩张，淋漓尽致地体现了战略横扫当今全球经济领域每一个角落的过程。然而，更关键的在于，战略及其相关概念在 20 世纪已经成功地渗透到管理层的意识中，进一步推动了商业的智能化。关于这一点的证据，相对而言比较微妙而间接，主要体现在全球范围内，而不只在美国，人们对于 MBA 学位的追捧以及管理层中与日俱增的 MBA 学位持有者，其中有不少不仅有 MBA 学位，还有咨询公司工作经验。这些商界的新兴阶级不仅在积极宣扬他们脑海中的想法，而且越来越多地参与到了实战之中。

- ## 超越格鲁克的期望

1988 年，刚刚就任全球总裁的弗雷德·格鲁克在麦肯锡合伙人会议上展望了公司 2000 年的样子。他预测，那时麦肯锡公司将会在 30 个国家（当时还是 21 个）设有 75 个办公室，同时列出了他认为最需要解决的三个主要问题。其中，前两个与国际化有关，分别为推动"全球顾问的发展以及全球网络的发展"；在"我们已经参与的市场拓展业务"的同时，扩展"我们的全球网络"。如此强调"网络"（network）一词是有原因的。现代意义下常被用作动词的"联络"（networking）一词，在麦肯锡开拓全球业务时发挥了关键作用。

自从麦肯锡于 1959 年在伦敦设立第一家海外办公室后，在一定程度上，它就已经是一家国际化的公司了。其海外业务的发展十分迅速，这主要归功于帮助企业落地"M 型"结构（M-form），或帮助企业实施多事业部组织转型。这种方式是钱德勒在为荷兰皇家壳牌公司和嘉基（Geigy，一家瑞士化工和医药厂商）工作时开发出来的。1950 年，几乎没有一家德国公司听说过"M

型"结构，20 年后，根据估算，这个国家最大的 100 家公司中有 50 家左右采用了这种形式，其中不少是拜麦肯锡所赐。

然而，麦肯锡开发新客户的核心方式是通过关系，而非概念。汤姆·彼得斯坚信，一家公司最初的基因特质决定了其最终的命运。在他看来，麦肯锡最初的使命就是"CEO 的幕僚"。尽管致力于在新国家、新行业中扮演这一角色，可能意味着它需要从与中层管理者的合作开始，经过部门负责人，最终才能达到 CEO 的级别，但这仍然是其全球快速扩张的助推力。

在这个过程中，"推荐"起了很大的作用。比如，荷兰皇家壳牌公司是从德士古³（Texaco）的董事长口中第一次听说麦肯锡的。但是，在其发展初期，麦肯锡并不反对招募名人来助力这个过程。1966 年，当时已经颇具规模的伦敦办公室就聘请了爱尔康爵士（Alcon Copisarow），并给予他合伙人的职位。他是麦肯锡引入的第一位非美国籍合伙人，而且他之前没有任何咨询经验。但爱尔康爵士拥有广泛的政要交际圈，很快，麦肯锡就获得了一些关键的项目。

麦肯锡的竞争者对于其能够轻而易举地与当地精英打成一片多少有些嫉妒。在它们看来，麦肯锡想要在一个新城市设立办公室，合伙人只需要来到这里，掏出随身携带的推荐信就可以了。这些推荐信往往是从潜在客户的某个相关方那里得到的，而那个相关方往往也是麦肯锡的忠实客户。然后，合伙人基于自己的背景和能力，就受邀加入当地的精英俱乐部。他们在这种优雅的环境下与客户高层一起打高尔夫球。此后，他们会开始举办小型晚餐，或许就在俱乐部内，或许在他们各自的豪宅中。几个志同道合的人共同探讨一些彼此都很想解决的问题。渐渐地，他们与当地的慈善机构也熟络了起来，因为这些人几乎总是同时出现在董事会中，更加不可思议的是，某家当地企业老板的儿子或女儿，在远离家乡的地方读完商学院后，竟然会梦寐以求地想要进入麦肯锡工作。

麦肯锡的合伙人并不否认自己经常活跃于社交场合，但他们指出，成为 CEO 能够信赖的幕僚是个很长的过程，其难度也往往超出竞争对手的想象，在其长达 30 年的职业生涯中，赫伯特·亨茨勒⁴（Herbert Henzler）创立并领导了麦肯锡的德国业务，成为公司内部最具影响力的三四个人之一，并且持之以恒地想要植入与客户构建长期关系这一理念。"有一件事时刻驱使着我,"他说,在他还是一个助理顾问的时候,他就为自己设立了两个目标:只解决客户最大的问题,以及成为和 CEO 平起平坐(而不是低眉顺眼)的顾问。20 世纪 70 年代中期,在参加一个在波恩举行的关于共同决策权(强制在管理层中设置工人代表的新法案)的会议后,他的这种决心被进一步加强了。"那是我头一次看到世界最具影响力的一百个商界和政界领袖,本以为我们会在那儿待上一天,茶歇时会不停地有人来询问麦肯锡的顾问,'你们一定知道我们应该怎么应对共同决策权法案'。然而,整整一天没人搭理我们。你能想象这对于一个 28 岁、脑子里充满新想法、自信满满的顾问造成了什么影响吗? 我在事后对自己说,'要么改变现状,要么离开'。"

他做到了前者。他之所以能够做到这一点,其中一部分原因在于,他对所认识的管理层人员进行了"辅导"。"我帮助客户个人获得了发展,帮助他们更好地处理与总部的关系,帮他们准备即将交付的报告或演讲。"随着亨茨勒接触的人职位越来越高,麦肯锡和这些人以及他们所在公司的联系也越来越深,越来越持久。直到在 2001 年从麦肯锡退休之时,他毫无间断地为西门子服务了 27 年,并为戴姆勒和贝塔斯曼分别服务了 20 年。

正如我们所看到的,对于想要与企业最高层共事的顾问来说,战略是个很好的工具。不仅在德国如此,在全球范围内更是这样。亨茨勒曾将麦肯锡 1974 年获得西门子的项目归功于其开发的九宫格框架。战略让 CEO 或部门领导人可以运用框架来进行分析,从而从一大堆叫嚷着要关注和投资的业务中选精取优,它也使得一些后台办公室能够通过使用分析工具验证业务决策的合理性,进而增强公司总部的控制权(在麦肯锡针对不同公司开展组织架构项目时,这些控制权曾经被下放至强势的产品部门)。

20 世纪 80 年代,当格鲁克和迪克·福斯特为公司内的大多数合伙人进行完战略的专题培训之后,麦肯锡也已经成为战略咨询领域的全球领导者。1980 年,刚刚起步的 BCG 的年收入曾一度高达麦肯锡的 35%。到了 1985 年,麦肯锡便成功渡过了危机,BCG 当年的总收入仅相当于麦肯锡(3.15 亿美元)的 17%(见图 14-1)。

图 14-1

三大战略咨询公司收入趋势

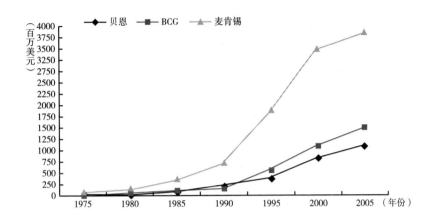

资料来源：数据编辑自肯尼迪信息公司。

　　用贸易术语来说，麦肯锡市场份额的增长来源于其扩大了整个市场，1975 ~ 1980 年其营业收入翻了一番，而在此后的 5 年更是增长了近 3 倍。尽管并不是所有增长都来源于战略项目，但很大一部分确实如此，因为关于战略项目的定义越发模糊，最终涵盖几乎所有高层次项目。可以明确的是，麦肯锡在地理扩张上下了大赌注。1979 ~ 1988 年，也就是格鲁克继任罗恩·丹尼尔并成为麦肯锡全球 CEO 的次年，麦肯锡新开了 13 家办公室，其中，3 家在美国，9 家在欧洲，1 家在中国香港。麦肯锡战略业务紧随公司扩张的步伐，而麦肯锡的旌旗更开始在布鲁塞尔、里斯本、日内瓦和赫尔辛基等地升起。

　　实际上，格鲁克在 1988 年第一次以全球总裁的身份进行演讲时就已经很少提及"战略"一词了。这是因为，当时麦肯锡已经重新成为客户心中的"首选战略顾问"，他和同事也对此深信不疑。但与会者同样知道的是，仅战略本身并不足以驱动麦肯锡和客户建立长期合作关系。格鲁克对其他合伙人说，过去 5 年中，麦肯锡为世界 500 强前 100 名中的 76 个提供了服务，其客户包括美国最顶尖的银行中的 21 家，最顶尖的保险公司中的 19 家，最多元化的金融公司中的 19 家，以及最大的公用建设公司中的 23 家。的确，这些巨头面临的挑战正在变得越发复杂，但是，没人期望每隔一两年就对自己的战略进行大幅调整。

出于对上述问题的考虑，格鲁克从 20 世纪 80 年代早期就开始着手建设能力中心，以期在麦肯锡的文化中植入"知识为本"的元素。这个中心的员工以小组为单位展开工作，并针对像变革管理、供应链整合和公司领导力这样的主题，来打造自身的专业性。而更重要的是，尽管麦肯锡的合伙人此前均认为成为某一行业的专家是件可怕的事情，但格鲁克依然致力于建设麦肯锡的"客户行业"，或者说像汽车、银行、能源、钢铁这样"行业专项业务"。

时至 1983 年，麦肯锡已经形成了 11 个客户行业。尽管其中有一些改变或许来自格鲁克所说的"百花齐放"（毛泽东思想此时已经胜过《孙子兵法》），这更多源于麦肯锡意识到，如果公司想要持续保持高速增长，如实现 2 ~ 3 倍的规模增长，就需要以更加专业化和技术化的学识紧跟客户需求的变化。所以，行业专项业务起源于易识别且具有重复合作机会的客户群。

麦肯锡的两个主要竞争对手最终都效仿了这一做法：按照行业进行细分，并在此基础上向更加专业化的方向发展。20 世纪 80 年代，BCG 开设了银行与医疗领域业务；贝恩公司在 20 世纪 90 年代摆脱自身动荡的命运之后才开始追随前两者的脚步。时至今日，这三家公司都会骄傲地宣称自己是一家战略公司。当你询问一个麦肯锡顾问，该公司收入中来自战略项目的比重大概是多少时，他一般会耸耸肩说："或许是 30% 吧。"而来自公司内部更加审慎的统计表明，这三家公司中战略项目及其相应贡献的收入占比为 15% ~ 20%。所以这三家咨询公司中，可以说已经没有一家是纯粹的战略咨询公司了。所以从这个意义上来看，那个战略咨询的猛兽其实已经不存在了，即便存在也已如蝼蚁，渺小得不值一提。

格鲁克当选麦肯锡全球总裁后，还推动了若干组织变革，以更广泛和更软性的方式推动知识文化的建立，从而更好地服务客户。格鲁克将自己在支持实践发展中所扮演的角色转交给了一个由特德·霍尔（Ted Hall）领导的委员会。"百花齐放"的举措是如此成功，以至于霍尔认为最初的行业细分和能力中心俨然已经成为"72个浮动的孤岛"，其中很多是由一两个专家独自建立并负责发展的。在其与哈佛商学院教授克里斯·巴特莱特[5]（Chris Bartlett）的对话中，霍尔说道："20世纪90年代，太多人认为建立行业细分并积累相关知识的意义在于批量培育专家，并生成大量文档以增强我们的声誉。但是，知识只有在咨询顾问的手中才能发挥最大价值，从而解决客户的问题。所以，我们更关注如何建设个人以及团队的能力。"

格鲁克本人则开始把玩"客户影响力"这个字眼，这说明麦肯锡更加注意其观点能否确实为客户提供了价值。得益于公司最棒的传统，由一个专门委员会负责进行相关的研究。这个专门委员会带来的最成功的变革，就是使被巴特莱特称为"核心咨询单元"的团队从"项目团队"转变为"客户服务团队"，前者只关注不连续的时长3～4个月的"项目"，而"客户服务团队"则往往由来自不同项目团队的合伙人组成，旨在更长久地为某个特定客户服务，最好是永远。因而，这个团队融合了比尔·贝恩最初创建的咨询模式的诸多好处，而又不必将业务局限于某个行业的一个客户，霍尔领导的委员会告知不同行业部门和能力团队的领导，从此他们的业绩将取决于在多大程度上支持了实施咨询项目的客户服务团队。

1994年，格鲁克由于年龄过大而被禁止连任下一届3年任期全球总裁。麦肯锡的合伙人推举拉雅·古普塔[6]（Rajat Gupta,）为新的全球总裁。古普塔拥有印度理工大学的机械工程学士学位，并在哈佛商学院获得了MBA学位，他曾先后领导过麦肯锡在斯堪的纳维亚和芝加哥的业务。格鲁克身上的一些特质也在古普塔身上有所体现，尤其是对于增长和全球扩张的追求。在格鲁克卸任时，麦肯锡在全球24个国家设有58个办公室，共有3300位咨询顾问。其中，425人为合伙人，年收入15亿美元。到2001年古普塔第三任全球总裁任期时，这家世界领先的战略咨询公司（它就是如此自我标榜的）已经在全球44个国家有81个办公室，共有7700个咨询顾问，其中891人为合伙人，年收入达到 34 亿美元。

与此同时，麦肯锡与客户构建长期关系的举措也一直在推进之中，而且有所增强。2002 年，约翰·伯恩（John Byrne）对《商业周刊》说，麦肯锡服务过 15 年甚至更长时间的客户数量超过 400 个，所以一次性服务的咨询时代已经基本结束了。同样的，那种能够让客户夜不能寐的简短有力且基于经验提出的观点也一并消失了。

每一个组织的新生代管理者基本上都会试图抛弃一些上一代人留下来的东西。对于古普塔治下的麦肯锡而言，被丢弃的东西之一就是格鲁克当初建立麦肯锡知识文化的方式。谈到过去，大多数在格鲁克时代身居高位的人都不承认公司在开发新概念方面有所退步。与之相反，他们会举出古普塔的几次尝试作为负面案例。20 世纪 90 年代，他成立了一个专门研究制造业的机构，参照麦肯锡全球研究院 [7]（McKinsey Global Institute，MGI）招募外部学者的方式来进行研究；他开启了对于客户最关心的"七大举措"的研究（如互联网及其影响，以及全球化）；他还扩展了行业部门的数量，使其达到 16 个；1996 年，在其第一个任期开始两年后，古普塔对哈佛大学的巴特莱特说，"过去几年，我们对知识的投资轻而易举地实现翻番"。

就在同一时期，麦肯锡内部顾问的知识文档创建工作已经戛然而止，而这曾经是格鲁克改革的重点。原因是古普塔认为它们"批量生产专家并生成大量文件以增强自身名誉"的倾向有点过头了。格鲁克曾尝试要求那些想要晋升合伙人的顾问通过在某个议题下发表署名文章的方式，来展示其在这一领域的专业程度，而这一举措也被放弃了。因此，那些设计并努力推动知识文化发展的行政合伙人离开了公司。从其他角度来看，这个趋势的意义或许在于，格鲁克对于建设新文化的努力成功了，如战略革命本身，并且也在整个组织内推广了。接下来，就可以去追逐其他梦想了，如客户服务、团队化的工作和学习方式、持续的全球增长以及在特定行业或职能上锻造更多、更强的能力等。

20 世纪末，互联网泡沫的破灭和股市的暴跌使得麦肯锡的很多客户深陷困境，最出名的就是安然公司，其 CEO 为麦肯锡前合伙人杰弗里·斯基林 [8]

（Jeffrey Skilling），这家公司长期为麦肯锡贡献每年 1000 万美元左右的收入，除此之外，还有环球电讯[9]（Global Crossing）、凯马特（Kmart）和瑞士航空[10]（Swissair），而它们后来全都宣告破产了。2001 年，麦肯锡的营业收入未能增长，这可能是公司成立以来的头一回。经历过这种事件的资深顾问说，当生意不好时，合伙人对于开发新知识的兴趣就基本消失了，取而代之的是开发客户——维持现有客户关系以及建立新的关系。

麦肯锡的老员工中，不少人认为 2001 年事件的影响至今仍未消除，尽管麦肯锡在后续几年中很快重拾增长（虽说比 20 世纪 80 ~ 90 年代要缓慢一些）。2008 年全球金融危机爆发带来的紧张氛围，尽管影响已经缓解很多，但还是进一步强化了麦肯锡重视客户关系的原则。"他们不再热心于开发新鲜思想了"，差不多有六七个合伙人如是说。至少从围绕战略方面的思想建树来看，我们很难说他们错了。

● BCG 欧洲 "双城记"

BCG 在欧洲大陆的成功可以被称为 "双城记"，当然，这也要归功于任职于西门子的赫尔曼博士（Hermann Grabherr）。他几乎一手引入了 BCG 和贝恩公司两家公司，并促成了它们在欧洲首家办公室的建立，他还帮助过麦肯锡的汤姆·彼得斯和鲍勃·沃特曼完成各自的研究，只是他自己的结局并不那么美好。

西门子创立于 1847 年，在相当长一段时间都专注于生产发电设备，20 世纪 60 年代后期，西门子在 "二战" 的废墟中完成了重建。它在全球拥有 27 万名员工，年营业收入达到 25 亿美元，且在近期完成了一次重组，设立了 6 个营运集团和几个中央部门，以确保公司指令的统一实施。赫尔曼博士扮演了规划者的角色，他对那些能够对其西门子有所裨益的新概念时刻保持着敏锐的嗅觉。

赫尔曼博士首次接触布鲁斯·亨德森和他的思想，据说是在一些德国人参加的哈佛商学院高管课程上，还有人说他们是在 BCG 战略会议上碰到的。

不过不管怎样，最终在1975年，他邀请BCG在慕尼黑也就是西门子的总部所在地开设一家办公室。在他看来，西门子可以为BCG提供足够多的生意。而亨德森则派出了约翰·克拉克森来建设这个办公室，他曾经参与开发经验曲线，也在伦敦和米兰办公室工作过。

就性格上说，1985年成为BCG CEO的克拉克森看上去与其前任艾伦·扎肯完全相反。他安静、谦让，相信同理心和倾听（而不是诉说）的力量，领导公司直至1998年。他肩负着帮助公司克服20世纪80年代初艰难时光的重任，并领导个性鲜明的BCG合伙人群体在下一个十年实现了十倍的营业收入增长。

与BCG早期的元老一样，克拉克森认为战略和战略规划有巨大的区别。他认为BCG从没为任何一个客户写过战略规划。不过在西门子，他的确为客户提供了一系列概念和框架，不仅包括经验曲线和增长矩阵，还有行业吸引力网格（industry-attractiveness grid）——赫尔曼博士将这些理念推销给下属业务单元，希望能够借此使不同业务部门间的运作得以标准化。而麦肯锡的亨茨勒提出的九宫格框架可以算是这一理念竞争者。的确，赫尔曼博士的老板更倾向于麦肯锡的方法论，但最终BCG的概念得以胜出并被广泛地加以运用。克拉克森认为，这一定程度上是因为客户认为BCG的方式更贴近实战。不过，BCG的垄断地位并没有持续很久，在1980年就结束了。但在那个时候，BCG接近一半的利润来自德国。

除了西门子，BCG还将自己在美国开发的商业概念零售模式用在了德国市场，它把《管理新视野》翻译成德文寄出去。1976年，BCG在黑森境内的克伦贝格城堡酒店（曾是德国最后一位皇后的居所）举办了一场针对公司高管的战略研讨会。其实，20世纪80年代，BCG已经基本放弃在美国市场举办座谈会了，因为活动太多了，包括CSC指数公司的活动等，而这些活动都在争抢管理层宝贵的时间。不过，克伦贝格城堡酒店的会议延续至今。BCG的先驱发现，客户并不只对他们的思想感兴趣，这些德国公司还在新的方向上给BCG顾问以启发，让他们更加关注战略的实施和一线业务，而其背后的原因恰好能说明为什么德国成为战略咨询公司天堂。

常见的原因与思维定式有关。比如，人们普遍认为，与美国高层不同，德国管理层很喜欢理论（在欧洲，人们很容易遇到这样一家公司，公司内所有高层都拥有博士学位，或许这也只是因为他们更喜欢这个称呼，毕竟大家都没怎么听说过安迪·格鲁夫博士或杰克·韦尔奇博士这种说法，虽然他们二人其实也拥有博士学位）。人们认为，德国人十分注重精确和深入分析，而对统治和控制不感兴趣 [听说过冯·克劳塞维茨（Von Clauseuttz）吗]。

此外，咨询顾问在德国的成功还应该归功于其管理学根基的薄弱。尽管德国人在 19 世纪创造了现代意义上的研究型大学，并且拥有深厚科技底蕴，但当地并没有商学院，也没有系统性教授管理技能的教育机构，直到咨询公司到来，德国才开始在管理学方面起步（同时，德国人才市场中没有投资银行的竞争，BCG 等公司可以将德国国内对商业有兴趣的最优秀人才都招致麾下）。而且，德国商界不乏工科背景的管理者，所以十分愿意接受诸如经验曲线之类的商业概念。

德国经济的脊梁，至今也是其境内最大的雇主，是那群中小企业，它们年收入可能是几千万美元或上亿美元，但不会超过 10 亿美元。它们往往是家族企业，专注于制造某类精心打磨的产品，销往国内外市场。但是，部分由于"二战"胜利后同盟国对德国境内大企业的破坏，即便西门子这样的庞然大物也对财务或市场营销知之甚少，而这些恰好是麦肯锡或 BCG 能够通过一个战略项目完成的任务。

在咨询顾问向德国市场推广他们的想法时，他们很快发现客户有时候也不太买账。"欧洲人更关注如何执行的问题"，博尔科·冯·厄廷格（Bolko Von Oetinger）如是说，他曾是 BCG 慕尼黑办公室的高级合伙人和克伦贝格城堡酒店会议的长期负责人，并在 1998 年创立了 BCG 的战略研究院。"客户让我们感到压力，为了增长市场份额，我们必须做出改变。""比如西门子曾坚持要求项目团队除了咨询顾问，也要包含内部管理人员，此后这变成了德国客户共同的要求。客户说，'我们付钱买的不仅仅是一套解决方案，你们还要对我们的员工进行培训'。不仅针对培训规划者，还要培训很多一线管理者，显而易见，'这是个有趣的想法，但是请告诉我，我怎样才能做到这些'。"

关于德国管理层人士的观点，冯厄廷格有过如下总结："去我们的店里，来推动一些真正的改变吧，那才是我们真正的竞争优势。"他说，是德国人在向 BCG 的顾问传授如何在能力中寻找战略优势，而直到相当久之后，乔治斯·托克等人才指出了能力的重要性。

当然，不是只有 BCG 的顾问留心这些有趣的发现。与此同时，一个有趣的现象出现了，又是在麦肯锡。至少，这些现象对于那些好奇商业思想如何在全球经济体中循环的学者来说是十分有趣的。尽管大多数关于企业战略的文章都来源于美国或其他英语国家，战略咨询公司却往往在美国以外的市场学会如何与客户进行高效合作，以及如何与客户建立持久关系。综合 BCG 的《管理新视野》、麦肯锡的员工论文及其他咨询公司的出版物来看，其中很少有作品来自欧洲或亚洲，当然这里面 BCG 的乔治·斯托克、汤姆·豪特以及麦肯锡的大前研一三人是例外，因为他们都在日本有过不少公开作品。同时，这些公司往往是在美国以外获取了最多的收入，并且似乎找到了永远和客户保持合作的方法。咨询顾问显然能够为在海外的公司提供一些它们在当地无法获得的东西。

随着在西门子的工作逐步受到肯定，越来越多新客户出现，BCG 在德国稳扎稳打地扩大着自己的地盘。它在德国境内开设了一个又一个新办公室，以保持与客户总部稳健的合作关系。20 世纪 80 年代开始，随着大卫·霍尔开启了公司的金融领域业务，一个叫作博克纳的年轻人敲响了很多德国银行巨头的大门，其中不乏麦肯锡的客户。他广受欢迎，并成功地提升了公司在金融领域的市场份额，尽管当时德国的银行也正受到去行政化和全球化的冲击。他在公司内的声望也与日俱增，他所领导的全球金融业务曾一度贡献了公司近 1/3 的营业收入。2003 年，BCG 合伙人推举他为公司的全球总裁，他也成为第一个从未在《管理新视野》上发表过文章的全球总裁（尽管他曾联名写过这类文章）。

赫尔曼博士的日子过得就没有这么好了，尽管这并不是他追求最佳想法的结果，在彼得斯和沃特曼的《追求卓越》一书中，他们特地向赫尔曼博士和另一位西门子的高管致谢，因为这两个人在麦肯锡的研究项目中提供了巨大的帮助，以其"不遗余力、充满启发性的提问，让我们得以拥有更完善的知识"。比尔·贝恩也曾经回忆道，赫尔曼博士曾与他有过接触，并告诉他，尽管麦肯锡是西门子的主要顾问，但是公司内部仍有人认为麦肯锡并没能解决全部问题，所以他进一步询问，贝恩公司是否愿意为西门子做一个项目，这个项目足够大以至可以维系一个慕尼黑办公室的运转。贝恩公司的确也这么做了，并于1982年在德国开设了办公室（这个办公室大约只持续运营了2年，到项目结束时就终止了。虽然贝恩公司日后重返德国市场，但它的全球扩张相较主要竞争者来说要更加机会主义一些，欠缺系统性思路）。冯厄廷格总结了赫尔曼博士的态度："如果我雇用了所有的咨询顾问，我就能从所有公司身上学到最好的东西，而不会错过分毫。"

而他真正错过的是在西门子内部的晋升之路。曾和他合作过的顾问指出，他止步于公司的第二管理梯队，更别提升至最高管理层了。有人将这归因于他不愿意将自己掌握的概念与同事分享，进而使周围人对他心生厌恶。无论是什么因素造成了他的苦闷和不快，最终赫尔曼博士在1986年自杀了。对于一个致力于将战略革命带到其祖国的人来说，他的命运是相当悲惨的。

BCG在法国俘获大量优质客户的方式也为我们提供了一个本土化的案例，但其成功大体上说和BCG在德国的成功类似。雷内·阿巴特（Rene Abate），一位在顶尖院校中毕业的工程师，在哈佛商学院获得了MBA学位，并在1974年BCG巴黎办公室开设一年之后加入。那时，公司在法国的业务规模还很小，办公室员工只有6个人，而麦肯锡在巴黎的员工则超过60人。BCG在法国的初期阶段，其业务模式仍然是标准BCG范式：分发翻译好的《管理新视野》并召开座谈会。公司的新奇理念很快就吸引了众多公司最高层人士的注意。"我们让那些CEO重新获得了失去的权力以及运用这些权力的筹码。"阿巴特如是说。的确，BCG给了CEO帮助他们完成资源分配的工具，就像战略在美国市场一样。"并且我们的量化工作方式和其背后的合理性与当地人的思维方式不谋而合，BCG是最法国化的美资咨询公司。"

和在美国一样，BCG在法国的形象和知识的增长情况也好于其商业表现。

经历了 20 世纪 70 年代的震荡后，咨询公司在美国市场的增长已经在 20 世纪 80 年代初陷入停滞，而美国在管理理论上也没有过去那么强了。而在法国，社会党的弗朗索瓦·密特朗[11]（Francois Mitterrand）被选为总统的几年之后，法国大企业纷纷进行国有化重组，所以巴黎办公室的业务也仅仅算得上差强人意。

改变是必要的，也的确发生了。1985 年，随着克拉克森成为全球 CEO，他开始全力推动全球化和试点改革的进程。同时，法国办公室也决心进行自我革命，开始更加关注那些规模大以及有发展前景的客户，并且信誓旦旦（按照阿巴特的话说）要让"所有客户都成为永远的客户"。BCG 开始跟踪其服务客户的时间，并希望能在一年中的 11 个月都提供收费服务，除了所有人都在休假的 8 月。阿巴特此时也已经是巴黎办公室的负责人了，他抛弃了原有的基于项目的工作时长对顾问进行考评的方法，告诉他的同事说，大胆花时间去了解客户的组织特性和人员构成吧，甚至还要了解他们在哪上的学，因为这些才是我们能够做好客户服务的关键。

1986 年，法国的保守派新总理上任，虽然他和密特朗在双首长制[12]（Semi-presidentialism）下共同治理国家，但上任后就开始反对密特朗启动的企业国有化。企业巨头，如圣戈班[13]（Saint-Gobain，玻璃塑料行业），罗纳·普朗克[14]（Rhone-Poulenc，代理医药行业）和汤姆逊[15]（Thomson，电子与媒体行业）发现自己终于可以重获自由了，当然那时全球化带来许多机遇，市场上也存在不小的挑战，而 BCG 刚好能帮上忙。"在过去的二十几年，法国企业重塑业务组合的次数要比美国企业或德国企业都多。"阿巴特说。他同时声称，"20 世纪 80 ~ 90 年代，我们做了更多战略项目"，而且是真正的，改变企业战略的项目，"比任何一个办公室都多"。BCG 的客户变得更加专注于其所从事的业务，也更加专注于建立核心竞争优势。

时至今日，BCG 的巴黎办公室已经拥有 300 名咨询顾问，规模与麦肯锡的巴黎办公室难分伯仲。法国最大的 40 家企业中 2/3 都是 BCG 的客户，包括很多大型银行，而且它们都是长期客户。不过，有一些特定主题的项目卖得不如美国市场好，阿巴特说，这可能是因为当地企业对于股东价值的意识近期才刚刚兴起。但是，随着战略和泛泰勒主义——在法国可能被称为笛卡尔主义 [16]（Cartesianism）——的普及，很多机会也像雨后春笋那样不断地出现。

● 黄金一代

现在这个年代，很多人都倾向于把拥有 MBA 学位的人看作能人。其实在多年之前，MBA 学位连同拥有这类学位的人一直都被人瞧不起。20 世纪 60 年代末，在美国的一些知名学府里，如果大家认定一个学生是个聪明人，那么就会预期他去读个博士并由此进入教师行列。而随着婴儿潮一代走向成熟，高校教师的要求也与日俱增。所以，对于那些智力水平稍逊一筹的人来说，医学院和法学院或许是个不错的选择，不过对于那些身强体壮的体育生和长袖善舞的交际花而言，商学院才是他们的最好归宿。

20 世纪 70 年代，这种情况发生了根本性的变化，MBA 学位的需求量变得越来越大，而战略咨询公司在其中也扮演了至关重要的角色。经济学也是如此，无论是对个人还是对学术机构而言。而 1948 年，美国仅当年就有 3000 多人获得这一学位，20 世纪 60 年代这一数字更上升到每年 2 万多人。正如拉凯什·库拉纳在其著作《从高目标到高技能》一书中所说的，1972 年，大约有 32000 人从 400 多个 MBA 项目或相关学校中毕业，这已经是 1964 年的两倍了。到 1980 年，更有 57000 多个 MBA 从超过 600 个项目中毕业（该数据此后继续保持增长，2006 年有 146406 名 MBA 学生毕业）。

学校也助长了这一趋势，高校发现可以通过设立 MBA 项目来赚钱，而且学生也十分愿意投资于此，尤其是在 20 世纪 70 年代，经济形势不好的时候。因为越来越多人认为，读完 MBA 学位的课程，就一定可以找到一份待遇不错、前景颇佳的工作。

MBA 的兴起最初并没有成为战略在美国和世界其他地方传播的代言人，不过两者之间的确有很强的联系，我们已经看到随着迈克尔·波特理论的风靡，哈佛商学院用他的理论取代了传统的商业课程。而随着波特著作的热销，商学院的教职工也纷纷意识到了这个主题的重要性和所带来的机遇。尽管他们时常无法就如何、谁来教这个课程达成一致，如在斯坦福战略似乎像是某种经济学，而在其他一些情况中却属于组织学范畴，无论如何，战略还是渐渐成为攻读 MBA 学位的必修课。

2008 年，彼得·纳瓦罗（Peter Navarro）发表了一项在线调研结果，他通过《商业周刊》、《金融时报》以及《美国新闻与世界报道》调查了世界 50 个顶级商学院正在教授的课程。他发现，企业战略是核心课程之一，92% 的机构都将其列为必修课，只有营销、金融、会计和运营的比重比它更高，这些学科都有六七十年以上的历史，而战略的历史却只有 30 年左右。

虽然在美国以外没有类似的调研，或者至少我没发现，但这并不影响大局。战略还是在全球范围内被广为传播，成为一颗耀眼的明星。《金融时报》近期报道，"今年全球约有 50 万名获得 MBA 学位的学生毕业"。这个数字看似很高，但并非不可思议。印度有超过 1000 个授权发放 MBA 学位的项目，其所有课程都用英语教学，并且每年毕业 8 万名学生。中国 10 年前还没有商学院，但《金融时报》透露，那里如今每年也有近 3 万个商学院的毕业生了。

可以肯定的是，这些项目中的绝大多数人都不会过度深究波特的理论，与之相反，其主要关注的是基本的商业技能，如审计和初级金融。不过，我们可以想象这些课程肯定会提升人们的认知水平，包括战略领域。这也符合正在迈向深度与广度学习的全球趋势。

我们同样可以确定的是，战略咨询公司依旧可以从最好的 MBA 项目中挑到最好的学生。随着战略的兴起及其背后的推动力加强，越来越多的顶级 MBA 毕业生开始供职于咨询公司，库拉纳表示，1965 年，哈佛商学院 MBA 毕业生中仅有 4% 进入咨询行业；1975 年，该比例上升至 12%；1985 年则达到 22%。此后这一数字的起伏，一般取决于特定年份咨询公司和投资银行的年景，但基本在一个区间内波动，1993 年最高达到 30.5%，2007 年曾低至 22%，这是因为那年华尔街一路高奏凯歌。

在哈佛大学或其他学校进行毕业生招聘的咨询公司中，三大战略咨询公司最为知名，工资也给得最高。正如我们所见识过的，BCG 和贝恩公司自其创始之初，就努力从哈佛商学院及同类中寻找最聪明的人。这也使得麦肯锡开出的薪酬越来越高，而它从 20 世纪 50 年代开始就在 MBA 毕业生中招人了。他们的雇用策略是，比其他雇主的出价更高一些，而这个策略延续至今。在哈佛商学院对其 2007 届毕业生就业去向的调查中，咨询顾问的薪酬中位数在 8 个行业中排名第一，达到 12 万美元，另外还有约 2 万美元的签约奖金。

随着 MBA 学位获得者的薪酬自 20 世纪 70 年代以来不断上升，攻读该学位的申请人的质量也越来越高。库拉纳很好地总结了这方面发展，从而给出了一个推动商界思想发展的关键因素："到 20 世纪 70 年代后期，进入顶级商学院的人的智力水平（用标准化考试成绩来衡量）与那些进入顶级法学院或博士站的人的差距在迅速缩小，而这个差距曾存在超过 80 年。而对于 20 世纪 70 年代的精英 MBA 项目，其招收的学生已经比以前更加具有学术导向，这不仅因为 MBA 项目申请竞争的加剧，也因为新的招生标准体现了分析导向型的课程设置。"这就是迈克尔·波特曾经提到过的"研究型教师的价值"。

随着咨询公司收至麾下的 MBA 人才越来越多，质量越来越好。很多人开始认为，商界最聪明的人才抛弃实业转投咨询公司其实是一件很悲哀的事情。对于此，我自己也写过几篇文章来表达类似的意见。尽管有人依旧这么说，但我现在意识到这是一个十分愚蠢的说法，原因至少有两个方面。第一，该论点的假设是一个学生从 MBA 项目毕业后就会一辈子从事咨询业，而事实恰恰与此相反，咨询公司中的"上升或退出"机制（该机制反映其结构）和合伙人薪酬的高低取决于公司是否有能力卖出项目，并让工资低一些的初级顾问来完成这些项目，这就决定了 8 个（或 10 个）人里面，最多不超过 1 个人最终能成为合伙人。尽管哈佛大学的 MBA 毕业生中有 25% 加入咨询公司，但只有 11% 的哈佛大学校友说他们依旧在咨询行业工作。这让咨询工作更像是那些博士生通常会做的博士后项目，这也为毕业生提供了锻炼并精进在学校中习得的分析技能的机会。

第二，尽管传统公司一直在抱怨无法雇到最好的 MBA 毕业生，但其中的原因是大多数公司，包括很多工业巨头，都没有设立一个能充分发挥 MBA 所拥有的技能尤其是分析技能的岗位。大公司雇用咨询公司的原因之一就是，这类大公司并不总是需要大量的高智商人才（而这些人是咨询公司可以提供的），也无法在收入上或组织架构上为其提供支持。这意味着公司里很可能没有这些 MBA 的立足之地。但越来越多的公司都开始为这些人才提供职位，问题是通过什么方式？贝恩公司 20 世纪 90 年代的全球总裁汤姆·蒂尔尼（Tom Tierney）曾讲述了一个关于两个老相识的故事。他们两人在同一年代的同一家学校毕业，其中一人毕业后去了一家很大的工业企业，并缓慢地在冗长的人事体制内晋升，另一个则加入一个战略咨询公司，几年之后被同一家工业巨头录用，但后者的职位比前者高 2 ~ 3 级，而且工资水平也更高（甚至比他作为顾问的时候都高）。这个故事毫无疑问是在告诉我们，相对于在大公司中慢慢地"爬楼梯"，去咨询公司工作可以更快地获得更宽的视野和更强的能力，所以的确是个高效的职业发展路径。

● 占据总裁的大脑

无论是以显而易见的方式还是以间接隐晦的方式，战略在 CEO 脑海中不断渗透的证据让人目不暇接。对于前面一类，我们可以简单地把它们称为那些成为大公司 CEO 的现代战略咨询公司的前职员。从更高的层面来说，这个情况也可以被认为是一个更加宏大的潮流的分支，也就是 MBA 的崛起，其队伍不断壮大，质量也持续提高，最终进入了企业的高管梯队。在本书付梓之际，通用电器、宝洁以及摩根大通的 CEO 都是哈佛大学 MBA 项目的毕业生。GE 的杰夫·伊梅尔特[17]（Jeff Immelt）也曾在 BCG 做过暑期实习；宝洁的雷富礼[18]（A.G.Lafley）在选择加入这家消费品巨头之前，曾手握麦肯锡的聘书。

"二战"后的很长一段时间里，哈佛商学院等都扩充了招生规模，并增强了自己在管理教育方面的影响，因此，很多公司都会派出明星高管去接受几周或几天的培训，以提升能力为其日后晋升做准备。这类项目里最出名的就是哈佛大学提供的"高潜力中层管理者"项目和高级管理人员项目，后者主要提供给企业的高级管理者以备其晋升到公司的最高管理层。这两个项目只发放证书，而不提供学位，其背后的逻辑是为项目学生提供在 MBA 项目中可以学到的分析能力。20 世纪 90 年代，哈佛大学发现自己已经很难找到足够多的申请者，一部分原因是很少有美国人认为他们可以请 2 ~ 3 个月假来参加这些项目，但更重要的原因是很多适合的申请人已经拥有 MBA 学位了。

成为 CEO 之后，这些受过顶尖教育的管理人才的使命就是制订战略。的确，自此开始，咨询公司也开始抱怨客户的要求变得越来越高，主要是因为这些顾问发现，坐在桌子对面的是一批又一批 MBA，更要命的是，他们可能是一批又一批前战略咨询顾问。

到底一个顾问是如何变成 CEO 的呢？我们可以举出一个这方面的经典案例——郭士纳[19]（Louis V. Gerstner Jr）。生于 1942 年的他，早年是在长岛的一个天主教家庭中度过的，此后，他去了达特茅斯学院并拿到了奖学金，开始攻读机械工程学位，这在当时是标准的咨询学位——除此之外还能是什么？他之后去哈佛大学读了 MBA 学位。毕业后便加入了麦肯锡，并在 30 岁出头的年纪成为管理三个大客户的高级合伙人。在麦肯锡工作 12 年后，他加入了一个公司客户——美国运通，并担任公司旗下旅游业务集团的负责人。

郭士纳离开麦肯锡的时间是 1977 年，比格鲁克开始战略改革的时间要早一些，但对于个人而言，他从前辈身上学到了很多。在他 2002 年出版的畅销回忆录《谁说大象不能跳舞》[20]（Who Says Elephants Can't Dance?）中，郭士纳说他在麦肯锡学到的最重要的东西是"细致地了解一个公司的方法。因为麦肯锡十分痴迷于深入地分析客户所在的市场、所处竞争形势以及所瞄准的战略方向"。

在美国运通工作的 12 年间，郭士纳扩展了公司的信用卡业务，发展了所谓的"信息的战略价值意识"，但是他也对一家传统公司无法像麦肯锡那样让思想自由地流动而感到失望。同样让他感到有些失望的是无法成为美国运通的掌舵人。1997 年，他获得了十年以来"最美好的胜利"——被选为雷诺兹·纳贝斯克（RJR Nabisco）的 CEO。这个公司是 KKR 一桩杠杆收购项目的标的，但郭士纳战略方面的天资并没能阻止他在错误的时机去错误的地方。在执掌公司之后，杠杆收购泡沫破裂，郭士纳发现自己难以为公司找到足够的现金流，因而不得不卖出了110亿美元的资产，包括业务和人员，而这还只是他上任CEO的第一年。这段经历使他"充分认识到了现金流对于公司的重要性"。

我们之所以举这个例子，是因为郭士纳在1993年成为IBM的CEO，而他所领导这家传奇式的美国公司那时已经迷失了方向。在那年7月的一次新闻发布会上，他宣布了一项不符合蓝色巨人传统做法的决定，即公司将会缩减业务和人员，并说出了一句据说他被"引用最多"的话："很多人猜测我将会为IBM定一个新的愿景，但我想告诉你们的是，IBM现在最不需要的就是愿景。"为了这句话，他受到媒体关于他过于短视的猛烈抨击。

然而，不曾被引用却更能反映那个时代精神的，应当是他接下来说的话："IBM现在需要的是一系列强硬、市场导向且高效的战略，这种战略应该能够顾及每一块业务，也能够为市场、股东创造价值。而这就是我们目前应该努力的方向。"尽管《经济学人》[21]（The Economist）曾经发问："成本节约举措算是生存战略吗？"但在其他地方，人们则报以欢呼。迈克尔·哈默对《纽约时报》说："这是自上而下带来的最重要的改变。"

郭士纳日后在IBM的成功并不在本书的讲述范围之内。简单地说，这来源于他对战略中"3C"的深刻关注，或者就像他所说的那样，应该关注一家公司的"顾客需求、竞争环境及其所面对经济现状"。2002年，他退休了，人们赞誉他完美实现了一家公司的业务转型。此后（颇为贴合我们故事逻辑的是），他加入了一家私募基金公司。

郭士纳的案例同样提出了一个假说，不过这个假说尚未被证实（甚至无法被证实），关于战略对企业内部生态的影响即战略范式的出现，使得CEO在不同公司间的流动性增加了，也拉大了高级管理者与其下属的距离（这一点更难被证实）。时至今日，很多市场早报都会发布某个CEO空降到一家深陷泥潭的企业以挽回颓势的消息。很多人已经忘记，这是近几年才兴起的一个现象。十几年前，稍有些知名度的企业都十分自豪于从内部提拔领袖，并通过多年的轮岗和艰巨的挑战来筛选人才。

哈佛大学的库拉纳在其2002年的著作《寻找企业的救世主：对于超凡

CEO 的非理性追求》[22]（*Searching for a Corporate Savior: The Irrational Quest for Charismatic CEOs*）中，描述了 CEO "辞退率"的增长非常迅速。事实上，一位 20 世纪 90 年代上任的大企业 CEO 在任期内被开除的概率是 10 年前的 3 倍。库拉纳将这种现象归因于企业董事会的快速变动，因其面临来自那些不断追求更多利润的机构投资者的压力。当然这也裹挟着猎头公司的怂恿，因为它们对于将 CEO 从一个地方移到另一个地方的兴趣，要远大于看着他们在各自公司中自然成长的兴趣，董事会越发想要找到一个"超凡"的外人以求带来改变。而其中部分原因在于，他／她并不受其雇主原有人员或管理理念的限制。

就我个人而言，我怀疑董事们对于 CEO 候选者个人魅力的关注超过了对其作为一个战略家能力的关注。他／她是否展现了设计并执行制胜战略的能力？说到底，除了战略外，一个 CEO 还能通过什么方式向董事会及员工展现他／她对一家企业的理解呢？当然，董事会希望拥有"一个高效的执行官"，一个能"完成工作"的人，但对于最高职位的人，对于那个终极领导者，人们显然有更高的期待——愿景、魅力，这些词听上去太"软"——毕竟，你怎么把金钱与这些玩意儿挂钩呢？但是，一个能够创造更多股东价值（这可以在股票价格上得以体现）的战略，就可以做到这一点。库拉纳说，董事会的最低标准是一个能带来改变的人，而正如我们所看到的，在现代管理体系中引入新的战略就是带来改变的最好办法。

另外，空降 CEO 会带来什么风险呢？比如，从摩托罗拉[23]（Motorola）到柯达 [乔治·费舍（George Fisher）]，或从通用电气（CEO 的黄埔军校）去家得宝[24] [罗伯特·纳尔代利（Robert Nardelli）]。这种事对于一家公司的发展有什么潜在威胁？我们可以从约翰·科特（John Kotter）1986 年出版的著作《总经理》[25]（*The General Manager*）关于管理人员完成任务方式的经典研究中观测到一个潜在风险。

科特，作为一名哈佛商学院的教授，研究了 13 位总经理（这是一个专有名词，可以认为就是指高级管理者），他们都被自己所在的公司视作优秀管理者。科特通过跟踪其日常活动发现，他们推动公司乃至世界发展的方式并不是发号施令或进行演讲，而是进行一系列看似没完没了的小沟通——东问一个问题，西提一个意见——这些信息传达给他们认识的几十人甚至上百人，以及他们在公司内外或行业中建立起来的复杂网络。而来自公司外部的新 CEO，尽管可能在决策及人际方面天赋异禀，但如果没有这种关系网络又能做什么呢？因此，他往往会带来一些他在前公司合作已久的员工，不仅如此，他还会带来梦想、信心、透明度，以及蕴含在战略之中的希望。

本章注释

以下注释内容皆摘选自公开来源并经慎思行整理，其中员工和营业额数据皆为近两到三年数据，仅供读者参考和理解规模之用。正文中带下划线的重点关键词，亦可以在慎思行微信平台通过回复相关关键词来获得具体解释。

1 鲍达民（Domini Barton，1962- ），加拿大管理咨询顾问、企业家。鲍达民从2009年开始担任麦肯锡公司全球董事总经理，受连任限制，其任期将于2018年停止。在担任麦肯锡全球董事总经理之前，他在亚太地区工作超过12年，并常驻上海办公室。此外，鲍达民是罗德学者，并是多个组织的成员和领导人。

2 汉斯-保罗·博克纳（Hans-Paul Bürkner，1952- ），德国管理咨询顾问、企业家。博克纳是BCG的前总裁兼CEO（2004-2012）和现任主席，在其领导下该公司在全球范围内的规模迅速扩张。此外，博克纳亦是罗德学者。

3 德士古（Texaco）是一家美国石油公司，成立于1901年。德士古是20世纪统治全球石油工业的七姐妹之一，并是北美地区以同一品牌销售汽油的唯一公司。德士古于2001年被雪佛龙公司（Chevron Corporation）合并，成为其子公司直至今日。目前，德士古在全球范围内拥有超过2000家加油站。

4 赫伯特·亨茨勒（Herbert Henzler，1941- ），德国管理咨询顾问、企业家、作家，麦肯锡德国业务的创始人。亨茨勒带领下的麦肯锡在德国增长迅速，其本人亦被任命为麦肯锡欧洲区主席并成为德国商界领袖之一。亨茨勒著有《麦肯锡思维》（*Das Auge des Bauern macht die Kühe fett*）、《挑战极限》（*Immer am Limit*）等书。

5 克里斯·巴特莱特（Chris Bartlett，1943- ），澳大利亚组织理论学家，哈佛商学院工商管理荣誉教授。巴特利特以其在跨国公司和跨国管理方面的工作而闻名。除在学界的研究教学工作外，巴特利特曾于麦肯锡和百特公司供职，并是美国管理学会（Academy of Management）等组织的研究员。

6 拉雅·古普塔，即顾磊杰（Rajat Gupta，1948- ），印度裔美国管理咨询顾问、企业家。古普塔是麦肯锡的第一位非美裔董事总经理，此外他还是高盛（Goldman Sachs）、宝洁、美国航空（American Airlines）等企业的董事会成员和许多非营利组织的成员。古普塔因涉嫌内幕交易于2012年被判处2年监禁。

7 麦肯锡全球研究院（McKinsey Global Institute，MGI）是麦肯锡下属的一家针对商业、经济等领域的研究机构，成立于1990年。麦肯锡全球研究院目前的研究主要集中于六个主题：生产率与增长、自然资源、劳动力市场、全球金融市场的演变、技术与创新的经济影响、城市化。麦肯锡全球研究院被认为是全球首屈一指的智库之一。

8　杰弗里·斯基林（Jeffrey Skilling, 1953-　），美国管理咨询顾问、企业家。斯基林是安然公司的前任 CEO，曾在麦肯锡担任咨询顾问并升任至合伙人。斯基林于 2006 年因在安然事件中涉嫌内幕交易、证券欺诈等多项罪名被判处 14 年监禁。

9　环球电讯（Global Crossing）是一家美国通信与互联网服务提供商和运营商，成立于 1997 年。在其鼎盛时期，环球电讯的核心网络向 70 多个国家的 700 多个城市提供服务，并在互联网泡沫时期估值高达 470 亿美元，但该公司并未实现过盈利。环球电讯于 2002 年破产，并在 2011 年被收购。

10　瑞士航空（Swissair）是一家瑞士航空公司，成立于 1931 年。瑞士航空是国际上主要的航空公司之一，并因其财务稳定性而有"飞行银行"之称。由于 20 世纪 90 年代"猎人战略"（Hunter Strategy）下的激进并购扩张和"9·11"事件后环境的恶化，瑞士航空的资产价值大幅下降，并于 2002 年破产。

11　弗朗索瓦·密特朗（Francois Mitterrand, 1916-1996），法国政治家，法国前总统（1981-1995），是法国历史上任期最长的总统，以反对戴高乐主义著称。密特朗在任期间，执行重点公司国有化的激进经济政策，并开展包括废除死刑在内的自由主义议程，平稳处理了苏联解体带来的欧洲震荡，加速欧共体的统一。

12　双首长制（Semi-presidentialism）是一种同时具有"总统制"和"议会制"特征的共和制政体。总统作为国家元首有一些特殊的权力，总理领导的内阁有相对稳固的地位，但国会的权力相对较小。1982 年，法国由于一连串的经济问题，社会党在 1986 年的国会选举中大败，右派政治家希拉克成为法国总理，组建保守派内阁，从而出现第一次正式的"双首长制"。

13　圣戈班（Saint-Gobain）是一家法国跨国制造公司，成立于 1665 年。圣戈班最初是一家玻璃、镜子制造商，现亦生产建筑材料和高性能材料，并在欧洲多个交易所上市。目前，圣戈班拥有超过 18 万名雇员，年收入逾 390 亿欧元。

14　罗纳·普朗克（Rhone-Poulenc）是一家法国化学和制药公司，成立于 1928 年。1999 年，罗纳·普朗克与德国的赫司特（Hoechst）合并建立了安万特（Aventis），之后 2004 年安万特与赛诺菲（Sanofi）合并为赛诺菲 - 安万特（Sanofi-Aventis），并成为世界上最大的制药公司之一。

15　汤姆逊（Thomson）是一家法国跨国公司，成立于 1893 年。汤姆逊主要为通信、媒体和娱乐行业提供服务和产品，并在世界范围内拥有多家子公司。汤姆逊曾是法国最大的国家企业集团和全球第四大消费电子产品生产商。2009 年汤姆逊获准进入破产保护程序，并于 2010 年更名为 Technicolor。目前，该公司拥有近 1.5 万名雇员，年收入超过 34 亿欧元。

16　笛卡尔主义（Cartesianism）是法国哲学家勒内·笛卡尔（Rene Descartes, 1596-

1650）的思想体系。笛卡尔主义认为心灵与肉体完全分离，是两种不同的实体。精神的本质在于思想，物质的本质在于广袤，二者彼此完全独立，其中一个不能决定或派生另一个。笛卡尔主义确立了主体的独立地位，并给出了"主体同一性"的假设。

17　杰夫·伊梅尔特（Jeff Immelt，1956- ），美国企业家。伊梅尔特曾任通用电气前 CEO（2000-2017），并帮助通用电气实现海外扩张战略。曾荣获福布斯"2016年最具影响力 CEO"荣誉，并获得了近 10 所大学授予的荣誉博士学位。

18　雷富礼（A. G. Lafley，1947- ），美国企业家。雷富礼在 2000 后的 13 年中历任宝洁的 CEO、总裁、董事长，其间以善于撮合交易而著称，并帮助宝洁构筑了以客户为核心的商业理念。雷富礼被认为是世界上最优秀的 CEO 之一。

19　郭士纳（Louis V. Gerstner Jr，1942- ），美国企业家、咨询顾问。郭士纳曾任雷诺兹·纳贝斯克（RJR Nabisco）和 IBM 的 CEO，并于美国运通和麦肯锡担任高级职位。郭士纳以其作为 IBM 的 CEO（1993-2002）时期的改革而闻名，他帮助 IBM 扭亏为盈并成为世界上最著名的公司之一。郭士纳曾获得包括英国颁发的勋章在内的多项荣誉。

20　《谁说大象不能跳舞》（Who Says Elephants Can't Dance?）该书是郭士纳的一部自传，阐述了郭士纳掌管 IBM 公司后的经历，书中详述了郭士纳推动 IBM 公司扭转困局所做的各种决策，以及 IBM 公司的发展历程。

21　《经济学人》（The Economist）是一份由伦敦经济学人报纸有限公司出版的杂志，创办于 1843 年 9 月，创办人为詹姆士·威尔逊。杂志主要关注政治和商业方面的新闻，每期也有一两篇针对科技和艺术的报道，以及一些书评。杂志中所有文章都不署名，往往带有鲜明的立场，但又处处用事实说话，是社会精英必不可少的读物。

22　《寻找企业的救世主：对于超凡 CEO 的非理性追求》（Searching for a Corporate Savior: The Irrational Quest for Charismatic CEOs），基于对 850 多家美国最大公司的 CEO 聘用和解雇情况的分析，以及对猎头公司 CEO、公司董事会成员和顾问的广泛访谈，解释了企业 CEO 选择过程的基本机制以及股东激进主义对招聘优先关注点的影响。

23　摩托罗拉（Motorola）是一家美国跨国电信公司，于 1928 年成立。摩托罗拉是移动手机的先驱之一，生产销售其他电信硬件设备。该公司于 2007~2009 年亏损 43 亿美元，并在 2011 年拆分为两个独立的上市公司摩托罗拉移动及摩托罗拉解决方案，其中摩托罗拉移动（Motorola Mobility）于 2012 年被出售给谷歌，并在 2014 年由联想（Lenovo）收购。

24 家得宝（Home Depot）是美国一家家庭装饰品与建材零售商，总部设于乔治亚州科布县维宁斯市。拥有超过 32 万名员工，经营 2164 家大型商场，分店遍及美国、加拿大、墨西哥及中国，年销售额约 700 亿美元。

25 《总经理》（*The General Managers*）是为数不多的专门研究总经理这一特殊职位的专著，主要探讨了"总经理的工作性质""何种类型的人可以成为总经理""总经理在哪些方面存在相似性和差异性""企业组织优化、人事安排"等问题。该书也是领导与变革权威约翰·P. 科特的成名之作。科特教授在耗时数载对 15 位不同类型的总经理进行认真考察的基础上，以自己的第一手资料写成了本书。

第 十 五 章 | **以人为本的三种战略**

随着美国经济的泡沫从 20 世纪 90 年代向 21 世纪蔓延，关于战略即流程的呼吁已经渐渐销声匿迹，取而代之的则是资本主义的日益窘迫和激进。不仅公司对于 3C（成本、竞争和客户）的关注与日俱增。"业务流程再造（Reengineering）的声浪也几乎盖过了时基竞争的影响"，直到不久之前才刚成为 BCG 合伙人的马克·布莱希尔（Mark Blaxill）叹气道，即便在业务流程再造不再流行之后，持续削减开支的压力仍然有增无减。

企业好像也终于听懂了汤姆·彼得斯等人的建议，开始更加关注客户，或者至少开始通过一种更新颖也更具分析性的方式，跟上了泛泰勒主义的发展步伐。1996 年，贝恩公司的弗雷德·赖克哈尔德出版了《忠诚效应》一书，书名成功地吸引了管理者的眼球，因为他们也越来越深刻地感觉到，忠诚度正在像溶化的冰块那样，从企业生命中的每个角落一点一滴地流逝。这本书没有只关注与客户进行的前一笔交易，而讲解了大量估算客户终身价值的方法，软件商也开始顺势将大量的客户关系管理产品投向市场，从而使得公司可以追踪与买家进行的每一笔交易。互联网的发展更为了解客户心理以及消费习惯提供了全新的方式，并且受到市场的热烈追捧。

然而，有一件事变得让人有些困惑和不解，那就是在这个时代，竞争对手到底是谁，又来自哪里。咨询顾问都在说，"行业间的界限正在变得日益模糊"，企业中人也不断听到各种后来者意想不到地将传统市场参与者逼入绝境的故事，例如，百科全书出版商就纷纷栽倒在微软脚下，而音乐行业则被苹果公司及其 iPod 完全颠覆。

迈克尔·波特也许会反驳，你必须选择能够让自己与众不同的东西。但是，到哪里才能找到这些东西呢？即便侥幸找到了，它的与众不同又能够持续多久呢？这一切足以让人怀疑持续的竞争优势是否真的存在。

所以，下面的观点已成为管理文献中必不可少的组成部分。加里·哈默尔在他最近的书中提到，"L. G. 托马斯（L. G. Thomas）和理查德·戴尼（Richard D'Aveni）的近期研究发现"[虽然这项研究还未正式出版，但显然是对戴尼1994年《超优势竞争》[1]（Hyper-competition）一书的更新]"如今行业领导者的更迭以及竞争优势的消融速度比历史上任何时期都要快"。这本书还总结了贝恩公司的克里斯·祖克在2008年"战略三部曲"中的观点："在2004年针对全球259位高管的增长调查中，60%的高管承认核心业务的竞争优势源泉正在迅速地枯竭；65%的高管认为他们需要对服务客户的核心商业模型进行根本性调整；72%的高管相信公司五年后的主要竞争对手将不再是眼前的这些"。借助《共产党宣言》[2]（The Communist Manifesto）关于资本主义效应的一句经典表述，"一切等级的和固定的东西都烟消云散了"，显然，这也包括竞争优势。

既然一切都会烟消云散，那企业怎么才能找到一个足够长久的优势来构建相应的战略呢？只有一种可能，就是一样向来很珍贵的东西，也就是麦肯锡所谓的"可交易的专有资产"，如品牌、专利、商标等可以卖出且更重要的是有人买的资产。一些观察者还进一步拓展了这个讨论的范围，认为"智力资本"将构成"新的组织财富"，正如这个领域内最好的一本书汤姆·斯图尔特（Tom Stewart）的《智力资本》[3]（Intellectual Capital）的标题所说的那样。然而，不同于各种金融资本，在可交易范围以外的智力资本实在是难以衡量、剖析或捕捉，所以对其进行评估的难度并不亚于寻找公司的核心竞争力。

如果竞争优势终将蒸发，也许打造新优势并非唯一的解决办法，你还可以发明一种产品淘汰其他替代品，或开辟一个以前从未有过的市场。而且，创新和创业精神听起来就比知识管理这种积累智力资本的平凡工作要有意思多了，同时也更有魅力。在公众眼中，商业枭雄已经不再是杜邦公司或通用汽车的 CEO 这类"行业领军者"，我都记不起上回听到这个说法是什么时候了，新的领军者已经变成苹果公司（1976）、微软公司（1978）、亚马逊（1994）、eBay（1995）以及谷歌（1998）及其背后的创业家们。

作为创新和增长的关键资源，培育人才是我们要在本章探讨的以人为本的三种战略的第一个。其实，每个方法都可以看作从弯弯绕绕的灌木丛中长出的新芽。第二种以人为本的战略则是利用网络的概念分析个体之间相互联系的方式，这也是网络时代竞争优势的基石。

第三种以人为本的战略也许最令人吃惊——私募基金。私募基金巨头对所收购的业务采取的措施堪称战略的典范，它们通常采取经典战略方法以外的方式。而且，其管理模式在未来极可能成为一种更普遍的转型方式，对那些历史悠久但前景不甚明朗的公司来说更是如此。私募资金公司成为战略咨询巨头最大的客户群体之一并非偶然，离开战略咨询行业的合伙人选择加入私募资金公司亦非碰巧，至少直到全球金融危机减缓咨询公司向私募基金公司人才流出速度之前不是。如果想知道一个战略咨询顾问实际运营一家公司到底会怎样，只需要多关注一下私募基金的业务组合就行了，因为那基本就准确反映了你想知道的所有情况。

我们有关战略历史上的第三个"P"（"3P"包括定位、流程和人）的讨论毫无疑问还是不完整的，而且可能会最终寸步难行甚至毫无建树。因为这段历史仍然是原始的、早期的，尚处在演进之中。如果问那些战略咨询巨头战略的未来到底如何，相信很多咨询公司会立刻同意下面的主张：在战略的下一阶段，人将是核心。"我完全同意，未来，人所代表的智力和社会资本将是公司竞争优势的核心。"这是一个咨询公司资深合伙人的典型评论。但在此之外，目前还没有人可以明确地说出"以人为本的战略"到底指的是什么。

但是，探究这个特别的问题对本书的主题来说仍然至关重要。因为在战略革命的下一个阶段，如果想要得以发展，战略必须与其荣格阴影达成妥协。而持这种观点的心理学家也告诉我们，这绝不简单，且往往是走向发展和完善的唯一路径。

● 创业精神的诱惑

在 20 世纪那段日渐衰落的岁月里，哈佛商学院终于搞清楚了基础管理的必修课应该教给 MBA 项目学生什么内容。事实上，在迈克尔·波特推翻了商业政策 I 和商业政策 II 这两门课的旧模式后很长一段时间里，还没有人成功设计出一个全面可行的旗舰课程来替代商业政策 II。不过在通往 21 世纪的大门口，院长和大多数教员最终认为答案在"创业"中，更准确地说，在一门叫作"创业型经理人"（The entrepreneurial Manager）的课程中，该课程被指定为 2000 年 MBA 的必修课程。

这一改变对于十多位教授创业管理课程的教员来说是一场胜利，这也反映了 20 多年来美国经济整体达到的巅峰。虽然商学院自成立以来曾经多次改变课程设置，但 20 世纪 70 年代后就基本不再轻易改动了。不过 20 世纪 80 年代，在约翰·麦克阿瑟的推动下，霍华德·史蒂文森（Howard Stevenson）和比尔·索尔曼（Bill Sahlman）还是推出了一个关于创业的项目，吸引了有史以来最多的学生。

他们的檄文重复着《公司杂志》（*Inc. magazine*）和后来《快公司》（*Fast Company*）的观点，"新经济"正浮出水面并将取代旧经济。所以忘掉世界 500 强吧，大声地哭吧，因为它们大多数在忙着重组、再造以及裁员。而真正创造就业岗位和财富的是那些初创公司。在 20 世纪 80 年代的美国，有多达 150 万家这样的新公司。虽然大多数新公司的规模一直很小，但有一些还是最终能够成长到足以颠覆整个行业的规模，史蒂文森最喜欢的例子包括安进公司 [4]（Amgen）、联邦快递 [5]（Federal Express）、美国世界通信公司（MCI）、纽柯钢铁公司 [6]（Nucor）、甲骨文 [7]（Oracle）和史泰博 [8]（Staples）等。

史蒂文森和他的同事努力不让过往的成见影响自己的判断，因为传统观点认为创业者与众不同，是一帮挑战权威、坚持自我的怪人。史蒂文森反驳道，创业模式代表着一种不同于那些成熟公司（他称之为"管理型组织"）的"管理方法"。他将创业定义为"对超越所掌控资源的机会的追求"，并且认为它至少在六个维度上与传统管理有所不同，例如，战略定位，因为创业公司"被机会驱动，而管理型组织则被当前所控制的资源驱动"；战略实验，初创公司愿意进行"改革性的短期尝试"，而老公司则迈着沉重的步伐蹒跚在长期发展的路上。

总而言之，创业管理是可以被教授和学习的。这门必修的 MBA 课程将覆盖跨职能边界的行为，就像被淘汰的基础管理课程一样：寻找机会（像营销人士一样）；获取资源（如金融）；管理创业机构（包含些许应用组织行为学的内容）；为股东创造并收获价值（如通过 IPO 等"变现方式"来实现价值，这也是每位创业者的梦想）。

不过，一些哈佛大学战略课程的教员蔑视整个创业课程，认为其只是基于现金周转管理练习的小升华，例如，如何募集资金、如何使用资金、如何套现等。这样的观点恰恰反映了典型的战略盲点，因为无论过去或现在、个人或网络、团队及其组建的联盟，创业研究的核心始终都是人。你往往得通过关系网络才能找到重要的机会、融资、管理创业公司的团队和其他关键资源。1997 年，比尔·索尔曼在《哈佛商业评论》发表了一篇广为人知的文章《如何写一份优秀的商业计划书》（ How to Write a Great Business Plan ），总结了他在读过几千个商业计划书后的体验。他建议创业者不要在商业计划书中唠叨太多财务的内容，因为所有计划书都会说公司将在第三年达到 5000 万美元的销售额。而真正有经验的风险投资家会毫不犹豫地跳到"团队"的部分，看看到底谁会参与进来，以及他们的发展轨迹又是怎样的。

到了 20 世纪 90 年代中期，那些成立了几十年的公司出于发展方面的压力，开始效仿创业公司。相应的，一小波带着"以用户为中心的增长""追求成长，成就伟大"之类字样的管理类书籍雨后春笋般出现在市场上，它们共同的主题是：成本削减和重组本身不能为股东带来价值。为了给股东带来价值，必须同时提高销售收入和利润。有关大多数公司如何不擅长于这点的数据成为这些书的典型特征，比如，1983 ~ 1993 年，只有大约 30% 的世界1000 强公司拥有年均 10% 的利润增长。就像迪克·福斯特和克里斯·祖克等人的计算结果一样，能够实现持续增长的成熟公司的占比听起来相当更令人泄气。

对于任何研究过战略革命的学者来说，这些著作提出的关于对客户进行仔细分类的建议并不会让他们感到惊讶。你将发现有 20% 的客户带来了 60% 甚至 80% 的收益。专注于那类客户，听取其想法和需求，然后再看看你能卖给他们多少或多新奇的东西；获得一个市场的控制权，就像微软公司对个人电脑 DOS 操作系统市场的控制一样，并且紧跟市场增长的步伐；重新思考将产品卖给客户的途径，比如，戴尔（Dell）一开始通过电话销售电脑，后来通过网络。根据估算，1995 年和 1996 年互联网使用量的年增长率达到 1000%，虽然后来增速降到了较慢的 100%，但是对于那些奋力探索网络销售途径的传统公司来说，互联网的爆发仍然让它们开始变得歇斯底里。与此同时，咨询业包括新创公司、老牌巨头以及战略咨询公司，都提出要帮助客户找到合理的方案。20 世纪末，BCG 的一些办公室大概有一半的项目都是和新技术有关的。

最棒的讨论增长的书不仅会吹捧成功的创业案例，还会努力阐释成熟企业寻找复兴跳板问题。2001 年，在以《回归核心》为开端的"三部曲"中，克里斯·祖克证明公司的"核心业务"往往拥有未被充分开发的巨大潜力，而开发这种潜力永远比购买不相关行业的业务更有价值。你一定会期待贝恩公司战略业务的领导者给出判断核心业务的标准，包括竞争优势、忠实的客户以及根植于"独特技能"的卓越赢利能力。在祖克引用的论据中，有很多关于私募基金的经验，尤其是贝恩资本的经验。贝恩资本从过于多样化的"臃肿企业"那里买下了被忽略的边缘业务，使其成为独立企业的核心业务以实现急剧的业务增长。

其他书更直白地指出，人才是创新、成长以及企业复兴的源头。一直以来这都是汤姆·彼得斯和鲍勃·沃特曼著作的主题，这种倾向在《追求卓越》之后二人各自撰写的书中体现得淋漓尽致。《快公司》在 1995 年 11 月的创刊号封面宣称"工作是私人的，计算是社会的，知识就是力量，打破陈规"。在创刊号中一则关于"商业革命手册"的声明中，创始编辑宣称，"在优秀公司工作的聪明人有能力创造自己的未来……一切皆有可能"。他们承诺，将"为变革的价值观正名，并找出那些正在拥抱这些价值观的企业和打造它们的人：

致力于将经济增长同社会公平融合，将民主参与同强力执行融合，将爆炸式科技创新同老式个人承诺融合"。

不久之后，即便是那些业已成名的战略专家也开始登上驶向"芬兰车站"[9]（Finland Station）的企业列车。1996年，为了反驳波特几个月前发表的《什么是战略？》一文，加里·哈默尔在《哈佛商业评论》发表了一篇文章《战略革命》，表达了哈默尔的一些老观点，比如，大多数公司所实践的战略规划都有"固守仪式、过于简化、基于推测、精英主义和毫不费力"的特点，而且都是关于"定位"的。同时，他还强调了自己对千禧年的呼吁：企业应该同过去分手，并勇于颠覆那些限制行业和战略的传统信仰。

哈默尔提供了"行业革命的九条策略"，比如，"彻底改进价值创造方程"、"压缩供应链"以及"建立产业集群"。不过，文章和随后著作的主旨均强调民主制订战略的重要性，认为企业应该从那些25岁上下的年轻职员、远离总部的企业外围服务人员以及"还没有被行业信条同化"的新人那里寻求改革。"高管绝对不能任由一个小型精英团体或传统战略咨询公司的'智囊团'去规划公司的未来。"在他所描绘的天堂里，每个公司都应该建立一个让思想更加民主的管理制度（就像麦肯锡在辉煌时代所渴望的那样）。

接着，哈默尔在他2000年发布的《领导革命》[10]（Leading the Revolution）一书中继续敲响警钟。虽然他很有先见之明地警告企业不要陷入网络热潮，书中有关企业自我转变的主要案例却是安然公司。在此书发布之后不久，安然公司便被证实已过度转变而误入歧途，因此这本书的影响力也被削弱了（不要忘了，安然公司每年还在花费1000万美元雇用麦肯锡的"智囊团"）。

但哈默尔毫不气馁，并在后来的版本中将安然公司的案例换成了联合包裹公司[11]（UPS），在2008年的新书《管理的未来》[12]（The Future of Management）中重申了许多同样的观点，还加入了一些底纹以示强调。这一次，轮到传统的科层组织及其践行的管理制度接受创新之火的洗礼了，书中反对"刚性分配"[13]（allocational rigidities）、旧思维模式以及将进言改革的权力交给少数人的"创新隔离制度"，而提倡自由、崇尚民主，并支持依此理念所创建的"有目标的社群"。

有谁会反对这样鼓舞人心的理想呢，尤其是那些逐渐老去的婴儿潮一代，那些被困于企业岗位之中，并曾试图改变世界的一代人。所有成熟公司都期望变得卓越，从优秀到伟大，或进入一个与众不同的波特式定位，而问题在于，它们有多少能力完成这个过程呢？评论家指出，《管理的未来》中三大企业的案例——全食超市（Whole Foods）、戈尔公司[14]（W.L. Gore）以及谷歌公司，都是由自我意识中革命性的价值观创造的。通往哈默尔心中民主天堂的路径，又有多少可以从这三个案例中得知呢？

• 网络与新本体论的要求

在 BCG，互联网带来的变化使一些聪明人开始探究战略的哲学根基。他们痴迷于 Linux[15] 的例子，一个没什么物质激励，基本上靠自我管理发展起来的线上组织，却开发出各方面都能够比肩微软的软件。受其影响，作为 1999 年畅销书《碎片：新信息经济学如何改变战略》[16]（Blown to Bits: How the New Economics of Information Transforms Strategy，讲述网络"解构"现有行业和战略）的合著者，菲利浦·埃文斯也发现自己在一些新领域中举步维艰。因为自组织网络、社交网络分析、交易成本、产权经济学、维基百科[17]（Wikis）、博客、纳普斯特[18]（Napster）、Friendster 和其他社交网站等全新的概念和事实，正在对人们的固有认知带来前所未有的冲击。

埃文斯是我碰到的思考者中唯一提到战略本体论（Ontology, 研究存在本质的一个哲学分支）和认识论（epistemology，探讨认知的本质，在这里指的是有关如何实现竞争优势的认知）的人。"波特采取结构主义经济学的视角，却将其应用在所谓的产业上，"埃文斯说，"产业是什么？一小群大体相似的组织，通过内部协作、外部竞争以及市场机制彼此连接，上游对应供应商，下游对应顾客。如果结构性优势是认识论，那么本体论就是关于这些参与者的全部信息"，即企业。"布鲁斯·亨德森和波特都赞成那一套。"

不过，战略继续演进。"在能力的概念出现后，"埃文斯说，"这改变了认识论，因为'竞争优势不是对结构差异的识别，而是对能力的鉴定'。但本体论仍旧保持不变，即一个行业内的企业仍然相互竞争"。不过，也许不是永远这样。"逻辑的解构为本体论带来挑战，"埃文斯继续说。"谁说一定有'业务'、'公司'或'行业'？"他举了一个他有丰富咨询经验但即将成为过去式的行业的例子："媒体行业现在到底是什么呢？博客吗？谁是顾客，谁又是供应商呢？如果顾客之间彼此说话，谁又在为谁服务？"

埃文斯将话题拓展到更重要的一点，他说："一旦你认为承载竞争优势的单位不一定是传统意义上的公司……这就像生物学，从一开始认为是动物之间在竞争，发展到最后认为是基因之间在竞争。我们当下所进行的战略思考挑战之前的本体论假设，它认为唯一不可或缺的单元是人，也就是顾客、工人或管理人员。从广义上看，参与交易的人们可以是竞争的，也可以是合作的，然而总体呈现的是一个网络。而随着技术的发展推动交易成本逐步降低，网络也将打破距离和制度的限制，从而变得更具流动性。"

在这个新兴世界，埃文斯认为，"思考竞争优势的关键是思考如何设计生态，以实现所追求的目标。尝试设计生态指的是塑造我的行为，塑造那些与我共事的人的行为，或者塑造那些不与我共事但与我合作的人的行为，甚至塑造那些不与我共事但与我竞争的人的行为"。

就像你所想的那样，以这些想法为基础创造咨询产品还存在一定困难。埃文斯也承认，并暗示如今大多数合伙人都感觉自己在思想的怪圈中越走越远了。但是，公司中一些更有企业家精神的人，也分析了网络的出现对战略制订的影响，他们虽然并不一定从埃文斯那样高屋建瓴的视角出发，但是也从子公司的粒度进行了深入探究。这些为数不多但不断聚集的学者、管理者和咨询顾问，正在试图探索将网络分析理论应用于商业领域。

马克·布莱希尔（Mark Blaxill）是 BCG 的一位合伙人，他受公司委任领导一项 BCG 在 21 世纪初的重要工作，即发掘战略的下一个高地。同样的，他认为理解以 Linux 为代表的开源软件也许就是关键，正如理解日本制造商曾经是流程革命的关键一样。不同于他曾经的合作者埃文斯，布莱希尔更关注网络对竞争的影响，还是那个经典的老式问题："到底是什么让 Linux 成为微

软的威胁？"（部分答案是，前者在做改变和让系统适应新形势的速度比后者更快）

他得出结论，在一些地区或领域（"如印度地区以及盗版、Napster 软件"）知识产权的问题无处不在，而且知识产权问题是了解现况的关键所在，当然也常常被当作攻击或防御的工具（知识产权的重要性是他和埃文斯存在分歧的话题之一）。在布莱希尔看来，必须要将管理知识产权提上战略的议程。通过对 Linux 更仔细的研究，上网并观察开发者的社交圈及其运转方式，他还发现，"其中存在模式，不是所谓自治体，也不是混乱的体系。事实上这里存在等级以及正式的组织结构，只是没有被白纸黑字记录下来而以"。布莱希尔想要进一步探索有关动机的问题，探索为什么人们愿意免费在 Linux 工作，甚至想要探索有关创新的问题，但他无法在公司内获得足够的时间和支持来展开对这些新维度的探索。并且"遭遇了反对者的顽强抵制"，他说道。2006 年，布莱希尔离开了 BCG 并建立自己的公司——3LP Advisors，以更好地专注于战略、知识产权和创新的交汇点。

直到离开时，布莱希尔仍是 BCG 唯一成功将基于网络的项目卖给客户的合伙人。时过境迁，BCG 目前绝大多数与网络分析有关的工作是开发应用于各业务领域的工具，比如，一个是帮助客户"抽取、构建并分析医药研究和出版网络文献"的工具，具有像产品说明书一样的可视化效果；另一个则是"可以将专利数据的关系网络进行可视化分析的工具"。公司在知识产权方面的业务也越来越扎根于这样的分析。不过，布莱希尔和埃文斯都承认，这还远远不能完全揭开 Linux 对于战略的重要意义，更别提找到一个可以整合人与战略的新框架了。

• 创造巨大财富

如果要举一个在金融危机前有关战略革命发挥完美而专业作用的例子，并且了解战略革命到底给我们带来了什么，又将把我们带向何方，或许没有比观察私募基金公司的运作方式更好的选择了。这也是一种以人为本的战略，只不过它所涉及的是非常少而坚定的一群人，也就是那些私募基金公司的合伙人和他们请来运营被收购业务的高管，以及私募基金公司的顾问（如果有的话）。

私募基金作为一个行业，其本质就是老式的杠杆收购业务，只不过随着时代的发展变得更体面了而已，并且在全球经济中留下了更深的足迹（尤其是在 2008 年之前）。主要的私募基金公司仍是 1970 年的那几家，其中最著名的便是 KKR。私募基金公司首先会从投资者那里募集大量资金，这些资金大部分来自养老基金、大学捐赠基金之类的机构，也有的来自所谓大股东。然后这些资金将被划分为接续基金，每只基金通常有 5 ~ 7 年的存续期，目的就是进行各种商业购买交易，既包括购买整个公司，也包括购买大型企业剥离的资产。

这么操作的目的是提高这些业务组合的价值，以便在它们被包装上市或再次转手时，在基金的生命周期里卖出更高的价格，从而给所有机构尤其是私募基金公司，创造丰厚的回报。私募基金公司通常每年会收取投资者 2% 的管理费，以及投资收益 20% 的提成。虽然这不能被准确地称为股东创造财富，因为投资者一般并不拥有股份，但的确可以被称为所有者创造财富，而且规模非常可观。

时至 2009 年夏天，私募基金正处于行业历史上第三个周期的下行阶段，像前几次危机中一样，它们的规模经历了迅速的下滑（在前两次危机中，美国公司进行杠杆收购的交易金额在 1989 ~ 1991 年下降了大约 80%，在 1999 ~ 2001 年也下降了大约 35%）。但每个周期，尤其是最近一个周期，都把这个行业抬升到了新的高位。从估算的最好结果来看，2007 年，全球有将近 7000 亿美元流入私募基金公司，而整个私募基金行业的业务在欧洲也已经完全成熟，并开始向亚洲和中东地区发展。其中最大的玩家，如 KKR 或黑石集团[19]（Blackstone Group），有能力为单一基金募集超过 100 亿美元的资金。瑞士信贷第一波士顿[20]（Credit Suisse First Boston）的分析员在 2007 年声称，如果将整个私募基金行业加在一起，收购 1/5 市值 300 亿美元以下的欧洲和美国企业简直易如反掌。

虽然私募基金公司口风很紧（相比之下，咨询公司简直就是一个话痨），但 2005 ~ 2007 年巨型收购狂潮涉及案例的规模之大，仍令人不得不注意这个行业在重塑企业格局上的强大力量。德州公共实业公司 [21]（TXU），一家持有得克萨斯多家能源企业大多数股份的公司，以 440 亿美元的价格被私有化；美国医院集团 [22]（the Hospital Corporation of America）以 330 亿美元的价格被私有化；博彩公司哈拉斯娱乐 [23]（Harrah's Entertainment）以 180 亿美元被私有化。

不过，战略咨询顾问在这项业务中扮演的角色并没有得到太多关注，但这个角色代表了思维方式、分析倾向以及共享利润动机的经典集合。在起初的 20 年乃至如今，私募基金大部分都由金融人士经营，这些人（几乎都是男人）的兴趣在于金融工程与做交易。然而，曾经的咨询顾问也开始逐渐渗透到这个队伍中。我们看到，比尔·贝恩在 1983 年委派米特·罗姆尼创立了贝恩资本。多年来，私募基金将贝恩公司当作人才的主要来源，招募那些已经在最激烈的竞争中证明自我价值的人。唐·高哲尔（Don Gogel）曾经是麦肯锡的合伙人，如今已是克杜瑞公司（Clayton Dubilier）的 CEO；而在这里负责管理投资组合的资深合伙人查克·艾姆斯（Chuck Ames）则一度是麦肯锡精力最为充沛的干将。这股潮流还在大洋彼岸登陆了：在为麦肯锡工作多年后，罗纳德·科恩爵士（Sir Ronald Cohen）帮助建立了安佰深公司 [24]（Apax Partners & Co.）——伦敦第二大的私募基金公司。至少直到金融危机席卷华尔街之前，大约有 1/3 的麦肯锡前雇员在私募基金或其他金融服务机构（如对冲基金）中工作。

私募基金公司对咨询顾问具有吸引力的原因，除了能获得在咨询行业无法得到的巨额财富以外，还在于其为顾问提供了亲自上阵的机会。而咨询顾问能带来的不仅是自身多年的咨询经验，还有基于这些经验给被投公司业绩带来的实际改善，这也正是战略咨询巨头长期给私募基金公司提供的服务。顾问的判断是，随着私募基金行业的不断发展及新参与者的不断涌入，曾经依赖交易构建能力而建立的竞争优势，都已经消失在茫茫的商品化大潮中了。这一点也得到了一些私募基金客户的赞同，"任何 MBA 在几天之内就可以弄清楚我们所做的投资，"这是私募老手们经典的论调，而这句话则来自吉姆·库尔特（Jim Coulter）——德克萨斯太平洋集团[25]（the Texas Pacific Group，TPG）的联合创始人。在追逐巨额回报的游戏中，失败者不但数量众多，而且与胜利者之间的差距也变得越来越大。根据 2007 年贝恩公司的计算，75%的私募基金公司赚的钱还没有经风险调整的资本成本多，在金融危机中，这个数字毫无疑问会更难看。那到底什么可以迅速将赢家和输家区分开呢？当然是提升投资组合的业绩并抬高最终出手价格的能力。

虽然三家咨询巨头都为私募基金公司提供咨询业务，但是市场领导者一直是贝恩公司，个中缘由不只是它同贝恩资本的历史关系。实际上贝恩公司的这项业务也是在 20 世纪 90 年代初公司近乎破产后才开始的，在历经险境之后雇员们已经变得非常保守并对这项业务充满怀疑。不过，结果证明这项业务和贝恩公司长期以来对"结果"近乎疯狂的执着，以及它在泛泰勒主义方面的卓越技能非常匹配。"坦白讲，这是贝恩公司最纯粹的一项工作，"该业务创始人之一丹·哈斯（Dan Haas）说道，"因为它关乎价值创造，你不仅将拥有一个积极主动的管理团队，而且这对每个人来说都意义重大。对于一个影响力至上的公司而言，简直没有比这个更好的事了"。在私募基金正值巅峰的 2007 年，为私募基金公司和它们的投资组合提供咨询服务获得的收入占贝恩公司收益的 25%。其实，贝恩资本并不总是该领域最大的客户，而且很早以前就已经不是了。他还估计，80% 的大型私募基金正在使用贝恩公司或其他战略巨头的服务。而对于贝恩公司的合伙人来说，致力于这项业务也不只源于公司机制。"过去的六七年，作为一个合伙人团队，我们还将超过 4亿美元的税后收入投资到这些生意和我们所经营的基金里，"哈斯提到，"其中有一整套经济逻辑促使我们去品尝自己做的菜"。

贝恩公司对私募基金客户的帮助集中在两个方面。在决定购买某项业务之前，它会进行所谓的"战略尽职调查"（strategic due diligence），包括调查整个行业和潜在资产价值链上下游的参与者，从供应商到顾客。就像哈斯在 2002 年《哈佛商业评论》发表的一篇文章描述的那样，这一切都是为了建立一个"投资主题"，以在 3 ~ 5 年内将一项业务变得更值钱，并解决卖掉业务的哪些部分等问题。收购完成后，贝恩公司会继续和客户一同制订提高效益的计划，尤其是为刚开始的一两年制订计划，包括需要实现的目标，如财务目标（通常会细分到每月）和实现该目标的具体步骤。

这样做的结果是形成了一套独特的模式，我倾向于把这套模式叫作战略演练，当然不只是贝恩公司的客户才会这样倾力塑造自己收购的业务。了解过战略理念发展历史的人应该都很熟悉，大多数大型私募基金公司的方案都有一些共同要素，主要是靠大量借债来提高被收购资产的杠杆率，这被哈斯称为"对资产负债表的经营"。它们抛弃了收购前各种眼花缭乱的资产度量方法，而仅专注于少数几个指标，其中最重要的通常是现金流，并毫不留情地削减开支。

在每一步，私募基金公司都会考虑谁应该是这项业务的最佳所有者，进一步说，就是现在是否应该卖掉它，如果应该卖又该卖给谁，并且要考虑作为资产的所有者，自己应该持有这项资产多长时间（一般不会是"永远"）。在哈斯的文章中，为了证明"如果一家公司的业绩远比预想的差或有其他好机会，私募基金公司也会随时准备好卖掉或者关闭这家公司"，他引用了 TPG 的库尔特的说法，"在一天里，如果你没有卖掉任何一家投资组合里的公司，其实就相当于又做了一个买入的决定"。为了进一步巩固投资理论，私募基金公司常常为公司中占据领导地位的业务线设计战略并卖掉其他业务。

这样的战略演练带给资产的效益甚至可以持续到其再次被出售的时候。关于这点，哈佛商学院的乔西·勒尼（Josh Lerner）和波士顿学院卡罗尔管理学院（Boston College's Carroll School of Management）的杰瑞·曹（Jerry Cao）2006 年的一个研究发现经常被引用，他们发现那些被私募基金持有后上市，并接受过一年以上战略演练的公司，在上市后的表现通常要比同期 IPO 和总体股票市场要好，而且这种状况普遍可以持续 3 ~ 5 年。

当然，并不是所有人都能享受成功的果实。虽然私募基金公司的经营者很喜欢列举一些保留原有企业高管并给其大量经济激励以促进转型的例子。但事实上，也存在很多在职管理人员在收购完成后立刻被赶走的故事。毕竟，他们是这些业务的资产价值没能最大化的主要责任人。

在经济危机爆发前，那些被私募基金公司收购企业的总体就业情况就已经引发很大争议了。因为这些欺软怕硬的私募基金公司总是认为，有些部门可以外包出去，如人力资源。面对它们只会剥离资产和大规模裁员的指控，私募基金行业引用一项研究表示，其实它们所收购公司的就业增长速度比上市公司的总体就业增长速度还要快，至少在英国是这样。当然学者无法确认事实是否真的像它们说得那么好，但目前的确没有人能证明公司被私募基金收购后，一定会采取比一般公司常规情况更大规模的裁员举措。

2007 年，私募基金行业最新一波成功热潮到来，那些最激进的私募基金拥护者称赞这是一种将资产交由最经济理性的所有者来管理的新版资本主义。至少，一些交易中管理运营团队可能为公司领导及资产处理树立了新的基准。正如 TPG 的库尔特告诉我的，"在每个阶段都有一个机构或者一类机构在前面为整个市场带路。20 世纪 90 年代初的领头羊是杰克·韦尔奇管理下的通用电气，而现在轮到了我们"。

了解战略历史的人都会觉得这句话似曾相识，迈克尔·詹森在 1989 年，也就是第一波杠杆收购狂潮来临之时说过类似的话。而由于全球金融危机，这么大胆的口气已经很少见了，同时减少的还有私募基金的并购案例、投资者组建新基金的热情以及至关重要的银行提供贷款的意愿（"你一定要明白"，一个私募基金的资深合伙人在 2007 年告诉我，口气出奇地谦虚，"是银行推动了我们的业务"，因为它们提供了收购所需的贷款）。

一些资深战略咨询顾问，比如战略起步最初 30 年里就开始从事咨询事业的那些顾问，并没有为私募基金眼下的困难感到遗憾。他们带着一丝玩味的意味看着那些过度使用杠杆而濒临破产或已经破产的私募基金公司，并将这视为因果报应。他们嘲笑私募基金经营者的贪婪，尤其是那些从收购业务中抽取大量资金而并未打造牢固基础的私募基金经营者。顾问们认为，无论结果怎样，这些人都只在乎如何快速赚钱，所采用的手段简直就是在与战略对立，因此守旧派开始抗议，并认为只有建立长期的竞争优势才是真正的关键。

私募基金巨头自己也承认面临激烈的挑战，不仅因为融资的缺乏，还因为在接下来几年必须为现有的上亿美元贷款进行再融资，而且必须在风起云涌的经济形势中为自己拥有的业务找到正确的方向。它们中的大部分已经负债累累，一些人甚至承认，行业的规范已经成熟，许多大公司都在争抢下一笔交易，已经没有人能获得昔日的巨额回报了。

但是，不要就此对私募基金的模式感到失望，其支持者赶紧补充道，因为它一般只适合有一定成熟度的公司，不能被应用到业务的每个阶段（对于初创公司来说，与之对应的是风险投资和一群极度理性的投资人）。它可以创造奇迹，尤其是当现有管理层力不从心的时候。虽然越来越激进的资本主义世界令人疲惫，但私募基金的巨头却一边加强融资能力，一边耐心地等待机遇，因为它们相信前路漫漫，但永远不缺机会。

本章注释

以下注释内容皆摘选自公开来源并经慎思行整理，其中员工和营业额数据皆为近两到三年数据，仅供读者参考和理解规模之用。正文中带下划线的重点关键词，亦可以在慎思行微信平台通过回复相关关键词来获得具体解释。

1　《超优势竞争》（*Hyper-competition*）是理查德·戴维尼（Richard D'Aveni）于1994年出版的一本商业类图书。该书认为持续优势是不存在的，长期的成功需要动态战略，不断地去创造、毁灭而后再造短期优势，这种竞争以高强度和高速度的竞争为特点。因此竞争战略的有效性不仅取决于时间，还要预测竞争对手的反应。

2　《共产党宣言》（*The Communist Manifesto*）是卡尔·马克思（Karl Marx，1818-1883）和弗用里德里希·恩格斯（Friedrich Engels，1820-1895）为共产主义者同盟（Communist League）起草的纲领，是国际共产主义运动的第一个纲领性文献，阐述了阶级矛盾对人类历史的影响，亦是马克思主义诞生的重要标志，由马克思执笔写成，并于1848年发布。这份宣言被认为是世界上最有影响力的政治文件之一。

3　《智力资本》（*Intellectual Capital*）是托马斯·斯图尔特（Thomas A. Stewart，1948- ）撰写的一本商业类图书，于1997年出版。作为智力资本领域的开创者，斯图尔特在该书中揭示了当今公司在运营中应用智力资本概念提高市场成功率的方法。

4　安进公司（Amgen）是一家美国跨国生物制药公司，成立于1980年。安进公司是世界上最大的独立生物技术公司之一，研发并生产包括治疗癌症、炎症、自身免疫性疾病的相关药物。目前，安进公司拥有近2万名雇员，年收入逾229亿美元。

5　联邦快递（Federal Express，FedEx）是一家美国跨国物流快递公司，成立于1971年。该公司以夜间航运服务闻名，并以此开创了一个可以跟踪包裹并提供位置更新的系统。目前，联邦快递拥有约40万名员工，年收入逾603亿美元。

6　纽柯钢铁公司（Nucor）是一家美国钢铁及相关产品制造商，成立于1940年。纽柯钢铁公司是美国最大的钢铁制造商之一，也是美国最大的工业废料回收商。目前，纽柯钢铁公司拥有超过25万名雇员，年收入逾202亿美元。

7　甲骨文（Oracle）是一家美国跨国电脑科技公司，成立于1977年。甲骨文开发并销售数据库软件、云计算系统等企业级软件产品，是世界上收入最多的软件制造商之一。目前，甲骨文拥有超过13万名员工，年收入逾377亿美元。

8　史泰博（Staples）是一家美国跨国办公用品零售商，成立于1986年。史泰博在北美拥有超过1500家线下门店，并在线销售办公用品、办公设备、软件和商业服务等。目前，史泰博拥有超过 6 万名雇员，年收入逾 202 亿美元。

9　芬兰车站（Finland Station）是位于俄罗斯圣彼得堡的一个火车站。1917 年 "十月革命" 前夕，列宁从瑞士流放归来至此，随后继续其革命事业。此外，埃德蒙·威尔逊（Edmund Wilson，1895-1972）所著《到芬兰车站》（*To the Finland Station*）一书以芬兰车站为意象，描述了革命思想的历史和社会主义的诞生。

10　《领导革命》（*Leading the Revolution*）是加里·哈默尔于 2000 年出版的一本商业类图书。该书论述了一家公司应该如何在风云变幻的商界通过不断地创新来增强自身的竞争力，并为那些决心成为或继续作为行业变革者的公司或个人提供了一个点燃员工激情的行动方案。

11　联合包裹公司（UPS）是一家美国跨国物流服务与供应链管理服务提供商，成立于 1907 年。UPS 和其主要竞争对手联邦快递一样，旗下拥有多家分支机构和子公司，是世界上最大的物流服务公司之一。目前，UPS 拥有超过 43 万名雇员，年收入逾 658 亿美元。

12　《管理的未来》（*The Future of Management*）是加里·哈默尔于 2007 年出版的一本商业类图书。该书认为错综复杂的管理组合已经远远不能适应快速发展的时代和未来。为探索未来的管理之路，不仅需要在思想上认同管理创新的价值，而且需要一种激情来发掘潜力。

13　刚性分配（Allocational Rigidities）是指固定和正式的分配计划或模式。刚性分配会对企业变革和核心能力的更新产生消极的影响。刚性分配更容易出现在组织刚性（Organization Rigidity）中，而企业内部的权力的集中倾向是形成组织刚性最重要的因素。

14　戈尔公司（W.L. Gore）是一家美国跨国制造公司，成立于 1958 年。戈尔公司基于含氟聚合物及其衍生品研制了超过 1000 种产品，涉及消费品、医疗器械、航空航天等领域。目前，戈尔公司拥有超过 1 万名雇员，年收入超过 32 亿美元。

15　Linux 是一套免费使用和自由传播的类 Unix 操作系统，诞生于 1991 年。它能运行主要的 Unix 工具软件、应用程序和网络协议，并支持 32 位和 64 位硬件。Linux 继承了 Unix 以网络为核心的设计思想，是一个性能稳定的多用户网络操作系统。Linux 可安装在各种计算机硬件设备中，如手机、平板电脑、路由器、超级计算机等。

16　《碎片：新信息经济学如何改变战略》（*Blown to Bits : How the New Economics of Information Transforms Strategy*）是一本由菲利浦·埃文斯与托马斯·沃斯特（Thomas S. Wurster）合著的商业类图书，于 1999 年出版。该书认为，新的信息经济学正在打破丰富性与影响力之间的平衡，将传统商业战略的基础分开。通过列举多个行业的案例，该书展示了如何构建新的战略以及如何充分利用新势力塑造竞争优势。

17　维基百科（Wikis）是一个基于维基技术的多语言百科全书协作计划，是用多种语言编写的网络百科全书，于 2001 年发起。维基百科由非营利组织维基媒体基金会（Wikimedia Foundation）负责营运，并接受捐赠。维基百科是世界上最受欢迎的网站之一，覆盖超过 300 种语言，每月访问量超过 180 亿次。

18　纳普斯特（Napster）是一个以音乐为主的在线程序服务名称，成立于 1999 年。纳普斯特允许用户在互联网上免费共享歌曲。该公司因在法律上涉嫌侵犯版权而停止运营并最终被收购。2002 年，纳普斯特的第二个版本以一家在线音乐商店的形式推出，并于 2011 年被收购。

19　黑石集团（Blackstone Group，又译百仕通）是一家美国世界著名私募股权投资机构，成立于 1985 年。黑石集团是世界上最大的私募股权投资机构之一，并于 2007 年成为最早上市的大型私募股权机构。目前，黑石集团拥有超过 2000 名雇员并管理着超过 4341 亿美元的资金，年收入逾 71 亿美元。

20　瑞士信贷第一波士顿（Credit Suisse First Boston，CSFB）是瑞士信贷集团（Credit Suisse Group）旗下的前投资银行业务部门，合并成立于 1996 年。瑞士信贷第一波士顿提供包括投资银行、资本市场在内的金融服务。2006 年，瑞士信贷整合品牌，其投资银行部停止使用"第一波士顿"的品牌。

21　德州公共实业公司（TXU）后来改名为未来能源控股集团（Energy Future Holdings Corporation）是一家电力公司，总部位于美国得克萨斯州达拉斯市，以煤电和核电为主。1998~2007 年，该公司被称为 TXU，直到其由 KKR、TPG 和高盛资本以 450 亿美元进行收购，这次收购是历史上最大的杠杆收购交易。

22　美国医院集团（Hospital Corporation of America，HCA）是一家美国营利性医疗保健机构运营商，成立于 1968 年，总部位于田纳西州的纳什维尔，在美国和英国管理着 177 家医院和 119 家独立手术中心。HCA 于 1969 年在纽约证券交易所上市，并在随后的 20 年实现了大幅增长。2006 年 HCA 被 KKR、贝恩资本和美林证券及其创始家族收购并私有化，2010 年再度上市。

23　哈拉斯娱乐（Harrah's Entertainment），2010 年更名为凯撒娱乐公司，是美国内华达州天堂市的一家博彩公司，拥有并经营着 50 多家赌场、酒店和 7 个高尔夫球场。它是全球第四大博彩公司，年收入 86 亿美元（2013 年）。凯撒娱乐公司是一家上市公司，大部分股权由阿波罗全球管理和德太资本所拥有。

24　安佰深公司（Apax Partners）是一家英国世界知名私募股权投资机构，成立于 1969 年。安佰深是世界上历史最悠久的私募股权公司之一，并管理超过 510 亿美元的资金。

25　德克萨斯太平洋集团（Texas Pacific Group，TPG），也被称作德太投资，是一家美国世界知名私募股权投资机构，成立于 1992 年。TPG 从事包括杠杆收购在内的多种投资业务并涉足广泛的行业。TPG 管理着超过 750 亿美元的资产。

第 十 六 章 | **金融体系崩塌之时，战略何在**

毋庸置疑，战略的箴言的确让公司变得更有竞争力了，也让它们对行业环境变化的反应更加敏锐，进而拥有了前所未有的韧性。既然如此，那为什么在 2008 年将尽之时，还是有那么多深谙战略的公司深陷金融危机无法自拔呢？甚至还有一些公司被指责，对金融危机的发生起了推波助澜的作用。难道是战略顾问将银行和金融服务公司的管理层带入了歧途？让我们远远地审视这一切，也许通过满是愤怒和失望的双眼，能够从冰冷的现实中，为这些控诉找到一些恰当的证据。

　　我们不妨从咨询顾问关注最多的客户行业说起。显然，当全球金融体系舞台上的灯光开始逐渐转暗时，顾问们肯定已经隐隐觉察到音乐即将停止的信号。在金融行业纸醉金迷冲向巅峰的 2007 年，银行和金融服务公司（如保险公司等）是 BCG 大客户云集的领域，并且这一领域的收入也占公司总收入的 30%。而麦肯锡公司在这一行业中的业务收入占比更高，2002 年，麦肯锡公司声称为全球顶尖的 120 家金融服务公司中的 80% 提供过咨询服务。而如果将服务私募基金公司的业务也纳入统计范畴，当然事实上也应当如此，那么金融行业业务在贝恩公司收入中的占比同样也不低于 BCG。

　　当然不只有三大战略咨询巨头在这一行业中掠食。奥纬 [1]（Oliver Wyman），一家成立于 1984 年专注于服务金融行业的咨询公司，一直以来也做得非常成功。2003 年，这家公司从金融行业攫取了超过 3000 万美元的收入，而公司最后被威达信集团 [2]（Marsh & McLennan）收入囊中。四年后，威达信集团将所有旗下的咨询业务（其中一些业务在战略历史上颇为可圈可点）整合到韦恩品牌（Wyman）下，并由其主席统领。整合后的公司在金融服务和风险管理上一时风头无两，被业内公认为是增长最迅速的大型咨询公司。

咨询公司的业务规模也随着金融行业利润水平的增长而水涨船高。21世纪初，在市场崩溃之前，曾有少量担忧的声音传出，认为由银行、投资银行、保险公司以及其他金融服务机构赚取的利润在全美国公司的利润总和中占比过高。事实上，20世纪80年代早期，金融服务行业的利润仅占美国公司总体利润的15%，而到了90年代，经济的繁荣促使这一比例上升到了30%，而到了2007年，这一比例更曾一度冲至41%。

● 声名狼藉

回顾21世纪早期金融行业所攫取的巨额利润，任何研究过战略历史的人都有可能顺理成章地得出一个结论，"那些大公司似乎都是按照咨询顾问提出的规则信条行事，才获得了巨大的收益"。事实上，"主要的金融行业玩家，如美国国际集团[3]（AIG）、美国银行、美林[4]（Merrill Lynch）一直都是战略咨询公司的客户"，使得这个印象得到了进一步强化。

当时，银行及其他金融服务机构积极引入战略思考，确实也让它们在应对过往危机，尤其是在面对"四大天王"时（包括政府管制放松、技术冲击加剧、资本市场自由化和企业全球化）的所作所为可圈可点。其实从1930年起，金融行业的业务就已经比较稳定了，直到20世纪80年代才开始出现颠覆性变化。举例而言，大型储户开始更青睐货币市场共同基金[5]（money market mutual fund），举债的大型企业也转向商业票据市场[6]（commercial paper market）。而证券化[7]（Securitization），也就是将资产（按揭房贷、车贷或信用卡待收款项）进行捆绑和重新打包为合适的组合，并销售给投资者的过程，也从银行的钱袋子里榨取了数十亿美元。新科技，包括计算机和随后的互联网助推的规模经济效应，更为这些区域性、全国性的竞争者打造了远超本地机构的业务实力。

战略咨询顾问兴高采烈地庆祝这些变革的发生，因为很多案例正出自他们之手。而由此而来的银行业大规模整合，也与布鲁斯·亨德森当年提出的通过扩大规模来扩大市场份额的想法如出一辙。以摩根大通[8]（JP Morgan Chase）为例，这家1990年总市值（Market Capitalization）190亿美元的金融机构，在吸收合并了化学银行（Chemical Bank）、汉华实业银行（Manufacturers Handover）、大通曼哈顿银行（Chase Manhattan Bank）、摩根大通（J.P. Morgan）、第一银行（Bank One）、芝加哥第一银行（First Chicago）和底特律国民银行（National Bank of Detroit）之后，经历了17年的漫长整合，终于在2009年被重组成总市值高达1720亿美元的金融巨擘。而类似的整合狂潮同样造就了现在的美国银行和花旗集团。

从20世纪80年代起，领先的战略思想家也开始更积极地发声，指出创新才是不断获取竞争优势的关键。这一思想显然也被金融机构铭记在心并顶礼膜拜，它们发明了众多让人眼花缭乱的新产品，如美林的包管账户[9]（wrap accounts）就可以"帮助你投资令人眩晕的各类基金，而所需成本仅是每年少量的管理费"；同时也不可想象地扩展了现有产品的功能，就像花旗银行[10]（Citi Bank）对信用卡所做的那样。其实，这些尝试都涉及使用技术为消费者提供管理现金与资产的新方式，而这些技术就是计算机辅助的电话系统和无所不在的自动取款机。

其他形式的创新则来自组织方面，不过这种创新在全球金融危机后广受质疑。作为高举"自由市场无所不知""打倒严格规定"旗帜的急行军，金融服务公司及其雇用的说客一点点地从州法律的规定，以及关于"银行可以做哪些类型的业务"的行业限制中寻找可能的缝隙。而金融巨擘如花旗银行或美国银行，也已不再满足于只为客户提供单纯的银行服务，而更多地开始涉足共同基金、经纪业务[11]（brokerage）以及保险业务。当然这一切都以"让大家的钱包鼓起来"为目的。而在金融海啸过后，当"到底是谁让这些机构涉足它们原本不了解该怎么做的领域"的质疑开始大行其道时，追寻战略奥义的学者或许会回忆起，在麦肯锡的约翰·斯塔基列举的特殊能力清单中，曾经就有"获取影响规则制定者的能力"这一项，而且这个特殊能力实际上也正在变得越来越重要，不过这是"规制俘获"[12]（Regulatory Capture）现象出现并招致臭名的微妙伏笔。

从战略咨询顾问的叙述来看，金融体系崩溃的原因并不是这些或激进或保守的创新。像 BCG 的菲利浦·埃文斯这样的评论家，都把危机的源头归结为"全球的不平衡性"，更具体地说，是美国的贸易赤字铸成了一个暗流汹涌的巨大美元池。回想 1997 年亚洲金融海啸[13]（1997 Asian Financial Crises）之后，亚洲国家坚持紧紧握住所持有的美国国债。紧跟着，2000 年互联网泡沫[14]（Dot-com Bubble）破裂，房地产成为少量仍然能吸引大量资金的行业之一，而联邦储备银行[15]（Federal Reserve）也为此推波助澜。为了提振经济，联邦储备银行将利率水平从 2000 年 5 月的 6.5% 降至 2001 年 5 月的 1.75%。这使得房地产业一片繁荣，现有住房价格一路看涨，新建住宅也铺天盖地上市，而房产的拥有者更是大胆选择抵押自己的房产，并将兑现的资金大笔花了出去。

与此同时，金融市场的监管也在不断放宽，尤其是 1999 年的《格拉斯-斯蒂格尔法案》[16]（the Glass-Steagall Act）的废除，更推动了一股跨行业的整合浪潮。银行、投资银行和保险公司纷纷进入各自所在的传统领域。而关于到底由哪个机构来监管它们的质疑之声变得越来越模糊。为什么不去尽力寻找最匹配的监管者呢？或者干脆把各类规定抛诸脑后，让自由市场发挥它的神奇效用？这两个选项都更有利于那些伟大的金融"造物者"设计出更好的产品，来满足投资者日益膨胀的回报率预期，并帮助投资者从回报少得可怜的普通债券中解脱出来。一个漂漂亮亮的按揭房贷质押证券产品怎么样？说不定还可以把它塞进一整个债务抵押债券[17]（collateralized debt obligation）或一个信用违约掉期[18]（Credit Default Swap）里？到 2007 年，影子银行系统[19]（Shadow Banking System）在传统监管阳光照射不到的地方成长壮大，其涉及的资产总额达到惊人的 60 万亿美元，至少账面价值是这个数字，大约是美国国民生产总值的四倍。

有如燎原之势的大火已经被肆意地浇上了一桶桶汽油，这下只差最终失灵的激励机制了，而这也被埃文斯打上了"银行家的愚昧"的标签（其中或许不包括任何 BCG 的客户）。由于借款人的按揭贷款必须被卖掉以及被证券化，因此当地按揭贷款公司虽然慷慨地贷出了尽可能多的钱，却几乎没有人为这些贷款最终是否会成为坏账而担心。伦敦以及华尔街上的金融天才则发明了更为复杂的金融衍生品，来支付金额巨大的奖金支票，当然这取决于他们当年对公司利润的贡献如何，而不是他们卖东西为雇主带来的长期价值。

到 2008 年 9 月，疯狂转动的车轮终于脱轨，次级贷款[20]（subprime mortgages）糟糕透顶的表现已经开始受到质疑，处于下滑通道的房地产市场也逐渐崩塌。持有这些垃圾证券化产品的公司如雷曼兄弟[21]（Lehman Brothers）要么倒闭，要么不得不向政府妥协求援，随之而来的则是世界各地的股票市场一个接一个地崩塌。美国国际集团（AIG）的信贷违约业务（credit-default business）引发的巨大对手风险[22]（counterpart risk）已经显现，而美国国际集团无力偿还这些债务。信用市场也开始失灵，即便合格的借贷者也无法得到贷款。最终主要经济体要么一头栽进经济萧条中，要么在萧条的不归路上渐行渐远。

大多数咨询顾问对自由市场的力量都抱有深深的敬畏，这也是他们花那么多时间帮助客户去努力应对的问题所在，因此他们对政府干预一直持有怀疑态度。在他们看来，政府对金融危机的所作所为通常是助纣为虐。他们指责政客们撤回了原本可以稳定银行业的政策，而联邦储备银行也始终不提升利率，证监会更允许投资银行任意拨动杠杆达到令人咋舌的 30：1 或 40：1，而国企房利美[23]（Fannie Mae）和房地美[24]（Freddie Mac）直到 2006 年还在鼓励次级贷款。在最为严正的指责里，一些咨询顾问甚至将矛头指向政府，说它们在金融危机爆发之后为拯救银行以及其他金融机构所实施的紧急救助方案根本是错误的。因为在他们看来，当年景好的时候，银行家意气风发地占有了全部好处，而现在风水轮流转，纳税人却不得不帮这些混蛋银行家们收拾剩下的烂摊子。

围绕着这场金融危机的起因我们听到非常多的指责声，其中有很多指向政府的不作为，而咨询顾问所扮演的角色看起来相当矛盾，并没有那么明确的轮廓，同时，他们似乎也时不时短暂失忆，时而指责一些机构表现得太过于激进（如房利美和房地美，以及联邦储备银行在处理利率上的一些作为），时而指责其他机构不够激进（不仅美国证监会允许金融衍生品在监管的真空中游荡，联邦储备银行也没能尽到监督的职责）。曾有一篇评论文章粗略回顾了金融危机之前咨询在金融行业所扮演的角色，却几乎没有咨询顾问发出"加强金融行业监管"的呼声。而在这场大戏中，那些金融巨头除了扮演愚蠢的银行家、油滑的抵押贷款发放者外，还向消费者发放了过多的贷款，创造了让人眼花缭乱的证券，其自身也负担了过多的债务。既然这样，是不是可以假设在过往历史的模型里，这些金融巨头一直都没有充分考虑自身可以承担的风险呢？在金融巨头们干这些蠢事的时候，自作聪明的咨询顾问和他们那些机灵点子又到哪儿去了呢？

人们熟悉的战略概念的确已经在某些关键场合产生化学反应。在《纽约客》[25]（New Yorker）的一篇文章里，康妮·布鲁克（Connie Bruck）就描述了美国国家金融服务公司[26]（Countrywide Financial Corp.）日益沉醉于市场份额的过程。按揭贷款事业部的 CEO 安吉洛·莫兹里奥（Angelo Mozilo）以及他的团队坚信，股票市场并没有完全反映公司的价值。在 2002年的一系列战略规划研讨会中，他们所聘用的咨询顾问也灌输了这样一个观点：如果占领的市场份额足够大，那么股价也一定会相应上涨。这位咨询顾问就是埃里克·福莱姆奥尔茨（Eric Flamholtz），一位来自加利福尼亚大学洛杉矶分校安德森管理学院（Anderson School of Management）的教授。他深入研究过绝大多数行业市场结构的形成过程，在他看来，整个市场最终将进化成市场份额占比超过 40% 的最终领先者、占比超过 20% 的第二名、占比 10% 左右的第三名和其余小众玩家组成的结构（似乎能看到布鲁斯·亨德森正在远处对这一观点表示赞同）。而彼时，美国国家金融服务公司市场份额约为 10%，仅仅比市场领导者的份额低 3 个百分点。

于是莫兹里奥和他的同事们坚信在接下来的五年中，美国国家金融服务公司应当将市场份额提升到 30%。2003 年，这位雄心勃勃的 CEO 不顾同事的反对，将这一目标以及 2008 年成为行业第一的野心公之于众。

根据布鲁克回忆，在这场闹剧中，各种贷款需求鱼贯而来，美国国家金融服务公司的贷款几乎即刻放出，当然在每笔贷款放出前肯定会确保从借款人手中榨取了足够多的收益。而且，美国国家金融服务公司总是能够提供竞争对手所能提供的所有贷款服务，其中次级贷款的信用标准[27]（loan-credit standards）更被放宽到几乎什么都不需要借贷人提供。然而，这样的行为最终的结果必然是灾难性的。

当然，美国国家金融服务公司从来就没有接近过它所设定的市场份额目标。截至 2005 年，它仅拥有 14% 的份额，然后就不得不承认可能需要花更多时间来达到预定目标。然而，它所拥有的贷款业务组合规模如此庞大，以致超出了它的融资能力范围。2005 年，利率开始上升，住房的销售与建设也逐步放缓，越来越多次级贷款开始违约。2007 年的夏天，投资人开始大规模停止购买抵押担保证券[28]（mortgage-backed securities），整个抵押贷款市场瞬间分崩离析。

不愿意选择破产的美国国家金融服务公司于 2008 年按最高市值 1/6 的价格将自己卖身给了美国银行，这还只是当时一系列银行收购中的一个小案例（如前所述，随着这一宏大市场份额目标的建立，美国国家金融服务公司的股价由 2002 年的 10 美元 / 股一路蹿升到 2007 年巅峰时的 45 美元 / 股，而莫兹里奥的钱包也跟着股价鼓胀起来：他在 2005 年的年薪已经超过 1400 万美元，但他到底为股东创造了什么价值呢）。按最后结果来看，这次收购被证明是一次不错的投资，尽管一开始收购时，一些分析师还警告说这场收购可能要花费美国银行上百亿美元的成本，但到 2009 年夏天，抵押贷款业务已经成为该银行重生后表现最好的业务之一。

● 尴尬的画卷

而对于那些还在不断翻金融危机旧账的战略研究者来说，发现各种各样受战略引导而误入歧途的例子实在算不上什么惊喜（想想那些声称自己被增长矩阵毁掉的公司吧）。相对而言，更令人震惊的是很少有某项战略或提出战略的咨询顾问因为将企业引向深渊而受到责备。这可不仅仅因为咨询顾问有为其工作保密的传统。

按图索骥，通过与咨询行业的中坚分子一一交流，我发现与其说这些战略的虔诚信徒避开了问责的旋涡，有一张逐渐浮出水面的画卷让他们更为尴尬：当大多数金融公司处于这场龙卷风的中心时，咨询顾问已然沉默。这些公司的 CEO 也不再青睐战略大师，咨询公司的客户也不再期待顾问来帮忙打造金融发动机，因为在其看来，只有那些专精于量化分析并拥有金融硕士学位的"量化专家"，才是令人兴奋的创新之源。

其实，华尔街上的人并不认为战略咨询顾问能派上多大用场，因为他们自己就是带着交易心态"到处想方设法做成交易的生意人"。在《纸牌屋》[29]（House of Cards）中，威廉·D. 科汉（William D. Cohan）在针对贝尔斯登倒台的论述中提到，当新世纪的黎明到来之时，贝尔斯登克服了以前对于引进咨询顾问的种种质疑，引入麦肯锡，旨在实现两个目标即"刺激增长和缩减成本"。科汉引用了一名贝尔斯登高管的话来评价咨询项目的结果："他们进门后，除了砍成本外没有任何作为……我们在收入这一端也没有看到他们的任何建树。"银行砍掉了上千万美元的 IT 预算，大量员工被裁掉，但高管的薪酬结构依然纹丝不动。"对于公司的管理和运营方式，我们没有做过任何改变，"这位高管总结道，虽然这个项目的价值高达 5000 万美元，"也只能把它看作我生命中荒废的两年而已"。

其实在 20 世纪 80 年代和 20 世纪 90 年代，很多之后"大而不倒"的银行和金融掮客曾经将咨询顾问的战略建议奉为圭臬。但到金融海啸发生前夕，顶尖银行的管理权已经转移到新一代领导者手中，或许是迫切希望从前任管理者的阴霾中摆脱出来，他们开始大面积地"驱逐"咨询顾问，这也是一些被"驱逐"的咨询顾问对客户与自己解约原因的剖析。美国银行的历史可以追溯至北卡罗来纳国家银行（North Carolina National Bank），它们曾经是麦肯锡的主要客户，并由"无情的整合者"休·麦科尔（Hugh McColl）管理。但 2001 年上任的肯尼思·刘易斯（Kenneth Lewis）却认为公司并不需要咨询顾问的战略建议。同样的场景也发生在美林，由大卫·科曼斯基（David Komansky）统领的管理团队会认可并仔细考量来自咨询顾问的每一条战略建议，但当 2001 年斯坦利·奥尼尔（Standly O'Neal）将科曼斯基一脚踢开后，他对这些战略建议置若罔闻。

2000 年后的花旗集团主席桑迪·威尔（Sanford Weill），不同于其他的花旗高管和他赶走的前任约翰·里德（John Reed），似乎对咨询顾问有种挥之不去的厌恶感。杰米·戴蒙（Jamie Dimon），威尔曾经的门徒以及现在摩根大通的主席，也继承了这种厌恶感。1997 ~ 2005 年，摩根士丹利的主席和 CEO 菲利浦·珀塞尔（Philip Purcell）曾经在麦肯锡担任过合伙人，他也曾是麦肯锡历史上升至办公室负责人这一位置最年轻的员工。所以，在这段总的来说并不愉快的任期里，这位顶级投行的最高领导者还是展现出了对咨询顾问智慧的深刻认同，然而他的继任者与他的看法截然相反。

战略的狂热追随者可能认为，到 2000 年，在大型金融机构成功植入核心管控规范之后，咨询顾问就已经变得不再那么炙手可热了。其实不然，至少那些曾经努力帮助这些金融机构植入规范的外部专家不这么认为。"我不认为已经成功地为银行系统性地植入了战略，"在为一个项目工作了近 20 年之后，一家咨询公司的资深合伙人承认，他的声音充满了疲惫与悔恨，"20 世纪 80 年代早期，当时我正在为银行们画各种供给需求曲线"，他回忆道，"虽然我并没有把这些事做到位。但你认为在信用违约掉期生意里他们会做这种分析吗，或者说那些交易员会画供给需求曲线吗？"

所以，这些为巨型投行工作的咨询顾问究竟为他们的客户带来了什么价值呢？正如贝尔斯登的例子暗示的，大多数顾问的努力都集中在用最大限度削减成本的方式来推动泛泰勒主义上，这些工作通常在"采购"一栏下进行。20 世纪 80 年代，咨询顾问展示了真正降低银行利润水平的不是资金成本，而是盲目地扩张支行和不加思量地拥抱科技。

一名做过总额上百万美元项目的顾问描述了这类项目的进行方式："我们会仔细查阅银行的所有支出款项，并按照不同供应商给这些支出分门别类，比如，一个部门从 IBM 购买台式电脑花了很多钱，而另一个部门从 IBM 购买大型主机花了更多钱。当然，我们也会问银行的首席技术官，他是否确定自己已经做出了最佳选择，当然他一般会说'是'，因为 IBM 保证我们是按最低价格购买的。但当你打探过其他跟 IBM 做生意的银行后，就会发现这笔采购花费巨大，而事实上银行本可以跟 IBM 谈下更好的价格。"这听起来是不是似曾相识？就像战略革命的黎明时期一样，客户并不真正清楚自己的成本。

● 新一代商业精英

虽然咨询顾问帮他们的银行客户省下了上百万美元，但对于银行业的巨头来说，最让它们兴奋、心情复杂，并且最具有颠覆性的新财富则来源于另一类"金融巫师"，也就是那些量化投资专家。从最大意义上说，战略和金融两个领域的边界正随着 21 世纪第一个十年的到来而变得更加清晰，而且它们几乎已经主宰了关于商业世界的所有思考（可以回忆一下拉凯什·库拉纳描述这两门学科在 1980 年成为商学院教育主流课程的过程）。虽然这两个学科同样扎根于经济，它们最终却走向了两个截然不同的方向，一个关注对应用微观经济学以及竞争关系的深刻研究，另一个则聚焦于公司如何获得融资以及进行证券化的主题。当然在 21 世纪前十年的竞争中，金融看起来领先了一个身位。

虽然这两个专业领域的实践者有类似的背景，也就是说，它们中 MBA 的占比非常接近，但在后续的演化里形成了"两个完全不同的社群"，对这两类人都很了解的迪克·福斯特提到（根据这位前麦肯锡合伙人的描述，仅仅量化投资就由 30 类不同方向的分支组成）。一名战略咨询公司的理想候选人需要有较强的数理分析能力，但同样应当有面面俱到的 MBA 风格。而典型的量化分析师，则可能有数学甚至物理方向的更高学位，当然获得这些冷门学位很有可能会以人际交往为机会成本，但最终还是会获得一张通往高盛或摩根大通研发部门的头等舱门票。

金融行业确实有一批上了年纪的高管，深谙信用违约掉期和其他由量化投资专家发明的神奇工具。一些旁观过毛里斯·格林伯格（Maurice Greenberg）工作的战略咨询顾问相信，如果这位 80 岁的高管没有在 2005 年被 AIG 扫地出门，那这个公司的金融产品部门就永远不会陷入违约泥潭，因为"他记得经手的每一笔交易"。但总的来说，量化分析的高级玩法还是属于年轻人的游戏，因为它融合了最近 20 年才出现的先进金融理论，而这已经超出了那些年长玩家的认知。

所以，这些让人眼花缭乱的金融产品，把那些为金融服务公司制定战略的高管置于非常尴尬的境地，因为一般来说，金融服务公司的高管都是一些上了年纪的人，尤其在评估业务组合里各类金融衍生品的风险时更是如此。因此，福斯特估计只有不超过 50 名高管既具备对各类最新证券产品的深刻理解，又有指导金融机构制订战略的经验。所以，在衡量这些衍生品带来的风险时，战略咨询顾问的确也没帮上客户什么忙。

从艾伦·扎肯为惠好公司做项目开始，战略家就已经将风险纳入繁杂的计算公式之中，生动地展现了这家木材公司因为有比较低的经营风险，所以可以尝试更多的融资，也就是借更多的钱。但随着时间的流逝，风险的重要性开始在顾问关注的问题中下滑，并且输给了其他主题或某些具体项目，例如，一家采矿公司或石油公司是否应当投巨资来探索新的资源储备，其实这些事项都可以通过经典的决策树或使用博弈论来反复权衡。除此之外，千禧危机和"9·11"事件也激发了公司对于风险管理的兴趣，不过咨询顾问几乎完全将这一块留给了其他人，也就是客户的"首席风险官"，而这个位置的高管通常是 CFO 即首席财务官的下属，而不是客户战略委员会中的一员。

面对全球金融危机，如果让咨询顾问列举其疏忽大意或建议错误导致的失败的话，多数咨询顾问会认同在他们的建议中并没有给予风险管理足够多的关注，尤其是对系统性风险的关注。与那些量化分析专家类似，咨询顾问的分析也只是在将世界分为小而可衡量的碎块方面做得比较好，但是，他们无法探知当这些碎块开始自由下落时，将织成怎样一张让人无处可逃的天罗地网，并把曾经像上帝一样制造财富的金融从业者一起裹挟入滞胀横行、信用失效、风险遍布的无底黑洞。"我们并没有看到系统性风险的可怕之处，"一名资深咨询顾问承认，"但当时，也没有人能看到"。这一描述多少有些夸张。

他这么说某种程度上是因为，这些最终触发了危机的新型金融产品，在沿着一条与战略家所描绘轨迹完全不同的方向发展。举例而言，一家造纸公司或谷类制造商如果想建立一条新的业务线，它们可以翻新设施、建立新工厂或购买其他公司，但每个选项都需要时间。比如，推出产品需要花费几个月时间，因为其包括在进行全国配售前，在曼西（Muncie）以及莫德斯托（Modesto）测试消费者反应等许多的工作。

而与此不同的是，新型金融产品如次级贷款和信用违约掉期，却可以非常迅速地被推向市场。事实上，只要华尔街上的那些"火箭科学家"们能把这些产品造出来，然后让交易员出售，这些产品就会迅速出现在全球各地投资者的口袋里。回想欧洲银行蜂拥而上购买美国抵押贷款产品的情形，就会明白为什么金融行业可以这么快就占据整个经济版图的一大块份额。如果希望进入这最后一块利润的富矿，那你就需要赶快行动了，以免他人建立支配性的优势，这听起来像是战略变革的一部分（可怜的美林银行差点错过抵押贷款这趟列车，在其飞驰之时才勉强爬了上来）。所以，这些情况并没有给市场留出足够时间来分析潜在风险。另外，量化投资专家电脑里的模型已经为你代劳了，为什么还要在现实中等待测试呢？

尽管一些学术机构和媒体，对金融行业里如此迫切地推动这些创新提出了质疑，但并没有任何证据显示有战略咨询顾问愿意在铁轨上抛下自己的尸体来试图阻止这班列车。

那么现在，公正的观察者应该会自然而然地得出结论，虽然战略和它的卓越践行者没有对全球金融危机的成型造成直接影响，但他们也同样也没有对防止危机的发生做出哪怕一丁点努力。如果将眼光放得更长远一些，俯瞰2008 ~ 2009年处于沦陷之中的全球经济版图，一位失望的研究者可能会有所触动并写下这样的文字，"战略有什么用？只是一扇由'战略之王'开启的瘟疫之门罢了，他们在咨询和管理领域的继承者锻造的一切，在这样突如其来的灾难中简直什么用都没有"。

• 考虑备选方案

不过，在诊断1929年大萧条以及经济衰退后的最大一次金融危机时，我们先不要急于盖棺定论。例如，咨询顾问在某种程度上确实推动了这个进程，但他们并不是真正将股东价值（如股票价格）推到史无前例高度的人。真正的罪人毫无疑问应当是华尔街的精英们，因为就是他们撺掇着你我这样的普通人期盼着自己的投资组合和 401（k）计划能够每年有 10% 的增值，结果却是慢慢陷入这场史无前例的危机之中，直到最后无法自拔。当然，这些发生在经济上的大问题是如此复杂，以至于其背后几乎不可能隐藏任何纯粹的阴谋家。而那些被评论家嘲弄为贪婪的滑头的私募投资人，甚至能够证明他们绝大多数用来投资的钱都来自你支撑孩子上大学的钱或支付你父母退休金的养老基金。所以，你难道不希望它们获得出色的回报吗？

是的，战略和战略咨询顾问的确帮助公司掌握了必要的情报，也让它们变得更有效率和更具竞争力。公司会表现得更加精明，当然也会更加卑鄙。但当世界逐步向资本主义迈进的时候，当其他富有企业家精神的种族挤入这个满是资本的世界的时候，难道你不希望由你所青睐的公司来做这样的事情吗？

想想由美国汽车三大巨头所代表的情形。通用汽车、福特汽车和克莱斯勒汽车都是战略咨询公司的忠实客户，但我从来不知道有哪位为它们工作过的咨询顾问不是带着诅咒和发着牢骚离开这些公司的。一名 BCG 合伙人曾给福特汽车演示，如何通过为购车提供融资方案来获得比造车更多的利润。他描述道，"我告诉他们，其实优势存在的时间非常短暂，哪怕是像通用汽车这么迟钝的公司，最终也会醒过来并参与这场游戏。事实上，它确实反应过来了，只不过多花了好几年时间而已"。

所以，尽管很多建议简单明了到可以直接着手去做，但这些从不愿意花时间理解战略革命的 3C 模型[30]的底特律巨人依然还是那么傲慢、迟钝和无所作为。（"我们从来没有接触到过"这些汽车公司的核心业务，一名大型战略咨询公司的前领导人在提起他自己的公司以及其他战略咨询公司时无奈地承认。）那么顾客呢？不过你说的顾客是谁？每个州的法律都明确禁止汽车厂商直接将汽车销售给普通消费者，销售过程需要经过一名经销商，它们才是汽车厂商的真正客户，不过它们销售的低迷可以预见。成本呢？不如与汽车工人联合会再握手言和几年，这种缓兵之计说来容易，即便这意味着制造每台汽车的成本比海外竞争者高数千美元。竞争者？就像亨利福特二世在致股东书前言中描述的那样，那些外国人除了摆弄一些"小破车"，对于制造一辆真正的汽车又能懂多少？

如果没有战略和战略咨询顾问的努力，我们的产业，如刚才描述的汽车产业，将会在全球的市场中缺乏竞争力（例如，我们曾经引以为豪的汽车和消费电子产业，就已经被后来居上的日本企业远远地甩在了后边）。资本竞争的激烈程度永远不会消减，要我说，未来它还将来得更猛。作为回应，战略家需要帮助企业家消除实现巨额盈利时的自鸣得意，并提升和拓展他们对于潜在危机的嗅觉，比如，不断地提醒他们要对系统性风险保持警醒。我们可以将格鲁夫博士的格言做一些改进，在新的世界里，只有极端的偏执狂才能够生存；也可以对威廉·巴罗斯 [31]（William Burrough）的观察做一些补充，偏执是因为看清了全部事实。所以战略和泛泰勒主义的拥护者必须付出更多努力，而企业也要对其思考方式进行重新调整，好在当战略沉思自己的未来之时，有迹象表明这样的尝试已经上路了。

本章注释

以下注释内容皆摘选自公开来源并经慎思行整理，其中员工和营业额数据皆为近两到三年数据，仅供读者参考和理解规模之用。正文中带下划线的重点关键词，亦可以在慎思行微信平台通过回复相关关键词来获得具体解释。

1　奥纬（Oliver Wyman）是一家美国知名管理咨询公司，成立于 1984 年。奥纬专注于银行与金融服务领域。目前，奥纬属于威达信集团（Marsh & McLennan）并在全球范围内拥有超过 60 间办公室和约 4500 名员工，年收入超过 19 亿美元。

2　威达信集团（Marsh & McLennan）是一家美国知名专业服务公司，成立于 1905 年。威达信集团提供包括保险经纪、风险管理、再保险服务、人才管理、投资咨询和管理咨询在内的多种专业服务，美世和奥纬都是该集团旗下咨询公司。目前，威达信集团拥有约 6.5 万名雇员，年收入超过 140 亿美元。

3　美国国际集团（American International Group，AIG）是一家美国跨国金融和保险公司，成立于 1919 年。美国国际集团提供包括保险和退休计划在内的多项服务，是友邦保险的母公司。该公司在 2008 年的金融危机中受美国次贷危机恶化的影响，曾面临严重的财务困境，并接受了美国政府的资助。目前，美国国际集团拥有近 5 万名雇员，年收入逾 495 亿美元。

4　美林证券（Merrill Lynch）是美国银行的财富管理部门，成立于 1914 年，并于 2008 年被美国银行收购。美林证券曾是世界上最大的投资银行之一，并提供多种金融服务。目前，美林证券拥有超过 1.5 万名雇员，每年创收超过 138 亿美元。

5　货币市场共同基金（Money Market Mutual Fund）是一种投资于货币市场的开放式共同基金，其投资标的一般为国库券和商业票据等低风险短期债券。货币市场共同基金安全性较高，能提供比银行存款更高的收益率。该种基金是金融市场流动性的主要提供者之一。

6　商业票据市场（Commercial Paper Market）是以发行和转让商业票据而融通资金的市场。商业票据是表明债权债务关系的无抵押信用工具，一般由信用水平较高的公司发行以满足其短期资金需求，一般期限不超过 364 天，利率略低于债券和银行利率，且不受到银行信用的影响。

7　证券化（Securitization）是指以基础资产未来所产生的现金流为偿付支持，通过结构化设计进行信用增级并在此基础上发行资产支持证券（Asset-Backed Securities，ABS）的过程。其中，以按揭贷款应收款为抵押的证券被称为抵押担保证券（Mortgage-Backed Securities，MBS），是造成 2008 年次贷危机爆发的金融产品之一。

8　摩根大通（J.P. Morgan Chase）是一家美国跨国投资银行和金融服务公司，由大通曼哈顿银行与 J.P. 摩根于 2000 年合并成立。摩根大通是美国乃至世界最大的银行和金融公司之一，提供多元化的金融服务。目前，该公司拥有超过 25 万名雇员，管理超过 2.7 万亿美元的资产，年收入逾 996 亿美元。

9　包管账户（wrap accounts）是一种管理投资者投资组合和财务计划的手段，最早起源于澳大利亚。包管账户一般由经纪商发起并提供一系列投资产品和服务组合，由投资管理人进行管理并收取一定比例的费用。包管账户的资产直接归个人所有，而不交给中介托管。

10　花旗银行（Citi Bank）是花旗集团旗下的零售银行，成立于 1812 年。花旗银行提供包括信用卡服务、抵押贷款、个人贷款、商业贷款等零售金融服务，并在 2008 年金融危机时作为花旗集团旗下公司接受了美国政府的援助。目前，花旗银行在世界范围内拥有超过 2500 家分支机构。

11　经纪业务（Brokerage）是指金融服务机构接受客户委托，按照客户要求代理客户进行金融产品买卖的业务，经纪业务以佣金为主要收入来源。有时，经纪业务不只是简单地进行委托交易，经纪商亦负责研究市场以为客户提供适当的建议。

12　规制俘获（Regulatory Capture）是一种政治腐败或政府行政失效的现象。它指政府由于受到某一行业从业者的重大影响而制定某种损害公众利益的公共政策，并使少数人构成的利益团体受益。它使得社会中某些公司以"遵守政府规章制度"为名，持续开展损害公众利益的经营行为，造成社会损失。

13　亚洲金融海啸（1997 Asian Financial Crises）是 1997 年 7 月在东亚地区发生的一次大规模金融危机。亚洲金融海啸由泰国货币贬值引起，波及东亚的大部分国家和地区，打破了亚洲经济急速发展的景象并对世界金融体系造成了影响。印度尼西亚、韩国和泰国是受危机影响最大的国家。亚洲一些经济大国的经济开始萧条，一些国家的政局也开始混乱。1999 年，亚洲经济摆脱了危机影响并开始复苏。

14　互联网泡沫（Dot-com Bubble）指 1997~2001 年互联网行业中的投机泡沫。在欧美及亚洲多个国家的股票市场中，与科技及新兴的互联网相关的企业股价高速上升，并在 2000 年时到达顶峰。互联网泡沫破裂之后，一些互联网公司迅速失败破产，多数公司的市值受到重挫，但仍有如 eBay 和亚马逊等少量公司在股价下跌后迅速恢复。

15　联邦储备银行（Federal Reserve，简称美联储）是美国的中央银行体系，于 1913 年建立。美联储负责履行美国中央银行的职责，制定货币政策和对美国金融机构进行监管。目前，杰罗姆·鲍威尔（Jerome Powell，1953- ）为现任美联储最高长官——美国联邦储备委员会主席。

16 《格拉斯 - 斯蒂格尔法案》（*The Glass-Steagall Act*）是 1933 年美国国会通过的一项法案，也称"1933 年银行法"。该法案将投资银行业务和商业银行业务严格地划分开，使商业银行避免证券业的风险。该法案禁止银行包销和经营公司证券，只能购买由美联储批准的债券。该法案于 1999 年被废除。

17 债务抵押债券（Collateralized Debt Obligation，CDO）是一种结构化的资产支持证券（Asset-Backed Securities，ABS）和信用衍生产品。它以一个或多个类别且分散化的抵押债务信用为基础，重新分割投资回报和风险，以满足不同风险偏好投资者的需要。债务抵押债券和其衍生品是造成 2008 年次贷危机的金融产品之一。

18 信用违约掉期（Credit Default Swap，CDS），又称为信用违约互换，是进行场外交易的最主要的信用风险缓释工具之一，是一种信用衍生产品。债权人通过 CDS 合约将债务风险出售，合约价格就是保费，如果金融资产出现合同定义的违约事件，则卖方承担买方的资产损失。该产品是造成 2008 年次贷危机的金融产品之一。

19 影子银行系统（Shadow Banking System）是指一些提供与传统商业银行业务类似的金融服务的非银行中介机构。投资银行和商业银行的业务要受到中央银行等机构的监管，但如果把一些业务以影子银行的方式操作，使其成为表外业务，这些资产在银行的损益表上是看不到的，就可以逃脱监管、迷惑投资人。2007~2012 年的全球金融危机前，投资银行用表外业务的方式将次级贷款证券化，并用信用违约掉期来对冲风险。但最终风险积累爆发，投行损失惨重，雷曼兄弟破产，造成了全球金融危机。

20 次级贷款（Subprime Mortgages）是指一些贷款机构向信用程度较差和收入不高的借款人提供的贷款。随着美国住房市场的低利率刺激和经济增长，次级贷款市场迅速发展。但在利率上升后，很多次级贷款市场的借款人无法按期偿还借款，导致一些放贷机构遭受严重损失甚至破产，引发了 2008 年次贷危机。

21 雷曼兄弟（Lehman Brothers）是一家美国跨国金融服务公司，成立于 1850 年。雷曼兄弟曾是世界上最大且历史最悠久的投资银行之一，为客户提供多种金融服务。该公司受次贷危机的影响于 2008 年申请破产，其业务被野村控股（Nomura）和巴克莱银行（Barclays）收购。

22 对手风险（Counterpart Risk）是指交易对手未能履行契约中约定的义务而造成经济损失的风险，是一种信用风险。对手风险可能与市场风险、流动性风险、法律和操作风险都有联系，也与具体的交易或产品有关。金融机构亦可通过结构化手段消除合约中交易对手的信用风险。

23 房利美（Federal National Mortgage Association, 简称 Fannie Mae）是一家美国金融服务公司，于 1938 年由美国政府发起。房利美通过抵押担保证券（Mortgage-Backed Securities，MBS）扩大房地产二级市场上流动资金规模，受 2008 年次贷危机的影响而接受政府援助。目前，该公司拥有超过 7000 名雇员，年收入近 1100 亿美元。

24 房地美（Federal Home Loan Mortgage Corporation, 简称 Freddie Mac）是一家美国金融服务公司，于 1970 年由美国政府发起，业务范围与房利美一样，受 2008 年次贷危机的影响而接受政府援助。目前，该公司拥有超过 6000 名雇员，年收入逾 678 亿美元。

25 《纽约客》（*The New Yorker*）是于 1925 年创刊的美国综合文艺类周刊。该杂志对政治、国际事务、大众文化、科技以及商业进行报道和评论，也会刊发一些文学漫画作品。因高质量的内容，其读者不限于纽约居民而遍布世界。目前，《纽约客》每年发行 47 期，总发行量超过 123 万份。

26 美国国家金融服务公司（Countrywide Financial Corp.）是一家美国金融服务公司，成立于 1969 年。该公司提供多元化的金融服务。2006 年，该公司是美国市场上最大的抵押贷款资金供应商。受 2008 年次贷危机影响，美国国家金融服务公司被美国银行收购并成为其旗下抵押贷款业务部门。

27 信用标准（Loan-Credit Standards）是指公司决定授予客户信用所要求的最低标准。该标准代表公司愿意承担风险的最大金额，如果客户达不到信用标准，公司便不能授予其商业信用和资金优惠。公司执行的信用标准过于宽松，会增加还款风险和坏账；相反则会限制公司的销售机会。

28 抵押担保证券（Mortgage-Backed Securities，MBS）是投资银行等金融机构以大量房屋贷款进行捆绑作为抵押的一种证券化形式，是资产支持证券（Asset-Backed Securities，ABS）的一种。抵押担保证券可以被分割打包以满足不同投资人的风险偏好。抵押担保证券及其衍生品是造成 2008 年次贷危机的金融产品之一。

29 《纸牌屋》（*House of Cards*）是一本由威廉·科汉（William D. Cohan，1960- ）撰写的商业纪实类图书，于 2009 年出版。该书记录了贝尔斯登从 1923 年创立至 2008 年次贷危机后被 J.P. 摩根收购的历史。该书于出版当年被《金融时报》与高盛（Goldman Sachs）列入年度最佳商业图书。

30 3C 模型（3C's Model）是一种专注于公司自身（Company）、顾客（Customer）、竞争对手（Competitor）三个因素的商业战略模型，由大前研一提出。大前研一在该模型中指出，只有将这三要素整合至同一个战略中才可以帮助公司形成持续的竞争优势。

31 威廉·巴罗斯（William Burrough，1914-1997），美国作家、艺术家。巴罗斯是"垮掉的一代"（the Beat Generation）的主要人物，也是一位重要的后现代主义作家。巴罗斯共撰写了 18 部小说、6 部短小说集和 4 部散文集，以其小说《裸体午餐》（*Naked Lunch*）而闻名，并被授予多个艺术与文学奖项。

终 曲 ｜ **战略的未来**

正当全球金融体系陷入僵局之际，BCG网罗了将近20家来自印度、日本、欧洲国家和美国的全球企业，一起讨论这些巨头关于战略的最新思考。结果不止一家回复说"我们根本不做战略"。

如果你关注战略的发展历史，应该对企业的这种反应并不感到震惊。20世纪90年代早期，迈克尔·波特就曾经表达过这样的顾虑，他担心企业会大面积摒弃战略规划，转而追逐风行一时的热点趋势。其实在20世纪80年代早期，就已经出现了对战略的抵制。因为战略规划的实施结果远不及预期，致使公司在失望之余开始大规模裁减内部负责战略的员工。

事实上，当咨询顾问调查这种情况产生的原因时，发现公司主要的不满和二三十年前简直如出一辙。面对世界如此日新月异的变化，我们怎么可能预测未来？面对数据如洪水般滔天而来的今天，过去的理念和分析框架还能继续适用么？被束之高阁的连篇累牍的战略规划又有什么用处，难道不是只有执行才能带给公司竞争优势吗？

相比而言，BCG的顾问从过往经济数据中发现的趋势更为重要。这些数据反映了我们前文提到的资本主义的持续激化。事实上，从20世纪60年代以来，公司的竞争优势正被不断削弱，对咨询的质疑也层出不穷，以致咨询顾问一度被戏称为"墙头草型的领导者"。而彼时，一小部分公司已经发展到比政府更庞大的规模，但对于大部分行业而言，规模大并不等于赢利能力强。此外，由于掌握了价值链分析理论，越来越多的公司开始外包自己的经营活动，它们外包的不只是信息系统搭建和人力资源管理，还包括原料采购和物流运输。特别讽刺的是，虽然很多公司意识到，人力资本是未来战略成功的核心，但它们也无奈地发现受股东利益至上理念的影响，工作的时长和不安感都在增加，而这也让员工更容易产生消极懈怠的情绪和不被重视的感觉。

那么，战略是否能够帮助公司直面这些挑战呢？如果你向麦肯锡、贝恩公司、BCG以及其他战略咨询公司的顾问抛出这个问题，他们一定会异口同声地说：战略必然有更强大的适应能力。但正如我们所看到的那样，战略的适应性真的已经提高了吗？提高到能解决公司当前面临的最棘手的问题了吗？战略的概念推陈出新了吗？

在这段发展历程中，战略即便不总是那么充满智慧，在很多时候也还算得上精明。当然，战略也很少谦虚谨慎。正如一些咨询顾问所指出的那样，战略似乎从来都不是一个自信的学科，因为在任何情况下运用战略都显得有些模棱两可，而直至今日面对不断更新和快速变化的商业环境，这种不确定性已经成为企业快速成长的巨大阻力。

马丁·里维斯[1]（Martin Reeves）和其他来自BCG战略研究院[2]（公司内部智库机构）的同事正在研究这个课题，即在公司业务实践中的适应性战略到底应该是什么样。为了取代公司总部一向认定的战略基于"分析、预测以及演绎"的理念，这项研究旨在探索"通过适应性或渐进式的流程，找出持续涌现卓越战略所需要的最优条件"。具体而言，这意味着企业的"边缘人物"也就是那些每天与消费者、竞争环境和不断变化的市场做斗争的"部队"，将承担更多战略的职责。即便这意味着就算遇到失败，公司仍然会鼓励他们去探索与尝试，将发现不断反馈给企业并融入企业的战略意识当中。正如一些顾问在尚未发布的白皮书中指出的那样，适应性战略要求公司拥有一种独特的能力，不啻为一种超能力，他们称之为"学会跨行业学习"。

呼吁公司成为学习型组织，看起来有些似曾相识。从彼得斯和沃特曼的时代开始，就已经有人提出了这个概念，彼得·圣吉[3]（Peter Senge）1990年出版的那本知名的《第五项修炼》[4]（The Fifth Dicipline）中也有论及。事实上，正是由于BCG提出了这样的号召，这个理论才变得广为人知，虽然历史上大部分战略很少关注人的维度。但也并非只有 BCG 意识到了人与战略之间日益紧密的联系。当然，贝恩公司的克里斯·祖克也不会同意将权力交给基层组织，因为在他看来，企业的基层组织虽然充满创业精神，但仍然必须通过集团总部制订的战略导向来清晰地加以约束，所以他的结论是组织和战略"更高层次的融合"将会扑面而来，"我不知道是组织成就新的战略，还是战略成就新的组织，但应该就是类似形式的产物"。为了解决这些问题，公司将面对越来越大的压力，而那些塑造战略未来的企业实践者、咨询顾问和学者亦将深陷其中。历史说明，无论企业意识是集中存在的还是广泛分布的，它都将被风险、边界、目的和适应性这四个关键问题左右。而正像适应性的布道者所强调的那样，在 21 世纪，人才是驱动战略最大的能量和想象力之源。

自从战略诞生以来，专家们就在考虑如何将偶然性加入精密的计算之中（可以回忆一下艾伦·扎肯此前为惠好公司所做的工作）。在很多情况下，这演变成了使用债务的方法，也就是借更多的债务。全球金融市场的动荡已经影响了越来越多的国家，随着全球经济格局的演变，我们需要重新审视计算风险的方式，并把那些新出现的让人担忧的可能性纳入考量范围。这当然不只包括金融风险，还应包括遥远国家的经济崩溃、互联网泡沫的不断膨胀、恐怖袭击以及供应链危机等因素。那么，战略的制订者到底又应当如何应对这些全新的变化呢？

如今，许多咨询项目的核心工作方式就是"建立模型"，即用软件绘制情景之中的变量，再研究变量之间的相互影响和交互作用，最后通过反复迭代来看这些模型到底会产生什么实际效果。对于 20 世纪 60 年代的咨询顾问来说，这还只是在幻灯片上进行的构想，现在已经变成了现实。但是，如果精细设计的量化模型出问题怎么办？难道要追随投资银行家、对冲基金经理、衍生品设计者等量化投资者或其他金融奇才的脚步？在某种程度上，战略面临的挑战是整合有关人的因素，也就是在审慎的战略里加入个人的判断甚至直觉的成分，并且仍然能够在数字层面具有可靠性。

在起初的 50 年，战略始终和有关界限的问题纠缠在一起。什么才是定义市场或客户群细分的正确方式？哪些经营活动应该归属这个业务单元？我们应该在多大范围上考虑价值链？

业务外包的大趋势和商业网络思维的必要性都告诉我们，这些问题只会变得更棘手、更模糊、更重要。泛泰勒主义提出的分析方法已经使"单人市场"[5]（Market of One）问题的解决成为可能，即可以从单一消费者了解总体。另外，全球化的东风也开始消解美国传统意义上国内业务和国际业务的区别。为什么不把整个世界看作你的产品市场呢？

战略联盟专家估计，大公司目前 20% 的收入都可能来自合资企业。那合资企业又应该如何融入业务组合？或者像宝洁那样，将产品开发越来越多地"外包出去"，让那些小公司发明下一个天才产品，然后再买下这些小公司的发明创造，但这是不是会影响企业的核心竞争力？

长期以来，战略思考与公司发展的紧密联结正在逐渐成为一个有限的假设。当企业行为的主旋律不再是竞争，而是趋向共创之时，这个理论的 21 世纪版本的适用性才会进一步增强。

正如我们所看到的那样，战略只是股东资本主义的唆使者，却不是这一主义的始作俑者。在战略的历史上，战略理论很少和股东至上（由所有权决定的权利）及公司目的的理念挂钩。但是在这方面欠缺考虑，已经在很多意想不到的地方产生了问题。所以，当迈克尔·哈默在 2008 年秋去世之后，《纽约时报》意外引用这位"企业流程再造之父"的一句话进行评价："我对于公司以让股东变得富有为目标的论调感到非常悲哀和愤怒，其实这是公司扮演的最不重要的角色，它们本可以远比这更有价值、更为高贵也更为重要。"

全球金融危机也进一步加剧了对将股东财富最大化作为企业唯一核心价值理念的质疑。2009 年 3 月，作为众多质疑者中的一员，杰克·韦尔奇在《金融时报》上发表了自己的言论："事实上，股东价值是世界上最糟糕的想法。"这位曾经被视为价值创造先驱的明星 CEO 进一步解释道："股东价值只是一个结果，而不应该是战略本身。对于 CEO 而言，你首要的关注点应该是员工、顾客和产品。"

当然，那些曾经的"股东价值"理念捍卫者也没有在原地踏步。曾将股东置于资本家食物链顶端的迪克·福斯特在目睹了金融危机之后，也改变了自己的想法。他现在认为这场危机已经完全抹杀了市场有效性假说，因为这一主张以"股票市场可以完全反映企业价值"作为理论基础。这场危机同时也证明了他在《创造性破坏》这本书里的理念，即管理层的决策至多只能影响公司股价的 20% ~ 30%。所以，如果摒弃将股东价值作为战略成功首要评价标准的想法，那公司管理的目标到底又是什么呢？福斯特给出的答案是"稳定与发展"。这和肯·安德鲁斯的想法如出一辙。

福斯特开始激进地批判原来的理论。战略咨询顾问终于和杰克·韦尔奇站在统一战线上。金融市场的风云突变也正好给大众敲响了警钟，对股东价值的季度汇报甚至对每个交易日股价的追踪并没有那么重要，相反，股东价值应该是一座需要 4 ~ 5 年才能铸就的大厦，难道这不是战略理念一直在给我们传递的信息吗？你必须目光长远并且坚持不懈。

大部分战略家会疏于讨论企业的目的，他们感受到的是自己独自行走在一个更为宏大的问题边缘，但金融危机撕开了这个问题的一角。其中的首要问题就是如何将公司创造的财富和其经营活动产生的疾苦公平地分配。

在过去的 20 多年里，企业的赢利能力一直在稳步提升，它们获得的利润在整个经济中所占的份额也与日俱增，而战略对此居功至伟，这也带来了股价的提升并满足了股东（包括你我在内的所有投资过股票市场的人）的贪婪。更多的利润也意味着不断削减成本，这也正是泛泰勒主义战略最重要的作用。而对于大部分公司来说，员工工资仍然是成本里最大的一部分。所以，战略撕碎了雇员和公司之前建立的长久契约（20 世纪 90 年代早期，一些公司高层管理者的理念仍然是："既然我们知道成本的主要构成，也明白这会影响和竞争者的较量，那为什么还要这么慷慨地提供薪水呢？如果我们不能扩大业务的经营规模，那为什么不直接把它卖掉呢？"）

在过去的十年中，全球化带来的压力加剧了收入的不平衡。CEO、股票的交易者和战略的制订者获得了更多财富，却压榨了中间阶级的利益。不过 20 世纪五六十年代，公司的繁荣意味着整体的繁荣以及更多更殷实的消费群体，现在大部分民众只能维持基本的消费水平，并承担更多的债务，如信用卡和房屋贷款，社会的负债水平已经创下历史新高。在某些方面，战略也给了大多数公司不寒而栗的一个教训：你应该借更多的钱。

而作为社会的成员或资本主义世界的一员，我们应该重新思考是否能依赖市场机制更好地与人为善？是否已经做好准备牺牲一定的公司利润来缩小贫富差距？如果不着眼于实现公司所有者即股东的利益最大化，那应该如何制定公司的目标？会计方法最终在某种程度上是否能够准确反映每个员工对公司业绩的贡献，而不会让公司不惜代价地涸泽而渔？这些都是与战略息息相关的问题，但是战略家似乎并没有对这些方面给予足够的重视。

将股东利益最大化作为目标的公司实在是太多了，所以即便在国际金融危机之后，资本主义的激化仍然迟迟难以消退。面对自由市场的冲击，世界各地已经有太多人勇敢地张开了双臂，为了让自己的生活更加富足而不懈努力，而这最终也加剧了市场竞争。然而，包括菲利浦·埃文斯在内的许多战略咨询顾问，在很多年前就警告过缓慢增长的潜在可能性。直到 2009 年的夏天，世界经济终于避开了大萧条（Depression-type collapse），因此从根本上重新思考经济布局的呼声又逐渐平息，被"复苏经济"的号召取代。

人口趋势作为永久的挑战，将会加剧战略与其对立面即人性达成一致的紧迫性和必要性。欧洲和日本的人口还在不断老龄化，美国婴儿潮出生的那代人也逐渐变得与世无争。公司甚至可以将更高层级的职能外包给印度或中国，国家当然也可以向移民开放劳动力市场。但不可忽视的是，在公司建立以更少人力完成工作的能力之前，可用劳动力供给的不断减少就将对市场造成巨大的冲击。

即便如此，公司仍然在朝这个方向大力发展。每一天，泛泰勒主义都在将其分析理论应用到更为广泛的领域，并将指标拆分得越来越细。IBM 甚至为每个员工都进行建模，零售商应用的所谓人力资本管理系统也事无巨细地安排了每一项任务并设定相应的责任人。这是一种将商业智能化的方式，采用财务和战略的方式规划每一个电脑模型，它代表由传统平实的泰勒主义向泛泰勒主义演化的过程，其差别只是用计算机算法代替计时器而已。

然而，这一体系并没有把握凯恩斯[6]著名的"动物本能"[7]（Animal

Spirits）理论的精髓，即只有创业家的精力和想象力才能让一项事业变得生机勃勃，它也忽略了员工本应怀有的斗志和主人翁精神。所以，虽然采用了新方法，解决的却是老问题，反而让公司产生在创造的错觉。其实，在战略历史上，人性正是导致范式无法建立量化计算方法的因素。如果战略要在未来继续服务普罗大众的话，就必须找到妥当的方式来解决这些问题。

在寻找将公司目的、一流分析和个人抱负融为一体的组织模式的过程中，这样的探索或许仍将从那些为战略兴起贡献过智慧的咨询公司开始。在最理想的情况下，麦肯锡、贝恩公司和 BCG 仍将应用同样的经验主义和严格要求来约束其自身，并设身处地为客户服务。这些公司与布鲁斯·亨德森一样非常重视人才招聘，但是它们更加系统化。在每个项目之后，咨询顾问都会得到评估，初级顾问的绩效均由其经理进行评估。无法成为合伙人的"野心家"则将会被多次警告，并在公司的帮助下找到其他新职位（在很多人看来，咨询公司的雇员网络是其最有价值也最值得努力培育的资产）。合伙人之间的相互评估则基于多方面的维度，而不只包括获取客户的能力（在咨询公司的理想状态下）。他们也会选举公司的领导者，而这个定期的毫无政治成分的活动非常公开，以致会在公司中留下持久的创痛。

其结果是创造出了众望所归的 21 世纪企业所应该拥有的特征：组织应当构建一个正当的机制，以保证大部分人都认为自己获得了公平、公正的对待。民主的精英制度对全球人才开放（全球化的商业组织中，有谁比咨询公司做得更好）。一个人们自我管理的体系其实并不需要进一步的约束，更不需要一个发号施令的人。

更为重要的是，这样的组织结构鼓励成员们去冒险，去实践好奇心、想象力和企业家精神。在与这些新型知识精英对话的过程中，我经常听到这样的言论——"咨询公司善于让你尝试各种不可能"，无论"不可能"指的是尝试新的点子、采用新的方法、与客户进行合作，还是在斯德哥尔摩抑或首尔开一个新的办公室。

从这个角度上来说，布鲁斯·亨德森应该会对他所留下的精神遗产感到欣慰，因为其中的可能性正是他毕生所追求的东西。

本章注释

以下注释内容皆摘选自公开来源并经慎思行整理,其中员工和营业额数据皆为近两到三年数据,仅供读者参考和理解规模之用。正文中带下划线的重点关键词,亦可以在慎思行微信平台通过回复相关关键词来获得具体解释。

1 马丁·里维斯(Martin Reeves),BCG 纽约办事处资深合伙人,布鲁斯·亨德森智库的负责人和公司战略专项的领导团队成员。

2 BCG 战略研究院,即布鲁斯·亨德森智库(Bruce Henderson Institute),专注于在商业运营以及更广泛的领域内发展创新理念,并将这些理念转化为实践,从而对组织的战略制订与执行产生积极影响。目前,该智库在美国、欧洲和亚洲设有中心,并包含三个部门:战略实验室、BCG 研究专家和宏观经济中心。

3 彼得·圣吉(Peter Senge),1947 年出生于芝加哥,是美国麻省理工学院(MIT)斯隆管理学院资深教授,国际组织学习协会(SoL)创始人、主席。彼得·圣吉1970 年在斯坦福大学获航空及太空工程学士学位,之后进入麻省理工学院斯隆管理学院取得社会系统模型塑造硕士学位,进而攻读管理学博士学位,师从系统动力学奠基人佛睿斯特教授(Jay W. Forrester),研究系统动力学整体动态搭配的管理理念。1978 年获得博士学位后,他和戴明(Edwards Deming)、阿吉瑞斯(Chris Argyris)、雪恩(Edgar Schein)、熊恩(Donald Schon)等大师级的前辈以及一些企业家致力于将系统动力学与组织学习、创造原理、认知科学、群体深度对话与模拟演练游戏融合,发展出一种学习型组织的蓝图。

4 《第五项修炼》(The Fifth Discipline)明确提出了"学习型组织"的管理理念,以及如何通过五项修炼来打造有超强学习力的学习型组织,强调从事一项修炼就意味着成为一个终身学习者。在这五项修炼中,最重要的一项修炼是系统思考,即第五项修炼。系统思考是观察整体的修炼,可以帮助我们掌握个人向内观、向外看的全新方法。一个组织能够拥有长期竞争力的关键在于,有比竞争对手更快、更好的学习力和修炼方法。系统思考还需要开发共同愿景、心智模式、团队学习和自我超越的修炼,才能发挥出潜力。

5 单人市场(Market of One)指的是公司提供定制化的客户服务,使得客户感觉被公司单独对待或优先对待。

6 约翰·梅纳德·凯恩斯(John Maynard Keynes,1883-1946),英国经济学家,现代经济学最有影响力的经济学家之一。凯恩斯一生对经济学做出了极大的贡献,一度被誉为资本主义的"救星""战后繁荣之父"等。他创立的宏观经济学与弗洛伊德创立的精神分析法、爱因斯坦发现的相对论一起并称为 20 世纪人类知识界的三大革命。凯恩斯出生于萨伊定律被奉为圭臬的时代,人们普遍认同借助市场供求力量就能自动达到充分就业的状态，并由此维持资本主义的观点，因此他一直致力于研究货币理论。其发表于 1936 年的主要作品《就业、利息和货币通论》引起了经济学的革命，这部作品对人们关于经济学和政权在社会生活中作用的看法产生了深远的影响。

7　动物本能（Animal Spirits）又译为动物精神、生命本能、生命活力，是由约翰·梅纳德·凯恩斯在 1936 年出版的《就业、利息和货币通论》一书中提出的经济学术语。凯恩斯认为，人类的经济决策并不由基本理性与知识决定，他认为这些决策"只能被视为动物本能使然"，来自人们"不由自主的行为冲动"。所以这个术语用来指影响与引导人类经济行为的本能、习惯与感情等非理性因素。

致中国企业：谁能成为战略之王

从未停息的战略之战

相较于琳琅满目的战略框架与模型，战略革命的最大成就是真正驱动了企业"战略意识"的觉醒。时至今日，战略在欧美市场已如此根深蒂固，其所创造的共识机制也为企业追求自身存在的独特价值提供了关键的基础。虽然金融危机已经渐渐远离人们的视野，但商业世界迎来的是永无止境的不确定性，全球经济亦陷入更加针锋相对的矛盾与对立之中。全新的情境正在成为战略大师们的强大对手，国际咨询公司战略咨询业务收入占比的持续下降，似乎更让战略处于"不进则退"的逆流之中。

回望过去，席卷欧美大陆的战略革命与中国市场如同平行线一般没有交集，长期以来，中国企业都只是跟随者，被动地接受着战略的洗礼。即便当下，"战略"一词已经铺天盖地，但实际上改革开放以来，中国市场并没有真正为战略的"启蒙"创造良好的环境，企业对于战略在态度上的"懵懵懂懂"也被中国巨大的增长红利所掩盖。所以，战略对于大多数中国企业还只是停留在"极少数人"的责任和意识之中，大部分人仍然不得其要、不解其道、不认其效，似乎战略的规划工作只是企业内最高决策者的一出"独角戏"，并没有太多的观众。

近十年再也没有出现过类似三种通用战略或增长矩阵这样横扫商业世界的战略思想和方法了。很多商业人士对于战略发展的一种论调是，在这个日益碎片化的商业世界里，战略已经停下了自己的脚步。

但事实真的如此吗？沃尔特先生笔下的战略历史则提供了关键的线索指引，战略的延续与发展必将与时代背景下最典型的商业问题相伴，寻觅战略发展踪迹的前提，是必须觉察到底哪里会产生最令人费解和无比兴奋的战略问题。那这些问题现在都在哪里呢？关注一下世界500强的CEO和咨询公司的管理合伙人都把时间和关注投向哪里，你也许就知道答案了，中国战略一定是他们提及最多的词之一。

中国企业正逐步走向世界商业舞台的聚光灯下，成为一股不可忽视的力量，但值得探讨的一点是战略在其中又扮演了什么角色呢？在本书的作者看来，最重要的结论就是过往西方世界战略革命过于强调理性和分析，在泛泰勒主义的道路上渐行渐远，却缺乏对人性的真正关注。而在我们看来，关注人性恰恰是中国市场和企业特色的关键所在。无论是庞大的劳动力和人口规模带来的压力，还是千年以来绵延不绝的古老文化的传承，中国和中国企业都对人性有着独特而持久的关注。即便在当前的中国商业世界，依然有很多企业家认为，企业只要解决了人的问题，就能顺理成章地迈向高峰、走向世界。但是在这样的市场中，战略又是如何与人性共生共存的呢？也许当下并没有完整的答案，但可以确认的是这些中国企业正在为此而开辟一条独特的发展之路。

与此同时，围绕全球格局的剧烈变化、互联网企业的迅猛崛起、消耗殆尽的发展"红利"无不在撕扯中国企业的敏感神经。我们相信，此时此刻，战略正将其目光投向这个蓬勃发展和激动人心的市场——中国，一场全新的战略革命已经开始酝酿，而这一次中国将成为战略革命中不可或缺的主角。与此同时，中国战略管理思想的曙光也已若隐若现，东方古国寻找制胜新时代答案的发现之旅也已经马不停蹄地启程了。

谁会成为战略之王

如果说以往的战略革命进程是被布鲁斯·亨德森、迈克尔·波特、比尔·贝恩、格鲁克、哈默尔、彼得斯、明茨伯格等一大批最优秀的咨询顾问、顶尖的思想家和教授们所驱动的话，那么时至今日，面对外部要素的瞬息万变，战略大师们正面临前所未有的挑战——在这个日益碎片化的世界，如何能像以前那样挖掘具备普适性的战略思想和方法呢？

对于战略大师的关注或许让我们已经忘了战略革命中的一位关键角色，长期以来，它在这场关于战略的讨论中一直隐于角落，但事实上它才是战略问题的提出者，在被战略革命驱动前行，当然它更是这一革命的最大受益者，也是战略自始至终的拥有者，它就是——企业。今天无论是源于欧美、历经艰难却愈发强大的全球企业，还是借中国大势而奋力崛起的本土企业，都在试图证实迈克尔·波特的高瞻远瞩——这些企业不需要成为任何人，而只需要成就独特的自己。现在这位过去的"旁观者"，将在这新一轮的战略革命中扮演举足轻重的角色，甚至驱动这一进程的发展。

以被中国众多本土企业视为标杆的华为为例，其诸多的管理实践与内部研讨正在被中国企业视为管理的标杆和应对挑战的方案，虽然华为在咨询服务上的大手笔投入为管理人士所津津乐道，但中国企业显然对华为在实践中沉淀的与战略和人的管理有关的经验更感兴趣。根据慎思行的不完全统计与谨慎预估，由前华为人员创立的咨询公司或培训机构的数量已近百家，这些机构正在大量输出华为的管理方法和经验，而不少国内上市公司以及大型民营集团的战略总监乃至总裁更有在华为工作的直接经验，是不是看起来有些眼熟？这可是咨询顾问的标准发展路径！其实，这只是中国商业界的一个缩影，在互联网领域，阿里巴巴同样也构建了自身的独特文化，亦输送了不少电商管理人才至实体企业，他们在传授互联网电商的秘籍，其公司高管也有相当多的管理实践和分享在中国商业界被奉为圭臬而广为传播。

无独有偶，虽然身处不同行业和发展阶段，但华为和阿里巴巴对于"定战略"和"管人才"有着超乎大部分企业的深刻理解与实践探索。当两家企业已经身处各自领域的百尺竿头，它们又该如何更进一步？它们塑造未来的战略又该如何制定与实施，又该向哪位战略大师取经呢？或许，从它们身上我们可以探究一丝战略革命将要驶向何方的脉搏。中国学者和企业家都在前仆后继地试图从华为与阿里巴巴身上寻找答案、学习它们的领先实践。但似乎大部分关注点都放在研究它们做了什么以及如何做，却鲜有对战略如何被激活以及为什么能够在其体系中产生效果的关注。无论是战略融入了人性，还是人性驱动了战略，战略、组织以及人之间的微妙融合响应了中国市场在战略制定与管理方面的特殊需要，也许开启中国战略革命的钥匙便隐藏于此。

虽然还有很多谜团有待破解，但很多中国企业正在直接引入华为和阿里巴巴的管理和经验，暂不论这是否能够解决企业当前面临的问题，但这确确实实反映了企业本身正在成为一股驱动战略革命的中坚力量。与此同时，拥有光鲜背景的外企经理人、咨询顾问甚至商学院的教授也快速地流入这些企业，为这股力量推波助澜。毫无疑问，这些中国企业已经决心要成为掌握自己命运的"战略之王"，它们不仅试图在战略与组织之间找到答案，也试图以特有的中国方式在人、组织与战略之中达到一种微妙的平衡，从而达成一个匹配自身且驾驭变化与挑战的终极结果！唯有这样，这些战略之王才能够屹立于动荡不安的时代，而接下来的探索也开启了它们的加冕之路。

蜿蜒崎岖的战略之路

若非历经了数次前所未有的失败与挑战，中国企业仍然不会觉察自身从战略到执行之间的诸多问题，更不会意识到自身在学习外部市场和协调组织资源方面的巨大差距。如果说此前所进行的战略革命试图通过一个通用性的框架或模型将企业引领上战略之路的话，那现在这些企业为了响应加速碎片化的世界，将走向另一个极端——延伸与构建匹配自身需要的战略推进体系，借助这一体系整合人、组织以及战略，并培育组织战略意识。这不是响应当下挑战的全部或唯一答案，但这确确实实是一个有效的选择，也是一个极具挑战的选择。如今，摆在大部分中国企业面前的关键挑战在于缺乏制定战略的共识机制，所以伴随战略规划出现的现象往往是直觉判断、短期导向、频繁变化和不切实际，这不仅给原本就已相当难以捉摸的外部市场环境又添加了几分"混乱"，也为最后战略意图的实现扣上重重枷锁。

　　要改变现状，构建与强化中高层管理人员的战略意识便是关键。强大的战略意识将在组织内部构建一个"统一"的战略沟通语境和企业思维逻辑，从而形成组织进行战略思考的能力，并进一步驱动自身战略规划与管理能力的建立与发展。过去，我们一直在思考，到底是什么样的能力真正让这些欧美企业巨擘在多次大环境巨变的过程中越来越强大？难道只是因为战略大师指点迷津和及时涌现的战略思想？在研究中，我们还注意到一个重要的细节。在书中所描绘的战略革命兴起以后，欧美企业自身的战略管理体系便如雨后春笋般涌现出来。通用电气在20世纪80年代初便着手组建了战略部门，后期虽然跌宕起伏，但是其战略管理体系始终引领和伴随公司愿景和组织的变化不断调整，将战略管理的理念与意识深深植入了这家百年企业，并铸就了公司在杰克·韦尔奇时代的辉煌成就。而现在，面对公司业务大转型和大调整，通用电气的战略管理体系也再一次被推上风口浪尖，成为其实现凤凰涅槃的关键所在。

　　过去几十年间，欧美诸多大型成熟企业已经陆续完成了内部战略体系的搭建和改造，而我们认为，其中的奥秘应该就深藏于其战略管理体系的系统程度与强健程度之中。这些企业真正实现长期"跑赢市场"绝不仅仅依靠一个伟大的战略灵感，或一个极具远见的魅力领袖，而是基于其已经形成的组织惯性——始终能够面向市场，具备长、中、短期的战略思考维度，并且擅长组织与协调公司内外部资源。这不仅是一家企业的战略，更是一种组织的能力和集体的意识。如果这些企业"心中有剑，手中无剑"，它们又怎么能够驱动漫长而艰辛的战略进程？更进一步说，如果本身缺乏一个完善的承接愿景—设计战略—

推动战略—战略回馈的良性循环体系，又如何能逐步探索出真正匹配自身特点的领先管理实践？而这将是中国企业在此次战略革命中有待破解的魔方，这些问题使战略之王加冕之路变得崎岖甚至艰难。

正如书中所提到的，如果说咨询公司的组织与管理模式为 21 世纪的企业提供了一个值得参考和借鉴的组织样本，那么学习咨询公司的组织管理模式，甚至将咨询公司的这些能力融入组织的各个角落，就成为每一个企业神思向往的问题。作为"组织内化的咨询单位"，战略管理部门也许是一个值得探究的创造物。而战略管理部门也绝不能只和战略规划画等号，除了规划以外，市场情报的获取与分析、战略计划的上下融通、战略实施的持续监控等，都在不断丰富其战略管理的内涵，协同发挥着强大的作用。业内领先的实践不仅能够为高层提供决策选项，以及善于组织和协调企业内外部的专业资源，同时还为组织储备和培养了一批真正具备战略思考和领导能力的优秀管理人才，丰实了企业的人才储备与梯队。

值得庆幸的是少部分领先的中国企业已经启程，并开始大胆探索，其中不少已经在为企业创造实实在在的价值。更为让人惊讶的是，我们近两年已经看到一家又一家成功融资的初创公司和高速发展中的互联网企业开始着手引入和建立这样的职能部门，但大部分中国企业还远远没有厘清战略在组织中的价值，更没有意识到一个系统性战略管理体系的关键意义。虽然很多领先企业集团均设有战略团队，但由于缺乏对于战略的清晰认知，这注定只会是一个高层决策群体的"附庸风雅"之作，根本无法充分发挥其职能的效力，因此失败案例比比皆是。当然不可否认的是，让战略体系发挥作用本身就是一项极具挑战的任务，也绝对无法在一朝一夕之间便"从无到有"，而其中最为重要的便是组织战略意识、能力的构建，以及管理层战略思维和定力的培养，这也是这一部门真正的独特之处，但对于大部分中国企业而言，严重低估甚至完全忽视了这两点。

以人为鉴，可以明得失；以史为鉴，可以知兴替。所以，在中国战略革命即将掀起的前夕，我们相信将这本书带到中国，能够从一个纵览欧美战略发展史的独特视角，启发所有深耕中国、瞄准海外的企业，帮助它们真正认识战略、了解战略，强化战略意识，打造战略能力，为其加冕战略之王略尽绵力，我们也由衷地期待着中国企业变得更加强大，从而能够从成长阶段向成熟阶段迈进，与那些拥有百年历史的领先跨国企业比肩而行，为中国的发展和国际地位的提升贡献不可或缺也不可磨灭的重要力量。

慎思者，行远。

慎思行
2018 年 8 月

战略人公众号

感悟与致谢

深深谢意，积土成山

三年前，在慎思行成立不久之际，在我们还在思索未来的发展方向之时，偶然读到 *The Lords of Strategy* 这本书，便被其独特的视角和内容所吸引，进而决定要将其引入中国。一方面为作者纵览战略思想，对战略和咨询发展娓娓道来的学识所折服；另一方面，本书以一种超然的第三方视角纵览战略思想的发展，亦与慎思行的定位不谋而合。在漫长的筹备期里，我们也在不断反问自己：到底这本书能够为中国商业和企业的发展带来何种价值？

感谢这个独特的时代赋予我们的机会，似乎很难有比现在更适合的时间点来推出这本书了。中国经济的奋力转型、本土管理思想的启蒙、咨询行业的全新挑战以及全球格局的剧烈震荡，所有这些因素交织在一起，为《战略简史：引领企业竞争的思想进化论》（以下简称《战略简史》）的推出奠定了宝贵的基础。此刻，对于每一个中国企业而言，也许是一个恰当的契机重新认识和了解战略，学会借助战略的力量应对发展的挑战。

从当初一时的冲动到 2018 年 8 月 1 日《战略简史》众筹正式推出，不到半天即获得成功，再到现在您手捧的这本书。在此，我们感谢每一位支持本书翻译出版的朋友们，你们的每一次支持都将化为慎思行坚持的决心。感谢那些在慎思行发展过程中为我们提供观点和建议的资深顾问、学术专家以及企业高层，有了你们的真诚分享，慎思行才形成了独特与全方位的视角，也因此，我们才能够充分解读和挖掘这本书对于中国企业的全部价值。

当然，虽然本书对于战略与咨询历史方面的阐释珠联璧合、博大精深，但是由于作者30余年的媒体经验和极高的文学功底，其英文表达之复杂、牵涉主体之多元和隐喻反讽之微妙，亦令众多译者和出版机构望而生畏。加之原作者和哈佛商业出版社对翻译者资质和翻译内容质量的严格要求，最终让这本书在出版后相当长的时间都未能进入中国市场。

出于对战略与咨询领域的热爱和对本书给中国市场所能带来价值的珍视，最终慎思行决定组建一支对咨询行业以及战略议题饱含热情的团队来翻译本书，巧合的是，团队中的几位成员也在此后陆续加入了麦肯锡、波士顿咨询和贝恩咨询等公司。在经历了与版权方的反复沟通，克服了重重困难之后，终于得以将其引进中国。与此同时，我们也投入了很多时间对翻译内容进行校对、打磨和注释，以期不仅能够在真实还原本书内容的基础上，对作者犀利的表达和老道的叙述有所体现，而且可以通过全面详尽的注释，帮助本书的读者更好地了解这本书产生的时代和市场背景。

所以，本书能够出版，我们要感谢在幕后为此书翻译付出诸多努力和时间的团队成员——汤嘉诚、李思佳、叶卉、郭晓丽、潘毅斌、徐蒋帅以及朱元宬。他们在完成自己原本繁忙的本职工作之余，还要投入到此书的翻译和注释整理之中。没有他们的兢兢业业和不懈努力，原本晦涩难懂的英文原文根本无法变为现在平易近人的言语。为此，我们亦邀请他们在此书文末分享了自己对于此书的点滴感悟。

此外，来自社会科学文献出版社的资深编辑团队，亦对本书的翻译出版付出了巨大的努力，版权引进、内容审核、封面设计和出版发行各个环节事无巨细的工作，不仅淋漓尽致地展现了社会科学文献出版社的专业精神和对本书价值的深度认可，也表达了他们为将本书打造成战略与咨询领域的一部经典之作的决心，在此我们对社会科学文献出版社及其团队为本书付梓所做出的努力表示诚挚的感谢。

最后，对于三年 1000 多个日夜的不懈努力和难以道尽的创业艰辛，我们的家人给予了最大的包容和理解，没有他们的全力支持，我们根本无法在如此长期且持续的投入下完成《战略简史》这本书的筹备工作。此外，他们还在标题和内容等方面提供了众多宝贵的意见，亦对本书的最终出版提供了巨大的帮助。在此，也要对我们的母亲、太太和孩子的付出表示最真挚的谢意。

点点感悟、汇川成海

汤嘉诚，腾讯投资，麦肯锡公司

很多人说咨询的黄金时代已逝，正在走向没落，但我认为在这个行业你依然可以接触到很多有情怀、有理想的顾问，正如书里的几位"大牛"，他们身上的理性、思考和坚持，可以激励你在任何行业砥砺前行。

李思佳，波士顿咨询

在这一行幸福的时刻有很多，或者是客户亲口说"感谢你们的努力"，或者是通宵工作后和队友一起喝一杯咖啡，还可以是在偏远郊县跑店时听到店长的一句有意思的见解。

叶卉，贝恩咨询

这是咨询界的史书，也是"蓝""绿""红"三家的"三国演义"，虽然横跨时间与地域，但创始人精神至今鲜活，不得不让人感叹公司文化的强大力量。

郭晓利，奥园国际（加拿大），Altus 集团（加拿大）

虽然已混迹于咨询圈外，但非常感恩曾经的咨询经历，其中收获最大的是思维方式、工作态度和做事习惯，这些现在已经完全融入我的生活、工作中，未来我也将持续从中获益。

潘毅斌，台湾大学博士

战略并不是个人和企业抵御风险、实现成功的速效药和万灵丹，但至少它让我们在充满不确定性的时代中保持心神清醒，避免急功近利，在重塑自我和改变世界的旅程中走得更稳健。

徐蒋帅，平安科技

借三巨头之间的爱恨情仇，将战略与咨询幕后的故事细细道来，令人心生向往，同时也更期待"Firm"们在中国市场里写下独特的续篇。

朱元成，BDA

爱之深并痴迷入魔 / 也许浪漫过后 / 我们最终只能成为它的臣民 / "战略之王"也概莫能外

慎思行

2018 年 8 月

图书在版编目（CIP）数据

战略简史：引领企业竞争的思想进化论 /（美）沃
尔特·基希勒三世（Walter Kiechel Ⅲ）著；慎思行译
. -- 北京：社会科学文献出版社，2018.8（2024.6重印）
书名原文：The Lords of Strategy: the Secret
Intellectual History of the New Corporate World
ISBN 978-7-5201-3060-8

Ⅰ.①战⋯　Ⅱ.①沃⋯ ②慎⋯　Ⅲ.①企业管理－战
略管理　Ⅳ.①F272.1

中国版本图书馆CIP数据核字（2018）第153718号

战略简史：引领企业竞争的思想进化论

著　　者 /　[美]沃尔特·基希勒三世（Walter Kiechel Ⅲ）
译　　者 /　慎思行

出 版 人 /　冀祥德
项目统筹 /　王婧怡　陈　欣
责任编辑 /　陈　欣
责任印制 /　王京美

出　　版 /　社会科学文献出版社·经济与管理分社（010）59367226
　　　　　　地址：北京市北三环中路甲29号院华龙大厦　邮编：100029
　　　　　　网址：www.ssap.com.cn
发　　行 /　社会科学文献出版社（010）59367028
印　　装 /　三河市东方印刷有限公司

规　　格 /　开　本：787mm×1092mm　1/16
　　　　　　印　张：27.25　字　数：390千字
版　　次 /　2018年8月第1版　2024年6月第8次印刷
书　　号 /　ISBN 978-7-5201-3060-8
著作权合同
登 记 号 /　图字01-2016-9348号
定　　价 /　98.00元

读者服务电话：4008918866